강한 자가 아니라
적응하는 자가 살아남는다

강한 자가 아니라
적응하는 자가 살아남는다

2012년 9월 5일 초판 1쇄 인쇄
2012년 9월 10일 초판 1쇄 발행

지은이 ㅣ 김진백
펴낸이 ㅣ 이종춘
펴낸곳 ㅣ [BM] 성안당

주 소 ㅣ 경기도 파주시 문발동 출판문화정보산업단지 112
전 화 ㅣ 031-955-0511
팩 스 ㅣ 031-955-0510
등 록 ㅣ 1973. 2. 1. 제13-12호
홈페이지 ㅣ www.cyber.co.kr

ISBN ㅣ 978-89-315-7610-8
정가 ㅣ 15,800원

이 책을 만든 사람들
기획 · 총괄 ㅣ 최옥현
편집 · 진행 ㅣ 안종군
디자인 ㅣ 디박스
마케팅 ㅣ 변재업, 차정욱, 채재석
홍 보 ㅣ 최고운
제 작 ㅣ 구본철

The
World's
Most Successful
Digital
Companies

강한 자가 아니라
적응하는 자가 살아남는다

애플, 구글에서 삼성, 소니까지 글로벌 Top11 디지털 기업의 성공 경영 DNA를 말하다!

| 김진백 지음 |

BM 성안당

　기업의 역사를 안다는 것은 단지 한 기업의 역사를 알게 되는 것에 그치지 않는다. 독자들은 이 책을 통해 애플, 구글, 마이크로소프트, IBM, HP, 인텔, 퀄컴, TSMC, 삼성, 소니, 노키아 등 11개의 세계 정상 IT 전자 기업들에 대한 과거와 현재, 그리고 미래를 알 수 있게 될 것이다.

　이 책에 소개된 기업들이 IT 기술 발달사에 미친 영향은 실로 엄청나기 때문에 우리가 지금 사용하는 컴퓨터, TV, 휴대전화, 운영체제, 웹 브라우저 등은 종류가 무엇이든 이들 기업과 직·간접적으로 연관을 맺고 있지 않은 것이 없다. 따라서 독자들은 이 책을 통해 자연스럽게 세계 IT 기술의 발달사를 파악할 수 있을 뿐만 아니라 우리의 생활과 불가분의 관계를 맺고 있는 IT 기술에 대해 좀 더 폭넓은 이해를 할 수 있게 될 것이다.

　최근 스티브 잡스의 죽음으로 그에 대한 전기가 잇달아 출판되면서 애플에 대한 관심이 새삼 높아졌고, 안드로이드 운영체제 개발과 모토롤라 인수 등 IT 세계에서 영향력을 급격히 확대해 나가고 있는 구글에 대한 책들도 많이 출판되고 있다.

　기존의 서적은 한두 개의 기업을 대상으로 하여 인물이나 기술 중심의 시각에서 접근한 것이 고작이었지만, 이 책에서는 현재 세계 정상의 위치에 서 있는 11개의 기업을 대상으로 창업, 성장, 위기와 극복, 전략, 조직, 운영 등 기업 경영 중심의 시각에서 풀어가고자 했다. 또한 기술적 설명이 필요한 부분은 가능한 한 쉽게 설명하고자 했고, 시간 중심으로 서술하되 단순히 사건들을 시간 순서대로 나열하기보다는 이야기를 하듯이 풀어가려고 했다.

전자 및 IT 산업이 수평 분업화되고 특정 분야에서 독보적인 위치를 구축한 기업들이 생겨나면서 이제는 각 분야의 세계 1등 기업들만을 꼽아도 열 손가락으로 모자랄 정도가 되었다.

이 책에는 현 시점에서 가장 큰 잠재력을 인정받고 있는 애플과 구글, 여전히 PC 사업을 지배하고 있는 마이크로소프트와 인텔, 세계 최대의 IT 서비스 업체인 IBM, IT 서비스 분야에서 IBM의 최대 경쟁자인 동시에 PC와 프린터 분야의 1위인 HP, 메모리 반도체 분야의 절대 강자이자 LCD 패널, TV, 휴대전화 시장에서 강자로 급부상한 한국의 삼성전자, 세계 최대의 팹리스 반도체 기업인 퀄컴, 최대의 파운드리 반도체 기업인 대만의 TSMC의 사례가 담겨 있다.

이들 기업을 한번에 묶어 파악함으로써 각 분야의 세계 1위로 올라서게 된 핵심 경쟁력을 파악할 수 있을 뿐만 아니라 상호 비교를 통해 또 다른 교훈을 얻을 수도 있을 것이다. 이와 아울러 지금은 고전하고 있지만, 가까운 과거에 TV 시장의 1위였고 현재에도 여전히 가정용 및 방송용 녹화 장비에 있어서 독보적인 위치를 차지하고 있는 소니와 휴대전화 판매 대수 기준으로 10년 이상 1위의 자리를 지켜온 핀란드의 노키아 사례도 포함함으로써 기업의 성쇠에 대해 생각해볼 수 있도록 했다.

소프트웨어 분야에서는 리눅스와 안드로이드를 비롯한 오픈 소스 진영의 영향력이 갈수록 중요해지고 있다. 오픈 소스 소프트웨어는 특정한 기업은 아니지만, 독립적인 하나의 장으로 기술해 오픈 소스 소프트웨어의 역사와 생태계를 구성하는 주요 인물 및 기업들에 관한 내용도 살펴볼 수 있도록 했다.

이 책에 등장하는 기업들은 무척 대단한 기업들임에 틀림없지만, 앞서 말한 바와 같이 모두 상승세에 있는 것은 아니다. 소니와 노키아는 경쟁에서 밀려 적자를 기록하며 현재 매우 고전 중에 있고, 마이크로소프트와 인텔도 데스크톱과 노트북 컴퓨터 부문의 경쟁력을 바탕으로 현재 높은 이익률을 달성하고는 있지만, 미래의 주역이 될 것으로 기대되는 모바일 기기 부문에서는 어려움을 겪고 있다.

현재는 순항하고 있지만 과거에 큰 어려움을 겪은 적이 있는 기업도 많다. 애플, IBM, 인텔 등은 한때 생존의 위기에까지 처한 적이 있었고, HP도 성장 정체로 말미암아 창업 이래 지속적으로 유지해 온 정밀 계측 기기 부문을 분사하기도 했다. 삼성전자도 반도체 사업 초기에는 매우 고전하면서 그룹 전체가 쓰러질 위기에 처한 적이 있었고, 마이크로소프트도 미국 법무성의 반독점 소송으로 한때 회사가 분할될 뻔한 위기에 처한 적도 있었다.

독자들은 이 책을 읽으면서 11개의 각 기업들이 각기 다른 영역에서, 다른 역량을 바탕으로, 다른 방식으로 세계적인 기업으로 성장했음을 알게 될 것이다. 하지만 이와 아울러 이들은 서로 경쟁과 협력 관계로 긴밀하게 연결돼 있으며, 특히 최근에는 과거보다 모바일 기기와 소프트웨어를 더 중시한다는 점과 단순히 제품을 판매하기보다는 하드웨어와 소프트웨어, 서비스를 통합해 제공함으로써 수많은 협력업체와 고객들을 잇는 플랫폼을 제공하고 자신을 중심으로 비즈니스 생태계를 구축하려 한다는 점에서 비슷하다는 것을 알게 될 것이다.

이 글을 쓰면서 위키피디아와 구글 검색 엔진, 그리고 수많은 신문 기사 및 블로그 사이트에서 많은 도움을 받았다. 또한 하버드대 경영대학원, 스탠포드대 경영대학원 등에서 출간한 경영 사례들도 많은 도움이 됐다. 정확한 사실만을 언급할 수 있도록 수차례 검토를 거듭하며 많은 노력을 기울였지만, 내용 중 일부 오류도 있을 것이라 생각된다. 그런 부분을 발견한 독자께서는 필자에게 연락해주시기 바란다.

부족한 글을 읽고 이 책이 좀 더 나은 책이 될 수 있도록 의견을 주신 여러 지인들께 감사드리고, 특히 원고를 꼼꼼히 살펴준 정구홍 박사, 이희춘 박사, 김진희 기자, 이상윤, 황지빈 씨에게 감사드린다. 또한 흔쾌히 추천의 글을 써주신 은사 박진우 교수님께도 심심한 감사를 드린다.

필자 자신도 이 책을 쓰면서 과거를 돌아볼 수 있었고, 많은 것을 새롭게 느끼고 배울 수 있었다. 이 책이 전자업계에 종사하는 이들뿐만 아니라 이 시대를 살아가는 누구에게나 과거와 현재를 이해하고 미래를 예측하는 데 도움이 되기를 바란다.

여러 권의 책을 쓰는 모습을 통해 어린 시절부터 책을 쓰고 싶다는 마음을 심어주신 선친, 격려와 힘이 되어준 사랑하는 아내와 아이들, 어머니, 장인·장모님, 형제자매들, 좋은 연구 환경을 제공해준 중앙대학교와 이 책이 나오게 도와주신 성안당 관계자 여러분께 감사의 마음을 전한다. 그리고 무엇보다 우리를 이끌어주시는 살아계신 하나님께 이 책을 바치고 싶다.

2012년 9월
한강이 보이는 흑석동 수변의 연구실에서

정보 통신의 시대라고 지칭되는 현 세대를 대표하는 11개 중요 IT 전자 기업의 역사와 현황을 다룬 이 책은 기술이 하루가 다르게 발전하고, 기업의 미래를 한치 앞도 예측하기 힘든 현 상황으로 미루어볼 때 매우 적절한 시기에 세상에 등장하는 것으로 보인다.

이 책에서 다루고 있는 11개 기업은 20세기를 대표하는 IT 전자 기업들이다. 펀치 카드를 이용해 인구 집계 방식을 획기적으로 개선하며 1896년 탄생한 컴퓨터 산업의 거인 IBM을 비롯하여, 제2차 세계대전을 거치면서 정밀 계측 기기 산업의 대표 주자이자 IBM의 맞수로 성장한 HP, 1980~1990년대의 PC 혁명을 주도한 인텔과 마이크로소프트, 세상을 바꾸겠다는 신념으로 혁신적인 제품을 잇달아 내놓으며 디지털 혁명을 이끈 애플, 세상의 모든 정보를 조직하고 접근할 수 있도록 하겠다는 대학원생의 이상과 아이디어를 실제로 구현해내고 수익 모델로 연결하는 데까지 성공한 실리콘 밸리의 새로운 상징 구글, 2000년대의 디지털 이동통신 혁명을 이끈 노키아와 퀄컴, 제조만을 전담하는 사업 모델을 성공적으로 운영해냄으로써 반도체 산업의 혁신을 뒷받침한 TSMC, 첨단 기술을 활용한 기발한 제품을 대량 생산을 통해 낮은 원가로 판매해 1980~1990년대 세계 가전 시장을 평정했던 일본 전자 기업들의 대표 주자 소니, 과감한 의사 결정과 민첩하고 일사불란한 실행을 통해 2000년대에 접어들어 디지털 통신 가전의 새로운 지배자로 떠오른 삼성전자 등 인류의 생산성을 획기적으로 향상시킨 오늘날의 기술 발전은 이들 11개 IT 전자 기업들을 빼고는 이야기할 수 없다. 따라서 컴퓨터 및 정보 통신 기술과 관련된 이들 기업들의 탄생 과정과 역사적 발전 과정, 그리고 현재의 모습은 그 자체로도 큰 흥미를 불러일으킨다.

한편 20세기의 기술 발전과 함께 파생된 문제도 심각하다. 인구의 증가, 자연 자원의 과다한 사용, 지구 온난화와 각종 공해 문제는 이제 '지속 가능한 성장'의 한계를 뛰어넘어 '인류 생존'의 문제까지 대두되고 있다. 하지만 인간이라는 존재는 장기적 관점에서 '생존'의 문제가 대두된다고 하더라도 쉽게 자신의 단기적 욕망을 희생하려고 하지는 않을 것이기 때문에 이들 문제에 대한 해결책 또한 혁신적인 기업 시스템에서 나와 줄 것으로 기대된다.

결국 오늘날 대다수의 기업들은 '기업 발전'과 '인류 생존'이라는 두 가지 명제를 동시에 해결해야 하는 셈인데, 이러한 관점에서 볼 때 이 책에 등장하는 11개 중요 IT 전자 기업들의 역사는 그 자체로 학문적 연구 대상일 뿐만 아니라 미래의 혁신적 기업들의 방향 설정을 위한 좋은 아이디어 소스가 될 수 있을 것이라 생각한다.

더욱이 이 책의 저자인 김진백 교수는 전자공학과 산업공학, 경영학을 통섭한 전공자답게 이들 11개 기업들의 발전 과정에 있어서의 가장 중요한 핵심 요소들을 섬세하고 완벽하게 정리하여 독자들에게 제시해주고 있다. 따라서 이 책은 '학문적 연구'와 '실용적 문제 해결'의 양쪽 측면에 모두 도움을 줄 수 있는 귀한 책으로 생각되어 미래형 혁신 기업에 관심이 있는 사람들에게 필독을 권한다.

2012년 9월
서울대학교 산업공학과 교수 박진우

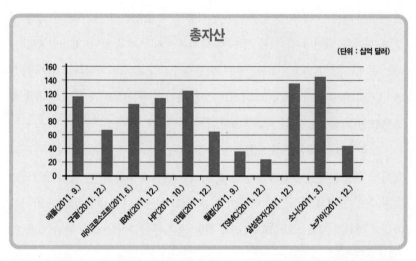

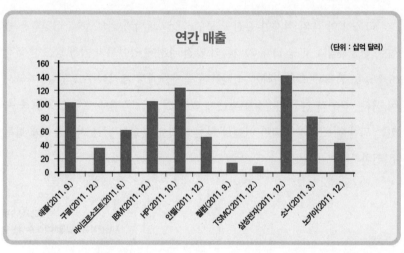

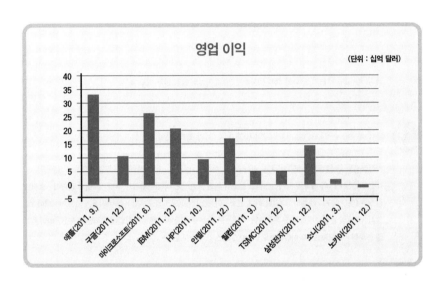

영업 이익

(단위 : 십억 달러)

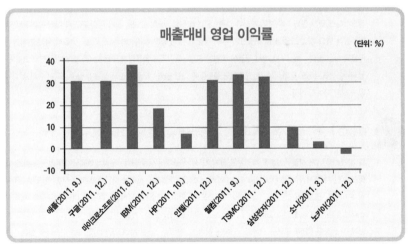

매출대비 영업 이익률

(단위: %)

목차

애플

전자업계 영업 이익 세계 1위, 시가 총액 세계 1위

애플을 시가 총액 1위의 잘 나가는 기업으로 만든 핵심 비결은 하드웨어와
운영체제, 소프트웨어와 서비스를 유기적으로 통합하고, 혁신적이고 매력적인
디자인의 제품을 내세워 프리미엄 브랜드로서의 이미지를 쌓아올린 것이었다.
이러한 전략이 가능했던 이유는 엄청난 기업 규모에도 불구하고 단순하고
집중적이며 통합적인 사업구조를 유지한 스티브 잡스에게서 찾을 수 있다.
하지만 애플도 1990년대 후반에는 존망의 위기에 처한 적이 있었다.
많은 이들은 그 이유를 통합적이고 완성도 높은 제품을 만들기 위한 애플의
폐쇄적 전략이 모듈형 제품을 지향하는 개방적 전략을 채택한 마이크로소프트와
인텔에 밀렸기 때문이라 보았다. 무엇이 달라진 것일까?

**강한 자가
아니라
적응하는 자가
살아남는다**

Apple

애플 경영 현황 (2011년 9월 말 기준)

소프트웨어 등 5%
필요 액세서리 6%
데스크톱 PC 6%
아이팟 7%
노트북 PC 14%
아이패드 및 관련 서비스 19%
아이폰 및 관련 서비스 43%

총자산: 1,164억 달러
연간 매출액: 1,082억 달러

영업 이익: 337억 달러
(매출대비 31%, 자산대비 29%)
순이익: 259억 달러

주요 연표

1976
스티브 잡스와 스티브 워즈니악,
실리콘 밸리의 잡스 집 차고에서
애플 컴퓨터 주식회사 설립

1977
애플 II 컴퓨터 출시

1980
기업 공개

1982
10억 달러 매출을 기록한
최초의 PC 업체가 됨.

1984
매킨토시 컴퓨터 출시

1985
존 스컬리, CEO 취임. 스티브 잡스 퇴사

1993
마이클 스핀들러, CEO 취임

1996
길버트 아멜리오, CEO 취임
넥스트NeXT 인수(4억 3,000만 달러).

1997
길버트 아멜리오 퇴임.
스티브 잡스, 애플의 임시 CEO 취임

1998
아이맥Mac 출시

2001
디지털 허브 전략 발표. 아이팟iPod출시.
맥 OS X 출시. 최초의 애플 스토어 개점(버지니아)

2006
맥 컴퓨터에 인텔의 프로세서 채용

2007
아이폰 출시. 애플 컴퓨터 주식회사에서
애플 주식회사로 회사명 변경

2010
아이패드 출시

2011
스티브 잡스 사망(56세). 팀 쿡, 애플의 CEO 취임

Apple

1970년대 - IT 업계의 전설들이 꿈을 키운 시대

1970년대에는 컴퓨터가 기업이나 은행, 정부 기관 등의 데이터를 처리하는 IBM의 메인프레임 같은 대형 시스템을 의미하는 경우가 많았다. TV처럼 개인이 소유하면서 집 안에 놓고 사용하는 개인용 컴퓨터, 즉 PC라는 개념은 1970년대의 일반 대중들에게는 낯설었다. IBM이나 인텔처럼 후일 PC 사업의 발전에 중추적 역할을 담당하는 기업들도 이 당시에는 PC에 큰 관심이 없었다. 도대체 일반 가정에서 왜 컴퓨터가 필요한지 이해할 수 없었기 때문이다.

하지만 당시 컴퓨터에 막 눈을 뜨기 시작한 일부 젊은 세대들은 달랐다. 1960년대에 개발되고 1970년대에 보급이 확산된 '시분할Time Sharing'이라는 기술을 통해 하나의 컴퓨터를 여러 사용자들이 동시에 사용할 수 있게 되었는데, 이렇게 되자 자신들이 보유한 컴퓨터를 여러 사람들에게 사용하도록 해주고 사용료를 청구하는 서비스 업체들이 생겨났다. 젊은 컴퓨터광들은 당시 엄청나게 비쌌던 컴퓨터를 살 돈은 없었지만, 이러한 서비스를 통해 컴퓨터를 접하고 프로그래밍을 연습해볼 수 있었다. 하지만 이들에게는 시간당 부과되는 사용료를 부담하는 것도 만만치 않았기 때문에 사용하고 싶은 시간대에, 사용하고 싶은 시간만큼 사용할 수 있는 자신만의 컴퓨터를 갖게 되기를 열망하고 있었다.

이 책에 등장하는 애플의 공동 창업자 스티브 잡스와 스티브 워즈니악, 마이크로소프트의 공동 창업자 빌 게이츠와 폴 알렌, 구글의 CEO가 된 에릭 슈미트, 버클리 유닉스를 개발하고 썬 마이크로시스템을 공동 창업한 빌 조이, GNU 프로젝트의 창시자인 리차드 스톨만, 월드와이드 웹을 만들어 낸 팀 버너스-리 등 향후 IT 업계의 전설적인 거인이 되는 많은 이들이 1950년대에 태어나 1970년대에 10대 시절을 보내며 컴퓨터를 접해보고 매료된 인물들이었다.

당시 전자공학에 관심이 많은 이들이 즐겨 보곤 했던 〈파퓰러 일렉트로닉스〉라는 잡지는 1975년 1월호의 특집으로 인텔이 1970년대 초에 발명한 마이크로프로세서를 기반으로 한 최초의 개인용 컴퓨터 '알테어 8800'을 소개했다. 알테어 8800은 완제품도 아닌 부품을 직접 납땜으로 기판에 부착해야 하는 조립식 부품 세트였고, 이 기기로 할 수 있는 일도 그리 많지 않았지만, 많은 젊은 컴퓨터광들은 이것이 새로운 시대를 알리는 뉴스라는 것을 알아차렸다.

애플 I 컴퓨터

알테어 8800이 출시될 무렵 애플의 공동 창업자인 스티브 잡스는 TV를 이용해 게임을 할 수 있게 해주는 게임기로 유명했던 아타리Atari라는 회사에서 일하고 있었고, 스티브 워즈니악은 직원들의 창의적 도전을 장려하기 위해 기꺼이 부품 창고를 개방하는 것

> "내가 뭔가 근사한 걸 고안해내면 잡스는 그것으로 수익을 올릴 수 있는 방법을 찾아내곤 했다. 나는 돈을 받고 컴퓨터를 판다는 생각은 해본 적이 없었다. 몇 개 만들어서 팔아보자고 제안한 사람은 잡스였다."
> : 스티브 워즈니악 :

으로 유명했던 HP에서 엔지니어로 일하고 있었다. 잡스와 워즈니악은 실리콘밸리의 같은 동네에서 자란, 쿠퍼티노 시에 위치한 홈스테드 고등학교의 동문이었다. 나이는 워즈니악이 잡스보다 5살 더 많았지만, 전자공학에 대한 흥미와 게임을 공통분모로 둘은 서로 친밀하게 지내고 있었다.

뛰어난 재능을 가진 엔지니어였던 워즈니악은 알테어 8800이 소개될 당시, 멀리 떨어진 대형 컴퓨터에 접속해 사용할 수 있게 해주는 모니터와 키보드로 구성된 단말기를 취미로 구상하던 참이었다. 워즈니악은 알테어 8800이 마이크로프로세서를 사용했다는 점에서 중요한 영감을 얻었다. 자신이 구상하고 있는 단말기에 마이크로프로세서를 추가해 컴퓨터의 기능을 일부라도 포함하면 아예 독립적인 작은 컴퓨터를 만들 수 있을 것이라는 생각을 하게 된 것이다. 워즈니악은 이후 매일 정규 업무를 마치고 집으로 퇴근해 저녁 식사를 마친

후 다시 회사로 돌아가 컴퓨터의 개발에 매달렸다.

알테어 8800 이후 마이크로프로세서를 채용한 몇몇 PC들이 소개됐지만, 이들은 주로 컴퓨터 마니아들을 대상으로 한 것이었기 때문에 수십 개의 스위치를 조작하는 불편을 감수해야 했고, 결과물도 종이테이프 등에 출력해보는 것이 고작이었다. 하지만 워즈니악이 설계한 마이크로프로세서 기반의 컴퓨터는 컴퓨터, 모니터, 키보드가 하나로 통합되어 사용자가 키보드를 통해 글자를 입력하면 모니터나 TV 화면을 통해 즉시 이를 볼 수 있었기 때문에 마치 대화하는 것처럼 컴퓨터를 사용할 수 있었다. 이는 현재로서는 너무나 당연한 것이지만, 당시로서는 매우 놀라운 것이었다.

애플이 창업한 차고(좌)와 애플 I 컴퓨터(우): 잡스가 성장한 이 집의 차고에서 워즈니악과 잡스는 가내 수공업 방식으로 애플 I 컴퓨터를 제작해 판매하기 시작했다(©Mathieu Thouvenin/Wikimedia Commons/CC-BY-SA-2.0). 아마추어의 작품처럼 보이는 애플 최초의 컴퓨터 애플 I에는 키보드가 달려 있었고 TV와 연결할 수도 있는, 당시로서는 매우 획기적인 PC였다. 666.66달러의 가격으로 200대만 제작된 애플 I은 2010년 크리스티 경매에서 21만 3,000달러에 팔렸다.(©Ed Uthman/Wikimedia Commons/CC BY-SA-2.0)

엔지니어 기질이 강했던 워즈니악은 자신이 개발한 개인용 컴퓨터의 설계도면을 실리콘밸리의 컴퓨터 동호회 회원들에게만 공유할 생각이었다. 하지만 사업가 기질이 충만했던 잡스는 워즈니악을 설득해 컴퓨터를 직접 제작하여 666.66달러라는 가격을 매겨 판매하기 시작했다. 워즈니악은 잡스 가족이 살던 집의 차고에서 가내 수공업 형태로 컴퓨터를 제작했고, 잡스는 특유의 열정과 화술로 이 컴퓨터에 '애플 I'이라는 이름을 붙여 지역의 컴퓨터 가게 등을 통해 판매했다. 애플 I 컴퓨터는 고작 200대를 생산하여 판매했을 뿐이었지만, 잡스와 워즈니악은 이를 통해 PC 사업에 성공할 수 있을 것이라는 자신감을 얻었다.

애플 컴퓨터의 창업과 애플 II 컴퓨터

워즈니악은 애플 I 컴퓨터를 만들어 판매하기 시작할 때부터 후속 버전인 애플 II 컴퓨터를 이미 구상하고 있었다. 워즈니악이 애플 II를 개발하는 동안 잡스는 인텔에서 마케팅을 담당하기도 했던 경험 많은 사업가 마이크 마큘라 Mike Markkula를 또 다른 동업자로 영입했다. 잡스의 열정에 이끌려 차고로 찾아온 마큘라는 워즈니악이 개발하고 있던 애플 II 컴퓨터를 보고 성공을 직감했다. 마큘라는 워즈니악이 HP를 떠나 애플에 전념하고, 자신이 애플 컴퓨터의 지분 3분의 1을 받는다는 조건으로 최고 25만 달러까지 은행 대출 보증을 서 주었다. 후일 애플의 회장이 된 마큘라는 이렇게 창업 초기 어려웠던 자금 사정에 숨통을 틔워줬고, 차고에서 친구들의 소꿉장난처럼 사업을 시작한 애플 컴퓨터가 제대로 된 회사의 형태를 갖출 수 있도록 많은 도움을 줬다.

1977년부터 판매하기 시작한 애플 II 컴퓨터는 아마추어의 작품과도 같았던 애플 I 과는 달리 상업적으로 매우 훌륭한 제품이었다. 비대칭적이면서도 날카롭고, 나사가 눈에 띄지 않는 매끈한 케이스 디자인은 오늘날의 시각으로 보아도 파격적일 정도로 훌륭했다. 또한 컴퓨터를 켤 때 사용자들이 일일이 운영체제를 구동해야 했던 다른 컴퓨터들과는 달리 반도체 칩에 내장된 운영체제가 켤 때 자동으로 가동되도록 함으로써 사용자들은 컴퓨터를 켜고 곧바로 사용할 수 있었다. 애플 II 컴퓨터는 고해상도 그래픽을 지원했고, 내부의 확장 슬롯에 카드를 꽂아 조이스틱이나 외장 플로피디스크와 같은 다양한 장치들을 쉽게 연결할 수 있었기 때문에 게임이나 그래픽 응용 프로그램을 실행하거나 데이터를 저장하고 검색하기도 편리했다.

1979년, MIT를 졸업하고 하버드대 MBA 과정에 다니던 20대 후반의 댄 브리클린Dan Bricklin은 같은 MIT 졸업생 밥 프랭크스턴Bob Frankston과 함께 비지캘크VisiCalc라는 최초의 스프레드시트 소프트웨어를 개발했는데, 한동안 애플 II 용으로만 나왔던 비지캘크가 큰 인기를 끌면서 애플 II 컴퓨터는 기업과 가정 모두에서 갖고 싶어 하는 컴퓨터가 됐다.

"사람들은 디자인이 어떻게 보이느냐를 말한다고 생각하지만 디자인은 어떻게 작동하느냐의 문제입니다. 뭔가를 정말 잘 디자인하려면 그것의 모든 면을 완전히 이해해야 하고, 그러기 위해서는 천천히 씹어 삼키는 열정적인 헌신이 필요합니다. 하지만 대부분의 사람들은 그런 일을 하지 않습니다."

: 스티브 잡스 :

애플 II 컴퓨터는 편리한 사용성과 향상된 기능으로 PC를 컴퓨터 마니아 계층의 애호품에서 누구나 구매하고 사용할 수 있는 소비자 가전의 하나로 만들었고, PC 사업을 성장시키는 촉매가 됐다. 애플 II가 출시된 지 3년이 지나지 않아 PC 사업은 연간 10억 달러 매출 규모로 성장했고, 애플은 1980년대 말까지 10만 대 이상의 애플 II 컴퓨터를 판매해 세계 1위의 PC 업체로 등극했다. 1980년 12월, 애플은 17억 9,000만 달러라는 당시로는 엄청난 규모의 기업 공개에 성공했고, 잡스와 워즈니악, 마큘라는 창업한 지 불과 몇 년 만에 억만장자가 됐다.

애플 II 컴퓨터: 애플은 친근한 디자인과 고해상도 그래픽을 지원하는 애플 II 컴퓨터를 출시해 큰 성공을 거두면서 1위 PC 기업으로 성장하게 됐다. 애플 II 컴퓨터는 부드러운 모서리와 차분한 색상을 선호하는 잡스의 디자인을 반영한 것이었고, 이를 구현하기 위해 PC 최초로 철제가 아닌 플라스틱 케이스를 사용했다. 기능과 함께 세련된 디자인도 애플 II의 성공에 큰 역할을 했다.(ⓒDevin Cook/Wikimedia Commons/CC-BY-SA-2.0-FR)

매킨토시 컴퓨터와 애플의 위기

애플은 PC 사업의 선두 업체 지위를 오래 지켜낼 수 없었다. 컴퓨터 업계를 지배해 온 IBM이 마침내 1981년부터 PC 시장에 진출했기 때문이었다. 워즈니악은 애플 II를 설계할 당시 알테어가 사용한 인텔의 8080 프로세서보다 가격이 훨씬 저렴한 모스 테크놀러지MOS Technology라는 회사의 8bit 프로세서 6502 칩을 사용했다. 반면, IBM은 인텔이 8080 프로세서의 성능을 더욱 향상시켜 1979년에 출시한 16bit 프로세서 8088 프로세서를 사용했다. 이 때문에 애플 II 컴퓨터는 IBM PC와 서로 호환되지 않았을 뿐만 아니라 성능도 떨어졌다.

또한 IBM은 PC의 구조를 개방해 다른 제조업체들과도 호환되는 PC를 만들 수 있도록 한 반면, 애플은 다른 기업에 구조를 개방하지 않고 자신의 PC를 독점적으로 생산했다. 여기에 기업용 대형 컴퓨터로 명성이 높았던 IBM의 브랜드도 더해져 IBM PC는 후발 주자였지만, PC 시장을 빠르게 점유해 나갔고, PC 사업의 1위였던 애플을 몰아내고 PC 사업의 표준을 장악해 버렸다.

애플은 애플 II 컴퓨터의 후속 모델로 애플 III, 리사Lisa 등의 컴퓨터를 개발했지만, 비싼 가격과 응용 프로그램의 부족 등으로 말미암아 성공하지 못했고, 수요가 꾸준하던 애플 II를 조금씩 개량한 버전인 II+, IIe 등을 출시하며 버텨 나갔다. 애플은 1984년 IBM PC 진영에 밀리던 전세를 역전하기 위해 회심의 역작인 매킨토시Macintosh 컴퓨터를 출시했다. 매킨토시는 디자인이 훌륭했을 뿐만 아니라 당시로서는 혁명적으로 마우스로만으로도 조작할 수 있는 그래픽 사용자 인터페이스GUI를 제공한, 한마디로 혁신성과 기술적 완성도가 높고 사용하기에도 편리한 컴퓨터였다.

애플은 조지 오웰의 소설 〈1984년〉을 모티브로, IBM을 소설 속에 나오는 '빅 브라더'로 비유한 광고를 1984년 미식축구 결승전인 슈퍼볼 경기의 광고로 내보내면서 매킨토시 컴퓨터의 마케팅 캠페인을 펼쳐 큰 화제를 모으기도 했다. 그러나 매킨토시 컴퓨터의 가장 큰 약점은 매킨토시 컴퓨터용 응용 프로그램이 많지 않고, 애플 II용으로 개발된 수많은 응용 프로그램이 매킨토시에서 동작하지 않는다는 것이었다.

잡스는 자신이 고집스럽게 전력을 기울여 개발을 주도한 매킨토시 컴퓨터의 판매를 낙관적으로 예측했지만, 2,495달러라는 높은 가격이 매겨진 매킨토시 컴퓨터의 실제 판매는 예상보다 훨씬 더 부진했다. 매킨토시의 판매 부진으로 말미암아 애플은 엄청난 재고를 떠안으면서 재정적으로 곤경에 처하게 됐다.

매킨토시 컴퓨터: IBM 호환 PC가 PC 시장의 대세를 장악하자 애플은 이를 뒤집을 목적으로 야심작인 매킨토시 컴퓨터를 출시했다. '맥'이라는 애칭으로 불린 매킨토시 컴퓨터는 다채로운 폰트 모음을 제공했고, 무엇보다 당시로는 혁명적으로 마우스를 활용하는 그래픽 유저 인터페이스를 채택했다. 하지만 가격이 비싸고, 사용할 수 있는 응용 프로그램이 적다는 것이 단점이었다.

스티브 잡스의 퇴진과 존 스컬리의 틈새시장 개척

1985년 애플의 이사회는 잡스를 CEO에서 물러나게 하고, 후임으로 존 스컬리John Sculley를 임명했다. 스컬리는 펩시콜라의 CEO로 재직하면서 펩시콜라를 코카콜라와 대등한 위치까지 성장시켜 마케팅의 귀재로 알려졌던 인물로, 잡스가 많은 공을 들여 영입한 경영자였다. 자기가 영입한 인물에 의해 자기가 세운 회사에서 쫓겨난 셈이 된 잡스는 큰 상처를 받았고, 자신이 보유한 애플의 주식을 모두 팔아버리고 또 다른 벤처 사업을 시작했다.

마케팅 전문가였던 스컬리는 IBM에 내준 PC 시장의 주도권을 다시 잡으려 하기보다는 매킨토시 컴퓨터가 비교 우위를 갖고 있던 전자출판과 교육 부문 시장에 집중하는

것이 바람직한 전략이라 보았다. 매킨토시는 특히 다채로운 폰트를 많이 보유하고 있었을 뿐만 아니라 어도비Adobe가 개발한 페이지메이커라는 훌륭한 매킨토시용 전자출판 소프트웨어와 매킨토시 전용의 성능이 뛰어난 레이저 프린터도 있었기 때문에 전자출판 부문에는 높은 경쟁력을 갖고 있었다.

애플은 또 PC 사업의 선구적 기업이었던 덕분에 이미 교육용 시장의 50% 이상을 이미 장악하고 있던 상태였으므로 교육 부문을 공략하는 것도 상대적으로 수월했다. 매킨토시의 초기 실패로 생존이 의문시됐던 상태까지 처했던 애플은 스컬리의 '선택과 집중' 전략을 통해 8%대의 PC 점유율을 꾸준히 유지하게 되었고, 1990년경에는 10억 달러의 현금을 보유한 기업으로 다시 살아나게 됐다.

애플의 회생에 큰 도움이 된 것은 애플이 확보한 다수의 충성스런 고객들이었다. 애플은 이들을 믿고 프리미엄 가격 정책을 사용할 수 있었고, 점유율 면에서는 IBM이나 컴팩에 밀렸지만, 이익률은 가장 높은 PC 제조업체가 될 수 있었다. 최상위 매킨토시 모델의 가격은 무려 1만 달러가 넘었고, 매출 이익도 50%에 가까울 정도였다. 그러나 마이크로소프트가 1990년 수준급 그래픽 인터페이스를 지원하는 운영체제인 윈도우 3.0을 출시하자 매킨토시와 IBM 호환 PC 간에 존재했던 격차는 급격히 줄어들었다. IBM 호환 PC의 가격은 업체 간 치열한 경쟁으로 말미암아 계속 빠른 속도로 하락했고, 매킨토시 컴퓨터는 얼마 지나지 않아 상대적으로 너무 비싼 제품이 돼 버렸다.

애플은 운영체제와 부품 등 많은 부분을 스스로 개발해야 했기 때문에 연구 개발의 부담이 매우 컸다. 반면, IBM 호환 PC 업체들은 운영체제와 마이크로프로세서를 비롯한 핵심 부품을 다른 기업에서 구매했으므로 연구 개발 부담이 상대적으로 적었다.

애플은 매출액의 약 9% 정도를 연구 개발에 투입했던 반면, IBM 호환 PC 업계의 선두주자였던 컴팩은 매출액의 5% 정도를 연구 개발비로 사용했고, 일반적인 PC 제조업체들은 매출액의 1% 미만을 연구 개발비로 사용했다. 이러한 연구 개발비의 차이는 IBM 호환 PC 제조업체들의 원가 우위와 가격 경쟁력으로 이어졌다. 또한 IBM 호환 PC의 숫자가 압도적으로 많아지면서 대부분의 소프트웨어는 IBM 호환 PC용으로만 개발됐다. 이로써 매킨토시에서 사용자들이 얻을 수 있는 가치는 상대적으로 점차 줄어들게 됐다.

애플의 혼란기

스컬리는 1990년경 전자출판과 교육 부문에 집중하는 전략에서 벗어나 애플 컴퓨터를 다시 대량 생산, 대량 소비되는 컴퓨터 산업의 주류로 만든다는 약간 무모한 전략적 결정을 내렸다. 애플은 맥 클래식Mac Classic이라는 제품을 999달러라는 저가에 출시해 저가의 IBM 호환 PC와 정면으로 경쟁하고자 했다.

또한 IBM과 합작 기업을 설립해 마이크로소프트의 운영체제에 대항할 수 있는 새로운 운영체제를 개발하기 시작하는 한편, 모토롤라에서 프로세서용으로 개발한 매킨토시의 운영체제가 인텔의 프로세서상에서도 동작할 수 있도록 하기 위해 인텔과 협력 프로젝트를 진행하기도 했다.

스컬리는 6개월에서 12개월마다 새로운 히트 상품을 내놓아 시장 점유율을 빠르게 높여 나간다는 전략을 세웠다. 그러나 스컬리는 마케팅 전문가였기 때문에 그의 계획은 기술적으로 비현실적인 경우가 많았고, 성공 가능성이 낮은 연구 개발에 자원이 투입되는 것을 막을 수 있는 기술적 안목도 부족했다. 특히 많은 개발비를 투입해 손바닥 위에 놓고 사용할 수 있는 소위 팜탑Palm Top 컴퓨터 뉴턴Newton을 개발했지만, 제품에 대한 평이 좋지 않아 판매는 부진했고, 애플의 매출 이익은 과거 10년간 최저 수준으로 떨어졌다. 스컬리가 IBM 및 인텔 등과 손잡고 추진했던 대형 프로젝트들도 잘 진척되지 않았다. 1993년 6월, 스컬리는 결국 CEO에서 물러나고 말았다.

뉴턴: 스컬리가 야심 차게 개발을 추진한 뉴턴은 손바닥 위에 올려놓고 쓸 수 있는 팜탑 컴퓨터 시장을 만들어 낼 것으로 기대됐다. 하지만 뉴턴은 펜으로 쓴 필기체 글씨를 잘 인식하지 못했을 뿐만 아니라 가격도 매우 높아 결국 실패로 돌아가고 말았다.(ⓒUser: Rama/Wikimedia Commons/CC-BY-SA-2.0-FR)

스컬리의 후임 CEO로는 유럽 시장과 일본 시장 개척에 있어서 훌륭한 성과를 이뤄낸 독일 출신의 마이클 스핀들러Michael Spindler가 임명됐다. 스핀들러는 우선 위기를 타개하기 위해 비용 절감에 초점을 뒀다.

인력의 15%가량을 감원하는 구조 조정 조치를 취했고, 인텔 프로세서용 매킨토시 운영체제 개발과 같은 대형 프로젝트를 중지시켰다. 1992년 당시에는 매출의 45%를 미국이 차지할 정도로 애플은 미국 시장 의존도가 매우 높았는데, 스핀들러는 해외 매출을 확대함으로써 성장 정체에서 벗어나고자 했다. 또한 기존의 폐쇄적 정책을 포기하고 다른 PC 제조업체들에게도 애플 컴퓨터

를 제조할 수 있는 라이선스를 주어 매킨토시 컴퓨터의 보급을 확산시키고자
했다.

하지만 스핀들러의 이러한 조치도 쇠락하는 애플을 되살리기에는 역부족
이었다. 특히 이 무렵에 출시되어 대성공을 거둔 마이크로소프트의 윈도우 95
운영체제는 애플에게 치명타가 됐다. 윈도우 95의 성능에 만족한 대부분의 윈
도우 사용자들은 애플의 매킨토시 컴퓨터를 살 의향이 없었고, 매킨토시 PC 사
용자들조차 윈도우 운영체제를 탑재한 PC를 원했다.

이러한 상황에서 애플의 희망은 IBM과 공동 개발하고 있는 새로운 운영체
제가 성공하여 마이크로소프트의 독점 구도를 조금이나마 뒤흔들어 놓는 것이
었지만, IBM과 애플의 합작 회사는 5억 달러를 사용하고도 만족할 만한 운영체
제를 개발하지 못하고, 결국 해체되고 말았다. 애플은 1996년 1사분기에만
6,900만 달러의 손실을 기록했다. 이사회는 스핀들러를 해임하고, 1994년부터
애플의 이사회에 참여해 온 길버트 아멜리오Gilbert Amelio를 후임 CEO로 임명했다.

아멜리오는 조지아 공대에서 물리학 박사를 받은 엔지니어 출신으로,
1991년부터 1995년까지 내셔널 반도체의 CEO로 근무하면서 적자를 흑자로 돌
려놓은 이력을 갖고 있었다. 아멜리오는 애플이 과거처럼 프리미엄 가격의 제
품을 판매해 높은 이익률을 올리는 전략으로 돌아가야 한다고 생각했다. 그러
나 문제는 이제 매킨토시 컴퓨터에는 과거에 프리미엄 가격을 가능하게 했던
윈도우 기반 PC에 대한 비교 우위가 사라졌다는 점이었다.

애플에게는 무엇보다 마이크로소프트의 윈도우 95를 능가하는 운영체제
가 필요했다. 아멜리오는 잡스가 애플을 나간 후 설립한 넥스트NeXT가 개발한
운영체제에 주목했다. 애플은 1996년, 넥스트를 4억 달러에 인수하고 넥스트가
개발한 운영체제를 바탕으로 윈도우 95에 대항할 수 있는 새로운 운영체제를
개발하기로 했다. 넥스트가 애플에 인수되면서 잡스는 비록 자문역이기는 했
지만, 11년 만에 다시 애플로 복귀하게 됐다.

애플은 아멜리오 체제에서도 16억 달러의 손실을 기록했고, 세계 시장 점유율도 3%까지 떨어지는 등 회생의 기미를 보이지 않았다. 이사회는 1997년 9월, 마지막 희망으로 잡스에게 임시로나마 CEO를 맡겨 그가 공동 창업한 애플의 회생을 한번 맡겨 보기로 했다.

스티브 잡스의 CEO 복귀

임시 CEO로 취임한 잡스는 제일 먼저 마이크로소프트의 빌 게이츠를 찾아가 담판을 지었다. 애플과 마이크로소프트 간에는 마이크로소프트가 애플의 그래픽 사용자 인터페이스GUI를 무단으로 도용해 윈도우 운영체제에 포함시켰다는 소송이 오랫동안 진행 중이었다.

"그들은 훌륭한 제품을 만드는 것보다 돈을 버는 데 관심이 더 많았다. 이윤이 먼저인가, 제품이 먼저인가는 미세한 차이지만 그것이 결국 누구를 고용하는가, 누구를 승진시키는가, 무엇을 논의하는가 등과 같은 것들을 결정한다."
: 스티브 잡스 :

잡스는 게이츠에게 이 오래된 소송을 끝낼 것과 매킨토시 컴퓨터의 기본 웹 브라우저로 마이크로소프트의 인터넷 익스플로러를 탑재할 것을 약속했다. 잡스는 그 대신 게이츠로부터 마이크로소프트가 매킨토시를 위한 오피스 프로그램을 계속 개발할 것이라는 약속과 함께 1억 5,000만 달러 규모의 투자도 이끌어냈다. 빌 게이츠와의 이러한 타협은 불안해하는 애플의 투자자들을 안심시켰고, 잡스의 독불장군 이미지를 개선해 그의 리더십 역량에 대한 의구심도 덜어주었다.

잡스의 경영 좌우명은 '집중'이었다. 그는 가장 먼저 15개에 이르렀던 애플의 제품 라인을 4개(데스크톱, 노트북, 일반용, 프로용)로 과감하게 줄였다. 또한 스핀들러가 시작한 다른 컴퓨터 업체에 매킨토시 호환 컴퓨터를 만들 수 있게 라이선싱을 주던 정책을 중단했고, 향후 발표되는 매킨토시 운영체제는 애플이 독점적으로 사용할 것임을 공개적으로 밝혔다.

내부의 구조 조정에도 나서 컴퓨터의 생산은 대만의 제조 전문 업체에 과감하게 아웃소싱하도록 했다. 재고는 낮은 수준으로 유지하도록 했고, 유통망도 소형 점포 위주에서 대형 업체 위주로 바꾸었으며, 1997년에는 인터넷 판매를 위한 웹 사이트도 개설했다.

잡스는 한동안 방향을 잃고 헤맸던 애플을 다시 혁신적인 기술과 디자인에 초점을 두는 기업으로 돌려놓고자 했다. 이를 위해 어려운 회사 상황에도 불구하고 연구 개발에 대한 투자를 더욱 늘렸고, 애플의 브랜드 이미지를 높이는 것에도 우선순위를 두었다. "다르게 생각하라(Think Different)"라는 슬로건으로 수백만 달러의 마케팅 캠페인을 전개했고, 컴퓨터 잡지뿐만 아니라 패션 잡지에도 광고를 게재하는 등 가격 경쟁이 치열한 PC 사업에서 살아남기 위해 많은 노력을 기울였다.

잡스의 복귀 후 첫 작품은 1998년 8월에 출시한 아이맥 iMac 컴퓨터였다. 매킨토시 컴퓨터로는 비교적 저렴한 1,299달러의 가격이 책정된 아이맥은 계란 같은 형태의 반투명 케이스 속에 모니터와 본체를 통합한 혁신적인 디자인을 가진 제품이었다. 아이맥은 파란색, 초록색, 오렌지색 등 다양한 색깔로 출시됐

아이맥 컴퓨터: 스티브 잡스가 애플의 CEO로 다시 복귀한 후 첫 번째로 내놓은 작품인 아이맥 컴퓨터는 본체와 모니터가 일체형이었고, 반투명 플라스틱 케이스를 통해 컴퓨터 내부가 보이는 파격적인 디자인을 채택했다. 일반적으로 2,000달러가 넘었던 애플의 다른 컴퓨터와는 달리 1,299달러라는 비교적 저렴한 가격이 책정된 아이맥 컴퓨터는 큰 성공을 거두어 애플에 회생의 발판을 제공했다.(ⓒUser: Thuresson/Wikimedia Commons/CC-BY-SA-2.0)

고, 애플의 컴퓨터 중 처음으로 윈도우용 주변 기기들을 플러그-앤-플레이Plug-and-Play 방식으로 지원하여 윈도우용 주변 기기라 하더라도 특별한 설치 과정 없이 아이맥에 꼽기만 하면 사용할 수 있었다.

아이맥은 큰 성공을 거두었고, 애플은 몇 년 만에 처음으로 컴퓨터 산업의 평균을 웃도는 성장을 기록할 수 있었다. 잡스가 복귀한 첫 해인 1998년, 애플은 전년도의 10억 달러 적자에서 벗어나 3억 달러의 흑자를 기록하며 부활의 서막을 올렸다.

애플의 '디지털 허브' 전략

2001년, 잡스는 애플 창립 25주년을 맞아 '디지털 허브Digital Hub' 라는 애플의 비전을 발표했다. 디지털 허브 전략은 애플의 매킨토시 컴퓨터를 중심으로 디지털 카메라, 디지털 캠코더, 휴대용 음악 플레이어, 휴대전화 등을 연결해 애플을 디지털 라이프스타일의 중심 기업으로 만든다는 전략이었다.

> "내가 반복하여 되뇌는 주문 중 하나는 집중과 단순함이다. 단순함은 복잡함보다 더 어렵다. 열심히 노력해야만 생각을 명확히 하고 단순하게 만들 수 있다."
> : 스티브 잡스 :

잡스는 디지털 융합의 시대에 애플이 거의 유일하게 남은 하드웨어와 소프트웨어 개발 능력을 동시에 보유한 통합적인 회사라는 점이 큰 장점으로 작용할 것으로 믿었고, 이점을 활용하여 매킨토시 컴퓨터를 다양한 기기들을 제어하고 통합하는 허브 역할을 하는 장치로 만들어 낼 수 있을 것이라 보았다. 애플의 디지털 허브 전략은 2001년 출시한 아이팟iPod과 함께 본격적으로 전개되기 시작했고, 이후 2007년과 2010년에 각각 출시한 아이폰iPhone과 아이패드iPad로 이어졌다.

아이팟

　아이맥 컴퓨터의 성공으로 애플의 사업 전망은 한층 호전됐다. 하지만 애플을 본격적인 성장 궤도에 다시 올라서게 한 제품은 컴퓨터가 아니라 휴대용 음악 플레이어 아이팟iPod이었다. 2001년 크리스마스 시즌에 맞춰 출시된 아이팟은 MP3 포맷 파일의 음악을 재생하는 최초의 휴대용 기기는 아니었다.

　그러나 유려한 디자인과 휠 방식의 단순하면서 독특한 사용자 인터페이스, 넉넉한 저장 공간 등을 제공하여 애플의 새로운 상징이 될 정도로 큰 성공을 거두었다. 초기의 MP3 플레이어들은 플래시 메모리를 채용했는데, 당시 플래시 메모리의 기술 수준으로는 합리적인 가격으로 한두 시간 정도 분량의 음악을 저장할 수 있는 백~수백 MB의 저장 공간밖에는 제공할 수 없었다.

　최초의 아이팟은 플래시 메모리 대신 5GB의 넉넉한 저장 공간을 제공하는 1.8인치의 소형 하드디스크를 채택하여 1,000곡까지도 저장할 수 있었다. 아이팟에는 399달러라는 높은 가격이 책정됐기 때문에 출시되자마자 선풍적인 속도로 팔려 나간 것은 아니었다. 하지만 아이팟은 많은 관심을 모으는 데는 성공했고, 아이팟의 매력에 매료되기 시작하는 사람들이 점차 늘어나고 입소문이 퍼지면서 판매도 꾸준히 늘어났다.

　애플은 아이팟에 대해서는 매킨토시 컴퓨터보다 좀 더 개방적인 접근 방식을 취했다. 먼저 아이팟은 매킨토시 컴퓨터뿐만 아니라 윈도우 기반 PC와도 동기화가 가능했다. 또한 애플은 아이팟용 패션 케이스와 도킹 스테이션, 스피커 등 광범위한 아이팟 액세서리 시장을 독점하기보다는 다른 기업들이 참여할 수 있도록 기회의 문을 열어주어 아이팟을 둘러싼 액세서리 생태계를 조성했다. 대신 애플은 '메이드-포-아이팟Made for iPod'이라는 로고를 붙일 수 있도록 허가하는 인증 프로그램을 운영하여 아이팟용 액세서리를 판매하는 업체들에게 판매가의 약 5%에 달하는 로열티를 징수해 또 다른 수익을 올렸다.

애플은 최초의 아이팟 출시 이후 저장 용량을 늘리고 무게를 줄인 후속 세대 아이팟을 잇달아 출시했고, 하드디스크 대신 플래시 메모리를 사용한 아이팟 나노Nano, 크기를 최소한으로 줄인 아이팟 셔플Shuffle, 3.5인치

스크린과 그래픽 인터페이스, 와이파이 접속 기능 등을 내장한 아이팟 터치Touch 등 여러 가격대의 다양한 모델들을 출시하며 시장을 장악해 나갔다. 애플은 2010년 미국 MP3 플레이어 시장의 70% 이상을 점유했다.

애플은 아이팟에도 매킨토시 컴퓨터와 마찬가지로 프리미엄 가격 정책을 채택하여 아이팟의 판매 가격은 경쟁사의 기기보다 일반적으로 50달러에서 100달러 이상 더 높았고, 이로 말미암아 애플은 높은 이익을 얻을 수 있었다. 아이팟 나노의 경우 2007년 기준으로 매출 이익률이 40%에 달할 정도였다.

1세대 아이팟: 아이팟은 최초의 MP3 플레이어는 아니었지만 유려한 디자인을 갖고 있었고, 5GB 하드디스크를 채택했기 때문에 1,000곡 이상 저장할 수 있었다. 아이팟은 수백 곡의 저장된 곡들을 빠르게 찾을 수 있게 해주는 휠 방식의 독특하고 직관적인 사용자 인터페이스를 제공했다.

아이튠즈 소프트웨어와 아이튠즈 스토어

MP3 플레이어 시장에는 애플뿐만 아니라 소니, 삼성, 크리에이티브 등의

경쟁사들이 있었고, 2006년에는 마이크로소프트도 준^{Zune}이라는 제품을 출시하면서 MP3 플레이어 시장에 뛰어들었다. 아이팟이 다른 MP3 플레이어와 차별화를 이루고 경쟁에서 승리할 수 있었던 가장 큰 요인은 아이팟과 함께 제공된 소프트웨어 아이튠즈^{iTunes}와 2003년 4월부터 서비스를 개시한 인터넷 음악 다운로드 서비스 아이튠즈 스토어였다.

아이튠즈는 간편하게 아이팟과 사용자의 PC를 동기화하고 음악 파일들을 정리할 수 있도록 도와주는 소프트웨어였다. 애플이 2003년에 아이튠즈 소프트웨어를 공개하고 무료로 배포하기 시작하자 3일 만에 100만 건 이상의 다운로드를 기록할 정도로 큰 인기를 끌었고, 이는 아이팟의 인기로도 이어졌다. 아이튠즈는 사용자들이 최초의 합법적인 유료 음악 다운로드 서비스인 애플의 아이튠즈 스토어에서 쉽게 음악을 구매하고 다운로드할 수 있게 해주는 매끄러운 연결 고리를 제공하기도 했다.

아이튠즈 스토어에서는 5개의 대형 음반 회사와 수천 개의 독립 음반 회사가 판권을 보유한 수많은 음악을 한 곡당 99센트의 가격에 다운로드할 수 있었다. 사용자가 애플에 지불한 99센트 중 음반 회사는 최대 70센트를 가져갔고, 카드사도 한 곡당 결제 비용으로 약 20센트를 가져갔다. 이 때문에 웹 사이트를 개발하고 운영하기 위한 직·간접 비용을 고려하면 아이튠즈 스토어는 애플에 있어 수익성이 없는 사업이었다. 하지만 아이튠즈 스토어는 아이팟 판매에 큰 영향을 미쳤다. 분기당 10만 대가량이 판매되던 아이팟은 아이튠즈 스토어 개시 이후 판매량이 70만 대로 증가했다.

애플은 아이튠즈 스토어를 시작하기에 앞서 페어플레이^{Fair Play}라는 이름의 디지털 지적 재산권 관리기술(DRM)을 개발했다. 페어플레이는 다운로드된 음악 파일이 재생될 수 있는 기기의 수를 5개로 제한해 음악 파일을 구매한 사용자가 파일을 컴퓨터에서 재생하거나 아이팟으로 옮기거나 CD로 굽는 것을 모두 자유롭게 할 수 있도록 보장하면서도 음악 파일이 무제한 복사돼 배포되는 것을 막는 기술이었다.

아이튠즈 스토어가 성공하기 위해서는 무엇보다 대형 음반 회사들이 음원 제공에 참여하는 것이 중요했다. 잡스는 페어플레이 기술을 통해 제공된 음원의 불법복제를 우려하는 5개의 대형 음반 회사들을 설득할 수 있었다. 소니 같은 경쟁 회사의 MP3 플레이어는 애플의 페어플레이 기술로 보호된 음악 파일을 재생할 수 없었기 때문에 아이튠즈 스토어와 페어플레이 기술은 소비자들을 아이팟에 묶어 두고 경쟁사를 견제하는 역할도 수행했다.

애플 스토어

애플 스토어는 애플이 직접 운영하는 제품 전시 및 판매 공간으로, 시선을 사로잡는 디자인을 가진 애플의 제품들을 전시해 브랜드 이미지를 높이고 사람들이 애플의 기기와 소프트웨어를 직접 체험한 후에 구매도 할 수 있는 장소였다. 출시 이후 사람들의 입에 많이 오르내린 아이팟은 사람들을 애플 스토어에 끌어모으는 주요한 수단이 됐고, 애플의 컴퓨터를 사용해본 적이 없는 이들이 애플 스토어에서 직접 제품을 사용해보고 인식이 좋아져 구매로 이어지는 경우도 많았다. 애플 스토어는 아이팟의 후광 효과를 애플 제품 전반에 확산시켜 나가는 장치가 된 셈이었다.

애플은 아이팟을 출시할 무렵인 2001년, 버지니아에 최초의 애플 스토어를 개점했다. 이후 애플 스토어는 점차 확대되어 2010년에는 10여 개 국가에 280개 이상의 스토어가 열렸다. 특히 뉴욕의 중심인 맨해튼 5번가에 위치한 애플 스토어는 지붕까지 투명한 유리벽으로 된 직육면체 모양의 독특한 구조물로 관광명소로까지 자리 잡았다.

델 컴퓨터가 인터넷 직판 사업 모델로 PC 시장에서 경쟁자들을 휩쓸던 상황에서 애플의 스토어 전략은 초기에는 비판을 받기도 했다. 하지만 애플 스토어는 결국 매우 성공적인 것으로 평가됐고, 애플 총매출액의 20%가량을 발생시킬 정도로 비중 있는 유통 채널로 성장했다.

아이팟과 애플 스토어 전략의 성공으로 애플의 PC 사업도 개선될 수 있었다. 애플은 주로 1,000달러 이상의 프리미엄 가격대 PC를 판매했기 때문에 PC 사업의 개선은 애플의 매출과 이익에 큰 영향을 미쳤다.

애플의 운영체제와 응용 프로그램

애플은 1996년 인수한 넥스트의 운영체제를 바탕으로 10억 달러 이상을 투자해 개발한 새로운 운영체제 맥 OS X('텐'이라고 읽음)을 2001년에 출시했다. 이는 1984년에 매킨토시 컴퓨터를 출시한 이래 처음으로 구조를 전면적으로 교체한 운영체제였다. 맥 OS X에 기반을 둔 넥스트의 운영체제는 오랫동안 검증되고 개선되어 온 유닉스 운영체제를 바탕으로 했기 때문에 맥 OS X은 안정적이고 뛰어난 성능을 제공했고, 프로세서용으로도 다양하게 만들 수 있다는 장점이 있었다. 애플은 맥 OS X의 업그레이드 버전을 윈도우의 업그레이드 주기보다 훨씬 빠른 12~18개월마다 한 번씩 출시해 마이크로소프트와의 운영체제 경쟁에서 밀리지 않으려고 노력했다. 특히 2007년 10월 레오파드Leopard라는 이름으로 출시된 맥 OS X의 여섯 번째 버전은 판매 첫 주에만 200만 카피가 팔릴 정도로 많은 인기를 끌었고, 2010년에는 절반 이상의 매킨토시 컴퓨터에 레오파드 운영체제가 설치됐다.

애플은 1980년대 이후 낮은 PC 시장 점유율로 말미암아 응용 프로그램 개발업체들의 지원을 많이 받지 못했기 때문에 다양한 응용 프로그램들을 자체적으로 개발하거나 응용 프로그램 개발 업체를 인수함으로써 매킨토시 컴퓨터를 위한 응용 프로그램을 확대해 왔다.

애플은 많은 개발비를 투자해 음악을 위한 아이튠즈iTunes, 사진을 위한 아이포토iPhoto, 영상을 위한 아이무비iMovie 등의 응용 프로그램과 사파리Safari 웹 브라우저 등을 개발했고, 이를 묶어 아이라이프iLife라는 이름의 패키지로 제공했다.

최대의 매킨토시용 응용 프로그램 개발업체는 역설적으로 운영체제 부문에서 최대 경쟁사인 마이크로소프트였다. 마이크로소프트의 매킨토시용 오피스는 가장 인기가 높은 매킨토시 응용 프로그램이었고, 매킨토시도 마이크로소프트의 인터넷 익스플로러를 기본적인 웹 브라우저로 사용했다. 하지만 애플이 2003년 사파리 웹 브라우저를 개발하자 마이크로소프트는 더 이상 매킨토시용 인터넷 익스플로러를 개발하지 않을 것이라고 발표하면서 애플을 견제하기 시작했다. 마이크로소프트는 매킨토시용 오피스 프로그램은 계속 개발할 것이라고 발표했지만, 애플은 언젠가 마이크로소프트가 오피스를 무기로 애플을 위협할 수 있다고 보았다.

애플은 워드에 대응하는 페이지Page, 엑셀에 대응하는 넘버Number, 파워포인트에 대응하는 키노트Keynote 등을 개발해 마이크로소프트 오피스의 주요 기능을 모두 제공하는 사무용 소프트웨어 패키지를 아이워크iWork라는 이름으로 출시하고, 마이크로소프트가 오피스를 무기로 위협하는 상황에 대비해 나갔다.

인텔 프로세서로의 전환

애플은 차별화를 위해 매킨토시 초기부터 인텔의 프로세서보다 더 나은 성능을 제공하는 모토롤라의 프로세서를 사용해 왔고, 이후에는 IBM 및 모토롤라와 합작으로 개발한 파워PC 프로세서를 사용해 왔다. 그러나 인텔 프로세서의 성능이 향상되면서 파워PC 프로세서가 더 이상 비교 우위를 제공하지 못하게 되자 애플은 2006년에 인텔의 프로세서를 채용한 매킨토시 컴퓨터를 처음으로 출시했고, 2007년 이후에는 모든 매킨토시 컴퓨터에 인텔의 프로세서를 사용하기 시작했다.

인텔의 프로세서를 사용하는 것에는 여러 가지 장점이 있었다. 먼저 인텔의 프로세서를 채용한 매킨토시 컴퓨터의 사용자들은 맥 OS가 아닌 윈도우 운영체제를 설치해 속도 저하 없이 윈도우용 응용 프로그램을 사용할 수도 있게 됐다. 이러한 호환성은 그동안 매킨토시가 갖고 있었던 최대 약점인 응용 프로그램이 적다는 문제를 일거에 해결할 수 있는 방안이기도 했다.

그뿐만 아니라 인텔은 빠르면서도 전력 소모가 적은 노트북 PC용 프로세서를 잇달아 내놓았기 때문에 애플은 많은 투자를 하지 않고도 '맥북 시리즈'라는 성능과 디자인이 우수한 노트북 컴퓨터를 개발하거나 판매할 수 있었다. 인텔 프로세서를 채택한 애플의 전략은 매우 시의적절한 것이었다.

노트북 컴퓨터가 애플의 PC 판매에서 차지하는 비중은 2002년에는 38%였지만, 2009년에는 인텔의 코어 2 듀오 프로세서를 채용한 맥북이 애플의 컴퓨터 매출 중 69%를 차지했을 정도로 2000년대에 접어들어 컴퓨터 시장의 추세가 데스크톱에서 노트북으로 빠르게 변했기 때문이다.

그러나 프로세서를 바꾸는 일은 결코 쉽지 않았다. 무엇보다 운영체제를 거의 완전히 새로 만들어야 하기 때문이다. 애플이 빠른 시일 내에 모토롤라의 프로세서에서 인텔의 프로세서로 전환할 수 있었던 이유는 애플이 2001년 이후 계속 개선해 온 맥 OS X이 매우 유연한 운영체제였기 때문이다. 애플이 프로세서를 인텔의 프로세서로 교체하고 이에 맞는 운영체제와 응용 프로그램들을 적기에 개발해낸 것은 빌 게이츠를 비롯해 컴퓨터와 운영체제를 알고 있는 많은 이들을 놀라게 하는 사건이었다.

콘텐츠 사업에서 직면한 도전

아이튠즈 스토어는 큰 성공을 거두었지만, 애플과 음반 회사들 간의 관계는 오히려 협력 관계에서 갈등 관계로 변했다. 갈등의 원인은 아이튠즈 스토어가 음반 회사들이 기대한 것 이상으로 큰 성공을 거뒀다는 데에 있었다.

음반 회사들은 애플이 음원시장을 점차 장악해 나가는 것을 불안하게 여겼고, 한 곡당 99센트라는 고정 가격제에도 불만이 많았다. 이들은 고가에 판매되는 CD의 매출이 부진한 이유가 아이튠즈 스토어에서 한 곡을 99센트라는 낮은 가격으로 판매했기 때문이라고 생각했다.

음반 회사들은 애플을 견제하기 위해 아마존, 냅스터, 월마트 등의 유료 음악 다운로드 서비스에서도 음악 파일을 판매하기 시작했다. 아이튠즈 스토어가 아닌 곳에서 다운로드받은 음악 파일들은 애플의 지적 재산권 관리 기술인 페어플레이가 적용되지 않았기 때문에 굳이 아이팟이 아니더라도 일반적인 MP3 플레이어나 휴대전화를 사용하여 재생할 수 있었다. 애플은 결국 음반 회사들의 입장을 반영해 인기가 높은 곡에 대해서는 음반 회사가 고정 가격제가 아닌 더 높은 가격을 책정할 수도 있도록 재계약할 수밖에 없었다.

애플은 다른 MP3 플레이어 제조업체 및 유료 음악 다운로드 서비스와의 경쟁뿐만 아니라 유료 음악 스트리밍 서비스, 온라인 쥬크박스, 인터넷 라디오 등과의 경쟁에도 직면하게 됐다. 휴대전화 제조업체들과 통신사들도 휴대전화와 함께 무제한 음악 서비스를 묶어 판매하기도 했다. 아이팟은 인기 있는 휴대용 음악 재생 기기였지만, 얼마 지나지 않아 결국 휴대전화가 음악 재생 기기를 대체할 것으로 보는 견해가 일반적이었다.

아이폰

휴대전화는 제품 수명주기가 평균 6~9 개월밖에 되지 않기 때문에 수명이 짧은 IT 제품들 중에서도 가장 수명주기가 짧은 기기 중 하나였다. 또한 우수한 품질의 휴대전화 를 제조하기 위해서는 높은 수준의 무선 통 신 기술력이 필요했는데, 무선 통신은 애플 이 별로 경험해보지 못한 분야였다.

"나는 인문학과 과학 기술의 교차점 을 좋아한다. 거기에는 마법 같은 무언가가 있다. … (중략) … 훌륭한 예술가와 훌륭한 엔지니어는 모두 자기를 표현하려고 한다는 점에서 비슷한 사람들이라고 생각한다."
: 스티브 잡스 :

휴대전화 시장은 이미 노키아, 삼성, 모토롤라와 같은 강력한 기업들이 함 께 전체 시장의 60%를 점유하고 있었고 중국, 인도 같은 신흥시장에서는 업체 들 간 가격 경쟁이 매우 치열하게 전개되고 있었다.

휴대전화의 판매를 위해서는 미국 시장의 60%를 장악하던 양대 통신사인 버라이존Verizon, AT&T를 비롯해 일본의 NTT 도코모, 독일의 보다폰Vodafone 같은 전 세계의 막강한 이동통신 사업자들을 상대해야 했는데, 이들 사업자들은 자 신들의 통신망에서 사용할 수 있는 휴대전화에 대한 강력한 영향력을 행사하 고 있었다. 특히 미국 시장에서는 통신사들이 고객들에게 2년 또는 그 이상의 약정을 맺는 대가로 많게는 150달러 이상의 보조금을 지불해 단말기 구매 가격 을 낮춰주고 있었기 때문에 통신사의 보조금 없이는 단말기의 가격 경쟁력을 유지하기 어려웠다.

통신사들은 보조금에서 나오는 자신들의 강력한 영향력을 바탕으로 개방 된 네트워크인 인터넷에 자유롭게 접속할 수 있게 해주는 휴대전화의 출현을 막고, 자신의 네트워크를 통해 제공하는 콘텐츠와 프로그램만을 사용할 수 있 도록 하여 소비자와 생산자 모두에게서 수익을 얻는 독점적 콘텐츠 사업구조 를 유지해 오고 있었다.

이러한 상황에서 휴대전화 시장에 진출하는 데에는 많은 위험이 뒤따랐다. 하지만 애플은 휴대전화가 궁극적으로 애플의 주요 수익원이 된 휴대용 음악 플레이어를 대체할 것이 분명했기 때문에 휴대전화 사업에도 진출하기로 결심했다. 잡스는 "휴대전화를 재창조한다"라는 비전을 내세우고, 2년 반의 기간과 1억 5,000만 달러가 투입된 아이폰 개발 프로젝트를 진두지휘했다.

애플은 아이팟의 개발 당시와 마찬가지로 아이폰의 개발 과정을 직원들조차 잘 알지 못할 정도로 극비리에 붙였는데, 이는 아이팟의 경우처럼 대중들의 호기심을 자극해 더욱 큰 관심을 끌어내는 신비주의 마케팅으로 이어졌다.

2007년 1월 9일, 미국 샌프란시스코에서 열린 맥월드 2007에서 잡스가 직접 발표한 아이폰은 기대하던 소비자들을 실망시키지 않는 혁신적인 제품이었다. 3.5인치의 터치스크린을 채택한 아이폰은 키보드가 아예 없었고, 모든 상호작용이 손가락을 사용한 터치 기반으로만 이루어지는, 당시로는 혁신적인 인터페이스를 제공했다.

또한 무엇보다 통신사의 네트워크를 통하지 않고도 와이파이를 통해 인터넷에 접속할 수 있었고, 인터넷을 통해 필요한 소프트웨어를 다운로드할 수도 있었다. 애플은 오랜 기간 다듬어온 운영체제인 OS X 플랫폼을 기반으로 한 운영체제를 아이폰에 채택했는데, 사용자들은 아이폰의 운영체제가 매우 직관적이고 사용하기가 편리하다고 느꼈다. 아이폰은 많은 찬사를 받았고, 타임지가 올해의 발명품으로 선정할 정도로 혁신성을 인정받았다.

아이폰의 출시는 휴대전화와 이동통신 업계에 지각변동을 가져오는 일대 사건이었다. 애플은 AT&T에 독점적으로 아이폰을 공급하는 대신 AT&T가 아이폰 사용자들로부터 얻은 수익을 공유하기로 했는데, 휴대전화 업체와 통신사가 사용자로부터 얻는 수익을 공유하는 계약은 전례가 없는 일이었다. AT&T는 아이폰의 판매 방식과 가격, 브랜드 관리에 대한 모든 권한도 애플에 넘겨줬다. AT&T가 애플과 수익을 공유하는 대신 아이폰에 대한 단말기 보조금은 지불하지 않기로 했기 때문에 최초의 아이폰 모델은 499달러라는 높은 가격에 판매됐다.

애플이 2007년에 최초로 내놓은 1세대 아이폰은 높은 가격에도 불구하고 출시 이후 15개월간 약 600만 대가 판매될 정도로 큰 성공을 거두었다. 하지만 애플이 AT&T와 맺은 것과 같은 수익 공유 조건을 받아들이는 통신 사업자는 많지 않았기 때문에 아이폰은 단지 몇몇 국가에서만 판매될 수 있었다.

애플은 2008년에 3세대 이동통신 서비스를 지원하는 아이폰 3G를 출시했다. 애플은 아이폰 3G에서는 수익 공유 대신 단말기에 대해 파격적인 수준의 보조금을 지급받는 것으로 계약 조건을 바꾸었다. 미국의 소비자들은 AT&T와 2년 계약을 하면 599달러에 판매되는 8GB 용량의 아이폰 3G를 400달러나 낮은 199달러에 구입할 수도 있었고, 가격이 낮아진 아이폰 3G의 매출은 폭발적으로 성장해 2009년 말까지 130억 달러의 매출을 기록했다.

2009년 6월에 출시된 후속 모델인 아이폰 3GS의 가격은 99달러로 더욱 내려가서 아이폰의 가격 경쟁력은 더욱 강화됐다. AT&T 역시 아이폰의 독점 공급업체로서 큰 혜택을 보았다. 아이폰으로 말미암아 많은 신규 가입자를 확보할 수 있었을 뿐만 아니라 아이폰 사용자의 사용자당 평균 매출(ARPU)은 다른 미국 이동통신 업체들의 평균 ARPU인 50달러를 크게 웃도는 95달러였기 때문에 정보 이용료로도 높은 수익을 얻을 수 있었던 것이다.

애플은 아이폰의 판매를 세계 시장으로 확대해 나가기 위해 통신사와의 수익 공유 모델을 포기하는 대신 아이폰을 특정 통신사에 독점적으로 공급해 단말기 보조금을 최대한 확보하는 전략으로 전환했다. 이후 전 세계의 소비자들은 통신사들의 보조금 덕택에 더 낮은 가격에 아이폰을 구매할 수 있었고, 아이폰의 판매는 세계적으로 급성장하게 됐다. 출시 후 2년 만에 아이폰은 전 세계 스마트폰 시장의 14%를 점유해 버렸고, 애플 총매출액 중 30%의 비중을 차지할 정도로 크게 성장했다.

(좌측부터) 아이폰, 아이폰3G, 아이폰4: 2007년 1월에 발표한 아이폰은 키보드가 아예 없었고, 모든 상호작용을 3.5인
치 터치스크린을 통해 수행하는 당시로는 혁신적인 인터페이스를 제공했다. 사용자들은 애플의 맥 OS X 운영체제에
기반을 두고 개발된 아이폰 운영체제를 매우 직관적이고 사용하기 편리하다고 느꼈다. 아이폰의 디자인과 하드웨어
사양은 세대에 따라 변했지만, 운영체제는 기본적으로 같았기 때문에 사용하는 방법이나 인터페이스에는 별 차이가
없는 듯이 보인다.

앱 스토어

아이팟 성공의 주요 요인이 아이튠즈 스토어였던 것처럼 아이폰 성공의 주
요 요인 중 하나도 애플이 2008년 개시한 '앱 스토어'였다. 앱 스토어에는 아이
폰과 아이팟에서 사용할 수 있는 앱App이라 불리는 많은 수의 응용 프로그램들
이 무료로 제공되거나 99센트에서 시작하는 저렴한 가격에 제공됐다. 애플은
소프트웨어 개발업체들의 참여를 적극적으로 장려하기 위해 아이폰용 소프트
웨어의 개발과 배포를 쉽게 하는 데에 최대한 힘썼다. 그 대신 애플은 개발업체
가 만든 앱이 앱 스토어에서 판매될 수 있는지의 여부를 최종적으로 승인할 수
있는 권한을 행사했고, 판매 금액의 30%를 수수료로 징수했다.

앱 스토어의 인기는 매우 높았다. 전 세계의 아이폰 및 아이팟 사용자들은
앱 스토어에서 18개월 동안 40억 건이나 다운로드했고, 게임과 엔터테인먼트,
위치 정보, 사무용 프로그램에 이르는 수십만 개의 응용 프로그램이 개발되고,
판매됐다. 앱 시장의 규모는 2009년에만 약 40억 달러 규모에 이르렀고, 큰 수
익을 올리지 못했던 아이튠즈 스토어와는 달리 앱 판매 수수료로만 10억 달러

가량의 수익을 올렸다. 아이폰과 앱 스토어의 성공을 지켜본 경쟁사들은 앞다 퉈 터치스크린 기반의 휴대전화를 출시하고 자신들의 앱 시장 서비스를 제공 하기 시작했다.

사실, 애플이 앱 스토어를 열기 전에도 스마트폰과 PDA를 위한 응용 소프 트웨어는 이미 상당수 존재했다. 1990년대 후반 PDA를 출시해 업계의 선두를 달리던 팜Palm의 팜파일럿용으로는 수많은 응용 프로그램이 있었고, 마이크로 소프트의 윈도우 CE나 윈도우 모바일용으로도 2만 개 이상의 응용 프로그램이 있었다. 하지만 이들은 구매하여 설치할 수 있는 경로가 통일되지 않았고, 심지 어 다양하기까지 했다.

그러나 애플은 아이팟과 아이튠즈의 경험에 바탕을 두어 자신의 앱 스토어 를 중심으로 소프트웨어 개발자가 소프트웨어를 쉽게 배포하고, 사용자도 소 프트웨어를 쉽게 다운로드하고 설치하도록 함으로써 차별화된 비즈니스 플랫 폼을 만들어 냈고, 이를 기기의 수익과 서비스 수익으로 연결하는 데 성공했다.

아이패드

애플은 2010년 스마트폰과 노트북의 중간 위치를 겨냥한 태블릿 컴퓨터 아이패드iPad를 출시했다. 9.7인치 크기의 스크린은 독서나 영화 감상, 사무용 프로그램을 사용하는 데 큰 어려움이 없을 정도로 충분했고, 와이파이뿐만 아 니라 통신사가 제공하는 3G 데이터 서비스를 통해 인터넷에 접속할 수도 있었 다. 아이패드 역시 애플이 개발한 운영체제를 탑재했기 때문에 사용자 인터페 이스는 아이폰과 거의 유사했고, 대부분의 아이폰용 앱도 사용할 수 있었다. 이 때문에 아이패드는 애플이 아이폰을 중심으로 형성해낸 에코 시스템을 계승하 고 확대할 수 있었다. 잡스는 아이패드가 저가형 노트북 PC인 넷북을 대체할 것이며, 궁극적으로는 사용자의 새로운 행동 패턴을 만들어 내는 파괴력을 가질 것이라 호언장담했다.

하지만 아이패드에는 아이폰과 마찬가지로 물리적인 키보드가 없었기 때문에 특히 기업 고객들이 정보를 생성하는 용도로 사용하기에는 불편함을 느낄 수 있었다. 또한 초기 버전에 채용된 애플의 운영체제는 멀티태스킹을 지원하지 않는다는 단점도 있었다. 가장 의문시됐던 점은 과연 얼마나 많은 사용자들이 499~829달러에 달하는 높은 가격을 지불하면서까지 PC도, 노트북도, 스마트폰도 아닌 제3의 기기를 구입할 것인지였다.

잡스는 아이팟의 성공을 이끌어낸 핵심 콘텐츠가 음악이었다면, 아이패드의 핵심 콘텐츠는 전자책이 될 것으로 보았다. 당시 인터넷 서점인 아마존에서는 킨들Kindle이라는 전자책 리더를 출시해 큰 성공을 거두고 있었는데, 애플의 아이패드는 킨들의 수요를 상당 부분 대체할 것을 목표로 했다.

잡스는 아이튠즈 스토어에서 99센트라는 낮은 가격에 콘텐츠를 판매할 것을 음반 업체들에 밀어붙인 적이 있었다. 그러나 아마존이 이미 선두 주자로 이미 자리를 잡고 있는 전자책 시장에서 후발 주자로 경쟁하기 위해서는 출판업자들에게 더 유연한 전략을 사용해야만 했다.

아마존은 애플이 아이튠즈 스토어에서 채택한 전략과 유사하게 킨들용 전자책 가격의 상한선을 10달러로 설정했다. 하지만 애플은 가격의 상한선을 두지 않고 출판업체들이 스스로 유연하게 가격을 설정하도록 했다. 출판업자들은 일반적으로 애플용 전자책에 킨들보다 높은 12~15달러의 범위의 가격을 책정했고, 애플은 그중 30%를 자신의 수익으로 가져갔다. 애플이 이러한 전략으로 전자책 시장에서의 경쟁에 뛰어들자 아마존도 킨들용 전자책의 가격을 출판업자들이 자율적으로 결정하도록 할 수밖에 없었다.

여러 가지 우려에도 불구하고 아이패드는 출시 첫 주에만 45만 대 이상이 판매됐다. 애플은 아이패드의 2010년 판매 목표치를 처음에는 120만 대 정도로 설정했지만 곧 600만 대로 상향 조정했다. 아이패드가 이렇게 인기를 끌자 경쟁업체들도 즉각적인 대응에 나섰다. HP, 삼성전자 델 등을 비롯한 적어도 10여 개의 업체에서 아이패드의 출시를 전후해 비슷한 태블릿 PC를 출시했고, 태블릿 PC 시장이 새롭게 창출됐다.

2010년 1월 샌프란시스코에서 아이패드를 직접 발표하는 스티브 잡스 화면이 커진 아이폰이라고도 볼 수 있는 아이패드를 소비자들이 과연 499~829달러에 달하는 높은 가격을 지불하면서까지 구매할 것인지 많은 이들이 의심했다. 하지만 스티브 잡스는 아이패드가 사람들의 행동 패턴을 바꿀 것이라 믿었고, 아이패드의 2010년 판매 목표치는 처음 120만 대였지만, 이후 600만 대로 상향 조정됐다. 정교하게 구성된 잡스의 프레젠테이션은 청중을 사로잡는 매력과 설득력으로 프레젠테이션의 새로운 스타일을 만들어 내기도 했다.(ⓒMatt Buchanan/Wikimedia Commons/CC-BY-2.0)

아이클라우드

애플은 2001년에 매킨토시 컴퓨터를 디지털 라이프 스타일의 허브로 만들겠다는 비전을 발표한 후 이러한 비전을 실현하는 과정으로 아이팟, 아이폰, 아이패드 등의 기기를 만들어 냈고, 아이튠즈와 아이포토, 아이무비 등의 소프트웨어와 아이튠즈 스토어 및 앱 스토어 등의 콘텐츠 서비스를 통해 기기들을 효과적으로 통합해냈다.

아이폰과 아이패드는 단순한 기기가 아니라 컴퓨터와의 경계가 모호한 모바일 정보 기기들이었다. 또한 아이폰으로 찍은 동영상, 아이패드에 저장한 사진, PC로 작업한 문서와 저장된 주소록, 이메일, 일정 등을 기기들 간에 서로 동기화하는 것은 수차례 USB 케이블을 꽂았다 뺐다 하는 번거로운 작업이 필요했다.

애플은 디지털 허브를 데스크톱 컴퓨터가 아닌 인터넷 기반의 가상 서버, 즉 클라우드로 바꾸기로 결정했다. 매킨토시 컴퓨터를 디지털 허브의 중심이 아닌 단순히 하나의 기기로 만들기로 한 것이었다. 클라우드가 중심이 되면 사용자는 기기들 간에 데이터를 동기화할 필요가 없게 되고, 언제든 자신의 콘텐츠에 접근할 수 있기 때문이다.

애플은 2008년부터 연간 사용료 99달러에 제공하고 있었지만 큰 호응을 받지는 못하고 있던 '모바일미'라는 유료 클라우드 서비스를 더욱 간편하게 개선해 2011년 6월, 이를 '아이클라우드'라고 명명하고, 이 서비스를 무료로 제공한다고 발표했다. 애플이 아이클라우드 서비스를 무료로 제공하는 궁극적인 이유는 새로운 사용자들을 애플의 플랫폼으로 끌어들이고, 기존의 사용자들을 애플의 플랫폼에서 이탈하지 못하게 막는 것이었다. 또한 개인이 보유한 모든 콘텐츠와 데이터를 신뢰할 수 있는 업체가 관리하는 원격 서버에 저장해 두고, 인터넷을 통해 장소와 기기에 상관없이 사용할 수 있도록 한다는 클라우드라는 비전은 디지털 시대의 또 한 번의 구조적 변화를 의미하는 것이기도 했다.

하지만 애플이 클라우드의 비전을 새롭게 만들어 낸 기업은 아니었고 이를 유일하게 추구하는 기업도 아니었다. 2010년경에는 구글, 아마존, 마이크로소프트 등의 많은 기업들이 이미 자신을 클라우드의 중심으로 만들겠다는 비전을 제시하고 있었고, 실제로 클라우드 서비스를 제공하고 있기도 했다. 하지만 구글과 아마존의 클라우드 서비스는 다양한 하드웨어 기기와 소프트웨어 및 콘텐츠를 통합하지 못하는 한계를 지니고 있었고, 마이크로소프트의 클라우드 서비스는 주로 기업 고객에 초점을 맞추고 있었다.

반면, 애플은 자신의 강점을 살려 콘텐츠와 하드웨어, 소프트웨어를 통합해 다른 어떤 기업보다도 모든 것을 막힘없이 매끄럽게 작동하게 한다는 점을 차별화를 위한 주요한 요소로 만들고자 했다.

스티브 잡스의 사망과 팀 쿡 체제

스티브 잡스가 애플의 CEO로 취임한 후 애플의 사업은 순항했지만, 정작 잡스 본인은 2004년과 2009년에 각각 췌장암 수술과 간 이식 수술을 받는 등 2000년대 내내 건강이 좋지 않았다. 자신의 건강을 우려한 잡스는 2005년에 팀 쿡^{Tim Cook}을 COO에 임명해 사실상 애플의 2인자 역할을 맡겼다.

> "언젠가 죽는다는 것을 기억한다면 가진 것을 잃을지 모른다는 두려움에서 벗어날 수 있습니다. 우리는 어차피 빈손으로 온 인생입니다. 우리의 마음이 우리에게 말하는 바를 따르지 않을 이유가 없습니다."
>
> : 스티브 잡스 :

팀 쿡은 미국 남부의 앨러배마 주에서 태어나 지역의 명문인 오번대에서 산업공학을 전공했고, 이후 IBM의 PC 사업 부문에서 공급망 관리 및 구매 담당으로 10년 이상의 커리어를 쌓은 후 1990년대 후반 당시 최대의 PC 제조업체인 컴팩의 중역으로 재직하고 있었다.

1997년에 애플의 CEO로 복귀한 잡스는 무엇보다 먼저 제품군을 정리하고 비용을 절감하여 수익성을 높이는 것에 초점을 두었는데, 잡스는 쿡이 이러한 일을 수행하는 데 필요한 경험과 능력을 갖추고 있는 적임자라고 보고 애플로 스카우트했다.

중책을 맡은 쿡은 잡스의 기대에 부응하여 애플의 공급망 관리^(SCM) 책임자로서 부품 구매, 제조, 유통 전반을 개혁하고 체계를 확립했고, 애플을 세계 최고 수준의 공급망 관리 능력을 갖춘 기업으로 만들어 냈다.

2011년 8월, 잡스는 건강 악화를 이유로 CEO직에서 스스로 물러났고, 이사회는 2004년과 2009년 잡스가 수술로 입원했을 당시 잡스를 대신해 임시 CEO직을 무난하게 수행한 바 있었던 팀 쿡을 후임 CEO로 임명했다.

잡스의 엄청난 카리스마적 리더십으로 성장해 온 애플이 잡스가 떠난 후에도 과연 이전처럼 혁신적인 제품들을 계속 내놓으며 시장을 이끌어 나갈 수 있

팀 쿡: 스티브 잡스가 2011년 8월 건강상의 이유로 CEO직에서 물러나자 애플의 COO이자 공급망 관리 책임자였던 팀 쿡이 후임 CEO로 임명됐다. 팀 쿡은 애플의 부품 구매, 제조, 유통 전반을 개혁해 애플을 세계 최고 수준의 공급망 관리 능력을 갖춘 기업으로 만들어 내는데 많은 공헌을 한 인물이었다. 그는 운동에 열심이고, 다이어트식인 '에너지바'를 즐기며, 결혼도 하지 않고 일만 하는 일벌레로 유명했다.(ⓒValery Marchive/Wikimedia Commons/CC-BY-SA-2,0)

을 것인지에 대하여 많은 사람들은 의문을 제기했다.

잡스의 사임이 급작스럽게 발표된 2011년 8월 24일에 애플의 주가가 6%가량이나 급락한 반면, 경쟁 기업인 삼성의 주가는 3%가량 오른 것은 이러한 우려를 반영한 것이었다. 하지만 애플의 주가는 이후 스티브 잡스의 사망 소식이 발표된 10월 5일까지 10% 가까이 꾸준히 상승했고, 잡스의 사망 소식에도 불구하고 애플의 주가는 크게 변동하지 않았다. 이는 애플이 잡스를 잃었지만 혁신에 대한 믿음과 완벽에 대한 열정으로 대변되는 잡스의 철학은 이미 애플에 깊숙이 뿌리를 내렸기 때문에 애플의 성장이 지속될 수 있을 것이라는 기대가 반영된 것이었다.

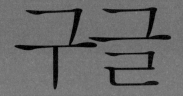

구글

검색 점유율 및 검색 광고 세계 1위

구글의 핵심 역량은 빠른 시간 안에 뛰어난 품질의 검색 결과를 제시하는
검색 엔진이라 할 수 있다. 그런데 검색 엔진은 기본적으로 사용자들을
다른 사이트로 보내 버리는 서비스이다. 이 때문에 많은 기업들은 검색 엔진에
대한 투자에 적극적이지 않았고, 우수한 검색 엔진을 보유했던 구글도
창업 초기에는 수익 모델로 연결시키지 못해 고민이 많았다.
구글은 검색 엔진 사용자가 아니라, 이들을 겨냥한 광고를 원하는
업체들로부터 수익을 얻음으로써 오늘날과 같은 대기업으로 성장할 수 있었다.
그런 다음, 검색 엔진을 기반으로 G메일이나 구글 닥스 같은 웹 기반
응용 프로그램 시장에도 성공적으로 진출했고, 크롬 웹 브라우저와 안드로이드
운영체제를 공개하며 클라우드 컴퓨팅 및 모바일 분야의 강자로도 부상했다.
구글의 사업 분야는 전방위로 확대됐고 영향력도 점점 더 커졌지만,
구글은 다양한 도전에도 직면하게 됐다. 구글의 성장 비결과 고민은 무엇일까?

**강한 자가
아니라
적응하는 자가
살아남는다**

Google

구글 경영 현황 (2011년 12월 말 기준)

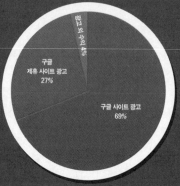

광고 외 수익 4%

구글
제휴 사이트 광고
27%

구글 사이트 광고
69%

총자산: 726억 달러
연간 매출액: 379억 달러

영업 이익: 117억 달러
(매출대비 31%, 자산대비 16%)
순이익: 974억 달러

주요 연표

1995
구글 창업자인 세르게이 브린과 래리 페이지,
스탠포드대에서 만남.

1998
실리콘 밸리 먼로 파크 시에 있는
한 차고에서 구글 주식회사 설립

2000
애드워즈Adwords 광고 서비스 개시

2001
에릭 슈미트, 회장 겸 CEO로 구글에 합류

2002
애드워즈 광고 서비스, 오버추어처럼
클릭당 광고료 지불 모델로 전환

2003
애드센스Adsense 광고 서비스 개시

2004
구글 상장. G메일 서비스 개시

2005
안드로이드 인수

2006
유튜브 인수(16.5억 달러)

2007
오픈 핸드셋 얼라이언스(OHA) 형성,
더블클릭 인수(31억 달러)

2008
크롬 웹 브라우저 출시

2009
최초의 안드로이드폰 출시.
애드몹 인수(7.5억 달러)

2010
구글, 중국에서 철수. 홍콩으로 서버 이전

2011
에릭 슈미트가 CEO에서 물러나고, 래리 페이지가
CEO로 취임. 모토롤라 모빌리티 인수(125억 달러)

Google

월드와이드 웹의 탄생

전 세계에 산재한 문서들을 인터넷을 통해 하이퍼텍스트 링크로 연결하여 정보를 조직한다는 월드와이드 웹www의 개념을 처음 설계한 이는 1955년에 태어난 영국 출신의 컴퓨터공학자 팀 버너스-리Tim Berners-Lee였다. 옥스퍼드 대학을 졸업하고 스위스에 위치한 과학 연구 기관인 유럽 입자물리연구소(CERN)에 근무하던 버너스-리는 대학 시절부터 '정보의 연결'이라는 화두를 두고 고민해 왔다.

그는 몇 차례의 시도와 실패 끝에 1990년 하이퍼텍스트를 사용하는 웹 문서 작성을 위해 따라야만 하는 언어인 HTML과 HTML에 따라 작성된 문서를 올바르게 표시해주는 최초의 웹 브라우저 및 웹 서버 소프트웨어, 브라우저와 서버 간의 통신 규약인 HTTP와 서버의 주소를 말해주는 규칙인 URI 등을 설계했다.

버너스-리는 1990년 당시 마침 CERN에 도입된 넥스트의 컴퓨터를 최초의 웹 서버로 삼아 다른 컴퓨터에서 인터넷을 통해 http://info.cern.ch라는 주소의 웹 사이트에 표시된 내용을 볼 수 있게 하는 데 성공했고, 월드와이드 웹의 사용법과 개발 도구를 1991년 8월에 인터넷 뉴스 그룹을 통해 일반에게 공개했다.

이후 최초의 PC용 웹 브라우저인 모자익Mosaic, 모자익의 개발을 주도한 마크 안드레센Marc Andressen이 창업한 넷스케이프의 내비게이터, 넷스케이프의 웹 브라우저 시장 장악에 위기감을 느낀 마이크로소프트가 무료로 배포한 인터넷 익스플로러 등의 웹 브라우저가 널리 보급되면서 웹의 대중화가 빠르게 진행되기 시작했다.

웹 검색 엔진의 등장

월드와이드 웹 초창기에 가장 유명했던 웹 사이트는 스탠포드 대학원생이었던 제리 양Jerry Yang과 데이빗 필로David Filo가 1994년 1월부터 서비스를 시작한 야후!Yahoo!였다. 야후!는 사람이 웹 사이트들을 직접 분류해 상위 주제와 하부 주제별로 조직한 웹의 전화번호부 같은 것이었다. 하지만 웹 서버들이 증가하면서 웹의 규모가 급격히 커지자 이러한 방식으로 웹 사이트들을 조직하는 것은 더 이상 불가능하다는 것이 분명해졌다. 이에 따라 자동화된 검색 기술이 모색되기 시작했는데, 자동화된 방식을 사용한 최초의 웹 검색 엔진은 알타비스타Altavista였다. 알타비스타는 크롤러Crawler라고 부르는 소프트웨어를 통해 웹 페이지들을 자동으로 읽어 들인 다음, 해당 페이지를 요약한 인덱스를 생성, 저장하고 사용자가 검색어를 입력하면 저장된 인덱스 정보와 비교하여 연관성이 높다고 판단되는 웹 페이지의 링크들을 순위를 매겨 표시했다.

1990년대 후반부터는 알타비스타처럼 자동화된 검색 기술에 기반을 둔 검색 서비스를 제공하는 라이코스Lycos나 익사이트Excite와 같은 기업들도 나타났다. 하지만 이들은 곧 검색 엔진보다는 뉴스와 이메일 등 다양한 서비스를 통합하여 제공하는 인터넷 포털을 중심으로 전환했다.

수익을 창출하기 위해서는 사용자가 자신의 웹 사이트에서 가능하면 오랜 시간을 보내는 것이 중요하다. 그런데 검색 엔진은 기본적으로 사용자들을 다른 웹 사이트로 유도하는 서비스였기 때문에 많은 포털 업체들은 검색 서비스로 이익을 창출하기 힘들다고 판단한 것이었다. 검색은 핵심 서비스가 아닌 아웃소싱의 대상으로 취급되기 시작했고 포털의 선두주자였던 야후! 역시 자신이 직접 검색 서비스를 제공하지 않고 알타비스타의 검색 엔진을 사용하다가 1998년부터는 병렬 처리를 통해 더 많은 인덱스를 더 빠르게 찾을 수 있게 해주는 기술을 보유한 잉크토미Inktomi라는 회사의 검색 서비스를 사용하기 시작했다.

초기의 검색 엔진들은 검색할 단어를 입력받으면 웹 페이지에 얼마나 잦은 빈도로 검색어가 나타나는지를 바탕으로 검색어와 웹 페이지 간의 연관성을 판단했다. 그런데 웹 사이트 개설자들이 이러한 검색 엔진의 방법을 파악하게 되면서 단지 검색 결과에서 더 높은 순위에 위치시키기 위해 관련은 없지만 인기 있는 특정 단어를 웹 사이트에 무의미하게 반복하여 사용하는 경우가 많아졌다. 이 때문에 자동화된 검색 엔진들이 검색어와 실제로 관계 없는 소위 스팸 SPAM 사이트들을 관련이 높은 사이트로 제시하는 경우가 많아졌고, 품질 높은 검색 서비스에 대한 사용자들의 욕구는 점점 높아져 갔다.

세계 최초의 웹 서버: 유럽 입자물리연구소(CERN)에서 근무하던 영국 출신의 컴퓨터공학자 팀 버너스-리는 세계에 산재한 문서들을 인터넷을 통해 하이퍼텍스트 링크로 연결해 정보를 연결한다는 월드와이드 웹의 개념을 설계했고, 최초의 웹 브라우저, 웹 서버 소프트웨어, 웹 문서를 작성하기 위해 따라야만 하는 언어인 HTML, 웹 브라우저와 웹 서버 간의 통신 규약인 HTTP 등을 만들어 냈다. 버너스-리는 스티브 잡스가 애플에서 나와서 세운 넥스트의 고성능 워크스테이션에 최초의 웹 서버를 구현했다.(ⒸUser: Coolcaesar/Wikimedia Commons/CC-BY-SA-3.0/GFDL)

구글의 창업

스탠포드 대학원 컴퓨터공학 박사 과정에 있던 1973년생의 동갑내기 세르게이 브린Sergey Brin과 래리 페이지Larry Page는 검색어와 관련된 단어가 해당 웹 페

이지에 몇 번 나오는지를 바탕으로 연관성을
판단하는 기존의 방법 대신 많은 다른 웹 페
이지가 해당 웹 페이지를 얼마나 링크했는지
를 기준으로 우선순위를 설정함으로써 검색
결과의 질을 높이는 획기적인 방법을 생각해냈다.

웹 페이지를 링크한다는 것은 누군가가 해당 웹 페이지를 중요하다고 생각
한다는 것이므로 다른 웹 페이지에서 링크를 많이 한 웹 페이지일수록 더 중요
하다고 판단할 수 있다고 본 것이었다. 또한 주요 웹 페이지에서 해당 웹 페이
지를 링크한 경우는 더욱 높은 가중치를 부여하는 등의 규칙을 추가함으로써
검색의 질을 더욱 높일 수 있다고 보았다.

브린과 페이지는 이러한 알고리즘을 바탕으로 한 검색 엔진을 처음에는 스
탠포드대의 도메인을 빌려 http://google.stanford.edu라는 주소로 제공하기 시
작했는데, 얼마 지나지 않아 1일 접속 회수가 1만 건을 넘어가고, 학교 네트워
크 전체를 마비시킬 정도로 인기를 끌었다. 브린과 페이지는 한때 구글을 매각
할 것도 고려했지만, 야후!와 알타비스타 등의 포털 업체들은 검색 서비스로는
수익을 올리기 힘들다고 보았기 때문에 인수에 관심을 보이지 않았다.

브린과 페이지는 직접 회사를 만들기로 하고, 1998년, 스탠포드대 캠퍼스
인근에 위치한 집의 차고를 사무실 삼아 구글을 창업했다. 초기의 구글은 아직
수익 모델을 찾지 못한 상태였지만 웹은 계속 폭발적으로 성장하고 있었기 때

구글 초기(1998년)의 검색창 화면: 구글의 검색 페이
지는 다른 포털 사이트와는 달리 광고도 없었고 매우
단순했다. 이는 검색 속도에 최우선을 두었기 때문이
기도 했지만, 브린과 페이지가 HTML과 웹 페이지 디
자인에는 큰 관심이 없었기 때문이기도 했다.

문에 만족할 만한 수준의 검색 서비스를 제공하기 위해서는 서버와 네트워크의 증설이 절실히 필요했다. 구글의 가장 큰 장점은 우수한 검색 품질과 빠른 속도였지만 저장하는 정보의 양이 늘어나게 되고 사용자의 수도 증가하게 되자 구글의 검색 속도는 때로 3~4초나 걸릴 정도로 느려졌다.

당면한 문제를 극복하기 위해 구글의 두 창업자는 실리콘밸리의 벤처 투자가들로부터 자금을 조달하기로 했다. 구글은 1999년 6월의 1차 자금 조달 캠페인에서 실리콘밸리에서 가장 명성이 높은 벤처 캐피탈이자 서로 첨예한 경쟁 관계로 좀처럼 동일한 기업에 투자하지 않는 KPCB와 세코이아Sequoia 캐피탈 모두에게서 각각 1,250만 달러씩 총 2,500만 달러의 투자를 유치하는 데 성공함으로써 실리콘밸리의 주목받는 벤처기업으로 떠올랐다.

구글은 확보된 자금을 시설과 장비에 투자하고 우수한 인재를 채용하는 데 집중적으로 사용했고, 이렇게 1년이 지나자 구글은 10억 페이지에 대한 인덱스를 보유하게 되어 모든 경쟁 검색 엔진을 압도하기에 이르렀다. 제1의 포털 사이트였던 야후!도 검색 서비스 제공자를 잉크토미에서 구글로 바꾸기로 결정했다.

구글이 창업한 차고: 검색 엔진 사업에 집중하기 위해 구글의 공동 창업자 세르게이 브린과 래리 페이지는 대학원을 휴학하고 실리콘밸리의 기업들이 많이 위치한 먼로 파크 시에 위치한 사진 속의 차고를 매월 1,700달러에 임대해 약 5개월 동안 구글의 본사로 사용했다.

수익 모델을 찾기 위한 고민과 에릭 슈미트의 영입

구글은 검색 서비스 시장을 장악해 나가기는 했지만, 순수하게 검색 서비스에만 초점을 두었기 때문에 매출은 야후!를 비롯한 다른 포털 사이트들에 검색 서비스를 제공하

> "우리의 목표는 세상 모든 정보를 조직하고, 이를 어디에서나 접근 가능하도록 하여 유용하게 만드는 것이다."
> : 래리 페이지 :

고 받는 대가가 전부였다. 1999년경, 기업용 검색 서비스 시장이 성장하면서 구글의 매출도 조금씩 늘어났지만 서버와 네트워크를 마련하기 위한 지출이 기하급수적으로 늘어나면서 손실 규모는 점차 커져갔다. 이러한 와중에 인터넷 기업들이 결국 수익 모델을 찾기 힘들 것이라는 비관론이 확산되면서 2000년에 소위 닷컴 기업들의 주가가 폭락하는 사태가 발생했다.

구글은 당시 비상장 기업이었기 때문에 주가 폭락으로 인한 영향은 상대적으로 덜 받았고, 이 와중에 오히려 우수 인재를 끌어모을 수도 있었지만, 구글도 뚜렷한 수익 모델을 찾지 못하고 있다는 점에서 몰락한 다른 닷컴 기업들처럼 미래가 밝지 못하다는 것은 마찬가지였다.

공학도 출신인 브린과 페이지는 탁월한 검색 서비스를 제공하기 위해 우수한 기술과 자원을 확보하는 것에는 많은 관심을 쏟았지만 검색의 질을 낮추는 어떠한 수익 모델도 거부했다. 이 때문에 구글의 검색 페이지인 google.com 사이트를 방문하는 사람이 많았음에도 불구하고 구글은 다른 포털들과는 달리 방문자 수로부터 이득을 취하기 위해 광고를 전혀 하지 않았고, 단지 검색 결과를 입력하는 박스만을 제시했을 뿐이었다.

이익을 남기기 위해 구글에 투자한 벤처 캐피탈들은 애가 탔고, 이러한 상황을 타개하기 위해 경험 많은 경영자를 구글에 영입하도록 추천했다. 하지만 브린과 페이지는 벤처 캐피탈이 추천한 경영인을 회사에 영입하는 것을 탐탁지 않게 생각했고, 수많은 인물들을 면접에서 퇴짜 놓았다.

하지만 에릭 슈미트Eric Schmidt는 달랐다. 1955년생으로 U.C.버클리에서 전기
공학 박사를 취득한 공학도 출신인 슈미트는 썬 마이크로시스템에서 최고 기
술 책임자(CTO)를 지냈고 노벨에서 CEO를 역임하기도 한, 기술에 밝은 거물급
경영인이었다. 인터뷰한 수많은 경영인들의 영입을 거부했던 브린과 페이지도
슈미트와 이야기를 나눈 후에는 그를 적임자라고 인정하게 됐고, 이로써 구글
에는 2001년 3월부터 슈미트가 CEO를, 브린이 기술 부문을, 페이지가 제품 부
문을 맡는 3두 체제가 구축됐다. 에릭 슈미트에게는 연봉과 함께 1,500만주에
달하는 스톡옵션이 제공됐다.

좌측부터 에릭 슈미트, 세르게이 브린, 래리 페이지: 브린과 페이지는 스탠포드대의 컴퓨터공학 박사 과정을 밟고 있던
중 구글을 공동 창업했다. 우수한 검색 엔진 기술을 가진 구글은 실리콘밸리 유수의 벤처 투자 업체들로부터 많은 자금
을 투자받았지만 수익 모델을 창출하지 못하고 있었다. 벤처 투자 업체들은 썬 마이크로시스템과 노벨에서 많은 경험
을 쌓은 유능하고 노련한 경영자 에릭 슈미트를 구글의 CEO로 영입할 것을 추천했다.(ⒸJoi Ito/Wikimedia Commons/CC-BY -2.0)

검색 광고 사업 모델을 개척한 오버추어

구글이 검색의 질을 개선하는 것에 집중하는 동안 1958년생으로 칼텍을
졸업하고 '아이디어랩'이라는 회사를 창업해 여러 기업들을 키워낸 빌 그로스

Bill Gross는 오버추어Overture라는 회사를 통해 검색을 수익과 연결하는 새로운 사업 모델을 개척하고 있었다. 사람들은 무언가를 구매하고자 할 때 관련 정보를 인터넷에서 검색하는 성향이 있었기 때문에 광고주의 관점에서 볼 때 검색 서비스 사용자는 구매 가능성이 높은 잠재 고객이었다. 오버추어는 이 점에 착안하여 검색 결과를 제시할 때, 관련이 있는 광고 링크를 함께 제시하고, 사용자가 광고 링크를 클릭할 경우에만 광고주에게서 광고료를 받는 사업 모델을 개척해 냈다.

오버추어는 검색어별 광고 링크의 위치를 경매를 통해 결정했는데, 가장 높은 클릭당 광고료를 입찰가로 제시한 광고주의 링크를 가장 좋은 위치에 표시했다. 광고주들은 자신의 링크가 더 좋은 위치에 표시될 수 있도록 종종 심하게 경쟁했고, 이는 오버추어에 더 많은 수익으로 이어졌다.

광고주들은 고객이 광고 링크를 클릭한 경우, 고객이 실제로 구매하지 않더라도 무조건 오버추어에 광고료를 지불해야 했기 때문에 자신의 사업과 관련이 많은 검색어에만 입찰을 집중할 수밖에 없었다. 그 결과 사용자들도 자신이 입력한 검색어와 관련이 높은 광고 링크만을 보게 되는 효과를 얻을 수 있었다.

오버추어는 자신의 검색 서비스에 사용자들을 끌어모으기보다는 기존 포털들과의 협력에 집중했다. 사용자가 광고 링크를 클릭할 때 발생하는 광고료 매출의 일정 부분은 협력한 포털에 수수료로 지급했고, 오버추어는 그 나머지만을 취했다. 이러한 우호적인 협력 정책으로 오버추어는 당시 3대 포털인 야후!, MSN, AOL 모두와 제휴 관계를 맺을 수 있었고, 오버추어가 제휴 포털을 확보함으로써 더 많은 검색 수요를 확보하자 더 많은 광고주들이 오버추어로 몰려들었다.

구글의 검색 광고 서비스와 성공 비결

수익 모델이 절실했던 구글도 2000년부터는 검색 결과와 관련 있는 광고 링크를 제시하는 애드워즈Adwords라는 검색 광고 서비스를 시작했다. 그러나 구글이 최초로 채택한 방식은 클릭했을 때만 광고료를 징수하는 오버추어 같은 모델이 아니라 광고 링크가 표시될 때마다 광고료를 받는 일반 배너 광고 같은 방식이었다.

구글이 처음 채택한 방식은 오버추어의 클릭당 광고료 모델에 비하면 광고주들에게 불합리한 측면이 있어 인기를 끌지 못했고, 결국 구글도 2002년 2월 오버추어처럼 실제 클릭이 발생했을 때에만 광고료를 받는 것으로 방식을 바꾸었다. 클릭당 광고료를 받는 검색 광고 사업 모델은 크게 네 가지 요소에 의해 수익이 좌우됐다.

첫째, '검색 점유율'이다. 검색 사용자가 많고 상업적 단어를 검색하는 비율이 높을수록, 또 광고주의 수와 이들이 광고를 원하는 단어가 많을수록 높은 수익을 얻을 수 있었다. 둘째, '클릭 비율'이다. 검색 결과와 함께 표시된 광고 링크를 사용자들이 클릭하는 비율이 높을수록 수익이 높아졌다. 셋째, '클릭당 광고료'이다. 광고주의 수가 증가하고 동일 단어에 대한 경쟁이 심해질수록 수익을 증가시킬 수 있기 때문이다. 넷째, '수익 공유 비율'이다. 클릭당 발생하는 광고료를 포털 업체 등의 협력 업체와 어떤 비율로 나누는지에 따라 검색 광고를 통해 얻어지는 수익이 달라졌다.

이들 네 가지 요소는 독립적이 아니라 상호 의존적 관계로, 가령 클릭당 광고료가 매우 높다고 하더라도 실제 클릭 비율이 높지 않으면 높은 수익으로 연결시킬 수 없었고, 수익 공유를 적게 하면 검색당 수익을 높일 수는 있지만 협력업체의 외면을 받아 검색 점유율을 높일 수 없었다.

구글은 오버추어에 비해 검색 광고 서비스의 후발 주자였지만 우수한 검색 기술과 인기 있는 검색 사이트를 보유하고 있었고, 무엇보다 검색 결과에 대한 사용자의 만족도가 높다는 큰 장점을 갖고 있었다. 구글이 운영하는 검색 포털인 google.com은 2001년 중반까지 마케팅에 전혀 비용을 지출하지 않고 있었음에도 불구하고 월 2,500만 명의 방문자를 가진 미국에서 아홉 번째로 인기 있는 웹 사이트가 됐고, 구글의 검색 점유율은 계속 상승하는 중이었다.

구글은 사용자의 과거 검색 결과와 클릭 패턴을 참조하여 개인화된 검색을 제공하는 등 검색의 질을 높이기 위한 개선 노력을 지속했고, 2004년에는 인터넷 초기부터 1위 자리를 지키던 야후!의 검색 점유율마저 넘어섰다.

광고주들을 모으는 것에도 심혈을 기울였는데, 특히 대기업보다는 중소기업들을 목표로 했다. 당시 미국의 중소기업들은 지역 광고에 220억 달러를 사용하고 있어서 기회의 창이 매우 컸기 때문이었다. 중소기업들을 광고주로 확보하기 위해서는 무엇보다 현지 밀착형 영업이 중요했다.

구글은 미국 내에만 12개 이상의 사무소를 두었고, 해외에도 30개 이상의 사무소를 개설하여 1,000만 개 이상의 중소기업들을 광고주로 확보해 나갔다. 이러한 광고주들은 대부분 지역 내에 위치한 고객들을 대상으로만 광고하기를 원했으므로 구글은 검색 사용자와 광고주의 지역을 연결하는 검색 결과를 제공하기 위해 지리 정보를 적극적으로 활용하는 시스템을 구축했다.

또한 광고주들이 광고 예산을 더 효율적으로 배분할 수 있도록 어떤 키워드가 더 많은 매출로 이어질 수 있는지를 알려주는 무료 분석 서비스 등 추가적인 서비스들을 제공하여 경쟁력을 높여 나갔다.

오버추어는 광고료의 최소 입찰가를 5센트로 정한 반면, 구글은 최소 입찰가를 1센트로 낮추어 더 많은 광고주들이 더 많은 키워드에 참여를 하도록 유인했다. 2003년 말을 기준으로 오버추어의 클릭당 광고료는 평균 0.4달러인데 반해 구글은 0.3달러였지만, 구글에는 더 많은 광고주들과 사용자들이 몰려들었다. 2005년 말경 구글이 확보한 광고주들은 오버추어보다 2~3배 더 많아졌다.

구글은 클릭 비율을 높이기 위해 입찰가를 기반으로 하여 광고 링크의 우선순위를 정하는 오버추어의 모델도 개선했다. 클릭당 광고료 모델에서는 광고주가 아무리 높은 입찰가를 제시하더라도 실제 클릭으로 이어지지 않으면 광고료 매출이 발생하지 않았다. 반면 광고주는 클릭이 발생하지 않더라도 노출 효과를 얻을 수 있었으므로 연관성이 그다지 없는 단어에도 높은 입찰가를 제시하고자 하는 유인이 있었다.

구글은 광고 링크의 우선순위를 입찰가만으로 정하지 않고, 데이터를 기반으로 클릭 가능성을 예측해 이를 입찰가와 가중 평균한 점수를 바탕으로 링크의 배치를 결정했다. 구글이 사용한 방식에서는 광고주의 입찰가가 높았다고 하더라도 클릭 가능성이 낮은 경우에는 높은 점수를 못 받고, 입찰가가 비록 조금 낮더라도 클릭 가능성이 높은 경우에는 높은 점수를 받게 되어 검색당 실제 광고 매출로 연결되는 비율을 더 높일 수 있었다.

수익 공유 비율은 포털의 영향력과 경쟁 상황 등에 따라 달라지기도 했다. AOL처럼 구글과 마이크로소프트가 서로 치열하게 경쟁한 경우에는 포털이 90%를 챙기는 경우도 있었다. 하지만 일반적으로는 광고 수익 중 60~70% 정도가 협력업체에 수수료로 제공됐다. 구글의 검색 점유율이 높아지고 확보한 광고주들의 수도 늘어나면서 구글의 협상력은 자연스럽게 올라갔고, 협력업체에 제공하는 수수료 비율도 점차 낮아졌다.

구글은 애드워즈Adwords라는 검색 광고 사업에 이어 2003년 3월부터는 애드센스Adsense라는 새로운 광고 사업도 시작했다. 이는 뉴스나 블로그 같은 편집된 글의 본문 내용과 관련된 광고 링크를 제시하는 서비스였다. 가령 알레르기와 관련된 글이 포스팅된 블로그 페이지에는 알레르기 증상을 완화하는 제품에 관한 광고 링크가 표시되는 식이었다.

구글은 검색 서비스를 위해 웹 페이지의 내용을 요약하는 인덱스를 만드는 기술과 장비를 이미 보유하고 있었기 때문에 웹 페이지의 내용에 기반을 둔 광고 서비스를 제공하는 것은 그다지 어려운 일이 아니었다. 애드센스를 위해 개발한 기술과 시스템은 구글이 제공하는 웹 메일 서비스인 G메일에 광고를 제공하는 사업에 활용되기도 했다.

구글의 핵심 가치관

구글의 공동 창업자인 래리 페이지와 세르게이 브린은 구글에 독특하고 강력한 기업 가치관을 심었다. 이는 "사악하지 말라Don't be evil", "기술이 중요하다Technology matters", "우리의 규칙은 우리가 정한다We make our own rules"의 세 가지로 요약할 수 있다. "사악하지 말라"는 단기적인 상업적 이익을 위해 타협하지 않고, 정직하게 검색 결과를 제시해야 한다는 검색 서비스에 대한 구글의 기본적인 신조를 반영한 것이었다. "기술이 중요하다"는 창업자들의 공학도적인 가치가 반영된 것이었다.

구글은 초기 자금 사정이 풍족하지 않았을 때, 무료로 제공되는 리눅스 운

> "우리의 신조는 사악해지지 말자는 것이다. 이는 우리의 사용자 우리의 고객, 또 모두를 위해 가장 좋은 일을 하자는 것을 의미한다."
> : 래리 페이지 :

구글의 초기 시스템 일부: 구글은 원가를 절감하기 위해 무료로 제공되는 리눅스 운영체제를 활용해 확장 가능한 시스템 구조를 자체적으로 설계했다. 이를 통해 구글은 비용 지출을 최대한 억제하면서 2007년 말경 100만 대 이상으로 추정되는 거대한 수의 서버로 구성된 클러스터 시스템을 구축할 수 있었다. 사진은 초기 구글의 시스템의 일부로, 하나의 모듈일 뿐이지만 많은 수의 하드디스크 드라이브와 네트워크 케이블이 연결된 것을 볼 수 있다.(ⓒSteve Jurvetson/ Wikimedia Commons/CC-BY 2.0)

영체제에 기반을 둔 확장 가능한 시스템 구조를 자체적으로 설계함으로써 원가를 최대한 절감하면서 대규모 시스템을 구성해 빠른 속도로 검색 결과를 제시할 수 있었다. 기술의 중요성에 대한 신조는 이러한 바탕에서 나온 것이었다. 구글은 2007년 말경 세계 최대 규모인 100만 대 이상으로 추정되는 서버로 구성된 시스템을 운영하게 됐는데, 자체적인 기술이 없었다면 엄청난 비용을 추가 지불해야만 했을 것이다.

"우리의 규칙은 우리가 정한다"는 신조는 구글의 독특한 경영 방식에서도 잘 나타났지만, 주식 상장 과정에서 무엇보다 확연하게 드러났다. 구글의 창업자들은 단기 실적보다는 장기적인 전략에 기반을 둔 경영을 원했기 때문에 초기의 성공에도 불구하고 상장을 원치 않았다.

하지만 유동성을 원하는 투자자와 스톡옵션을 보유한 직원들은 상장을 간절히 원했다. 구글은 결국 2004년에 상장을 하기로 했지만 월스트리트의 투자은행이 평가한 주식 가치를 따르는 일반적인 상장 관행은 따르지 않고 구글의 주식을 구매하기 원하는 이들에게 주식을 직접 경매에 붙이는 방법을 택했다.

또한 주식도 1주당 1개의 의결권을 가진 A형 주식과 1주당 10개의 의결권을 가진 B형 주식의 두 종류로 나누었다. 경매에 붙인 주식은 A형이었고 브린, 페이지, 슈미트는 B형 주식을 보유했다. 따라서 3인의 최고 경영진은 전체 주식의 3분의 1가량만을 보유했지만 의결권은 80% 이상 행사할 수 있었다.

의결권에 차이가 있는 두 종류의 주식을 발행하는 것은 전설적인 투자자 워런 버핏이 운영하는 버크셔 해서웨이 등 투자회사 등에서나 볼 수 있는 경우였지만 IT 업계에서는 전례가 없는 것이었다. 그러나 구글은 상장은 하되 일반 상장회사처럼 단기간의 실적 변화에 노심초사하지 않고 확고한 경영권을 바탕으로 핵심 부문에 꾸준히 장기적인 초점을 두는 경영 방침을 유지하기 위해 자신의 방식대로 상장을 진행하기로 했고, 이를 성공적으로 해냈다.

구글의 혁신 전략

구글은 엔지니어들이 자신이 진정으로 원하는 프로젝트에 20% 정도의 시간을 투자하는 것을 오히려 장려했다. 뛰어난 엔지니어들은 자유시간이 부여되자 수많은 새로운

아이디어를 쏟아내고 구현해냈다. 구글은 대규모 개발팀을 만들면 중간 관리층이 두터워져서 높은 생산성을 기대하기 힘들다고 믿었고, 일반적으로 3~5명으로 구성된 소규모 그룹으로 프로젝트를 진행했다. 구글은 이러한 방침에 따라 수백 개의 프로젝트를 동시에 수행하는 소규모 팀들로 구성된 유연한 조직 구조를 갖게 됐다.

하지만 수많은 프로젝트가 동시에 수행된다는 것은 경영진들에게는 큰 도전 과제이기도 했다. 구글은 수많은 프로젝트의 우선순위를 결정하고 자원을 할당하기 위해 '70-20-10'이라는 가이드라인을 사용했다. 70%는 검색과 검색광고 같은 기존의 핵심 사업에, 20%는 G메일같이 기존의 핵심 사업을 확장하는 프로젝트에, 10%는 완전히 새로운 사업에 할당한다는 것이었다.

구글의 경영진들은 미래에 고수익을 낼 수 있는 프로젝트가 현재의 관점에서는 시장이 매우 작은 것처럼 보이거나 이상한 아이디어로 보일 수도 있다는 것을 알고 있었기 때문에 단기적인 수익성에 얽매이지 않고 다양한 프로젝트들을 시도하고자 했다. 물론 많은 프로젝트들이 가시적 성과를 거둔 것은 아니었지만, 그중 일부는 성공을 거두면서 핵심 사업의 경쟁력을 강화하고 사업의 외연을 확장하는 데 중요한 역할을 했다.

구글은 2004년에 G메일이라는 웹 메일 서비스의 베타버전을 제공하기 시작했다. 당시 경쟁 서비스인 야후 메일이나 핫메일이 5MB 정도의 저장 공간을 제공한 것에 비해 파격적인 1GB의 넉넉한 저장 공간을 제공했고, 에이젝스AJAX

라는 기술을 사용해 반응 속도가 더 빠른 사용자 인터페이스도 제공했다. 또한 2004년부터는 구글북이라는 서비스를 통해 웹 페이지뿐만 아니라 책의 내용도 검색이 가능하도록 만들고자 했다. 구글은 책이 더 많이 노출되면 더 많이 판매될 것이라는 논리로 출판사와 저자들을 설득하고, 동의를 받은 책들을 디지털화하여 저장한 후에 사용자들에게 제공하기 시작했다.

구글은 자체 개발뿐만 아니라 활발한 인수 합병을 통해서도 제공하는 서비스를 확장해 나갔다. 2003년에는 블로그의 대중화에 앞장선 블로거닷컴Blogger.com을 인수해 블로그 서비스를 본격적으로 제공하기 시작했고, 2004년에는 키홀Keyhole이라는 3D 지도 서비스 업체를 인수하여 2005년부터 구글 어스Google Earth라는 이름으로 3D 입체 지도 서비스를 제공하기도 했다.

2006년에는 16억 5,000만 달러를 투자해 동영상 공유 서비스 업체인 유튜브Youtube를 인수했다. 유튜브 인수 이전까지 구글의 사업은 대부분 다른 회사의 서버에 존재하는 데이터를 요약한 인덱스만을 자신의 서버에 저장해 검색 결과로 링크를 제시하는 것이었는데, 유튜브 인수를 통해 구글은 자신이 보유한 콘텐츠를 직접 제공하는 호스팅 사업에 뛰어들게 된 셈이었다.

2007년에는 야후! 및 마이크로소프트와 치열하게 경쟁한 끝에 웹 배너 광고 시장의 최강자 더블클릭Double Click을 31억 달러에 인수하는 데 성공했다. 더블클릭을 인수함으로써 구글은 애드워즈와 애드센스 등 텍스트 위주의 검색 광고 사업뿐만 아니라 그래픽 중심의 배너 광고 사업도 강화할 수 있었고, 더블클릭의 고객 네트워크도 확보해 핵심 사업인 광고 사업을 더욱 강화할 수 있었다.

2000년대에 접어들면서 구글이 인수한 회사는 100개가 넘었다. 구글은 "세상의 모든 정보에 접근할 수 있도록 만들고, 유용하게 만든다"는 미션을 추구할 것이라고 밝혔지만, 이를 실현하기 위한 구글의 공격적인 확장 전략은 점점 더 많은 기업들을 구글의 경쟁자로 만들었고, 또 많은 기업들이 구글을 두려워하게 만드는 원인이 되기도 했다.

여러 분야로 사업을 확대하면서 구글은 다양한 도전에도 직면했다. 특히 핵심 사업인 검색 및 검색 광고 분야에서 높은 수익을 올리고 지배적인 위치를 차지하게 되면서 다양한 이해관계자들의 도전을 받게 됐고, 무엇보다 구글 수익의 가장 큰 원천인 광고주들의 불만이 점차 높아졌다.

광고주들은 광고료를 지불해야 하는 링크의 클릭이 실제 일어났는지 확신할 수 없었고, 클릭이 실제로 일어났다 하더라도 그것이 진정으로 관심이 있는 사용자에 의해 일어난 것인지는 더욱 알 수 없었다. 경쟁자의 광고 예산을 소진하기 위해 악의적 의도를 갖고 클릭을 할 개연성도 충분히 있었고, 광고 수익 분배를 노린 해커가 자신이 개설한 사이트에 표시된 광고 링크를 악성 코드에 감염된 소위 '좀비 PC'들을 이용해 반복적으로 링크를 클릭한 것일 수도 있었다.

이러한 소위 '악성 클릭'이 전체 클릭 수의 얼마를 차지하는지 정확한 추정을 하기는 힘들었지만, 유료 검색 광고 클릭의 적어도 10%에서 많게는 50% 이상이 악성 클릭일 것으로 추정됐다.

일부 기업들은 구글이 자신들의 상표를 이용해 검색 광고 수익을 올리고 있다는 이유로 구글을 고소하기도 했다. 가령 보험회사 가이코Geico는 'Geico'라는 검색어를 구글 검색 엔진에 입력했을 때, 구글이 경쟁 보험 회사의 광고 링크를 보여주는 것은 부당하다면서 2004년에 소송을 제기했다. 구글과 가이코는 결국 합의했지만 특정 회사의 이름을 검색했을 때 경쟁 회사의 광고 링크가 표시되는 것은 검색 광고의 속성상 피할 수 없는 것이었기 때문에 미국뿐만 아니라 호주, 브라질, 중국, 독일, 이스라엘, 이탈리아 등에서 유사한 소송이 계속 발생했고, 구글은 합의를 하기 위해 다양한 형태의 비용을 지불해야만 했다.

구글은 검색의 질을 높이기 위해 사용자가 어떤 검색어를 입력했고, 검색 결과 중 어떤 링크를 클릭했는지에 대한 정보를 수집했다. 하지만 이는 사용자의 주된 관심이 무엇인지를 알려주는 사적이고 민감한 정보였기 때문에 사생활 침해에 대한 우려가 제기됐다. 또한 구글이 웹 메일 서비스인 G메일에 메일의 본문 내용과 관련 있는 광고를 제시하는 서비스를 시작한 것도 사생활 침해에 대한 우려를 더욱 증폭시켰다.

구글은 다른 검색 엔진들도 일정 기간 동안 검색 결과를 저장하기는 마찬가지이며, G메일의 광고도 시스템에 의해 자동으로 선택되는 것이므로 아무도 이메일 내용을 보지 않는다고 해명했지만, 사용자들의 우려를 완전히 없앨 수는 없었다.

또한 구글에 표시된 광고 링크에 일부 사기성 링크들이 포함된 것도 문제가 됐다. 사기 사이트에 피해를 입은 사용자들은 링크를 표시한 구글에 소송을 제기하기도 했지만, 구글은 독립적인 광고주들이 제시하는 광고에 대한 책임이 없다는 입장을 고수했다. 구글은 비록 소송에서는 승리했지만 사용자들의 불만을 사는 것은 피할 수 없었다. 구글이 자랑스럽게 내세우는 "사악하지 말라"는 표어는 점차 더 많은 이들에게 존경보다는 조롱의 대상이 되어 갔다.

유튜브 인수로 뛰어들게 된 비디오 콘텐츠 호스팅 사업은 2008년 12월에만 59억 회의 조회 수를 기록하고, 전체 온라인 비디오의 41%를 제공하는 것으로 추정될 정도로 인기가 높았지만, 새로운 법적 문제를 야기하기도 했다. 유튜브에 올라온 비디오 자료들 중에는 저작권자의 허락을 받지 않고 무단으로 제공된 자료들도 있었기 때문이었다. 구글은 이로 말미암아 저작권 분쟁의 대상이 됐고, 저작권 분쟁에서 벗어나기 위해 유튜브에 올라온 비디오에 대해서는 일체의 광고를 게재하지 않기로 결정했다.

동영상을 저장하거나 제공하기 위해서는 막대한 서버와 네트워크 용량이 필요했기 때문에 구글은 유튜브를 운영하기 위해 2009년 한 해에만 4억 7,000만 달러가량의 적자를 기록한 것으로 추정됐다.

구글은 구글북의 콘텐츠를 늘리기 위해 도서관들과 협력 관계를 맺고, 자동

도서 스캐너를 도서관에 무료로 제공하는 대신 도서관이 보유한 절판된 도서를 스캔해 그 일부를 온라인 서비스로 제공하기 시작했다.

하지만 도서는 절판되었어도 저작권은 여전히 살아 있었기 때문에 구글은 미국 출판사 협회Authors Guild 등의 저작권자 집단들과의 소송에 휘말리게 됐다. 2008년 10월, 구글은 미 출판사협회에 1억 2,500만 달러를 지급하는 대신 일일이 저자와 출판사의 허가를 받지 않고 일괄적으로 도서를 스캔하여 검색할 수 있도록 하며, 절판된 도서의 구매를 원하는 이들에게는 구글이 판매를 대행하고 저자에게 인세를 지급한다는 것에 합의했다.

그러나 이번에는 일부 저작권자들과 마이크로소프트와 같은 구글의 경쟁 업체들이 이러한 합의에 불만을 품고 강하게 반발했다. 2011년 3월, 미국 연방 법원은 책을 스캔하기 위해서는 저자와 출판사의 허락을 먼저 받는 것이 순서라며, 구글과 미 출판사 협회 간의 합의를 무효화하고, 이를 수정할 것을 요구했다. 이로써 구글의 도서관 프로젝트는 신속하게 진행될 수 없었다.

클라우드 컴퓨팅과 구글

클라우드 컴퓨팅은 실행에 필요한 소프트웨어 코드와 데이터를 인터넷을 통해 전송받아 웹 브라우저나 독립적인 소프트웨어로 실행하는 컴퓨팅 방식을 말한다. 클라우드 컴퓨팅 사용자는 자신의 컴퓨터에 새로운 프로그램을 직접 설치하거나 대용량 데이터를 저장하지 않고도 새로운 기능을 사용하거나 최신의 방대한 데이터에 접근할 수 있었고, 공급자도 사용량을 근거로 요금을 부과하거나 상황에 맞는 광고 등을 제공할 수 있었다. 클라우드 컴퓨팅을 사용하면 집이나 직장, 공공

> "인터넷은 플랫폼이고 구글은 언제 어디서나 다가갈 수 있다. 구글은 일상의 일부가 되고자 한다."
> : 에릭 슈미트 :

장소 등 장소에 구애받지 않고 연결하여 작업을 수행할 수 있고, 데이터 공유와 협업 등도 편리하게 수행할 수 있다는 장점이 있었다.

그러나 클라우드 컴퓨팅을 위해서는 빠르고 안정적인 인터넷 연결이 필수적이었기 때문에 일반적으로 파일과 데이터를 빈번하게 주고받을 필요가 없는 경우에 주로 적합한 방식이었다.

또한 사용자의 데이터가 서비스 제공자의 서버에 존재하기 때문에 보안과 프라이버시의 문제도 우려되는 부분이었다. 가령 서비스 제공자가 사용자의 데이터를 분석하여 정보를 추출하거나 광고를 할 수도 있기 때문이었다.

구글은 검색 및 호스팅 서비스를 위해 엄청난 규모의 서버와 네트워크 용량을 보유하고 있었으므로 클라우드 컴퓨팅 서비스를 지원할 수 있는 인프라는 이미 확보해 놓은 셈이었다. 또한 많은 사용자들이 익숙하게 사용하는 G메일 같은 웹 메일 서비스는 일종의 클라우드 컴퓨팅 서비스라 할 수 있었다.

구글은 이미 확보한 인프라와 서비스, 사용자들을 기반으로 클라우드 컴퓨팅 분야로 더욱 확장하고자 했다. 구글 캘린더는 사용자의 스케줄 관리뿐만 아니라 협업을 위해 필요한 초대 및 예약 기능 등을 제공했다. 피카사Picasa라는 구글의 사진 관리 서비스는 사용자가 사진 파일을 구글 서버에 저장할 수 있도록 할 뿐만 아니라 이를 매우 편리하게 친구 또는 일반 대중과 공유할 수 있도록 해줬다. 구글은 캘린더와 사진 공유 같은 보조적인 응용 소프트웨어뿐만 아니라 구글 닥스Google Docs 서비스를 통해 문서 작성, 스프레드시트, 프레젠테이션 같은 핵심적인 응용 소프트웨어도 웹 브라우저를 통해 사용할 수 있도록 했다.

클라우드 컴퓨팅이라는 큰 흐름을 탄 구글의 공세로 말미암아 오피스와 윈도우 운영체제라는 양대 축을 바탕으로 이전까지는 난공불락이었던 마이크로소프트도 점차 위협을 느끼기 시작했다. 물론 마이크로소프트의 워드, 엑셀, 파워포인트 같은 프로그램들은 구글 닥스보다 더욱 강력한 기능을 제공했지만 구글 닥스의 기능 정도만으로도 충분하다고 생각하는 사용자들도 많았고, 구글 닥스는 무엇보다 웹을 통해 쉽게 공동 작업이 가능하고 하이퍼링크를 통해 다른 문서를 쉽게 연결하고 참조할 수 있다는 커다란 장점이 있었다.

구글 닥스는 마이크로소프트와 경쟁하여 미국 로스앤젤레스시의 3만 4,000명의 공무원을 위한 사무자동화 소프트웨어 공급 계약을 따내기도 했다. 구글의 이와 같은 공세는 마이크로소프트가 2010년 6월부터 오피스 2010의 웹 버전을 일반 사용자들에게 무료로 제공하도록 만드는 데 영향을 끼쳤다.

크롬 웹 브라우저와 크롬 운영체제

2008년 9월, 구글은 크롬Chrome이라는 웹 브라우저를 출시하면서 마이크로소프트와 웹 브라우저 시장에서의 경쟁에도 뛰어들었다. 크롬은 최소한의 시스템 요구 사양, 빠른 속도와 편리한 인터페이스, 구글 검색 엔진과의 밀접한 연계성 등의 장점을 바탕으로 빠른 시간 안에 마이크로소프트의 인터넷 익스플로러와 오픈 소스 웹 브라우저인 파이어폭스와 함께 3대 인기 웹 브라우저로 자리 잡았다.

구글은 2010년 12월 크롬 OS라는 운영체제를 출시하면서 운영체제 부문에서도 마이크로소프트를 압박하기 시작했다. 크롬 운영체제는 클라우드 컴퓨팅을 웹 브라우저가 아닌 운영체제 수준에서부터 통합적으로 지원할 것을 목표로 했고, 크롬 웹 브라우저와 마찬가지로 최소한의 기기 사양에서도 사용할 수 있도록 함으로써 넷북 컴퓨터와 같은 모바일 인터넷 기기의 운영체제로 일단 안착하고자 했다.

크롬 웹 브라우저와 운영체제의 출시로 말미암아 구글과 마이크로소프트 간에는 검색 서비스, 클라우드 컴퓨팅, 웹 브라우저, 운영체제에 이르는 전방위적인 경쟁이 시작되었다. 구글은 크롬 웹 브라우저와 크롬 운영체제의 소스 코

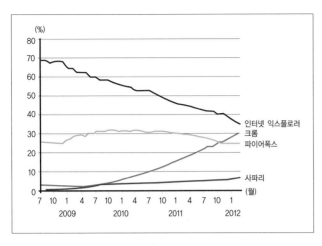

(%)

전 세계 웹 브라우저(PC) 점유율: 구글이 2008년 9월에 출시한 웹 브라우저인 크롬은 낮은 사양의 기기에서도 잘 동작했고, 인터넷 익스플로러보다 속도가 더 빨랐다. 크롬 브라우저는 2010년부터 점유율이 급상승해 2012년경에는 인터넷 익스플로러, 파이어폭스와 함께 3대 인기 웹 브라우저로 자리 잡았다.(자료 출처: StatCounter)

드를 개방해 사용자들이나 기업들이 자유롭게 필요에 따라 수정할 수 있도록 함으로써 마이크로소프트의 웹 브라우저 및 운영체제와 차별화하고자 했다.

안드로이드 운영체제

애플의 아이폰 출시를 기점으로 2007년경부터는 선진국 시장을 중심으로 스마트폰이 급격히 확산되기 시작했다. 기존의 소위 '피처폰'은 통신사와 단말기 제조업체가 제공하는 기능 이외에 다른 소프트웨어를 설치하는 것에는 제약이 많았다. 그러나 스마트폰 사용자들은 인터넷에 쉽게 접속할 수 있었을 뿐만 아니라 앱 스토어나 모바일용 홈페이지 등과 같은 다양한 경로로 사무용 프로그램, 엔터테인먼트 프로그램, 콘텐츠 등을 다운로드하여 사용할 수 있었다.

2008년 당시 스마트폰은 매출액 기준으로 휴대전화 판매의 약 13%를 차지했을 뿐이었지만 향후 휴대전화의 대세가 될 것으로 예상되고 있었다. 구글은 스마트폰 같은 모바일 정보 기기가 차세대 검색 시장의 핵심이 될 것이라고 보고, 2005년 안드로이드를 인수하고 전문 인력과 기술을 축적하는 등 모바일 사업에서의 엄청난 기회를 놓치지 않기 위한 준비를 조용히 해 왔다.

안드로이드는 원래 디지털 카메라용 리눅스 기반 오픈 소스 운영체제를 개발하는 벤처기업이었다. 하지만 2005년 구글에 의해 인수된 후에는 스마트폰용 운영체제 개발로 비밀리에 방향을 바꾸었다. 구글의 안드로이드 프로젝트는 워낙 비밀리에 진행되었기 때문에 구글이 안드로이드로 무엇을 하려고 하는지는 베일에 가려져 있었고, 공격적으로 사업 분야를 확장하는 구글이 휴대전화 사업에도 뛰어들 것이라는 등의 추측이 난무했다.

2007년 11월, 구글은 오픈 핸드셋 얼라이언스(OHA)의 형성을 발표하면서 스마트폰을 위한 운영체제로 자신이 개발한 안드로이드 운영체제를 소스 코드와 함께 무료로 공개했다. 자신이 개발한 안드로이드 운영체제를 무료로, 더 나아가 오픈 소스로 제공한다는 것은 향후 휴대전화나 운영체제의 판매로 수익을 추구하기보다는 자신의 검색 엔진과 밀접하게 결합된 안드로이드 운영체제를 탑재한 모바일 기기를 확산시킴으로써 모바일 컴퓨팅 시대의 허브로서 광고 수익 등을 추구하는 전략을 추구할 것이라는 점을 밝힌 것이었다. 구글은 2009년 11월 모바일 광고 전문 벤처기업인 애드몹AdMob을 7억 5,000만 달러에 인수함으로써 이러한 전략을 더욱 분명히 했다.

구글이 안드로이드 플랫폼을 공개하기 이전에도 마이크로소프트의 윈도우 모바일, RIM의 블랙베리, 노키아의 심비안, 애플의 아이폰 OS 등과 같은 스마트 폰을 위한 몇몇 플랫폼이 존재하고 있었다. 그러나 폐쇄적인 이들 플랫폼과는 달리 안드로이드는 누구나 사용할 수 있는 개방된 플랫폼이었고, 소스 코드가 공개됐기 때문에 기업들이 안드로이드 운영체제의 소스 코드를 수정해 자사의 제품에 최적화시킬 수 있다는 커다란 장점이 있었다.

안드로이드는 이미 널리 알려진 운영체제인 리눅스에 기반을 둔 운영체제이기 때문에 새로운 운영체제이기는 하지만 성능이 안정적이었고, 리눅스 저작권의 특성상 구글의 입장에 따라 향후 유료로 전환되거나 폐쇄적으로 전환될 가능성도 없었다. 이 때문에 많은 유력 휴대전화 제조업체들이 안드로이드를 스마트폰을 위한 유력한 운영체제로 보았고, 안드로이드에 기반을 둔 스마트폰과 모바일 기기를 개발하기 시작했다.

오픈 핸드셋 얼라이언스의 초기 멤버에는 삼성, 모토롤라, HTC, 차이나모바일, T-모바일, 인텔, 퀄컴 등 34개의 저명한 휴대전화 제조업체, 통신 사업자 반도체 업체, 소프트웨어 개발업체들이 망라되어 있었다. 반면, 자체적인 스마트폰 플랫폼을 보유한 노키아, 마이크로소프트, 애플 등의 또 다른 유력 기업들과 이들과 밀접한 관계를 맺고 있던 대형 통신 사업자 AT&T 등은 오픈 핸드셋 얼라이언스에 불참했다.

구글은 대부분 실패로 돌아가기 마련인 공동 개발 프로젝트에 의존하지 않고 자신이 아예 개발을 끝내 버린 안드로이드라는 운영체제를 개방하고 공유함으로써 무서운 기세로 스마트폰 시장을 장악해 나가던 애플에 대항하고자 하는 거의 모든 세력들을 오픈 핸드셋 얼라이언스라는 연합체로 묶어 버린 것이었다.

2009년 6월, 미국의 유력 통신사 T-모바일은 대만의 HTC와 공동 개발한 최초의 안드로이드 기반 스마트폰 G1을 출시했다. 이후 삼성, 모토로라 등의 유력 휴대전화 제조업체들도 안드로이드 기반 스마트폰을 속속 시장에 출시했다. 구글도 넥서스원Nexus One이라고 명명한 안드로이드 전용 스마트폰을 직접 개발하면서 운영체제와 서비스를 개발하는 역할에서 벗어나 안드로이드 기반 스마트폰의 사양을 정하고, 직접 개발하거나 판매하는 역할까지 확장해 나갔다. 안드로이드의 모바일 운영체제 점유율은 2010년 1월만 해도 5% 수준에 불과했지만 2012년 3월에는 애플의 아이폰 운영체제와 유사한 25%로 높아졌다.

구글은 안드로이드 플랫폼을 스마트폰뿐만 아니라 태블릿 PC와 TV, 차량용 내비게이션, 컴퓨터 등 다양한 정보 기기에도 확산시키고자 했다. 이는 새로운 사업 기회를 노리는 기존의 업체들과도 이해가 잘 맞는 것이었다.

소니, LG와 같은 가전업체들은 안드로이드 기반의 TV를, 델은 안드로이드 기반의 태블릿 PC를, 차량용 내비게이션 시장의 강자인 가민Garmin은 안드로이드 기반의 차량용 내비게이션을 개발하는 데 적극적으로 나섰고, 향후 안드로이드 플랫폼에 기반을 둔 다양한 가전 제품 및 모바일 기기가 확산됨에 따라 구글의 영향력은 더욱 확대될 것으로 보였다.

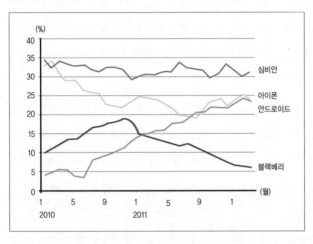

전 세계 모바일 운영체제 점유율 : 안드로이드 운영체제는 2010년부터 급성장하기 시작해 애플의 아이폰과 비슷한 점유율로 올라섰다. 반면, 블랙베리의 점유율은 2010년에는 상승하다가 2011년에 접어들어 안드로이드 운영체제가 약진함에 따라 가파르게 떨어졌다.(자료 출처: StatCounter)

안드로이드 플랫폼에 대한 공세

안드로이드 플랫폼이 큰 인기를 끌자 마이크로소프트와 애플 등은 구글과 안드로이드 기반 모바일 기기 제조업체들이 자신들의 특허를 침해했다면서 소송 공세에 나서기 시작했다. 구글은 안드로이드 운영체제를 무료로 개방했기 때문에 안드로이드 운영체제를 사용하는 업체들은 구글에 비용을 지불하지 않아도 됐지만, 만약 안드로이드에 특허로 보호된 기술이 포함됐다면 안드로이드 운영체제를 사용해 이득을 얻은 업체들은 특허권자에게 특허료를 지불해야 했다.

마이크로소프트와 애플 등은 자신들이 가진 많은 특허를 활용해 지적 재산권 확보에 미비한 점이 있었던 안드로이드의 약점을 파고들었다. 이들은 특허 소송 등을 통해 휴대전화 제조업체들에게 안드로이드 운영체제는 실제 무료가 아닐 수 있다는 의심을 갖게 하고, 안드로이드를 사용하면 어떤 대가를 지불하게 될지 모른다는 불확실성을 고조시켜 공포감을 갖게 하는 IT 업계에서 흔히 말하는 FUD(Fear, Uncertainty, Doubt) 전략을 사용해 안드로이드로 급격히 쏠리고 있는 움직임을 저지하고자 했다.

구글은 안드로이드에 대한 특허 공세에 대응하고 안드로이드 플랫폼을 중심으로 한 기업 생태계를 보호하기 위해 2011년 7월 IBM이 보유한 각종 특허 1,000여 건을 인수해 향후 특허소송전에서 대항할 수 있는 카드를 확보하고자 했다. 2011년 8월에는 125억 달러라는 엄청난 자금을 투입하여 모토롤라의 휴대전화 사업 부문인 모토롤라 모빌리티를 인수한다고 발표했는데, 구글은 이로써 2만여 개에 이르는 모토롤라의 이동통신 관련 특허를 취득하게 됐다. 그러나 한때 이동통신 업계의 거인이었던 모토롤라를 인수한 구글의 행보는 단말기 제조업체들에게 구글이 혹시 자신들과 휴대전화 시장에서 직접적으로 경쟁하지 않을까 하는 경계심을 갖게 했고, 이들이 구글을 견제하기 위해 마이크로소프트의 모바일 운영체제에도 힘을 실어주는 쪽으로 움직임에 따라 안드로이드 진영의 힘을 약화시키는 결과로 이어지기도 했다.

구글의 중국 진출과 철수

앞에서 설명한 바와 같이 구글의 영향력이 커지고, 제공하는 서비스도 다양해지면서 유튜브, 구글북, G메일 광고, 스트리트뷰StreetView 등의 서비스로 구글이 저작권과 사생활을 침해한다는 비평이 미국뿐만 아니라 여러 나라에서 제기됐다. 하지만 구글이 가장 큰 비난을 받은 부분은 검색 결과를 검열하는 것이었다. 구글은 인종주의, 특정 종교 등과 관련하여 반사회적이라고 판단되는 링크들은 자체적으로 검열하여 검색 결과에 표시하지 않았는데, 이는 구글의 자의적인 판단이 개입되는 것이므로 구글이 검색 서비스에서 갖는 엄청난 영향력을 고려할 때 이를 우려하는 이들이 많았다.

구글의 검열에 대한 논란이 최고조에 이르렀던 사안은 구글이 2006년 구글 차이나를 설립하면서 중국에 진출하기 위해 중국 정부의 검열 정책에 동의한 것이었다. 구글 차이나의 검색 사이트인 google.cn은 천안문이나 파룬궁처럼 중국 정부가 민감하게 생각하는 용어는 검색을 차단했고, 미국을 비롯한 해외에서 이를 두고 구글을 비난하는 목소리가 높아졌다. 하지만 구글은 더 많은 사람들에게, 더 나은 서비스를 제공하기 위한 어쩔 수 없는 선택이라는 논리를 내세우며 검열을 고수했다.

하지만 2010년 1월 12일, 구글은 갑작스럽게 회사의 공식 블로그에 '중국에 대한 새로운 접근'이라는 글을 올려 중국에서 철수하는 방안을 검토 중이라고 발표했다. 구글은 중국 철수의 직접적인 배경으로 2009년 12월에 중국 인권 운동가들의 G메일 계정이 집중적으로 해킹된 사건을 들었지만, 중국 정부가 그동안 지나친 검열을 요구해 왔던 점도 철수의 중요한 배경이라고 밝혔다. 구글은 2월부터는 google.cn을 통해 제공해 오던 중국어 검색 서비스를 중국 법에서 예외로 인정되는 홍콩에 위치한 google.com.hk로 옮겨 검열 없는 서비스를 제공하기 시작했다. 그러나 중국 당국은 '만리장성'이라 부르는 검열 시스템을 가동해 중국에서 구글의 홍콩 사이트로 가는 길목을 관리했다. 이 때문에 구글이 홍콩으로 이전했음에도 불구하고 중국 정부가 민감하다고 판단하는 검색 결과에 대하여 중국 내에서는 여전히 "웹 페이지를 표시할 수 없다"는 메시지가 나타났다.

구글이 중국 당국과 마찰을 빚자 많은 중국 기업들은 구글과의 제휴를 중단하거나 광고를 중단하기 시작했다. 구글은 2009년 말까지 중국 검색 서비스 시장의 35%를 점유할 정도로 성장해 왔지만, 중국 본토에서 철수한 후에는 중국 토종 검색 엔진인 '바이두'에 중국 검색 시장의 주도권을 내주었다. 구글이 가진 검색 서비스의 주도권을 빼앗기 위해 경쟁하던 마이크로소프트는 중국 정부와 구글이 마찰을 빚는 와중에 중국에서 사업을 하기 위해서는 중국 정부의 정책에 따르는 것이 당연하다는 입장을 밝히며 중국 정부의 환심을 샀다. 마이크로소프트는 중국 최대의 검색 서비스가 된 바이두의 영어 검색 서비스를 담당함으로써 중국 내 점유율을 확대하고자 했다.

에릭 슈미트의 사임과 래리 페이지 체제

2011년 4월, 2001년 이후 10여 년 동안 구글의 CEO직을 수행해 온 에릭 슈미트가 구글의 CEO에서 물러나고 창립자인 래리 페이지가 후임 CEO로 취임했다. 에릭 슈미트는 구글을 떠나지는 않고 회장으로서 대외 업무에 주력하기로 했다. 에릭 슈미트는 CEO에서 물러난 이유를 명확히 밝히지는 않았지만, 자신의 반대에도 불구하고 창립자인 페이지와 브린에 의해 최대 시장인 중국에서의 철수가 감행된 것이 주요한 이유인 것으로 알려졌다.

슈미트는 중국 정부에 양보하더라도 세계 최대의 시장인 중국 시장을 사수해야 한다는 뜻을 가지고 있었고, 중국 시장의 어마어마한 크기와 성장성을 고려할 때 슈미트의 의견은 주주들의 이익에 부합하는 것이기도 했다. 하지만 어린 시절을 소련에서 보냈고, 유대인인 부모님이 비밀경찰에 인종 차별적 모독을 당하는 것을 지켜보기도 했던 세르게이 브린은 전체주의적 정부에 대한 거부감이 매우 컸다. 구글의

> "우리의 목표는 세상 모든 정보를 조직하고, 어디에서나 접근 가능하며, 유용하도록 만드는 것이었다. 하지만 우리는 그 과정에서 아마도 사람들이 할 수 있는 역할을 과소평가한 측면이 있는 것 같다."
> : 래리 페이지 :

중국 철수를 밀어붙인 것은 세르게이 브린과 그의 생각에 동의한 래리 페이지였다.

구글은 이 무렵 중국 관련 문제 이외에도 여러모로 어려움에 처해 있었다. 구글처럼 광고를 주 수입원으로 하는 페이스북은 소셜 네트워크에서의 강점을 바탕으로 검색 시장에도 진출해 구글과의 경쟁에 나섰고, 빙을 앞세운 마이크로소프트와 아이폰, 아이패드를 앞세운 애플도 구글의 아성인 PC 환경을 우회해 모바일 환경을 통해 검색 시장을 공략해 오고 있었다.

특히 구글의 많은 핵심 인력들이 구글이 관료주의에 물들어 가고 있다고 비판하며 페이스북으로 옮긴 것은 구글에게 큰 충격이었다. 구글의 소셜 네트워킹 서비스는 지지부진했던 반면, 2004년에 설립된 페이스북은 2011년경 8억 명이 넘는 월평균 이용자 수와 37억 달러의 매출, 10억 달러의 순이익을 기록하며 구글이 적어도 소셜 네트워크 분야에서는 무언가 잘못하고 있다는 것을 보여주고 있었다.

에릭 슈미트의 뒤를 이어 CEO를 맡은 구글의 공동 창업자 래리 페이지는 같은 창업자인 세르게이 브린보다 경영에 더 관심이 많고, 꽤 오랜 기간 CEO가 될 준비를 해 왔다. 하지만 이미 거대하게 성장해 버린 구글과 같은 기업을 격변하는 시대에 맞추어 훌륭하게 이끌 수 있을 정도로 유능한 CEO인지 판단하기 위해서는 꽤 오랜 시간을 지켜보아야 할 것이라는 게 일반적인 평이었다.

마이크로
소프트

운영체제 및 응용 프로그램 세계 1위

복제가 쉬운 소프트웨어 산업에서 중소기업이 대기업으로 성장하는 것은
예나 지금이나 매우 어려운 일이다. 마이크로소프트의 성장사를 보면 이런 어려운
일을 해내려면 시대의 흐름을 잘 타야 하며, 기술을 잘 알면서도 민첩한 사업
수완을 함께 갖춘 기업가가 필요하다는 생각을 하게 된다.
마이크로소프트의 결정적인 성장 발판이 된 것은 IBM PC의 운영체제를
공급하게 된 것이었지만, 마이크로소프트는 운영체제를 직접 개발한 것도
아니었고 수익의 대부분을 IBM으로부터 얻은 것도 아니었다. 마이크로소프트는
인수를 통해 PC용 운영체제를 개발해냈고, 거대 기업 IBM과의 협상에서 밀리지
않고 현명한 계약 조건을 얻어냄으로써 운영체제 시장을 지배하게 됐다.
마이크로소프트는 이후에도 뛰어난 기술보다는 사업 수완을 발휘해 응용
프로그램 및 서버용 운영체제 시장에서 주요한 위치에 올라섰다.
최근 마이크로소프트의 발목을 잡고 있는 것은 모바일 기기용
운영체제에서의 약점이다. 그러나 윈도우 비스타의 실패 후 곧 윈도우 7을 출시해
대성공을 이뤄낸 것은 마이크로소프트의 잠재력이 여전히 대단함을 보여준다.

**강한 자가
아니라
적응하는 자가
살아남는다**

Microsoft

마이크로소프트 경영 현황 (2011년 6월 말 기준)

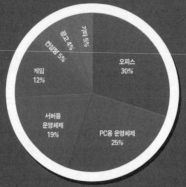

총자산: 1,087억 달러
연간 매출액: 699억 달러

오피스 30%
기타 5%
검색 5%
휴대폰 4%
게임 12%
서버용 운영체제 19%
PC용 운영체제 25%

영업 이익: 272억 달러
(매출대비 39%, 자산대비 25%)
순이익: 232억 달러

주요 연표

1975 — 빌 게이츠와 폴 알렌, 마이크로소프트 창업. 알테어 8800 컴퓨터용 베이직 소프트웨어 납품

1980 — 스티브 발머, 마이크로소프트 합류

1981 — 주식회사로 전환. IBM이 최초의 PC의 운영체제로 마이크로소프트의 DOS 채택

1985 — 윈도우 1.0 출시. 실패작으로 평가됨.

1986 — 마이크로소프트 상장

1989 — 마이크로소프트 오피스 출시

1990 — 윈도우 3.0 출시. 큰 성공을 거둠.

1993 — 윈도우 NT 출시

1994 — 미국 법무성, 마이크로소프트가 PC 출하 대수당 운영체제 라이선스료를 받는 행위 금지함.

1995 — 윈도우 95 출시로 큰 성공을 거둠. 오피스 95 출시. MSN 인터넷 접속 서비스 개시. 인터넷 익스플로러 1.0 출시하고 무료 배포

1997 — 인터넷 익스플로러 4.0 출시. 윈도우 95에 기본적으로 설치하여 제공하기 시작

1998 — 윈도우 98 출시. 인터넷 익스플로러 4.0을 기본 웹 브라우저로 설치해 판매. 미국 법무성, 마이크로소프트를 반독점법 위반으로 제소

2000 — 스티브 발머 CEO 취임. 기업 시장을 겨냥한 데스크톱 및 서버 버전의 윈도우 2000 출시

2001 — 윈도우 XP 출시. 엑스박스 출시. 미국 법무성과의 합의로 회사의 분할을 막음.

2003 — 윈도우 서버 2003 출시

2007 — 윈도우 비스타 출시. 실패작으로 평가받음.

2009 — 윈도우 7 출시. 큰 성공을 거둠.

2010 — 모바일 기기용 운영체제 윈도우 폰 7 출시

Microsoft

빌 게이츠의 어린 시절

마이크로소프트의 공동 창업자 빌 게이츠는 애플의 공동 창업자 스티브 잡스와 같은 1955년에 태어났다. 하지만 어린 시절 입

> "창업 초기 우리가 가졌던 생각은 무엇이든 더 쉽게 만들자는 것이었다."
> : 빌 게이츠 :

양되어 실리콘밸리의 중산층 가정에서 자란 잡스와는 달리 게이츠는 시애틀의 상류층 집안에서 태어나 엘리트 교육을 받았다. 게이츠의 아버지는 시애틀의 저명한 변호사였고, 은행가 집안 출신의 어머니도 자선사업과 사회활동에 열심인 인물이었다. 게이츠는 어려서부터 시장경제를 지탱하는 중요한 시스템인 법과 금융, 그리고 자선사업과 친숙한 환경에서 자란 셈이었다.

게이츠는 지역의 명문 사립학교인 레이크사이드 학교에 입학했는데, 당시 레이크사이드 학교의 학부모회에서는 학생들에게 컴퓨터를 접할 수 있는 기회를 주고자 학부모회 기금의 일부를 GE가 소유한 컴퓨터를 이용하는 데 사용하기로 했다. 게이츠는 이 덕분에 당시로는 접하기 어려웠던 컴퓨터를 12세에 처음 접할 수 있었고, 논리적인 성향이 매우 강했던 그는 컴퓨터 프로그래밍에 깊

레이크사이드 고등학교 컴퓨터 센터에서의 빌 게이츠(8학년, 12세)와 폴 알렌(10학년, 14세): 학부모회가 기금의 일부를 전화선을 통해 컴퓨터를 원격으로 사용할 수 있도록 하는 데 사용하기로 함으로써 마이크로소프트를 공동 창업하게 되는 빌 게이츠와 폴 알렌은 어린 시절부터 컴퓨터를 접할 기회를 가질 수 있었다.

이 빠져들었다. 게이츠와 함께 마이크로소프트를 창업한 두 살 위의 폴 알렌도 게이츠와 마찬가지로 레이크사이드 학교를 함께 다니던 시절 컴퓨터 프로그래 밍에 빠졌다. 게이츠와 알렌은 학교의 컴퓨터 동아리에서 활동하며 서로 친해 졌다. 졸업 후 알렌은 워싱턴 주립대에, 게이츠는 1973년 하버드대에 진학했다.

인생을 바꿔놓은 잡지 기사

1975년 1월, 〈파퓰러 일렉트로닉스〉라는 잡지에 소개된 마이크로프로세 서에 기반을 둔 최초의 컴퓨터 알테어 8800은 게이츠와 알렌의 인생을 바꿔놓 았다. 키보드도, 화면도 없이 상자에 여러 개의 스위치와 전구가 달려 있던 알 테어 8800은 오늘날의 컴퓨터와는 외양이 매우 달랐고, 완제품도 아닌 조립식 키트였지만, 인텔의 8080 마이크로프로세서를 채택했기 때문에 소프트웨어를 통해 마이크로프로세서를 활용하면 무궁무진한 기능을 수행할 수 있었다.

1975년 1월, 당시 갓 출시된 알테어 8800은 하드웨어만 있을 뿐 이를 응용 하기 위한 소프트웨어는 없었고, 소프트웨어를 제작하기 위한 프로그래밍 도 구도 없었다. 게이츠는 1975년 1월, 그가 있던 하버드대 기숙사에서 알테어 8800을 만든 뉴멕시코 주에 위치한 MITS라는 회사에 무작정 전화를 걸어 알테 어 8800에서 동작하는 소프트웨어를 개발할 수 있도록 해주는 소프트웨어를 제작해주겠다고 제안했다. MITS로서도 소프트웨어 개발 도구가 필요했기 때 문에 만약 그런 도구를 가장 먼저 만들어 온다면 자신의 컴퓨터에 이를 채택하 겠다고 약속했고, 게이츠와 알렌은 선수를 빼앗길까 싶어 이후 8주간을 밤낮없 이 매달린 끝에 베이직BASIC이라는 언어로 작성된 프로그램을 알테어 8800 컴퓨 터가 해석할 수 있게 해주는 베이직 인터프리터라는 소프트웨어를 개발해냈 다. MITS는 게이츠와 알렌이 개발한 베이직 인터프리터를 라이선스받아 알테어 8800 컴퓨터와 함께 판매하기로 했다.

게이츠와 알렌은 머지않은 장래에 모든 가정에 마이크로프로세서를 채용한 PC가 보급되는 날이 올 것이라 믿고 있었다. 모든 가정의 책상 위에 자신들이 개발한 소프트웨어가 설치된 PC가 놓이게 하겠다는 야심 찬 비전을 가지고 게이츠와 알렌은 둘 다 1975년에 대학을 중퇴하고, 마이크로소프트를 창업했다. 마이크로소프트는 20대 초반의 두 젊은이들이 창업한 신생 기업일 뿐이었지만, 컴퓨터광들에게 잘 알려진 알테어 8800을 위한 베이직 인터프리터를 최초로 개발해냈기 때문에 업계에 이름이 알려졌다. 마이크로소프트가 개발한 베이직 인터프리터는 사용하기 쉬우면서도 다양한 응용 프로그램을 개발할 수 있는 기능을 제공했기 때문에 프로그래머들 사이에 인기가 높았다. 당시에는 소프트웨어 전문 업체가 별로 많지 않았기 때문에 실력이 검증된 마이크로소프트는 많은 컴퓨터 업체들로부터 개발 의뢰를 받았고, 의뢰받은 소프트웨어를 제작해주면서 성장해 나갈 수 있었다.

마이크로프로세서를 활용한 최초의 PC '알테어 8800'을 소개한 〈파퓰러 일렉트로닉스〉지 1975년 1월호 표지: 키보드도 화면도 없고 스위치만 달려 있었던 이 컴퓨터는 미국 뉴멕시코 주에 위치한 MITS가 인텔의 8080 마이크로프로세서를 사용해 개발한 최초의 PC였다. 당시 하버드대에 다녔던 빌 게이츠는 이 잡지 기사를 보고, 기숙사에서 무턱대고 MITS에 전화를 걸었다. 빌 게이츠는 폴 알렌과 8주간의 밤샘 작업 끝에 알테어 컴퓨터에서 베이직 언어를 사용할 수 있게 하는 소프트웨어를 개발해 납품했고, 이를 계기로 마이크로소프트를 창업했다.

당시 PC 사업의 선두주자로 부상하고 있던 애플 역시 애플 II 컴퓨터를 위한 베이직 인터프리터 개발을 마이크로소프트에 의뢰했다. 하지만 당시는 소프트웨어의 복제가 성행하고, 지적 재산권도 잘 보호되지 않았던 시절이었기 때문에 PC 시장과 함께 큰 수익을 올린 기업들은 대부분 하드웨어 업체들이었고, 마이크로소프트의 연간 매출은 수백 만 달러 수준에 불과했다.

운영체제 시장 장악

마이크로소프트가 폭발적인 성장을 하게 된 결정적 계기가 된 것은 1980년대 초반 IBM PC의 운영체제를 공급하게 된 것이었다. 운영체제는 한마디로 하드웨어와 응용 프로그램 간의 가교 역할을 담당하는 소프트웨어이다. 운영체제는 디스크에서 데이터를 읽어 들이고, 키보드 입력을 해석하며, 프로세서와 메모리 간의 상호작용을 제어하는 등 하드웨어와의 복잡한 상호작용을 담당해줌으로써 워드프로세서와 같은 응용 프로그램을 쉽게 개발할 수 있게 해주는 핵심적인 역할을 수행했다.

IBM의 PC 사업팀은 사업을 추진하면서 당시 PC용 베이직 언어 전문가로 이름이 잘 알려진 빌 게이츠에게 많은 조언을 구했는데, 게이츠는 마이크로프로세서로는 인텔의 8088을 택하고, 운영체제 소프트웨어로는 디지털 리서치라는 회사의 CP/M을 라이선싱할 것을 권했다. 게이츠는 IBM PC에 운영체제를 공급하는 회사가 향후 PC 사업의 표준을 이끌 것이라는 것을 알고는 있었지만, 마이크로소프트는 운영체제 분야의 기술이 없었기 때문에 다른 회사를 추천할 수밖에 없었던 것이다.

CP/M 운영체제를 개발하고 디지털 리서치를 설립한 게리 킬달Gary Killdall은 시애틀에 위치한 워싱턴 주립대에서 컴퓨터공학 박사를 받고, 캘리포니아의 아름다운 도시 몬터레이에 소재한 해군 대학원에서 학생들을 가르치며 틈틈이 인텔이 개발한 마이크로프로세서를 활용할 수 있도록 하는 소프트웨어 개발과 인텔을 위한 자문 및 소프트웨어 개발 용역을 수행해 오고 있었다.

1970년대 초, IBM의 알란 슈가트Alan Shugart가 이끄는 개발팀은 마이크로프로세서와 함께 PC의 핵심 요소가 되는 플로피 디스크 드라이브를 개발했다. 킬달은 인텔의 8bit 마이크로프로세서 8080으로 디스크 드라이브를 제어할 수 있게 해주는, CP/M이라는 디스크 운영체제 소프트웨어를 개발했고, 디스크 드라이브가 보급되면서 CP/M도 인기를 끌게 되자 몬터레이에 디지털 리서치라는 회사를 설립했다.

IBM은 비밀리에 PC 사업을 추진하고 있었기 때문에 디지털 리서치와 운영체제를 위한 협상을 시작하기 전에 비밀 준수 서약을 할 것을 요구했다. 엔지니어 성향이 강한 킬달을 대신해 디지털 리서치를 위한 비즈니스 협상을 도맡고 있었던 킬달의 부인은 비밀 준수 서약 때문에 거대 기업인 IBM에 발목을 잡힐 수 있다는 우려로 서약을 거부했다. 킬달은 결국 비밀 준수 서약을 하기는 했지만, 이후에도 IBM과의 협상은 순조롭게 진행되지 않았다. IBM은 킬달 측과 실랑이를 벌이고 싶지 않았고, 프로그래머 한 사람이 개발할 수도 있는 운영체제가 그리 대단한 소프트웨어라고 생각하지도 않았기 때문에 빌 게이츠에게 운영체제를 직접 개발하거나 CP/M 운영체제의 대안을 찾아줄 것을 부탁했다.

이 무렵 게이츠와 알렌은 시애틀 컴퓨터 프로덕츠라는 작은 회사가 인텔의 16bit 프로세서 8086을 채용한 컴퓨터를 출시하면서 인텔의 8bit 프로세서 8080 버전만 있었던 CP/M을 모방해 86-DOS라는 8086 프로세서용 운영체제를 만들었다는 것을 알게 됐다. 게이츠와 알렌은 IBM PC에 사용될 것이라는 사실을 알리지 않고, 5만 달러에 86-DOS에 관한 일체의 권리를 사들였다. 86-DOS는 인텔 8086 프로세서용으로 개발됐지만, IBM은 PC에 그보다 저렴한 버전인 8088을 채용했기 때문에 수정이 필요했다. 마이크로소프트는 86-DOS의 개발을 주도한 20대 중반의 프로그래머 팀 패터슨Tim Patterson을 스카우트해 인텔의 8088 프로세서를 사용한 IBM의 PC를 지원하면서도, 인텔의 8080 프로세서에 기반을 둔 CP/M 운영체제용 응용 프로그램들을 사용할 수 있어야 한다는 IBM의 요구 사항을 충실히 반영한 운영체제로 만들어 냈다.

이 과정에서 IBM은 잘 정립된 소프트웨어 개발 및 검증 방법론을 바탕으로 마이크로소프트가 86-DOS 운영체제를 개선하는 데 있어 많은 도움을 주었고, 당시 아마추어 개발자 집단에 가까웠던 마이크로소프트는 소프트웨어의 개발과 검증에 대한 많은 노하우를 얻을 수 있었다.

폴 알렌(좌)과 빌 게이츠(우): 사진을 찍을 무렵 알렌과 게이츠는 '시애틀 컴퓨터 프로덕츠'라는 작은 회사로부터 운영체제를 인수해 이를 바탕으로 IBM PC에 운영체제를 납품하는 계약을 따냄으로써 마이크로소프트가 세계적인 기업이 될 발판을 마련했다.

IBM은 마이크로소프트에 일시불을 지급하고 운영체제에 대한 일체의 권리를 독점적으로 취득하기를 원했다. 하지만 마이크로소프트는 IBM에 일시불로 운영체제를 사용할 수 있는 권리를 넘겨주는 것은 인정하되, IBM에 독점권을 주려고 하지는 않았다. 마이크로소프트는 IBM 호환 PC를 제조하는 업체들이 마이크로소프트에 로열티를 지급하고 운영체제를 사용하기를 원했던 것이다.

결국 계약은 마이크로소프트가 원하는 조건으로 체결됐다. IBM이 마이크로소프트와 이러한 조건에 합의한 이유에는 IBM의 경영진이 PC 출시 일정에 쫓기고 있었고, 운영체제의 중요성에 대한 인식이 부족했던 것도 있었지만, 당시 미국 법무성이 IBM에 대해 반독점소송을 제기한 상황이었기 때문에 IBM이 중소기업에 부당한 계약을 강요하는 것처럼 보이는 것을 극도로 경계했기 때문이기도 했다.

향후 PC 사업 주도권의 향방을 결정해 버린 IBM과 마이크로소프트 간의 계약은 운영체제의 중요성과 호환 PC 제조업체들의 가능성을 파악한 빌 게이츠의 사업가적 안목, 협상 수완, IBM 경영진의 근시안적인 안목, 미국 정부가 IBM에 대해 제기한 반독점 소송이라는 시대적 행운 등이 복합적으로 작용한 결과인 셈이었다.

마이크로소프트는 IBM에는 PC-DOS라는 이름으로, IBM 호환 PC 제조업체들에는 MS-DOS라는 이름으로 운영체제를 라이선스했다. PC 시장이 폭발적으로 성장하면서 마이크로소프트는 1984년경 연매출 1억 달러를 넘는 기업으로 성장했다. 마이크로소프트는 1986년에 주식을 상장했고, 1년 만에 주가가 3배 이상 오르면서 빌 게이츠는 불과 31세의 나이에 억만장자의 대열에 올랐다. PC 사업 초기의 소프트웨어 업체로는 드물게 마이크로소프트가 대기업으로 성장할 수 있었던 데에는 일반 사용자가 아닌 기업들에게 로열티를 징수했던 것이 중요한 역할을 했다. 마이크로소프트는 IBM 호환 PC 업체들과 출하되는 PC 1대당 일정액의 로열티를 받는 계약을 했는데, 이러한 계약을 맺은 업체들은 마이크로소프트의 운영체제 설치와는 상관없이 PC를 출하할 때마다 마이크로소프트에 비용을 지불해야 했으므로 마이크로소프트의 운영체제 이외에 다른 운영체제는 아무리 기능이 뛰어나더라도 PC에 설치하려고 하지 않았다. 따라서 마이크로소프트가 PC 제조업체들과 맺은 계약 방식은 확실하게 매출을 올리는 동시에 경쟁자의 진입을 원천 봉쇄하는 것이기도 했다.

이를 파악한 미국 법무성은 1994년부터 마이크로소프트가 PC 제조업체들과 출하 대수당 로열티를 징수하는 방식을 금지하도록 했지만, 이때는 이미 마이크로소프트가 압도적인 점유율로 운영체제 시장에서 지배적 위치를 차지해 버린 후였다.

운영체제에서의 독점적 지위를 바탕으로 한 사업 확장

MS-DOS의 성공 이후, 마이크로소프트는 다양한 응용 프로그램을 개발하면서 운영체제 이외의 소프트웨어에서도 성공을 노렸지만, 초기에는 이러한 시도가 대부분 실패했다. 마이크로소프트가 처음 출시한 소프트웨어는 성능이 떨어지고 오류가 많아서 마이크로소프트가 출시한 버전 1.0은 무조건 구입하면 안 된다는 말이 상식처럼 나돌 정도였다. MS-DOS 운영체제용인, 소위 '킬러앱'들도 마이크로소프트가 아닌 워드 퍼펙트Word Perfect와 로터스Lotus가 개발한 소프트웨어들이었다. 마이크로소프트는 오히려 자신의 운영체제인 MS-DOS가 아닌 애플의 매킨토시용 응용 프로그램에서 오히려 성과를 올려 매킨토시용으로 개발한 마이크로소프트의 워드와 엑셀은 가장 인기 높은 매킨토시용 응용 프로그램 중 하나가 됐다.

"우리는 재무적으로 큰 성공을 거두기는 했지만, 이 산업이 어디를 향해 갈지를 계속 예상하고, 우리가 그 방향의 선두에 서도록 계속 제품을 변화해 나가야 한다. 이러한 업무는 점점 어려워지고 있다."

: 빌 게이츠 :

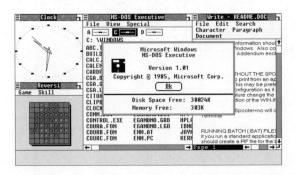

윈도우 1.0 화면: 마이크로소프트는 애플의 매킨토시용 응용 프로그램을 개발하면서 운영체제의 미래는 GUI에 있다는 확신을 갖게 됐다. 애플로부터 GUI를 사용할 수 있는 라이선스를 받아 개발한 윈도우 1.0은 그래픽 품질이 낮았고, 창을 겹칠 수 없었으며, 타일식으로만 나열할 수 있는 데다 속도마저 느려 혹평을 받았다.

마이크로소프트는 그래픽 사용자 인터페이스GUI 환경을 제공한 매킨토시용 워드와 엑셀을 개발하면서 그래픽 인터페이스 환경을 지원하는 응용 프로그램 개발에 필요한 노하우를 습득할 수 있었을 뿐만 아니라 운영체제의 미래는 GUI에 있다는 확신을 갖게 됐다. 빌 게이츠는 스티브 잡스가 물러난 후 애플의 CEO가 된 존 스컬리와 협상하여 매킨토시용 버전만 있었던 엑셀의 IBM PC 버전 개발을 연기하는 대가로 마이크로소프트가 IBM PC용 DOS 운영체제에 매킨토시와 유사한 GUI를 구현할 수 있는 라이선스를 받아내는 데 성공했다. 마이크로소프트는 1985년 윈도우Windows 1.0이라는 이름으로 DOS 운영체제에서 GUI를 사용할 수 있게 해주는 소프트웨어를 출시했다. 그러나 윈도우 1.0은 그래픽의 수준이 낮았고, 기능과 속도마저 떨어져서 혹평을 받았다.

하지만 마이크로소프트는 버전 1.0이 문제가 많다는 것 못지않게 끈기 있게 소프트웨어를 개량해 나가는 것으로도 유명했다. 마이크로소프트는 윈도우의 후속 버전들을 꾸준히 개량해 나갔고, 1990년에 출시한 윈도우 3.0과 그 후속 버전인 3.1은 성능이 향상됐을 뿐만 아니라 MS-DOS와의 호환성을 제공했기 때문에 곧 IBM 호환 PC에서 가장 인기 있는 소프트웨어가 됐고, 윈도우 3.1은 전 세계 PC 시장의 85%를 점유하기에 이르렀다. 윈도우 3.0 과 3.1은 완전한 운영체제 형식이 아니라 MS-DOS상에서 동작하는 응용 프로그램 형식이었으므로 대부분의 PC 제조업체들은 MS-DOS와 윈도우를 모두 설치하여 출하했다. 따라서 마이크로소프트는 PC 출하 대수당 매출을 2배 가까이 늘릴 수 있었다.

윈도우 3.0 화면: 마이크로소프트는 윈도우 운영체제의 성능을 끈기 있게 개선해 1990년에 버전 3.0을 출시했다. 윈도우 3.0은 이전 버전과는 달리 매우 인기를 끌었고, 대부분의 PC 제조업체들이 도스와 윈도를 모두 설치해 출하하면서 마이크로소프트의 PC 출하 대수당 매출은 2배 가까이 증가했다. 윈도우 3.0과 후속 버전인 3.1은 도스DOS에서 동작하는 응용 프로그램들을 GUI를 통해 사용할 수 있게 해주었다.

1980년대 말 윈도우가 인기를 얻으면서 마이크로소프트는 초기에 성과를 거두지 못하던 응용 프로그램 부문에서도 성공작을 내기 시작했다. 워드 퍼펙트나 로터스 같은 선두 업체들은 윈도우 출시에 적극적으로 대응하기보다는 자신들이 지배하던 기존의 DOS 기반 응용 프로그램에 초점을 두었고, 마이크로소프트를 견제하고자 윈도우보다는 당시 IBM이 마이크로소프트의 운영체제에 대항하기 위해 개발한 OS/2 운영체제를 지원하는 전략을 택했다.

반면, 마이크로소프트는 윈도우에 대한 더 세밀한 지식과 매킨토시용 응용 프로그램들을 개발하면서 축적한 역량을 활용해 워드 퍼펙트나 로터스보다 사용하기가 편리한 그래픽 인터페이스를 갖는 응용 프로그램들을 개발해 나갔다.

마이크로소프트는 로터스와 워드 퍼펙트 사용자들을 유인하기 위해 프레젠테이션용 소프트웨어인 파워포인트 같은 새롭고 유용한 프로그램들을 개발해 워드 및 엑셀과 함께 오피스라는 패키지로 묶어 판매하기 시작했다. 또한 로터스 1-2-3이나 워드 퍼펙트를 사용하는 사람들이 마이크로소프트의 제품으로 전환할 때에는 더 많은 할인 혜택을 제공하는 것과 같은 공격적인 가격 정책도 병행했다.

윈도우 환경을 이용하는 사용자들이 점차 늘어나고, 마이크로소프트의 공격적인 마케팅 전략이 효과를 거두면서 마이크로소프트의 엑셀과 워드는 1995년 중반 무렵에는 한때 시장을 지배했던 워드 퍼펙트와 로터스 1-2-3을 완전히 제쳐 버렸다.

IBM vs. 마이크로소프트: OS/2와 윈도우

마이크로소프트가 운영체제를 바탕으로 PC 사업의 주도권을 장악해 나가자 IBM은 주도권을 되찾기 위해 새로운 운영체제인 OS/2를 개발하는 프로젝트를 시작했다. MS-DOS는 메모리 사용에 한계가 있었고, 한 번에 한 가지 일밖에 할 수 없다는 단점이 있었다. IBM은 OS/2를 이러한 문제를 해결하는 운영체제로 만들고자 했다. 마이크로소프트는 당시 여전히 막강한 힘이 있었던 IBM이 주도적으로 개발, 보급하는 운영체제가 결국 산업의 표준이 될 가능성이 높다고 보고, IBM과 공동으로 OS/2를 개발하기로 했다.

1987년 12월에 처음 출시된 OS/2 1.0은 MS-DOS와 같은 텍스트 기반의 운영체제였지만, 1988년 10월에 출시된 OS/2 1.1은 마이크로소프트가 1987년에 출시한 윈도우 2.0과 유사한 그래픽 인터페이스를 제공했다.

마이크로소프트는 IBM과 OS/2를 공동으로 개발하면서도, 또 다른 한편으로는 IBM에 알리지 않고 윈도우 3.0을 독자적으로 개발했다. 1990년, 마이크로소프트는 윈도우 3.0을 출시했는데, 이는 OS/2의 그래픽 인터페이스보다 훨씬 개선된 인터페이스를 제공했다.

윈도우 3.0의 출시는 IBM의 뒤통수를 친 셈이었고, 두 기업 간의 관계는 긴장감이 감도는 협력 관계에서 완전한 적대 관계로 변했다. 무엇보다 윈도우는 새로 출하되는 컴퓨터에 DOS와 함께 설치되어 판매된 반면, OS/2는 사용자들이 비싼 값을 지불하고 별도로 구매해야 한다는 차이점이 있었다. 결국, 이미 DOS와 윈도우로 굳어진 판세를 OS/2가 역전하기에는 역부족이었다.

1990년과 1992년에 출시된 윈도우 3.0과 3.1은 큰 인기를 끌었지만, DOS상에서 동작하는 응용 프로그램의 형식이었기 때문에 DOS의 근본적인 한계를 벗어나기 어려웠다. 이 때문에 마이크로소프트는 1990년대 초부터 DOS와 윈도우 3.1을 동시에 대체할 것을 목표로 새로운 운영체제의 개발을 추진해 왔고, 그 결과 나온 것이 윈도우 95였다. 윈도우 95는 다양한 응용 프로그램들이 서로 충돌하지 않고 동시에 실행할 수 있게 해주었을 뿐만 아니라 네트워킹, 이메일 등 기존에는 별도로 판매되던 소프트웨어들도 기본 프로그램으로 탑재했다. 윈도우 95가 향상된 성능과 그래픽을 제공하면서도 이전 버전의 DOS와 윈도우에서 동작하던 소프트웨어를 그대로 사용할 수 있다는 점은 결정적인 성공 요인이 됐다. 윈도우 95가 대성공을 거두고, 윈도우 운영체제가 전 세계 PC의 95%를 장악해 버림으로써 마이크로소프트와 IBM 간의 운영체제 전쟁은 마이크로소프트의 완승으로 끝났다.

마이크로소프트는 윈도우 95를 개발하면서 PC용 하드웨어 및 주변 기기 제조업체들과 운영체제 및 인터페이스에 필요한 사양을 공유했고, 운영체제가 다양한 하드웨어를 지원할 수 있도록 하는 데에도 많은 공을 들였다. 이러한 과정에서 마이크로소프트는 개방됐지만, 자신이 통제하는 하드웨어 표준을 창출해 냄으로써 향후 하드웨어의 설계에도 많은 영향력을 행사할 수 있는 위치를 확보하게 됐다.

서버용 운영체제 시장 진출: 윈도우 NT

개인용 컴퓨터의 운영체제를 장악한 마이크로소프트는 1990년대 초부터 기업용 시스템의 운영체제 시장에도 진입하고자 했다. 기업 시장을 공략하기 위해서는 서버용 운영체제와 서버와 PC 간 네트워크를 통해 데이터를 공유할 수 있도록 해주는 네트워크 운영체제가 필요했다. 기업들은 서버용 운영체제로 대부분 유닉스Unix를 사용하고 있었다. 또한 마이크로소프트는 이전에도 네트워크 운영체제를 개발한 적이 있었지만, 당시 시장을 장악하던 노벨Novell의 네트웨어Netware 아성을 넘지 못하고 실패한 바 있었다.

마이크로소프트는 유닉스 및 네트웨어와 경쟁할 수 있는 우수한 성능의 운영체제를 개발하기 위해 디지털 이큅먼트DEC에서 VMS라는 우수한 운영체제를 개발했던 유능한 기술자 데이브 커틀러Dave Cutler를 영입했다. 디지털 이큅먼트는 대기업에서 사용하는 메인프레임 컴퓨터보다는 작지만, 소규모 기업이나 과학 기술 분야의 컴퓨팅에는 적정한 규모인 미니컴퓨터 시장을 창출한 업계의 선도 기업이었다. 하지만 1990년대 접어들어 미니컴퓨터보다 저렴하면서도 비슷한 성능을 제공하는 유닉스 기반의 워크스테이션 컴퓨터가 시장을 잠식당하면서 디지털 이큅먼트는 어려움에 처해 있었다. 이러한 상황 덕분에 게이츠는 디지털 이큅먼트의 핵심 인력이자 우수한 엔지니어였던 커틀러를 마이크로소프트에 영입할 수 있었다.

게이츠는 커틀러에게 마이크로소프트의 다른 부문과는 독립적으로 운영되는 개발 조직을 이끌도록 했고, 커틀러는 이 조직을 이끌면서 운영체제의 핵심부인 커널Kernel부터 완전히 다시 설계된 마이크로소프트의 기존의 운영체제와는 독립적인 새로운 운영체제를 개발해냈다.

마이크로소프트는 이 새로운 운영체제를 1993년 5월, 윈도우 NT 3.1이라는 제품명으로 출시했는데, 윈도우 NT는 NT 워크스테이션과 NT 서버의 두 종류로 구성됐다. NT 워크스테이션 운영체제는 기업 사용자들에게 PC용 윈도우보다 우수한 성능과 안정성을 제공하는 데에 초점을 두었고, NT 서버 운영체제는 네트워크에 연결된 컴퓨터들에 파일 저장과 같은 서비스를 제공하는 데에 초점을 두었다. 또한 윈도우 NT는 마이크로소프트의 다른 운영체제와는 달리 인텔 이외의 프로세서용 버전도 제공됐다. 그러나 여느 새로운 운영체제와 마찬가지로 NT의 최초 버전에도 오류가 많았고, 약속은 했지만 구현되지 않은 기능들도 많았으며, 무엇보다도 DOS나 윈도우 3.x용으로 개발된 프로그램은 NT에서 사용할 수 없다는 큰 단점이 있었다. 따라서 초창기의 윈도우 NT는 큰 인기를 끌지 못했다.

하지만 대성공을 거둔 윈도우 95에 이어 1996년 7월에 출시한 윈도우 NT 4.0은 큰 성공을 거두었다. NT 4.0은 윈도우 95보다 훨씬 더 안정적이었을 뿐만 아니라 윈도우 95용으로 작성된 프로그램들을 대부분 지원했다. 또한 NT용으로 이메일 서버, 데이터베이스 서버, 웹 서버와 같은 주요 서버 기능을 제공하도록 해주는 소프트웨어들도 개발돼 기업용 시스템으로서의 가치가 높았다. 이 때문에 윈도우 NT는 1990년대 후반에 접어들어 급성장할 수 있었다. 그러나 윈도우 NT는 대기업들의 거대한 시스템이 요구하는 수준의 안정성과 확장성은 여전히 제공하지 못했고, 대기업들은 이를 대체하기 위해 유닉스를 계속 사용했다.

마이크로소프트는 NT 4.0의 발목을 잡고 있는 안정성과 확장성 문제를 해결하기 위해 1997년부터 대기업 네트워크에서부터 개인 PC 소유자에 이르는 모든 PC 사용자들을 지원하는 통합된 운영체제인 윈도우 2000을 개발하는 야심 찬 프로젝트를 시작했다.

그러나 이러한 운영체제를 만드는 것은 너무나도 복잡한 일이었다. 마이크로소프트는 프로젝트를 관리가 가능한 수준으로 단순하게 만들기 위해 기업 사용자들로 초점을 좁히고, 구현하고자 했던 많은 기능들도 포기해야만 했다. 하지만 우여곡절 끝에 출시된 윈도우 2000은 매우 성공적이었고, 마이크로소프트는 이로써 대기업들을 위한 고성능 시스템 운영체제 시장 진입에 성공했다.

윈도우 2000은 데스크톱 버전과 서버 버전의 두 종류가 있었는데, 마이크로소프트는 2003년에 윈도우 2000 서버 버전을 업그레이드한 새로운 운영체제인 윈도우 서버 2003을 출시하면서 서버용 운영체제 시장 점유율을 지속적으로 높여갔다.

웹 브라우저 전쟁: 넷스케이프 vs. 마이크로소프트

1990년대 중반부터 급부상하기 시작한 인터넷과 월드와이드 웹의 중심에는 전 세계의 각지에 존재하는 웹 서버에 접속하여 정보를 받고, 이 정보를 한 번의 클릭으로 관련된 정보를 제공하는 웹 서버로 이동할 수 있게 해주는 하이퍼링크와 함께 유려한 그래픽을 사용자에게 보여주는 웹 브라우저라는, 당시로서는 새로운 형태의 응용 프로그램이 있었다.

일리노이 주립대 재학 중에 캠퍼스 내에 위치한 미국 국립 슈퍼컴퓨터 센터(NCSA)에서 일하며 최초의 PC용 웹브라우저 모자익 Mosaic의 개발을 주도한 마크 안드레센 Marc Andressen이 영화 〈쥬라기 공원〉의 생생한 컴퓨터 그래픽을 만들어 낸 컴퓨터로 유명한 실리콘 그래픽스의 창업자 짐 클라크 Jim Clark의 투자를 받아 1994년에 공동 창업한 넷스케이프는 1994년 12월, 내비게이터 Navigator 웹 브라우저 및 웹 서버 소프트웨어를 출시했다.

넷스케이프는 웹 브라우저를 50달러에 판매하기는 했지만, 평가판은 사람들이 무료로 다운로드할 수 있게 했기 때문에 큰 수익은 올리지 못했고, 대신 웹 서버 소프트웨어를 1,000달러 이상에 판매해 수익을 올렸다.

넷스케이프의 웹 브라우저는 1995년 5월까지 웹 브라우저의 70%를 점유했고, 인터넷을 단조로운 텍스트 중심에서 그래픽이 풍부한 웹 중심으로 이끌어 내는 역할을 했다. 이 때문에 넷스케이프는 큰 이익을 내지 못하고 있었음에도 1995년 8월 상장에 성공하여 소위 닷컴 붐 시대의 막을 올렸고, 넷스케이프를 창업한 당시 24세의 마크 안드레센은 IT 업계의 새로운 아이콘으로 부상했다.

인터넷 이용이 점점 더 중요한 PC의 사용 목적이 되면서 웹 브라우저는 PC 사용자의 주된 인터페이스가 됐다. 또한 장차 웹 브라우저는 운영체제와 같이 중요한 비중을 차지할 것이고, 웹 브라우징만이 가능한 정보 기기가 상당수의 PC를 대체할 것이라는 전망이 대두되기 시작했다.

이렇게 된다면 마이크로소프트의 영향력과 운영체제에서 얻는 수익도 감소하게 될 것이 뻔했다. 위기를 느끼기 시작한 빌 게이츠는 마이크로소프트가 초기에 인터넷의 중요성을 과소평가했다는 것을 재빨리 인정하고, 향후 마이크로소프트의 모든 제품에서 인터넷을 최우선순위로 할 것임을 대내외에 선언했다.

　마이크로소프트는 넷스케이프를 따라잡기 위해 1995년 8월 인터넷 익스플로러 1.0을 서둘러 출시하고, 불과 3개월 후 버전 2.0을 출시하며 발 빠르게 움직였다. 1996년 8월에 출시된 세 번째 버전인 인터넷 익스플로러 3.0은 넷스케이프 네비게이터의 기능에 뒤지지 않는다는 평을 받았다.

　마이크로소프트는 윈도우뿐만 아니라 매킨토시와 유닉스 운영체제를 위한 인터넷 익스플로러도 출시했고, 미국 1위의 인터넷 접속 서비스 업체인 아메리카 온라인(AOL)과 거래하여 윈도우의 기본 화면에 AOL의 아이콘을 배치하는 대신 인터넷 익스플로러를 AOL이 가입자들에게 배포하는 소프트웨어의 기본 브라우저로 만들기도 했다.

　또한 1995년 윈도우 95 출시와 함께 서비스를 개시한 자사의 인터넷 접속 서비스이자 미국 2위의 업체이기도 한 MSN을 통해서도 인터넷 익스플로러를 배포하면서 넷스케이프 네비게이터 웹 브라우저의 점유율을 따라잡기 시작했다.

　넷스케이프는 마이크로소프트의 공세에 대응해 계속 빠르게 혁신을 이룩해 나간다는 정공법을 택했다. 넷스케이프는 업그레이드 발표 속도를 높였고, 새로운 기능을 제공하기 위해 웹 페이지의 표준 언어인 HTML 이외에도 다양한 기능들을 추가해 나갔다. 그러나 혁신을 가속화하여 마이크로소프트의 웹 브라우저와 차별화하겠다는 넷스케이프의 전략은 개발비의 증가와 함께 자신의 웹 브라우저를 표준에 부합하지 않는 방향으로 진화시켜 나가는 부작용도 낳았다.

　1997년 10월, 마이크로소프트는 인터넷 익스플로러 4.0을 출시하면서 큰 성공을 거둔 운영체제인 윈도우 95와 후속 버전인 윈도우 98에 기본적으로 인터넷 익스플로러 4.0을 포함하기로 했다. 이는 넷스케이프에 결정적 타격을 입히는 조치였다. 새로운 PC를 구입하거나 운영체제를 설치함과 동시에 웹 브라우저를 보유하게 된 많은 사용자들은 번거롭게 또 다른 웹 브라우저를 설치하려 하지 않았기 때문이다.

넷스케이프의 점유율이 떨어지자 웹 사이트 개설자들은 점차 자신의 웹 페이지를 넷스케이프가 아닌 인터넷 익스플로러에 최적화하기 시작했고, 다수의 웹 페이지가 인터넷 익스플로러에 최적화되자 많은 사용자들은 넷스케이프 대신 인터넷 익스플로러를 사용하기 시작했다.

마이크로소프트는 이렇게 운영체제에 웹 브라우저를 끼워 파는 전략으로 넷스케이프에 비해 열세였던 판세를 급격히 뒤집어 버렸다. 웹 브라우저 전쟁에서 참패한 넷스케이프는 결국 1998년 11월 AOL에 매각되고 말았다. 2002년 후반 무렵, 마이크로소프트의 브라우저 점유율은 95%에 육박했다.

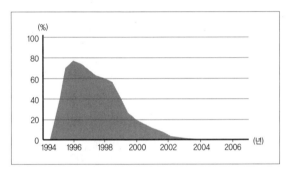

넷스케이프 브라우저의 사용률 추이: 한때 80%에 육박했던 넷스케이프 브라우저의 점유율은 마이크로소프트가 인터넷 익스플로러를 출시해 무료로 배포하고, 운영체제에 끼워 배포하는 등의 공세에 나서면서 급격하게 하락했다.

마이크로소프트의 경쟁 전략과 미국 법무성의 제소

마이크로소프트의 경쟁 전략과 사업 관행은 논란에서 자유로울 정도로 정당한 것은 아니었다. 마이크로소프트는 법무성이 금지하기 전까지는 운영체제를 탑재했는지의 여부에 상관없이 PC 제조업체들에게 출하대수당 로열티를 징수해 견고한 진입 장벽을 만들었던 바 있었고, 1994년부터 이러한 계약 방식이 금지된 이후에도 자신과의 관계에 기반해 가격을 책정해 나갔다. 가령 델, 컴팩, 게이트웨이와 같이 마이크로소프트와 협력 관계에 있고 전략적으로도 중요한 업체들에는 윈도우

95 1카피당 34~45달러 정도의 가격을 책정했지만, OS/2 운영체제로 정면 승부를 했던 IBM에는 더 높은 가격을 책정할 뿐만 아니라 윈도우 95 신제품의 공급 시기를 늦추고, 기술 및 마케팅 지원을 중단하는 등 철권을 휘둘렀다.

또한 전략적 중요도가 떨어지는 소형 업체들에는 대기업보다 더 높은 가격인 1카피당 70~80달러를 요구하기도 했다. 이 밖에도 마이크로소프트는 윈도우와 매킨토시 모두를 위해 별도로 소프트웨어를 개발하는 것은 비용이 너무 많이 든다는 명목으로 프로그램의 코드를 통합하면서 매킨토시용 워드나 엑셀의 속도가 윈도우용 버전보다 더 느려지게 만들기도 했다.

마이크로소프트는 운영체제의 가치가 응용 프로그램에 의해 결정된다는 것을 잘 알고 있었기 때문에 많은 응용 프로그램 개발업체와 투자 및 협력 관계를 유지하고자 했다. 하지만 성장 가능성이 있다고 판단한 응용 프로그램 분야에서는 협력 관계의 회사를 적으로 돌리는 위험을 감수하면서라도 무자비할 정도로 적극적으로 진입을 추진하는 매우 공격적인 확장 전략을 펼쳤다.

마이크로소프트는 엄청난 자금과 능력 있는 인재들을 투입해 새로운 표준과 기술을 흡수하고, 경쟁자를 모방하는 것을 불사하면서도 더 많은 기능과 사용하기 쉬운 인터페이스를 제공하는 소프트웨어를 개발한 후 시장에서의 우월적 위치를 활용하여 기존의 제품에 끼워 파는 등 공격적인 마케팅 캠페인을 전개해 나가곤 했다. 대다수의 소프트웨어 업체들은 판매를 소프트웨어 유통업체들에 의존해야 했지만, 마이크로소프트는 PC 제조업체를 통해 소프트웨어를 직접 유통할 수 있었고, 소프트웨어 유통 업체들에게도 더 우호적인 조건을 얻어낼 수 있었다.

이러한 이유로, 막강한 힘을 가진 마이크로소프트가 어떤 분야에 진입하기로 결정하면, 그 분야에서 기반을 다져왔던 혁신적인 소프트웨어 개발업체들은 경쟁에서 밀려 사라지거나 마이크로소프트에 인수되는 전철을 밟곤 했다. 또한 잠재적인 경쟁자들도 마이크로소프트에 감히 정면으로 도전하려 하지 않았다. 이러한 행태로 말미암아 마이크로소프트는 운영체제에서의 독점적 지위를 남용하여 다른 소프트웨어 기업들의 성장을 방해하고 새로운 혁신의 출현을 가로막는 회사라는 좋지 못한 평판을 얻었다.

미국 법무성은 1998년에 마이크로소프트를 반독점법 위반으로 제소하고, 운영체제 부문과 응용 프로그램 부문으로 회사를 분할하고자 했다. 회사 분할을 결사적으로 막으려는 마이크로소프트와 법무성 사이에는 치열한 공방전이 펼쳐졌는데, 한창 소송이 진행되는 중에 미국의 정권이 민주당에서 공화당으로 넘어갔고, 2001년 9월에 9.11 테러가 발생하면서 미국 사회에는 갈등보다는 합의를 중시하는 분위기가 형성됐다.

결국 마이크로소프트는 응용 프로그램용 인터페이스(API)를 공개하고, 소스 코드와 기록에 완전히 접근할 수 있는 전문가 패널 3인을 두는 선에서 법무성과 합의하고 회사의 분할 조치를 막아낼 수 있었다.

스티브 발머 체제의 출범과 조직 개편

마이크로소프트는 오랜 기간 창업자인 빌 게이츠와 초창기 멤버인 스티브 발머Steve Ballmer에 의사결정 권한을 집중하는 조직 구조를 유지해 왔다. 게이츠는 창업 초기는 물론 1980년대 후반까지도 프로그래밍 언어와 소프트웨어 개발을 돕는 소프트웨어를 개발하는 작업에 직접 참여하기도 했지만, 대부분의 시간을 경영에 쏟았다. 게이츠는 매우 논리적이고 핵심 파악 능력이 뛰어났을 뿐만 아니라 때로는 무례하게 보일 정도로 매우 공격적인 태도를 갖고 있었기 때문에 직원들에는 경외의 대상이자 두려움의 대상이었다.

스티브 발머는 하버드대 재학 시절 빌 게이츠와 같은 기숙사를 사용한 친구 사이였다. 창업을 위해 하버드대를 중퇴한 게이츠와는 달리 발머는 하버드대 수학과를 졸업했고, 이후 P&G에서 직장 생활을 하다가 스탠포드대에서 MBA 과정을 밟고 있었는데, 빌 게이츠의 끈질긴 설득으로 MBA 과정을 중퇴하고 회사 지분의 5%를 받는 조건으로 1980년 마이크로소프트에 합류했다.

발머는 상당 기간 운영체제 그룹을 이끌면서 영업 마케팅 부문의 책임자로 일해 왔다. 발머는 게이츠와 서로 토론하기를 즐겼는데, 게이츠와 발머의 이러한 관계는 중요한 결정을 내릴 때 갈등과 이견을 오히려 권장하는 마이크로소프트의 조직 문화로 이어졌다.

DOS, 윈도우, 오피스에 수익의 많은 부분을 의존했던 마이크로소프트의 주요 전략은 기존 운영체제 및 응용 프로그램과 호환이 되면서도 성능은 향상된 소프트웨어를 계속 출시해 판매함으로써 수익을 올리는 것이었다. 신규 버전의 소프트웨어가 이전 버전을 지원하는 후방 호환성Backward Compatibility은 이러한 전략의 핵심적인 요소였고, 이 때문에 마이크로소프트는 제품에 있어 점진적인 개선 방식을 취할 뿐, 급격하고 혁신적인 변화를 추구하기는 어려웠다.

1990년대 후반 무렵, 마이크로소프트의 매출과 이익의 대부분은 이미 성숙기에 접어든 윈도우 운영체제와 오피스 프로그램과 같은 핵심 사업에서 나오고 있어서 성장은 정체되고 있었다. 이와 함께 마이크로소프트의 조직은 여러 계층의 관리자가 존재하는 관료주의적인 색채를 띠게 됐고, 조직 내의 커뮤니케이션도 원활하지 않게 됐다. 이러한 와중에 1990년대 후반 닷컴 붐이 불자 많은 수의 유능한 임직원들이 마이크로소프트를 떠났고, 남아 있는 직원들에게 동기를 부여하고, 회사의 문화를 지키며, 초점을 잃지 않도록 하는 일은 매우 어려워졌다.

2000년 1월, 빌 게이츠는 경영 일선에서 한발 물러나 회장 겸 최고 소프트웨어 아키텍트CSA로서 기술적인 부분에 집중하기로 하고, CEO직은 에너지가 넘치고 사교성이 좋으며, 특히 사람들에게 동기를 부여하는 재능이 뛰어났던 발머가 수행하기로 했다. 발머는 과도하게 중앙 집중적이었던 마이크로소프트를 7개의 사업 부문으로 나누었고, 각 사업 부문은 독립적으로 운영하되 이익과 손실에 대해 책임을 지게 했다. 또한 마이크로소프트의 모든 일하는 방식을 시스템화하고 프로세스화하여 마이크로소프트를 좀 더 성숙된 기업 조직으로 만들고자 많은 노력을 기울였다.

발머는 새로운 성장 사업을 추진하기 위해 향후 1억 달러 이상의 큰 규모로 성장할 수 있는 시장을 조사했고, 비즈니스 솔루션, 게임 및 홈 엔터테인먼트, 임베디드Embedded 운영체제, 인터넷 포털을 4대 신성장 사업으로 선정해 추진해 나가기 시작했다.

스티브 발머: 발머는 빌 게이츠와 하버드대를 함께 다닌 친구 사이로, 게이츠의 설득으로 스탠포드대 MBA 과정을 중퇴하고 회사 지분의 5%를 받는 조건으로 1980년 마이크로소프트에 합류했다. 발머는 에너지가 넘치고 사교성이 좋았으며, 마이크로소프트의 마케팅을 주로 담당하다가 2000년 1월부터는 빌 게이츠의 후임으로 CEO직을 수행하기 시작했다.(ⓒJesus Gorriti/Wikimedia Commons/CC-BY-SA-2.0)

비즈니스 솔루션 시장 진출

　발머의 지휘 아래 새로운 성장 동력을 찾아 기업용 소프트웨어 솔루션인 ERP 시장에 진출하기로 결정한 마이크로소프트는 2000년에 미국의 ERP 업체 그레이트 플레인스Great Plains를 11억 달러에 인수하면서 ERP의 역량을 강화했다. 주문 처리, 재고 관리, 인사 및 회계 관리 등을 자동화하는 시스템인 ERP 시장에는 SAP, 오라클, 피플소프트, 시벨시스템 등과 같은 쟁쟁한 기업들이 이미 있었지만, 이들은 당시 주로 대기업에 초점을 두고 있었다. 마이크로소프트는 설치하기 쉽고, 사용하기 쉬운 소프트웨어를 제공하여 중소기업 시장을 공략하고자 했다.

　하지만 비즈니스 솔루션 시장에서의 경쟁은 쉽지 않았다. 규모가 큰 기업들은 대부분 이미 SAP의 ERP에 이미 묶여 있었고, 데이터베이스 시장을 장악하고 있는 오라클도 피플소프트, 시벨시스템 등을 잇달아 합병하며 시장 지배력을 강화해 나가고 있었다. 마이크로소프트는 비즈니스 솔루션 부문에서 계속 적자를 면치 못했고, 일거에 비즈니스 솔루션 시장의 강자로 부상하고자 SAP를 인수하려고 했지만 이마저도 실패로 돌아갔다.

게임 시장 진출: 엑스박스

　소니가 2000년 출시한 가정용 비디오 게임기 플레이스테이션 2의 대성공은 마이크로소프트에게 큰 경각심을 일으켰다. 소니는 플레이스테이션 2를 단순한 게임기가 아니라 가정의 디지털 허브로 만들겠다는 전략을 세웠고, 게임뿐만 아니라 DVD 재생과 인터넷 접속도 가능한 PC와 유사한 성능의 기기로 만들었다. 자신의 운영체제를 전혀 사용하지 않는 기기가 가정의 디지털 허브가 될 수 있을지도 모른다는 생각에 위기감을 느낀 마이크로소프트는 비디오 게임 시장에 전격적으로 진출하기로 했다.

마이크로소프트는 이미 게임 시장의 강자로 자리 잡고 있던 소니 및 닌텐도와 경쟁하기 위해 수십 억 달러를 투자했다. 엑스박스Xbox 게임기를 비디오 게임뿐만 아니라 인터넷 접속, DVD, MP3 등의 재생이 가능하도록 개발하는 한편, 보급을 확산시키기 위해 기기를 원가 이하로 판매했다. 엑스박스용 게임의 숫자를 늘리기 위해 게임 개발업체들에게 게임 개발 도구와 함께 시장 분석 보고서를 무료로 제공하기도 했고, 소규모 게임 개발업체 두 곳을 인수해 직접 게임을 제작하기도 했다.

엑스박스는 출시 첫해인 2001년 크리스마스 시즌에 예상을 뛰어넘는 150만 대를 판매하여 한참 뒤진 후발 주자임에도 불구하고 소니, 닌텐도와 함께 가정용 게임기 시장에서 3강 구도를 형성하는 데 성공했다. 그러나 게임기를 원가 이하로 판매했고, 재미있고 수준 높은 게임을 보유하기 위해 게임 개발업체들에도 많은 투자를 했기 때문에 마이크로소프트는 게임 부문에서 초기에 많은 적자를 보았다.

엑스박스: 소니의 플레이스테이션 2가 큰 성공을 거두자 마이크로소프트는 PC가 아닌 게임기가 가정의 디지털 허브가 될 수도 있다는 경각심을 갖게 됐고, 수십 억 달러를 투자해 비디오 게임뿐만 아니라 인터넷 접속, DVD, MP3 등의 재생이 가능한 엑스박스 게임기를 개발해 원가 이하에 판매했다.

임베디드 운영체제: 윈도우 CE와 윈도우 모바일

마이크로소프트는 1990년대 중반부터 TV 셋톱박스나 자동차 등에 내장 설치되는 소형 컴퓨터, PDA, 포켓 PC와 같은 휴대용 정보 기기들을 위한 운영체제, 즉 임베디드 운영체제 시장에도 뛰어들었다. 이미 널리 보급되어 많은 사용자에게 익숙해진 윈도우 인터페이스 및 개발 도구를 다양한 정보 기기에 적용할 수 있다면 또 다른 큰 시장을 창출할 수 있을 것이라고 본 것이었다.

2000년에 접어들면서 마이크로소프트는 3년 전에 출시한 윈도우 CE 2.0을 대폭 수정한 윈도우 CE 3.0을 출시했다. 윈도우 CE는 PC에 사용되는 인텔의 프로세서뿐만 아니라 소형 정보 기기에 많이 사용되는 암ARM이나 밉스MIPS 등의 프로세서도 지원했기 때문에 다양한 휴대용 정보 기기에 설치될 수 있었다. 그뿐만 아니라 사용자들은 휴대용 정보 기기에서도 윈도우와 비슷한 인터페이스를 사용하고, 마이크로소프트의 오피스를 사용해 문서 작업을 할 수 있었다. 윈도우 CE는 주로 기업용 PDA 시장을 중심으로 기존에 팜이 지배하던 PDA 운영체제 시장을 잠식해 들어갔고, 2003년에는 32%의 점유율을 기록하기도 했다.

하지만 PC용 윈도우의 사용자 인터페이스와 폴더 구조는 한정된 화면과 입력 장치를 갖고 있는 소형 정보 기기에서는 사용하기 복잡하고 본질적으로 잘 맞지 않는 측면이 있었다. 이 때문에 이메일이나 문서 작성이 중심인 기업용 시장과는 달리 엔터테인먼트가 중심인 일반 소비자 시장에서는 윈도우 CE가 그다지 인기가 없었다. 이점은 마이크로소프트가 이후 스마트폰용 운영체제에서도 고전하는 원인이기도 했다.

마이크로소프트는 윈도우 CE를 수정하여 2003년에 스마트폰용 운영체제인 윈도우 모바일 2003을 출시했지만, 스마트폰 운영체제 시장의 단지 12%만을 점유할 수 있었을 뿐이고, 후속 버전인 윈도우 모바일 5가 출시된 2005년에도 점유율은 17%에 지나지 않았다.

LG전자가 출시한 윈도우 CE에 기반을 둔 소형 컴퓨터: 소형 컴퓨터를 위한 운영체제였던 윈도우 CE는 PC용 윈도우와 동일한 인터페이스를 갖고 있었지만, 소형 정보 기기에 사용할 수 있도록 성능이 낮은 프로세서도 지원했다. CE는 비즈니스용 PDA 시장을 중심으로 보급됐지만, 윈도우의 인터페이스는 작은 화면과 한정된 입력 장치를 제공하는 소형 기기들에 사용하기에는 본질적으로 잘 맞지 않았기 때문에 일반 소비자들에게는 큰 인기를 끌지 못했다.

인터넷 서비스: MSN

마이크로소프트는 운영체제에서의 막강한 지위를 이용해 윈도우 95의 출시와 동시에 전화선을 이용한 인터넷 접속 서비스인 MSN을 시작했고, 단기간 내에 당시 부동의 1위 전화 접속 인터넷 서비스 업체인 AOL에 이은 2위 업체가 될 수 있었다. 마이크로소프트는 1997년에 당시 최대의 웹 메일 서비스업체인 핫메일Hot Mail과 TV 기반의 인터넷 서비스를 제공하는 웹 TV를 인수했고, 1999년에는 인기를 끌던 AOL의 인스턴트 메시징 서비스와 유사한 MSN 메신저 서비스를 시작하며 인터넷 기반 서비스를 확대해 나갔다.

그러나 초기 마이크로소프트의 인터넷 서비스 전략은 혼란스러운 측면이 있었다. 가령 웹 브라우저인 인터넷 익스플로러의 기본 홈페이지는 home.microsoft.com으로 설정되어 있던 반면, MSN 서비스 가입자들은 MSN.com 사이트로 연결됐던 것은 그 한 단면이었다. 마이크로소프트는 인터넷 서비스 전략을 정비해 MSN.com을 중심으로 인터넷 포털, 핫메일과 메신저 등 다양한 인터넷 서비스를 제공하기 시작했다. 웹 TV도 MSN TV로 이름을 바꾸어, MSN의 하위 브랜드로 재정립했다. MSN.com은 2004년 4월까지 1억 명 이상의 방문자를 기록해 최대의 포털인 야후!를 바짝 뒤쫓을 정도로 성장했다.

그러나 1998년 캘리포니아의 한 차고에서 창업한 후 2000년대에 접어들어 급성장한 구글은 우수한 검색 엔진을 바탕으로 빠르게 성장하는 검색 엔진 및 검색 광고 시장의 강자로 자리 잡았고, G메일, 유튜브 등 마이크로소프트의 인터넷 서비스와 겹치는 영역에서 마이크로소프트를 압도해 나가고 있었다.

마이크로소프트는 구글을 위협적인 경쟁자로 인식하고, MSN 브랜드 대신 윈도우 라이브Windows Live라는 브랜드로 음악, 영화, 스포츠 콘텐츠 등 더욱 다양한 서비스를 제공하는 한편, 구글의 핵심 사업인 검색 엔진도 정비하여 대대적인 마케팅 캠페인과 함께 '빙Bing'이라는 이름의 검색 엔진 서비스를 제공하기 시작하면서 구글의 핵심 사업 영역을 공략해 들어가기 시작했다.

닷넷(.NET) 전략

스티브 발머가 CEO가 되고, 빌 게이츠는 최고 소프트웨어 아키텍트라는 직책을 맡아 기술적인 면에 집중하기로 한 후 1년이 지난 2001년, 마이크로소프트는 윈도우 XP와 오피스 XP를 비롯한 역대 최다수의 신제품을

> "여러 가지 문제에도 불구하고 닷넷에 대한 R&D는 계속될 것입니다. 우리는 이 전략을 추진하면서 닷넷이 5~6년 정도의 시간이 필요한 프로젝트임을 알았습니다."
> : 빌 게이츠 :

출시했다. 마이크로소프트는 이들 신제품이 자신이 추구하는 닷넷(.NET) 전략의 일부분이라고 밝혔는데, 마이크로소프트의 닷넷은 서로 다른 웹 사이트와 기기들이 이전까지는 불가능하던 수준까지 서로 데이터를 교환하고 협력할 수

있도록 해주는 플랫폼을 표방했다.

마이크로소프트는 PC가 응용 프로그램과 하드웨어를 중개해주는 운영체제를 필요로 했듯이 인터넷에도 PC와 월드와이드 웹 간의 상호작용을 프로그래밍할 수 있게 해주는 플랫폼이 필요하다고 보았고, 운영체제를 장악했듯이 이러한 플랫폼도 자신들이 장악하고자 한 것이었다. IBM과 썬 마이크로시스템도 각각 웹스피어WebSphere, 썬원SunONE 등 유사한 비전을 내세웠지만, 마이크로소프트가 표방하는 닷넷은 이들보다도 더 광범위한 것으로 평가됐다.

마이크로소프트는 닷넷 플랫폼이 반드시 윈도우 기반의 컴퓨터를 사용할 필요가 없는 열린 플랫폼이라고 설명하기는 했지만, 닷넷 플랫폼에 기반을 둔 서비스는 윈도우 XP에서 가장 빨리 동작하도록 함으로써 자신의 최대 자산인 윈도우 운영체제를 닷넷 플랫폼의 핵심에 두었다. 또한 XP의 후속 버전 운영체제에는 운영체제와 닷넷 플랫폼을 완전히 통합할 것이라는 계획을 발표했다. 마이크로소프트는 닷넷 플랫폼이 널리 퍼지게 되면 윈도우 운영체제의 위상을 강화할 수 있을 뿐만 아니라 인터넷 시대의 주도권을 확고히 하고, 닷넷 플랫폼에 기반을 둔 유료 서비스를 통해 추가 수익을 얻을 수도 있을 것으로 기대했다.

닷넷 전략의 성패는 얼마나 많은 소프트웨어 개발자들이 닷넷 기술을 사용하느냐에 달려 있었다. 하지만 이미 운영체제를 장악한 마이크로소프트가 인터넷 또한 장악하게 되는 것은 많은 이들이 원치 않는 것이었다. 마이크로소프트는 거부감을 줄이기 위해 닷넷이 윈도우 이외의 다른 운영체제, 응용 프로그램, 프로그래밍 언어와 호환되게 될 것이라는 점을 거듭 강조하는 한편, 닷넷 협력 업체와 개발자들을 위한 적극적인 투자에 나섰다.

윈도우 비스타의 실패

마이크로소프트는 윈도우 XP의 개발을 완료한 직후인 2001년부터 롱혼 Longhorn이라는 이름으로 차세대 운영체제 개발 프로젝트를 시작하여 2003년에 출시하는 것을 목표로 했다. 그러나 윈도우 XP가 바이러스, 스팸, 스파이웨어 등의 주된 공격 대상이 되면서 보안 문제는 마이크로소프트가 운영체제에서 가진 위상을 불안하게 할 정도로 심각해지기에 이르렀다.

마이크로소프트는 2004년 8월, 보안성과 안정성을 획기적으로 개선하기 위해 XP의 후속 운영체제는 백지 상태에서 다시 개발할 것이라고 발표했다. 2005년에는 전례 없는 대규모의 베타 테스트를 진행했고, 그 결과를 바탕으로 2005년 9월과 2006년 10월 사이 업그레이드된 베타 버전을 두 차례나 공개했다.

롱혼 프로젝트로 개발된 운영체제는 마침내 2007년 1월 30일에 윈도우 비스타Vista라는 제품명으로 출시됐다. XP 출시와 비스타 출시 사이의 5년이 넘는 간격은 마이크로소프트 운영체제의 역사상 가장 긴 출시 간격이었고, 오랜 검증 및 개발 기간으로 말미암아 비용도 수십 억 달러나 사용됐을 것으로 추정됐다.

윈도우 비스타는 이전 버전 윈도우 운영체제의 구조를 전면적으로 수정한 운영체제였고, 더 발전된 기술을 채용함으로써 시스템이 동작하는 방식에 있어 많은 개선을 이뤄냈다. 이 때문에 소프트웨어나 하드웨어 개발자들은 XP와 비스타 간의 차이점을 뚜렷이 인식할 수 있었다. 하지만 일반 사용자들의 관점에서 비스타는 XP보다 단지 그래픽 인터페이스에 있어서 약간의 개선이 있다고 느껴질 뿐이었다. 또한 많은 사용자들이 비스타를 무리 없이 동작하기 위해 권장 사양인 1GB 메모리의 2배인 2GB의 메모리가 필요하다고 인식할 정도로 비스타는 XP에 비해 훨씬 많은 하드웨어 사양을 요구했다.

초기 버전의 비스타는 성능 면에서도 문제가 많았다. 파일을 지우고 복사하는 것과 같은 가장 기본적인 작업의 속도는 XP보다 오히려 더 느렸고, 크기가 큰 파일의 경우는 시간이 너무 오래 걸려 삭제가 거의 불가능할 정도였다. 마이크로소프트가 이러한 문제를 해결하는 업데이트를 내놓기까지는 출시 이후 몇 개월이나 걸렸다. 비스타에 대한 사용자들의 가장 큰 불만은 소프트웨어의 호환성 문제였다. 비스타는 핵심적인 구조부터 완전히 바뀌었기 때문에 많은 수의 XP 기반 소프트웨어 및 하드웨어 드라이버들이 비스타에서 동작하기 위하여 다시 개발돼야 했다.

따라서 비스타 출시 초기에 XP에서 비스타로 업그레이드한 사용자들은 많은 필수적인 소프트웨어와 하드웨어 장치들을 사용할 수 없었고, 다시 XP로 다운그레이드하는 현상이 속출했다. 이러한 이유로 비스타는 유력 컴퓨터 잡지인 〈PC 월드〉가 2007년의 가장 실망스러운 기술로 선정하기도 했다.

엄청난 투자를 감행한 비스타를 띄우기 위해 마이크로소프트는 대대적인 판촉 활동을 펼쳤지만, 비스타는 결국 실패작이 되고 말았다. 비스타는 출시 첫 주에 약 10만 카피가 판매됐는데, 윈도우 98이 출시 첫 주에 40만 카피, ME가 25만 카피, XP가 30만 카피 판매된 것에 비교하면 매우 저조한 판매 실적이었다. 비스타가 출시된 지 2년이 지난 2009년에도 XP는 일반 소비자 및 기업 시장 모두에서 비스타보다 더 많이 판매되고 있었다.

PC 제조업체들에 있어서 새로운 운영체제는 판매를 촉진할 수 있는 절호의 기회였기 때문에 비스타의 출시가 수차례 지연되자 PC 제조업체들의 불만이 높아졌다. 이들은 비스타가 출시되기 전까지 임시방편으로라도 판매를 촉진하고 재고를 소진하기 위해 충분한 사양을 갖추고 있는 PC는 향후 비스타가 출시됐을 때 무리 없이 업그레이드를 할 수 있다는 '비스타 인증' 마크를 붙일 수 있기를 원했고, 마이크로소프트는 PC 제조업체들의 불만을 가라앉히기 위해 이를 승인했다. 그런데 막상 비스타가 출시돼 설치했을 때, 비스타 인증 마크가 붙은 PC들에서도 비스타가 제대로 동작하지 않는 경우가 다수 발생했기 때문에 마이크로소프트는 이로 말미암아 집단소송의 대상이 되기도 했다.

2008년부터 본격적으로 형성되기 시작한 저사양의 초저가 노트북 PC인 넷북 컴퓨터 시장도 마이크로소프트에게는 또 다른 도전이 됐다. 넷북은 2007년에는 미국 전체에서의 매출이 40만 달러에 불과했지만, 2008년에는 1,140만 달러로 급성장했다. 대부분의 넷북은 사양이 낮아서 윈도우 비스타를 사용할 수 없었다. 만약 넷북이 무료로 제공되는 리눅스를 설치하여 출시된다면, PC용 운영체제에서 리눅스의 영향력이 커질 수도 있었다. 이를 두려워한 마이크로소프트는 저가에 판매되는 넷북을 위해 XP 라이선스를 낮은 가격으로 제공할 수밖에 없었다. 2009년 1월 기준으로 넷북의 90%에 윈도우 XP가 설치되어 출하됐지만, PC 제조업체들에게 청구하는 비스타의 라이선스 비용은 일반적으로 카피당 50~60달러였던데 반해 넷북용 윈도우 XP의 라이선스 비용은 20달러가량에 불과했기 때문에 마이크로소프트는 XP를 유지함으로써 상당한 이익을 희생하는 셈이었다.

윈도우 7의 성공

마이크로소프트는 비스타를 출시한 직후부터 윈도우 7의 개발에 들어갔다. 윈도우 7의 목표는 성능을 향상시킴과 동시에 좀 더 사용자 지향적인 운영체제가 되는 것이었다. 마이크로소프트는 이를 위해 특히 대기 시간을 줄이고, 좀 더 적은 수의 클릭으로 작업을 할 수 있게 하며, 최대한 단순화하는 것에 초점을 두었다. 마이크로소프트는 비스타가 출시된 지 2년밖에 지나지 않은 2009년 1월에 윈도우 7의 베타 버전을 출시했고, 2009년 10월에는 윈도우 7을 출시했다.

윈도우 비스타와 비교할 때 윈도우 7의 가장 큰 차이점 중 하나는 XP 모드의 지원이었다. 윈도우 7 사용자들은 XP 모드를 통해 비스타에서는 동작하지 않았던 일부 윈도우 XP용 소프트웨어들도 사용할 수 있었다. 또한 윈도우 7은 사용자 인터페이스와 보안 등의 개선뿐만 아니라 시스템 시작 및 종료 속도, 파일의 이동, 복사, 삭제 등 성능 면에서도 XP와 비스타를 능가했다.

또한 윈도우 7은 인터페이스와 보안, 성능 면에서 개선을 이루었으면서도 넷북 같은 저 사양 PC에서도 설치 및 사용이 가능한 운영체제였다. 윈도우 7은 비스타와는 달리 매우 좋은 반응을 얻었고, 출시 후 9개월간 전 세계에 1억 7,500만 카피가 판매되어 마이크로소프트 역사상 가장 빠른 판매 속도를 기록한 운영체제가 됐다. 윈도우 7의 판매 호조와 함께 비슷한 시기에 출시한 오피스 2010도 인기를 얻으면서 마이크로소프트는 2009년 4분기에 사상 최대의 흑자를 기록했다.

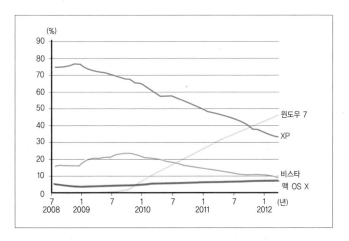

전 세계 데스크톱 운영체제 점유율: 마이크로소프트는 XP 운영체제를 출시한 후, 5년 동안이나 개발에 매달려 2007년에 윈도우 비스타를 출시했지만, 비스타는 인기가 없었다. 그러나 비스타 출시 후 2년 만에 출시한 윈도우 7은 큰 인기를 끌었다.(자료 출처: StatCounter)

안드로이드 vs. 윈도우 폰 7

마이크로소프트는 일찍부터 PDA 등 모바일 기기를 위한 운영체제인 윈도우 CE를 출시해 왔고, 스마트폰용 운영체제로 CE를 개선한 윈도우 모바일을 출시하여 휴대전화에서도 PC에서처럼 지배적인 운영체제 공급자가 되고자 했다. 그러나 2000년대 중반에는 휴대전화의 강자인 노키아의 심비안, 스마트폰의 강자인 RIM의 블랙베리 등에 밀렸고, 2000년대 후반 이후에는 애플의 아이폰과 구글이 개발한 오픈 소스 운영체제인 안드로이드가 아이폰에 대항하는 휴대전화 제조업체들에 널리 채택되면서 스마트폰 운영체제 시장에서의 마이크로소프트의 입지는 점점 좁아졌다.

특히 2009년, 대만의 HTC가 최초로 안드로이드 기반의 스마트폰을 출시하고, 2010년부터는 삼성과 모토롤라 등도 본격적으로 안드로이드 기반의 스마트폰을 출시해 인기를 얻기 시작하면서 스마트폰 운영체제는 아이폰과 안드로이드의 2파전으로 굳어지는 듯 보였다.

마이크로소프트는 판이 굳어지는 것을 일단 막기 위해 2010년 2월, 서둘러 윈도우 폰 7이라는 운영체제를 공개하여 기대감을 불어넣었다. 실제 출시는 2010년 10월에야 이루어진 윈도우 폰 7은 PC용 윈도우의 인터페이스와 유사하게 만든다는 기존의 제약에서 벗어나 휴대전화에 적합한 타일형의 커다란 버튼과 멀티터치 인터페이스를 제공했다. 또한 마이크로소프트의 휴대용 멀티미디어 플레이어인 준Zune을 통합하고, 엑스박스 360용 게임을 지원하며, 최고 인기 응용 프로그램인 오피스를 사용할 수 있고, 온라인 마켓플레이스와 페이스북 같은 소셜 네트워크 서비스SNS와의 연동을 강화하는 등 다양한 융합을 시도했다. 마이크로소프트는 2011년, 스마트폰 시장에서 고전하던 휴대전화 업계의 강자 노키아로부터 향후 윈도우 폰 7에 대한 전폭적인 지지를 약속받음으로써 스마트폰용 운영체제 시장 진출을 위한 거점을 마련하기도 했다.

그럼에도 불구하고 마이크로소프트의 윈도우 폰 운영체제가 기존의 선입견을 깨고 아이폰과 안드로이드폰과 함께 스마트폰 운영체제의 3강 구도를 만들어 낼 수 있을 것인지에 대해서는 시각이 엇갈렸다. 아이폰은 이미 앱 스토어를 중심으로 개발자와 사용자의 생태계를 조성한 상태였고, 안드로이드도 구글의 막강한 지원을 받고 있는데다가 무료로 배포되는 오픈 소스 소프트웨어라는, 마이크로소프트가 따라 하기 힘든 장점을 갖고 있었기 때문이었다.

마이크로소프트는 자신이 가진 운영체제와 사용자 인터페이스와 관련된 많은 특허를 이용해 지적 재산권 확보에 미비한 점이 있었던 안드로이드의 약점을 파고들었다. 마이크로소프트는 일단 구글보다는 안드로이드 기반 스마트폰을 제조하는 주요 업체들인 HTC, 삼성, LG 등에 특허 공세를 펼쳐 휴대전화 판매가의 약 5%를 마이크로소프트에 로열티를 지불하기로 한다는 합의를 얻어냈다.

마이크로소프트는 이로써 안드로이드가 실제로는 무료가 아니라는 것을 휴대전화 업체들에게 확실히 각인시키고, 윈도우 폰 운영체제를 채택할 경제적 유인을 만들어 내고자 했다.

구글 vs. 빙

마이크로소프트는 MSN에서 윈도우 라이브서치Live Search로 이름을 바꾸고, 검색 서비스를 개선해 나가며 경쟁자로 부상하는 구글의 핵심 사업을 지속적으로 노려왔다. 또한 2006년부터는 애드센터AdCenter라는 검색 광고 서비스도 개시했는데, 검색 키워드와 관련된 광고 링크를 제시하는 기존의 방식 이외에도 사용자의 인구학적 특성을 바탕으로 광고를 할 수 있도록 하여 특정 시장을 겨냥하는 광고주들이 더욱 효율적인 투자를 집행하도록 도움과 동시에 자신도 더 높은 수익을 얻고자 했다.

마이크로소프트는 2008년 검색의 점유
율을 높이기 위해 야후!의 인수를 시도하기
도 했다. 하지만 야후! 최고 경영진의 반대로
인수는 무산되고 말았고, 이로 인한 후폭풍
으로 야후!의 주가가 폭락하고 야후!의 창업
자인 제리 양이 경영에서 물러나게 되는 사
태만 초래하고 말았다.

구글도 검색 서비스 사업을 강화하고 난 후 마이크로소프트를 견제하기 위
해 야후!가 자신의 검색 엔진과 검색 광고를 사용하도록 협상에 나섰지만, 미
국 법무성이 이번에는 구글에 대해 반독점 소송을 경고하고 나섰다. 이 덕분에
마이크로소프트는 야후!의 검색 광고 서비스 제공자로 선택될 수 있었다.

특히 마이크로소프트는 심혈을 기울여 개발한 검색 엔진 빙Bing의 서비스
를 2009년 5월 개시했다. 빙은 차별화를 위해 검색이 아닌 의사결정 엔진을 표
방했는데, 사용자가 자신의 검색 결과를 좀 더 다듬을 수 있도록 하는 기능을
강화했고, 해당 링크의 사이트를 방문하지 않아도 마우스를 위에 올려놓기만
하는 것으로도 내용을 볼 수 있게 하는 등의 기능을 제공했다. 마이크로소프트
는 빙 검색 엔진에 대한 매우 공격적인 마케팅 캠페인도 전개했다.

사용자가 빙에서 제시한 광고 링크를 클릭하여 실제로 구매했을 때 20%까
지 현금 보상을 해주는 프로그램을 운영하기도 했고, 8,000만 달러 이상의 광고
비를 투입해 배너 광고, TV 및 라디오 광고 등을 통해 빙을 전방위적으로 홍보
하기도 했다. 2012년 2월경, 전 세계 검색 엔진 이용 횟수의 압도적인 점유율을
차지하는 것은 구글이었지만, 미국 시장에서는 구글이 66%, 빙이 15%, 야후가
14%를 차지했다. 야후의 검색 서비스는 빙이 제공하고 있었기 때문에 빙은 미
국 검색 점유율의 거의 30%를 차지한 셈이었다.

IBM

IT 서비스 세계 1위, 미국 특허 취득 1위

IBM은 그야말로 자타가 공인하는 컴퓨터 산업의 선구자이다. 대부분의 초기 컴퓨터 업체들이 군수용 시장에 초점을 둘 때, IBM은 기업용 시장에 초점을 두었고 엄청난 연구 개발 투자를 통해 경쟁자가 따라올 수 없는 시스템 360 같은 혁신적인 대형 시스템을 개발함으로써, 컴퓨터 시장의 지배자가 되었다.

IBM은 또 개화하던 PC 시장에 뛰어들어 시장을 만개시켰지만, PC 구조를 너무나 개방하고 핵심 부품과 소프트웨어를 외부에 의존함으로써 후일 인텔이나 마이크로소프트에 PC 사업의 주도권을 내주고 말았다.

가정용 PC의 예상치 못한 큰 성공은 주력 사업인 기업용 대형 컴퓨터 시장의 축소로 이어졌고, IBM은 1990년대 초반 존망의 위기에까지 처하게 됐다. 이때 구원투수로 투입된 루 거스너가 IBM을 하드웨어 중심에서 솔루션과 서비스에 집중하는 모델로 전환시키고, IBM을 다시 컴퓨터 업계의 거인으로 일으킨 스토리는 사례라기보다는 신화 같은 느낌을 준다.

강한 자가
아니라
적응하는 자가
살아남는다

IBM 경영 현황 (2011년 12월 말 기준)

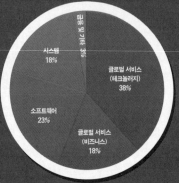

매출 및 기타 3%
시스템 18%
글로벌 서비스 (테크놀러지) 38%
소프트웨어 23%
글로벌 서비스 (비즈니스) 18%

총자산: 1,164억 달러
연간 매출액: 1,069억 달러

영업 이익: 210억 달러
(매출대비 20%, 자산대비 18%)
순이익: 159억 달러

주요 연표

1896
허먼 흘러리스, 펀치카드 시스템 제조업체 TMC 설립

1910
월 스트리트의 금융가 찰스 플린트,
TMC와 다른 두 회사를 합병하여 CTR 설립

1914
토마스 왓슨, NCR에서 CTR로 옮겨와 사장이 됨.

1924
회사명을 CTR에서 IBM으로 바꿈.

1952
토마스 왓슨, 경영 일선에서 물러남.
아들 토마스 왓슨 주니어가 후임 CEO에 취임.
진공관 기반의 대형 컴퓨터 IBM 701 출시

1965
시스템/360 출시

1971
토마스 왓슨 주니어, 건강상의 이유로 CEO에서 사직

1973
프랭크 캐리, CEO 취임. 플로피 디스크 출시

1981
PC 출시. 존 오펠, CEO 취임

1985
존 애커스, CEO 취임

1987
PC 시장의 주도권을 찾기 위해 PS/2와
OS/2를 출시했지만 실패

1993
IBM 80억 달러의 순손실 기록.
루 거스너, CEO로 취임

1995
e-비즈니스 전략 발표. 로터스 디벨롭먼트 인수
(33억 달러)

1996
티볼리 시스템 인수(7억 3,000만 달러)

1997
IBM의 슈퍼컴퓨터 딥 블루가 세계 체스 챔피언
카스파로프와의 체스 대결에서 승리

2002
샘 팔미사노, CEO로 취임. PWC 컨설팅 부문 인수
(35억 달러). 래셔널 소프트웨어 인수(21억 달러)

2004
중국 레노버에 씽크패드 노트북 PC 사업 부문 매각
(현금 6억 5,000만 달러+6억 달러 상당의 레노버 주식)

2011
지니 로메티, IBM 최초의 여성 CEO로 취임

IBM

인구조사, 펀치카드, 그리고 IBM의 탄생

인구조사는 조세의 근거와 정책 수립의 자료를 제공하는 매우 중요한 국가 업무이다. 미국 최초의 총인구조사는 미국 초대 대통령 조지 워싱턴이 취임하고 초대 상하원 의회가 출범한 다음 해인 1790년에 실시됐고, 미국에서는 이후 10년마다 한 번씩 총인구조사가 실시됐다.

1890년에 실시된 제 11차 총인구조사는 이전의 조사와는 약간 달랐다. 그 이유는 인구 집계와 분류 같은 작업을 위해 종이카드에 구멍을 뚫는 방식으로 데이터를 저장하고 읽어 들이는 펀치카드 시스템이 최초로 사용됐기 때문이다. 펀치카드 시스템은 기존에는

> "우리 모두의 문제는 머리를 쓰려고 하지 않는다는 것입니다. 우리는 발로 뛰는 대가가 아니라 머리를 쓰는 대가로 보수를 받는 겁니다. 우리 모두에게 필요한 것은 바로 THINK 입니다."
>
> : 토마스 왓슨 :

수년까지 걸리곤 하던 작업을 단 수주 만에 끝내 버림으로써 그 효율성을 널리 입증했다. 이를 계기로 국가 기관뿐만 아니라 은행과 기업 등에서도 데이터 처리를 위해 펀치카드 시스템을 널리 사용하기 시작했다.

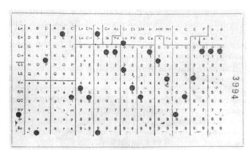

펀치카드(좌)와 펀치카드를 활용한 데이터 처리 광경(우): 초기의 펀치카드 시스템은 빳빳한 종이에 구멍을 뚫어 데이터를 저장하고, 이를 기계식으로 읽어 들여 데이터를 처리했다. 펀치카드 시스템은 처음으로 1890년 미국의 인구조사에 사용됐는데, 수년까지 걸리곤 하던 집계 및 분류 작업을 수주 만에 완성함으로써 그 효율성을 널리 입증했고, 이후 은행과 기업, 국가 기관 등에서도 데이터 처리를 위해 널리 사용됐다.

IBM의 전신은 펀치카드를 이용해 데이터를 저장하거나 읽어 들이고, 또 다양한 계산과 통계 처리를 수행하는 기계를 제조하는 TMC라는 기업이었다. TMC는 1890년의 인구 총조사에 사용된 펀치카드 기계를 개발한 허먼 홀러리스Herman Hollerith가 1896년에 창립한 기업이었는데, TMC는 1911년에 월스트리트의 금융가인 찰스 플린트Charles Flint에게 매각됐고, 플린트는 TMC를 다른 2개의 회사와 합병해 CTR이라는 회사를 설립했다.

찰스 플린트는 CTR을 설립한 지 3년이 지난 1914년에, 금전 등록기 제조업체인 NCR에서 토마스 왓슨Thomas Watson을 CEO로 영입했다. 의지가 매우 강하고 공격적인 성향을 가졌던 토마스 왓슨은 NCR의 창업자이자 당대의 유명한 세일즈맨이었던 헨리 패터슨Henry Patterson에게 직접 훈련받은, 영업의 귀재로 알려진 인물이었다. 왓슨은 CTR의 CEO로 취임한 지 10년이 된 1924년부터 유럽 진출을 본격적으로 개시하기로 하고, 이를 위해 유럽에 대규모 생산 기지를 세우고 회사명도 인터내셔널 비즈니스 머신, 즉 IBM으로 바꾸었다.

왓슨은 분명한 영업 철학을 갖고 있었는데, 그것은 고객의 문제를 해결함으로써 제품을 판매해야 한다는 것이었다. 왓슨은 이러한 자신의 철학을 고집스럽게 관철해 IBM에 독특한 업무 방식과 기업 문화를 정착시켰다. 전문 지식을 갖춘 어두운 색 정장을 입은 세일즈맨, 생각하라(Think)라는 슬로건으로 표

토마스 왓슨: 왓슨은 40여 년 간 IBM을 성공적으로 이끌며 기업의 데이터를 처리를 돕는 펀치카드 시스템을 중심으로 IBM을 성장시켰다. 왓슨은 고객의 문제를 해결함으로써 제품을 판매해야 한다는 영업 철학을 가지고 있었고, 이러한 철학을 바탕으로 '생각하라(Think)'라는 슬로건으로 표현되는 업무 방식, 회사에 대한 높은 자부심과 충성심 등 독특한 기업 문화를 IBM에 정착시켰다.(©IBM/Wikimedia Commons/CC-BY-SA-3.0/GFDL)

현되는 업무 방식, IBM에 대한 자부심과 충성심, 고객에 대한 이해와 투철한 사명감, 납기의 철저한 준수 등이 바로 그것이었다. 왓슨 아래에서 IBM은 특히 기업용 펀치카드 시스템을 중심으로 꾸준히 성장해 나갔고, 수많은 충성 고객들을 확보했다. 40여 년 간 IBM을 성공적으로 이끌어온 토마스 왓슨은 컴퓨터 시대의 막이 열리던 시점인 1952년, 아들인 토마스 왓슨 주니어^{Thomas Watson, Jr.}에게 IBM의 경영을 넘겼다.

컴퓨터 사업 본격 진출

1943년 펜실베이니아 대학의 에커트^{Presper Eckert}와 모클리^{John Mauchly}는 날씨와 바람 등을 고려해 정확하게 대포 탄도의 움직임을 예측하기 위한 군사적 목적으로, 수백 단계의 계산을 수행하는 최초의 전자식 컴퓨터인 에니악^{ENIAC}을 개발했다.

> "IBM을 앞으로 나아가게 한 순간에는 반드시 위험을 감수하고 무언가 새로운 것을 시도한 그 누군가가 있었습니다."
> : 토마스 왓슨 주니어 :

기계적인 방식으로 계산을 수행하는 컴퓨터는 이전에도 제작된 적이 있었지만, 에니악은 기계 부품 대신 전자 부품인 진공관을 1만 7,468개나 사용해 계산 속도를 1,000배 이상 높인 컴퓨터였다. 에커트와 모클리는 제2차 세계대전이 끝난 후 타자기 등 사무용 기계로 명성이 높았던 레밍턴-랜드^{Remington-Rand}에서 일하면서 유니백^{UNIVAC}이라는 컴퓨터를 개발했는데, 유니백은 1952년 CBS 방송국의 대통령 선거 개표 방송에 사용돼 아이젠하워가 대통령에 당선된다는 선거 결과를 정확하게 예측함으로써 거의 모든 미국인들이 알 정도로 유명세를 탔다. 레밍턴-랜드는 이를 계기로 컴퓨터 산업의 리더로 자리매김하게 됐다.

강한 아버지를 둔 토마스 왓슨 주니어는 젊은 시절부터 자신의 길을 개척하고자 부단히 노력했고, 제2차 세계대전 때에는 공군 조종사로 전쟁에 참전하기도 했다. 왓슨 주니어는 군대 생활 중 수많은 전투를 치러내며, 리더십의 본질을 깨닫고 다양한 관리 기법들도 습득했다. 이렇게 체득한 리더십을 바탕으로 왓슨 주니어는 아버지가 키워온 IBM을 펀치카드 시스템 중심의 회사에서 세계 최대의 컴퓨터 기업으로 성장시키며, 그의 아버지가 상상하지 못한 업적을 이루어냈다.

IBM의 최고 경영자인 아버지 왓슨은 1943년경, 전 세계에 필요한 컴퓨터는 아마도 5대 정도밖에 안 될 것이라 말할 정도로 컴퓨터 산업에 대해서는 무척 조심스러운 입장을 갖고 있었다. 이러한 보수적인 입장 때문에 IBM은 제2차 세계대전이 끝날 무렵 컴퓨터 사업에서는 뒤처지고 말았다. 하지만 왓슨 주니어는 IBM의 미래가 컴퓨터에 달려 있다고 믿고 컴퓨터 산업에 적극적으로 뛰어들고자 했다. 1950년대 초반 500명 정도였던 기술자들의 수를 5,000명 규모로 늘렸고, 이익의 30% 이상을 연구 개발비로 사용하며 연구 개발에 박차를 가했다.

1950년대에 컴퓨터 수요의 가장 큰 부분을 차지한 것은 군사 부문이었기 때문에 레밍턴-랜드와 같은 컴퓨터 업체들은 고가의 군사용 컴퓨터에 개발에 집중했다. IBM도 군사 및 과학용 고성능 컴퓨터 시장을 겨냥해 700 시리즈 시스템을 개발하기도 했지만, 다른 컴퓨터 업체들이 큰 관심을 두지 않던 민간 기업용 시장을 겨냥해 이보다 더 저렴하고 규모가 작은 컴퓨터의 개발과 판매에도 많은 관심을 두었다.

1954년에 출시한 650 시스템은 IBM이 기업용 펀치카드 시스템에서 쌓은 역량을 결집해 개발한 기업용 컴퓨터였다. IBM 650 시스템은 매월 3,250달러를 받는 조건으로 임대됐는데, 1,000대 이상이 보급됨으로써 세계 최초로 대량 생산된 컴퓨터가 됐다.

기업들의 컴퓨터 수요는 전후의 경기 호황을 타고 폭발적으로 성장했고,

IBM은 기업용 컴퓨터 부문에서의 강점을 바탕으로 급성장해 나갔다. 제2차 세계대전 이전의 IBM 매출은 4,000만 달러 수준에 불과했지만, 1957년에는 10억 달러를 돌파할 정도가 됐다. 1956년 CBS의 대통령 선거 방송에서 사용된 컴퓨터는 레밍턴-랜드의 유니백이 아니라 IBM의 컴퓨터였는데, 이는 IBM의 급성장을 보여주는 상징적인 사건이었다. 한편, 시장의 성장이 제한적이었던 고가의 군사용 컴퓨터에 집중했던 레밍턴-랜드는 1955년에 유도 무기의 핵심 부품인 자이로스코프를 발명한 것으로 유명한 스페리Sperry에 인수돼 스페리-랜드Sperry-Rand로 이름이 바뀌며 역사 속으로 사라졌다.

IBM은 1960년대에 접어들어 기계식 펀치카드 시스템의 생산을 아예 중단하고, 전자식 컴퓨터 사업에만 집중했다. IBM은 진공관보다 크기가 작고, 전력소모도 적으며, 수명도 반영구적인 트랜지스터를 사용한 1401 시스템을 대량생산했다. 1401 시스템은 당시 중형 펀치카드 시스템 정도의 가격인 월 2,500달러에 대여되어 1만 대 이상이 보급되고, 20억 달러 이상의 매출을 올리는 큰 성공을 거뒀다.

토마스 왓슨 주니어: 아버지로부터 1952년에 IBM의 경영권을 넘겨받은 왓슨 주니어는 새로운 기술의 수용에 대해 조심스러운 입장이었던 아버지와는 달리 IBM의 미래가 컴퓨터에 달려 있다고 보고 컴퓨터 산업에 적극적으로 뛰어들었고, IBM을 펀치카드 시스템 중심의 회사에서 세계 최대의 컴퓨터 기업으로 변화시켰다. IBM은 그의 리더십을 바탕으로 엄청난 연구 개발비를 투입해 새로운 개념의 컴퓨터인 시스템/360을 개발해냈고, 이후 기업용 컴퓨터 시장을 완전히 장악했다.(출처: IBM)

시스템/360과 기업용 컴퓨터 시장 장악

IBM이 1960년대에 출시한 1400 시리즈 컴퓨터는 기업용 컴퓨터 시장에서 최대의 점유율을 차지했지만, 왓슨 주니어는 이에 만족하지 않고 IBM의 기존 컴퓨터를 포함한 모든 컴퓨터를 대체할 수 있는 혁신적인 시스템을 개발하기 위한 개발 프로젝트에 착수했다. IBM이 야심 차게 개발을 추진한 이 차세대 시스템은 기업, 과학, 국방 등 모든 것을 포괄한다는, 즉 360도를 커버한다는 의미에서 시스템/360이라 명명됐다.

"우리가 단지 평범한 회사에서 일하고 있다고 생각한다면 우리는 그저 평범한 회사에 머물고 말 것입니다. IBM의 임직원들은 IBM이 특별한 회사라는 인식을 가져야 합니다. 일단 그런 의식을 가지게 되면, 그것을 실현하기 위해 계속 힘을 내서 일하는 것은 매우 쉽습니다."

: 토마스 왓슨 주니어 :

IBM은 당시 650 시스템, 700 시리즈, 1400 시리즈 등 다양한 시장과 용도를 위한 다수의 제품 라인들을 보유하고 있었다. 그런데 각 제품 라인은 서로 다른 소프트웨어를 사용했기 때문에 소프트웨어 개발비가 폭발적으로 증가하고 있었다. 당시의 고객들은 사업의 규모가 성장하게 되면 기존 시스템을 새로운 시스템으로 교체해야만 했는데, 기존의 응용 프로그램을 새로운 시스템용으로 다시 개발하고, 또 새로 개발된 소프트웨어의 사용법을 배우는 것은 많은 비용을 수반하는 일이었기 때문에 고객들은 새로운 시스템으로의 전환을 망설였다. 이러한 상황은 IBM의 지속적 성장에 커다란 장애 요인이 됐을 뿐만 아니라 GE와 RCA 같은 경쟁 기업들이 IBM을 공략하는 빌미가 되기도 했다.

IBM이 시스템/360 개발 프로젝트를 시작하면서 내세운 비전은 고객들이 기존의 시스템을 전면적으로 교체하지 않고도 부품을 교체하거나 주변 기기를 추가해 성능을 높일 수 있고, 기존에 사용하던 소프트웨어도 계속 사용할 수 있도록 하는 시스템을 만들겠다는 것이었다. IBM은 이러한 야심 찬 비전을 실현하는 시스템/360을 개발하기 위해 당시까지 민간 기업이 투자한 개발 프로젝트로는 역사상 최대 규모인 50억 달러 이상을 투자했다.

먼저, 시스템/360은 성능 향상과 확장 가능성을 보장하기 위해 반도체 집적회로를 사용하기로 했다. 하지만 당시에는 반도체 기술이 충분히 성숙되지 않았기 때문에 IBM은 시스템/360에서 요구되는 수준의 품질을 보장하는 반도체 집적회로를 대량 생산하기 위해 팹Fab이라고 하는 반도체 제조라인을 직접 건설해야 했고, 여기에만 수십 억 달러가 투자됐다. 또한 저성능과 고성능의 하드웨어 모두에서 작동하는 호환성을 보장하기 위해 소프트웨어도 전면적으로 다시 설계돼야 했는데, 이는 당시로서는 전례 없는 규모인 몇 백만 줄의 프로그래밍이 필요한 매우 복잡한 작업이었고, 그 복잡도로 말미암아 소프트웨어 개발 프로젝트를 통제하기가 매우 힘들었다.

미국의 유력 경제지인 〈포천〉은 시스템/360을 '산업화 이후 볼 수 있는 가장 위험한 50억 달러짜리 도박'이라고 불렀고, 시스템/360 개발 프로젝트를 주도한 왓슨 주니어 또한 "아버지가 이룬 회사를 자신이 하루아침에 무너뜨릴지도 모른다는 생각에 공황 상태에 빠진 적도 있었다"고 훗날 고백하기도 했다. 시스템/360은 그만큼 IBM의 존망을 건 커다란 도박이었다.

시스템/360은 1964년에 발표됐지만, 제조 문제로 1966년에 6억 달러에 달하는 재고를 손실 처리하기도 했고, 소프트웨어 문제로 말미암아 본격적인 판매는 1967년에서야 이루어지기 시작했다. 많은 주변 기기들의 출시도 늦어졌고, 소프트웨어 문제는 이후 몇 년간 지속적으로 발생했다. 하지만 결국 시스템/360 시리즈는 대성공을 거두며 거의 모든 경쟁자들을 제압해 버렸고, IBM의 컴퓨터는 메인프레임Mainframe이라고 하는 기업용 대형 컴퓨터의 새로운 표준이 됐다.

시스템/360의 고객들은 매월 2,500달러를 지불하는 소형 컴퓨터에서부터 매월 11만 5,000달러를 지불하는 고성능 컴퓨터에 이르기까지 다양한 계층의 컴퓨터를 선택할 수 있었다. 또한 어떤 모델을 구입하든 상관없이 동일한 소프트웨어를 사용할 수 있었다. IBM은 에뮬레이터Emulator라고 부르는 중개 소프트웨어를 제공해 기존의 컴퓨터에서 사용하던 응용 프로그램들을 시스템/360에서도 사용할 수 있도록 했고, 이 때문에 IBM의 컴퓨터를 사용하던 많은 고객들은 소프트웨어 재개발 및 교육에 대한 부담 없이 시스템/360을 도입할 수 있었다. 일단 시스템/360을 도입한 고객들은 매우 오랜 기간 동안 IBM의 고객으로 남았고, IBM은 기업용 컴퓨터 시장에서 누구도 넘볼 수 없는 독보적인 위치를 차지하게 됐다.

시스템/360이 대성공할 수 있었던 까닭은 IBM과 오랜 기간 좋은 관계를 유지해 오던 충성도 높은 고객들이 IBM을 신뢰했던 것에도 있었지만, 무엇보다도 IBM이 시스템/360에서 추구한 하드웨어와 소프트웨어의 호환성 및 확장 가능성이라는 비전이 시대의 요구에 부응하는 올바른 해답이기 때문이었다.

IBM 시스템/360: 시스템/360은 고객들의 사업이 확장되어도 전면적으로 교체할 필요 없이 부품을 업그레이드해 성능을 높일 수 있고, 기존에 사용하던 소프트웨어도 계속 사용할 수 있는 시스템을 목표로 개발됐다. IBM은 이 시스템의 개발에 당시 민간 기업의 투자 규모로는 최대인 50억 달러 이상을 투자했고, 시스템/360은 초기에는 제조 및 소프트웨어 문제로 고전했지만, 궁극적으로는 대성공을 거뒀다. 사진은 NASA에서 사용된 시스템/360.

성장 정체와 경쟁자들의 부상

IBM은 대규모 연구 개발 투자와 시스템/360의 성공으로 이룬 규모의 경제로 1960년대 후반부터 컴퓨터 산업에서 독보적인 위치를 차지하게 됐지만, 이 때문에 1980년대 초까지 미국 법무성의 주요 독점 행위 감시 대상이 되기도 했다. 미국 법무성은 1969년에 IBM이 소프트웨어와 하드웨어, 서비스를 함께 묶어 판매하지 못하도록 조치했는데, 이는 1970년대에 접어들어 CSC 같은 독립적인 소프트웨어 업체들과 EDS 같은 컴퓨터 서비스 업체들이 성장할 수 있도록 하는 중요한 계기가 됐다.

IBM은 1970년 7월, 시스템/360의 진화된 버전인 시스템/370을 출시하며 경쟁자들과의 격차를 더욱 벌렸다. IBM이 시스템/360을 출시한 이후 고전하던 GE와 RCA와 같은 경쟁 기업은 IBM이 시스템/370을 출시하자 IBM을 따라잡는 것은 더 이상 힘들다고 판단하고 컴퓨터 사업을 접기도 했다.

사실, 시스템/370은 급진적 혁신보다는 시스템/360에 사용된 프로세서의 성능을 4배 이상 향상하고, 전자기적 성질을 이용한 메모리 장치인 페라이트 코어를 반도체 메모리로 대체해 속도와 신뢰성을 높이며, 디스크의 저장 용량을 늘리는 등 점진적인 개선을 이룬 시스템이었다.

IBM은 시스템/370 이후에도 높은 성장을 유지하기 위해 새로운 시스템을 개발하는 것을 멈추지 않았다. 하지만 하드웨어와 소프트웨어를 개발하는 작업의 복잡도는 점점 더 높아졌고, 소프트웨어와 하드웨어에 있어 또 한 번 혁신적인 변화를 추구한 퓨처 시스템이라는 차세대 시스템 개발 프로젝트는 엄청난 투자에도 불구하고 상업화에 실패하고 말았다. 퓨처 시스템의 개발 실패 이후 IBM의 경영진은 급진적인 혁신보다는 기존의 수익원인 시스템/360과 시스템/370을 개선하는 것에 초점을 두는 보수적인 태도를 취하게 됐다.

강력했던 IBM의 지위도 1970년대 들어와서는 다방면으로 점차 약화되기 시작했다. 내부적으로는 IBM을 컴퓨터 시대의 리더로 이끌어온 왓슨 주니어가 심장마비로 쓰러진 후 1971년 일선에서 은퇴했고, 왓슨 주니어의 후임으로 CEO가 된 빈센트 리어슨Vincent Learson도 2년이 지나지 않은 1973년 60세를 맞아 퇴직하는 등 리더십의 변동과 공백이 발생했다. 외부적으로도 디지털 이큅먼트는 상대적으로 저가의 컴퓨터 시장을, 크레이 리서치Cray Research는 초고가의 슈퍼컴퓨터 시장을 창출하며 IBM을 양쪽에서 위협하기 시작했다.

또한 IBM의 핵심 엔지니어로 IBM을 나가서 창업한 진 암달Gene Amdahl은 자금 지원을 받는 대가로 일본 후지쓰에 기술을 제공해주었는데, 후지쓰를 비롯한 일본 기업들은 이를 바탕으로 유럽과 미국 시장에서 IBM과 경쟁에 나설 수 있게 됐다. 컨트롤데이터 같이 IBM 컴퓨터용 주변 기기들을 전문적으로 생산하고 판매하는 업체들도 늘어났고, IBM에서 컴퓨터를 임대한 후 기업들에 재임대하는 리스 전문 기업들도 IBM과 영업 경쟁을 펼쳤다.

그러나 IBM 제품을 구매하면 해고당할 일이 없다는 말이 격언처럼 통용될 정도로, IBM의 시스템은 대부분의 비즈니스 문제를 해결할 수 있는 훌륭한 솔루션을 제공한다는 신뢰가 업계에 광범위하게 퍼져 있었고, 이는 다른 기업들에 큰 진입 장벽으로 작용했다. 컴퓨터 업계의 영원한 강자일 것만 같았던 IBM이 쇠락하게 된 것은 기존 시장에서의 경쟁에 패배했기 때문이 아니라 PC라는 새로운 시장에서 전략적으로 준비되지 못한 형태로 성공했기 때문이었다.

PC 사업 진출

IBM이 PC 사업에 본격적으로 뛰어들기로 결정한 1980년경에는 최초의 마이크로프로세서 기반 컴퓨터인 알테어 8800 키트를 만든 MITS가 이미 사라진 상태였지만, 애플은 스프레드시트 프로그램인 비지캘크VisiCalc의 성공과 우수한 그래픽 성능을 바탕으로 빠르게 성장하고 있었고, 많은 이들이 PC 시장에 큰 잠재성이 있다는 것을 깨달아가는 시점이었다.

PC 출시를 극비리에 진행하기로 한 IBM은 조직 내의 다른 부문의 영향에서 자유로울 수 있도록 뉴욕 본사가 아닌 플로리다에 위치한 팀에 PC 사업 개발을 맡겨 독립적인 운영을 보장했다. IBM의 PC 개발팀은 혁신적인 새로운 기술을 추구하기보다는 이미 개발된 기술을 최대한 잘 활용해 빠른 시일 안에 만족할 만한 성능의 PC를 개발하여 대량 생산, 대량 판매를 목표로 했다.

IBM은 하루 24시간 10년 이상을 쉬지 않고 가동하는 기업용 메인프레임 컴퓨터를 제조해 왔기 때문에 IBM의 품질 검증 절차는 매우 까다롭기로 유명했다. 하지만 PC는 메인프레임과는 달리 수명이 5년 정도에 불과하고, 사용 시간도 메인프레임에 비하면 그리 많지 않을 것이므로 IBM의 PC 개발팀은 엄격한 내부 품질 검증 절차를 거치지 않을 수 있는 방안을 고민했고, 출시된 지 수년이 지나 충분히 검증된 기존 부품들을 중심으로 PC를 구성하기로 했다. 이러한 부품들은 대부분 이미 대량 생산 단계에 있었기 때문에 이는 빠른 시일 내에 PC의 대량 생산 능력을 갖추기 위한 효과적인 방안이기도 했다.

IBM은 PC의 중앙처리장치CPU는 인텔, 운영체제 소프트웨어는 마이크로소프트, 디스크드라이브는 탠돈Tandon, 프린터는 일본의 엡슨Epson의 것을 사용하기로 하는 등 대부분의 주요 부품을 외부 기업에 의존했는데, 이러한 전적인 외부 부품 의존은 IBM의 컴퓨터 개발 역사에서 유례가 없던 것이었다.

특히 IBM이 마이크로프로세서를 인텔에, 운영체제를 마이크로소프트에 의존하기로 한 결정은 후일 컴퓨터 산업의 주도권을 내주는 것으로 이어졌기 때문에 IBM으로서는 뼈아픈 결정이 됐다. 물론 IBM은 인텔이 AMD와 싸이릭스Cyrix 등 다른 반도체 제조업체들에게도 마이크로프로세서를 제조할 수 있는 기술을 공유하게 했고, 마이크로소프트의 운영체제도 로열티 방식이 아닌 일회성으로 대가를 지급하는 등 나름대로 보호 장치를 마련해 놓기는 했다.

하지만 이는 어디까지나 IBM이 PC 사업을 통제할 수 있을 때에만 유효한 장치였고, IBM 호환 PC를 제조하는 소위 클론 업체들의 영향력이 IBM보다 더 커지면서 이러한 장치들은 무력화되고 말았다. 그러나 어쨌든 외부의 부품에 의존하기로 한 결정으로 말미암아 IBM은 PC 사업을 준비하기 시작한 지 1년 만에 너무 늦지 않게 PC를 출시할 수 있었고, PC 사업에서도 새로운 성장 기반을 구축할 수 있었다.

1981년 8월부터 1,565달러의 가격에 판매되기 시작한 IBM의 PC는 당시의 PC로서는 성능이 우수했을 뿐만 아니라 IBM 브랜드의 후광이 더해져 큰 인기를 끌었다. 당시 PC의 구입을 결정하는 사람들은 컴퓨터에 대한 전문 지식이 별로 없는 일반 소비자나 회사의 관리자가 많았는데, 이들은 프리미엄 가격을 지불하고서라도 잘 알려진 IBM 브랜드의 PC를 구매했다. IBM의 PC는 출시 후 한 달 만에 24만 1,683대가 판매됐는데, 이는 출시 전 생각한 5년간의 판매 예상치였다. 1983년의 IBM PC 사업 부문의 매출은 그 자체만으로도 〈포천〉 지에서 선정한 500대 기업에 들 정도의 규모로 성장했다. 하지만 PC 사업은 당시 IBM 이익의 대부분을 창출했던 메인프레임 컴퓨터에 비해 이익률이 낮았기 때문에 회사의 전폭적인 지원을 받지는 못했다. IBM은 PC 판매에 자신들의 영업 인력을 활용하지 않고 소매상과 유통업체 등에 전적으로 판매를 위탁했는데, 이는 IBM의 영업 전략에서도 유례가 없는 일이었다.

IBM PC: IBM의 PC는 당시의 PC로서는 고성능이었을 뿐만 아니라 'IBM' 이라는 브랜드의 후광도 더해져 출시 후 한 달 만에 5년간의 판매 예상치에 해당했던 24만 1,683대를 판매하는 대성공을 거두었다. IBM의 PC 사업은 초기에는 매우 성공적으로 진행됐지만, 마이크로프로세서와 운영체제와 같은 주요 부품들을 외부에 의존했기 때문에 IBM은 궁극적으로 PC 사업의 주도권을 잃어버리고 말았다. (ⓒEngelbert Reineke/Wikimedia Commons/CC-BY-SA-GE-3.0)

PC 산업 주도권의 상실

IBM PC 개발팀은 사용자가 부품을 추가하여 PC의 기능을 얼마든지 확장할 수 있게 만들고자 했다. 따라서 PC는 개방된 모듈형의 구조로 설계했고, 다른 기업들이 다양한 IBM PC용 부품과 기기들을 개발할 수 있도록 PC의 상세한 구조도 공개했다.

이러한 개방적 방침은 IBM PC를 중심으로 한 하드웨어와 소프트웨어 에코시스템을 활성화하는 것이기도 했지만, IBM 이외의 업체들이 IBM PC와 호환되는 PC를 어렵지 않게 만들 수 있게 하는 것이었다. 이러한 점을 인식하고 있었던 IBM은 PC의 상세 구조를 개방하면서도, 전체 구조를 IBM이 통제할 수 있는 장치를 마련해 놓았다. 그것은 PC의 전원을 켰을 때 제일 먼저 어떻게 하드웨어를 구동할 것인지를 알려주는 바이오스BIOS라는 PC의 핵심적인 반도체 칩을 저작권으로 보호한 것이었다.

그런데 1984년에 보스턴의 신생 기업 피닉스 테크놀러지Phoenix Technologies가소위 '클린룸 디자인'이라고 하는 리버스 엔지니어링 기법을 통해 IBM의 저작권을 침해하지 않으면서도 IBM PC용 바이오스 칩을 만들어 내는 데 성공했다. 피닉스가 사용한 클린룸 디자인은 먼저 한 그룹의 엔지니어들에게 IBM PC용 바이오스 칩의 사양을 문서화하도록 하고, IBM이 공개한 구조를 전혀 모르는 다른 그룹의 엔지니어들에게 문서화된 사양대로 칩을 개발하도록 하는 것이었다.

피닉스가 이렇게 개발한 바이오스 칩은 IBM의 저작권을 침해하지 않으면서도 IBM의 바이오스 칩과 바꿔 꽂아도 될 정도로 높은 호환성을 제공했기 때문에 IBM 호환 PC 제조업체들은 피닉스의 바이오스 칩을 사용해 IBM의 견제를 받지 않고 PC를 원하는 만큼 대량 생산할 수 있었다.

IBM은 이렇게 허무하게 PC 사업의 핵심적인 통제 수단을 잃어버리고 말았고, PC 사업에서의 이익률은 더욱 떨어졌다. 하지만 이로 말미암아 PC 사업에서 경쟁이 격화되고 PC의 가격도 떨어지면서 PC의 보급이 널리 촉진되는 소위 'PC 혁명'이 일어나게 됐다.

IBM은 구조가 완전히 공개된 기존의 PC와는 다른 구조를 가진 새로운 시스템을 개발하고, 그 상세 구조는 개방하지 않음으로써 PC 구조와 산업에 대한 통제권을 되찾고자 했다. 이 새로운 시스템은 1987년에 PS/2라는 이름으로 출시됐는데, 당시에는 이미 컴팩을 위시한 호환 PC 사업이 견고하게 자리 잡고 있었기 때문에 PS/2를 새로운 산업 표준으로 만들고자 하는 IBM의 시도는 실패로 돌아갔고, 오히려 이후 IBM이 호환 PC 업체의 선두기업 컴팩에게 PC 점유율 1위 자리를 빼앗기고 마는 결과로 이어졌다.

IBM은 마이크로소프트에 빼앗긴 운영체제의 주도권을 되찾기 위해 1987년에 OS/2라는 새로운 운영체제를 출시했는데, 결과는 PS/2와 마찬가지였다. 마이크로소프트와 공동으로 개발한 OS/2 운영체제는 MS-DOS 운영체제보다 메모리 관리나 멀티태스킹 지원 등에 있어서 개선된 점이 있기는 했지만, 이미 판매된 IBM PC에 설치된 마이크로소프트의 운영체제를 대체할 것을 주요 목적으로 했기 때문에 인텔의 16bit 프로세서 80286에 맞춰져 개발됐고, 이 때문에 32bit 프로세서인 80386이 PC의 주종을 이루게 되자 성능에 한계를 보였다.

마이크로소프트는 IBM과의 OS/2 공동 개발 프로젝트에서 얻은 경험을 바탕으로 윈도우 3.0을 개발해 1990년 출시했고, 많은 호환 PC 제조업체들은 이를 새로운 PC에 설치해 출하하기 시작했다. OS/2를 무력화시킨 이후 IBM과의 주도권 싸움에 자신이 생긴 마이크로소프트는 IBM과 공개적으로 결별을 선언했다. 마이크로소프트는 이후 출시한 윈도우 95를 대성공시키면서 운영체제 시장을 완전히 장악해 버렸다.

클라이언트-서버 혁명과 IBM의 위기

IBM의 성공적인 PC 시장 진입과 이후 PC 사업에서의 주도권 상실로 소비자 시장에서 촉발된 소위 'PC 혁명'은 기업 시장에서의 '클라이언트-서버 혁명'으로 이어졌다. 클라이언트-서버 구조는 다수의 PC들을 네트워크를 통해 좀 더 강력한 성능을 갖는 서버 컴퓨터에 연결하여 전체 시스템을 구성하는 구조였다.

클라이언트 역할을 하는 PC는 메인프레임 시스템에 사용되는 터미널보다 강력한 성능을 갖고 있었기 때문에 서버 측의 컴퓨터는 메인프레임보다는 낮은 성능을 가진 워크스테이션급 컴퓨터를 사용할 수 있었다.

PC와 워크스테이션을 중심으로 한 클라이언트-서버 구조의 시스템이 메인프레임 시스템을 대체하게 되자 IBM의 컴퓨터 사업은 근본적으로 흔들리기 시작했다. 워크스테이션의 강자인 썬 마이크로시스템은 서버 부문에서, IBM 호환 PC 제조업체의 선두주자인 컴팩은 클라이언트 부문에서 IBM에 필적하는 경쟁자로 떠올랐다.

클라이언트-서버 구조 시스템이 확산되면서 전체 기업을 연결하는 대규모 시스템보다는 데스크톱 PC와 개인의 생산성 향상에 더 초점이 맞춰졌고, 통합된 솔루션보다는 특정 기능에 우수한 기능을 제공하는 모듈을 구매하는 경향이 강해졌다. 이에 따라 마이크로프로세서는 인텔, 운영체제는 마이크로소프트, 네트워킹은 노벨, 하드디스크는 시게이트, 프린터는 HP, 데이터베이스는 오라클처럼 각 부문에 특화된 기업들이 컴퓨터 산업의 주도권을 잡기 시작했다.

1980년대 후반이 되면서 IBM이 큰 곤경에 처했다는 것은 더욱 분명해졌다. 고가의 제품을 높은 수준의 서비스와 함께 판매하는 메인프레임 지향의 사업모델을 위해 대규모의 국제적인 조직을 갖추고 있었다. 하지만 이는 특정 모듈에만 집중하는 신생 기업들과 비교해보면 너무 비대하고 고비용적인 구조였다.

클라이언트-서버 구조의 시스템이 메인프레임을 대체하면서 IBM의 매출

구조는 독보적인 위치를 차지하고 있던 고가의 메인프레임의 비중은 줄고, 기업들 간 경쟁이 치열하게 전개되고 있던 저가의 PC 부문 매출 비중이 커지는 구조로 변해갔다. IBM의 고비용 구조로는 이렇게 변해가는 매출 구조에서 이익을 내기 힘들었다. 외형상으로만 보면 IBM은 1990년에도 매출액 690억 달러에 순이익 60억 달러를 기록하는 세계에서 두 번째로 이익을 많이 내는 기업이었지만, 이는 1980년대 중반부터 메인프레임 컴퓨터를 임대하지 않고 판매하기 시작하면서 생긴 단기적인 매출 증대 효과로 IBM의 비효율성이 가려졌기 때문이었다.

고비용 구조와 제품 판매 가격 하락이라는 IBM의 구조적 문제는 마침내 1991년부터 28억 달러의 적자를 기록하며 가시적으로 나타나기 시작했다. 당시 IBM의 CEO였던 존 애커스John Akers는 4만 명을 대량 해고하는 것을 포함한 극단적인 비용 절감 노력을 개시했지만, IBM의 추락 속도는 경영진이 예상한 것보다 훨씬 더 빨랐다. 1992년에는 50억 달러의 적자를 기록했고, 1993년에는 당시 미국 기업 역사상 최대 규모였던 81억 달러의 적자를 기록하는 등 IBM의 적자 폭은 점점 더 커져만 갔다. IBM은 한때 세계에서 가장 존경받는 기업이었지만, 이 무렵에는 고객을 잘 모르고, 시장에서의 경쟁보다 내부의 영역 다툼에 더 몰두하는, 진화에서 도태된 거대한 공룡 같은 기업이라는 평가를 받았다.

루 거스너와 IBM의 회생

1993년 애커스가 CEO에서 물러나고, 후임 CEO로 루 거스너Louis Gerstner가 임명됐다. 거스너는 하버드 MBA 출신으로 맥킨지에서 경영 컨설턴트로 일했고, 카드회사인 아메리칸 익스프레스에서 11년간 중역을 역임한 후 식품회사인 RJR 내비스코에서 4년간 CEO로 재직하기도 했던 인물이었다. 경영자로서는 경험이 많지만 기술적 배경은 없었던 루거스너를 최고의 기술회사인 IBM의 CEO로 임명한 것은 이사회가 IBM을 회생시키는 것이 이제는 힘들어졌다고 보고 회생이 아닌 분리 매각을 위한 적임자를 찾았기 때문이었다.

거스너는 CEO로 부임한 처음 몇 달간 고객, 직원, 애널리스트, 전문가 등을 만나 부지런히 이야기를 들었고, 1993년 말 고객들이 진정으로 원하는 것은 개별적 모듈이 아닌 통합된 솔루션이라는 결론을 내렸다. 거스너는 고객들의 목소리를 바탕으로 IBM을 분리하는 것보다는 하나의 IBM으로서 통합된 솔루션을 가지고 시장을 공략하는 것이 더 바람직하다고 판단했고, 이후부터는 분리 매각이라는 애초의 방향을 바꿔 IBM을 회생시키기 위한 노력을 경주하기 시작했다.

IBM을 회생시키기로 마음먹은 거스너에게는 무엇보다 먼저 IBM의 미래에 확신을 갖지 못하는 고객들의 이탈을 막는 것이 급선무였다. 그는 이를 위해 대내적으로는 무엇보다 고객을 최우선에 두어야 한다는 원칙을 강조하고, 대외적으로는 고객들과 활발히 만났으며, 고객의 요청 사항을 듣게 되면 "이 임원이 문제를 해결할 것이고, 오늘 오후까지 연락을 드릴 것"이라는 식으로 특정 임원에게 문제 해결의 책임을 명확히 부여했다. 또한 IBM의 각 중역들에게도 고객을 할당해 고객을 직접 만나 이야기를 듣고 모든 문제를 책임지고 해결하도록 했다.

거스너는 적자에서 벗어나기 위해 우선은 비용을 통제하는 것에 집중했다. 경쟁 기업과의 벤치마킹 결과를 바탕으로 지출을 70억 달러가량 줄이는 것을 목표로 설정하고, 이를 달성하기 위해 7만 5,000명가량을 추가 감원하는 한편, 실적이 좋지 않은 사업은 과감하게 중단하거나 매각했다.

이익이 높지 않았던 PC 사업 부문에도 메스가 가해졌는데, 제품 라인 대부

> "1993년 봄, 내가 했던 가장 큰 일은 초점을 다시 고객에 두는 것이었습니다. 나는 고객 만족만이 성공의 척도라고 생각했고, 만나는 사람마다 고객이 IBM을 운영하는 것이고, 고객의 관점에서 IBM을 새로 건설해야 한다고 재차 강조했습니다."
> : 루 거스너 :

분이 정리됐고, 1992년 씽크패드ThinkPad라는 브랜드로 출시돼 성공적인 반응을 얻고 있던 노트북 라인만이 남겨졌다. 경쟁사 대비 높은 고정비를 지출하던 PC 제조 공장은 폐쇄되어 제조는 아웃소싱됐고, 창고 운영이나 물류와 같은 비핵심 프로세스도 아웃소싱을 적극적으로 활용해 고정 비용을 줄였다. 이러한 구조 조정으로 PC 사업부는 비교적 소수의 마케팅과 개발, 경영진을 중심으로 구성된 가벼운 조직이 됐다.

거스너 취임 당시 IBM은 CIO가 128명에 달했고, 155개의 데이터 센터와 수백 가지 다른 설정의 PC를 보유할 정도로 내부 IT 운영이 매우 비대하고 방만했다. IBM의 IT 운영 비용은 산업 평균의 3배 이상에 달할 정도였다. IBM은 CIO를 1명만 두고, 155개의 데이터 센터를 3개의 대형 센터로 통합했으며, IT 인력의 60%를 감축하는 등 IT 비용 절감을 위해 노력했다. 그 결과 1994년에서 1997년 사이 20억 달러의 비용 절감을 달성해 IT 운영 비용을 절반으로 줄일 수 있었다.

거스너는 또 구매, 제조, 개발, IT, 연구, 인사, 재무와 같은 핵심 프로세스에서 큰 폭의 지속 가능한 개선과 원가 절감을 이루기 위해 책임이 불명확한 구조를 타파하고, 각 중역들이 중요 프로세스를 하나씩 책임지도록 했다.

루 거스너: 컴퓨터 사업을 잘 모르는 루 거스너가 1993년 위기에 빠진 IBM의 CEO로 취임한 것은 IBM의 분리 매각을 위해서였다. 하지만 거스너는 취임한 후 부지런히 고객들의 이야기를 들었고, 그 결과 고객들이 원하는 것은 개별적 모듈이 아닌 통합된 솔루션이며, 이를 위해서는 IBM을 분리하는 것보다는 하나의 IBM으로 통합된 솔루션을 가지고 시장을 공략하는 것이 더 바람직하다고 판단하게 됐다. 이후 그는 IBM을 회생시키기 위해 노력을 경주하기 시작했고, 성공해냈다.(출처: IBM)

각 중역들에게는 최대한 빨리 비용을 절감하고, 글로벌 운영에 적합하도록 프로세스를 전면적으로 다시 설계하라는 임무가 맡겨졌고, 이들은 여러 사업부에 중복된 프로세스들을 찾아내어 이를 표준화하고, 실행 주체를 통합함으로써 비용을 절감하고 실행 속도를 높였다.

특히 거스너는 내부 프로세스를 개선하기 위하여 경쟁 관계에 있었던 SAP, 시벨, 피플소프트 등의 기업용 소프트웨어를 활용하는 것도 불사하도록 했다. 이는 IBM이 내부의 프로세스를 개선하는 것을 도와주었을 뿐만 아니라 고객이 사용하는 소프트웨어를 내부에서도 사용함으로써 고객에 대한 이해를 높이고 문제와 해결책에 대한 전문 지식을 높여 주는 작용도 했다.

루 거스너의 조직 개편과 기업 문화 혁신

거스너는 IBM이 GE처럼 서로 상이한 제품과 고객을 가진 기업이 아니라 고객에게 통합된 솔루션을 제공하는 기업이므로 제품 중심의 독립적인 사업부로 구성한 기존의 IBM의 조직 구조는 매우 잘못된 것이라 보았

"10년 가까이 IBM에 있으면서, 나는 문화가 승부를 결정짓는 하나의 요소가 아니라 문화 그 자체가 승부라는 것을 깨닫게 됐습니다."
: 루 거스너 :

다. 거스너는 개별 제품의 경쟁력은 유지하면서도 전체를 통합하는 것에 강점을 가진 조직 구조를 만들기 위해 많은 고민을 했는데, 그 결과 20여 개의 사업부들은 더 큰 단위로 묶였고, 지역과 제품 중심으로 구분했던 영업 조직도 고객 단위의 글로벌 영업팀으로 재조직됐다.

또한 핵심 고객들을 위해 고객 관계 담당자 영업 및 서비스 인력으로 구성된 전담팀을 구성하여 고객들의 요구 사항에 효과적으로 대응하도록 했다. 그 반면에 제품별로 조직된 사업부와 고객별로 조직된 영업팀 간의 원활한 소통

과 조율을 위해 '제품 전문가'라는 직책을 두어 이들이 사업부와 영업팀의 경계를 넘나들며 제품 관련 지식을 영업팀에 전달하고, 고객의 의견을 사업부에 전달하는 역할을 하도록 했다.

거스너는 제품 사업부가 이들 제품 전문가들을 지휘하되, 제품 전문가들의 수당은 담당하는 영업팀의 실적에 의해 결정되도록 함으로써 이들이 제품 조직과 영업 조직 모두를 위해 일할 동기를 부여했다. 거스너는 조직의 운영을 총괄하는 10여 명의 고위 중역들로 구성된 중역 위원회를 신설해 2주에 한 번씩 정기적으로 회사의 전반적인 전략을 검토하고 흑자 전환 계획이 차질 없이 실행되는지 감독하게 했다.

IBM의 중역들은 대규모의 보좌진 조직을 거느리고 있었고, 직접 보고서를 쓰거나 발표 자료를 준비하는 경우는 거의 없었다. 중역회의를 할 때는 보좌진들이 자료 뭉치를 가지고 배석해 중역들을 돕거나 비공식 회의를 위해서도 보좌진들이 프레젠테이션 자료를 준비하기 위해 많은 시간과 노력을 들이는 것이 일반적이었다. 거스너는 IBM의 이러한 관료주의적 조직 문화를 혁파하기 위해 중역들이 자신들이 담당하는 사업에 관한 요약, 핵심 현안, 추천하는 해결방안, 새로운 사업 기회 등을 담은 보고서를 직접 작성하게 한 후 보좌진의 배석이나 발표 자료 없이 보고서를 바탕으로 하루 종일 토론하곤 했다.

거스너는 솔루션 지향의 전략을 실행하기 위해서는 IBM을 독립적인 그룹들로 구성된 집합으로 보던 직원들의 관점을 '하나의 IBM One IBM'이라는 관점으로 바꾸는 조직원들의 의식 변화가 무엇보다도 중요하다고 보았다. 그는 '하나의 IBM'이라는 표어와 함께 종종 직원들에게 직접 편지를 보내 소통하기도 하고, 변화에 저항하는 직원을 해임해 변화를 압박하기도 하는 한편, 변화에 앞장서는 직원들은 고속 승진시키면서 의식의 변화를 유도해 나갔다.

다각도에 걸친 노력의 결실로 IBM은 1993년 4사분기에 4억 달러 정도의 이익을 기록했고, 1994년에는 640억 달러의 매출에 50억 달러의 이익을 기록함으로써 3년간 이어진 적자를 탈피해 흑자로 전환했다. IBM의 주가는 2배로 상승하여 거스너 회장의 회생 전략에 대한 시장과 투자자들의 믿음을 반영했다.

인터넷 시대를 맞은 IBM의 전략: e-비즈니스와 서비스

극단적인 비용 구조 개선을 통해 가까스로 적자에서 벗어나게 된 IBM은 본격적인 성장을 통해 IT 산업의 리더십을 되찾기 위해 나섰다. 때마침 그 무렵부터 연구 기관 중심

> "인터넷은 궁극적으로 혁신과 통합에 관한 것입니다. 하지만 웹 기술을 비즈니스 프로세스와 통합하지 못한다면 혁신은 성공할 수 없습니다."
> ː 루 거스너 ː

으로 발달해 오던 인터넷의 상업화가 시작되면서 IBM에 큰 기회의 문을 열었다. IBM은 1994년 노르웨이의 릴레함메르에서 열린 동계 올림픽의 후원사로서 올림픽 공식 웹 사이트를 운영한 적이 있었는데, 이때의 경험으로 인터넷이 단순한 마케팅 도구 이상의 무한한 잠재력을 가진 도구라는 것을 알게 됐다.

IBM은 인터넷 시대의 핵심은 기업 간 전자상거래가 될 것이며, 인터넷 관련 기술은 기업 정보 시스템에 필수적으로 포함될 것이라 예상했다. 인터넷이 단지 웹 브라우징과 마케팅을 위한 도구가 아니라는, 이러한 IBM의 생각은 인터넷 상업화 초창기였던 당시로서는 상당히 앞선 생각이었다.

IBM은 1995년 11월, 새로운 성장을 위해 인터넷을 전면에 내걸며 'e-비즈니스' 전략을 발표했다. 당시까지만 해도 인터넷과 기업 전략을 연결하여 생각하는 주요 기업들은 거의 없었던 상황에서 거스너는 IBM이 어떤 사업에 집중할 것인지, 철수할 것인지, 확장할 것인지와 같은 중요한 전략적 의사결정에 있어서 인터넷을 가장 중요한 기준으로 삼았다. 초기에는 IBM 내부에서도 e-비즈니스의 개념을 두고 의견이 분분했지만, e-비즈니스 전략은 결국 IBM의 다양한 제품과 서비스를 한 방향으로 나아가게 하는 지향점이 됐고, 다양한 시스템들

을 인터넷으로 연결하기 위해 필요한 수많은 기술적 도전들은 IBM 연구팀에 다시 활력을 불어넣었다.

IBM은 한발 앞서 인터넷에 집중적으로 투자해 역량을 축적함으로써 1990년대 후반 인터넷 기반 전자상거래가 본격적으로 개화하기 시작하자 IT 산업의 선두주자로서의 위치를 다시 찾을 수 있었다.

공개된 표준인 인터넷을 중심으로 한 e-비즈니스 전략의 추구는 독점적 기술 중심에서 공개된 기술 중심으로의 전환을 의미하는 것이기도 했다. IBM은 이제 과거에 큰 성공을 가져온 시스템/360처럼 독점적인 시스템 플랫폼에 의존하기보다는 다양한 시스템을 통합하는 솔루션을 제공하는 기업이 되고자 했다. 이에 따라 자신의 제품 경쟁력이 약한 분야에서는 이를 개선하기 위해 자원을 투입하기보다는 차라리 그 분야 최고의 제품을 공급하는 업체들과 협력 관계를 맺음으로써 고객에게 최선의 솔루션을 제공하는 데에 집중했다.

이러한 전략은 IBM이 보유한 제품이 업계 최고 수준에 이르지 못하면 내부에서도 지원을 받지 못해 도태된다는 것을 의미하기도 했기 때문에 조직의 긴장감을 높였다. 또한 이로써 IBM은 모든 제품군에서 경쟁할 필요가 없어졌고, 운영체제, 네트워크, 응용 프로그램, 하드웨어 등 특정 분야에서 뛰어난 제품을 보유한 업체들의 경쟁력을 자신의 경쟁력으로 삼을 수도 있게 됐다.

미들웨어 중심으로의 전환

IBM은 인터넷 중심 전략의 일환으로 미들웨어에 초점을 두었다. 미들웨어는 분산돼 운영되는 데이터베이스, 응용 프로그램, 컴퓨터 서버 등 서로 상이한 시스템을 연결하는 접착제 역할을 하는 소프트웨어를 말한다. IBM은 1995년에 미들웨어 플랫폼과 그룹웨어 소프트웨어를 보유한 로터스Lotus를 35억 달러에 인수하고, 네트워크를 통해 분산된 시스템의 개발 및 관리를 가능하게 해주는 소프트웨어 기술을 보유한 티볼리Tivoli 시스템을 7억 달러에 인수하는 등 전략적 인수 합병을 통해 미들웨어 사업 역량을 강화해 나갔다.

> "지금까지는 위대한 기술을 만들어 내는 것이 이 업계에서 리더의 자격 요건이었습니다. 하지만 이제는 그 기술을 적용하는 것이 진정한 리더십으로 인정받는 시대가 되었습니다."
>
> : 루 거스너 :

전략적 방향이 시스템이나 응용 프로그램을 개발하고 판매하는 것에서 통합의 접착제 역할을 제공하는 것으로 옮겨가면서 서비스 부문의 중요성은 더욱 커졌고, 많은 자원과 관심이 서비스 부문에 투입됐다. IBM의 서비스 사업 부문인 IBM 글로벌 서비스는 2000년 IBM 전체 매출 중 38%를 차지하는 사내에서 비중이 큰 조직이 됐고, 세계 최대의 IT 컨설팅 조직으로서 전 세계의 IT 서비스를 리드해 나갔다.

인터넷 관련 서비스와 함께 하드웨어와 소프트웨어 매출도 성장하면서 IBM은 2000년에 851억 달러라는 사상 최대의 매출과 81억 달러라는 이익을 기록하며 화려하게 부활했다.

샘 팔미사노와 온-디맨드, 스마터 플래닛 전략

IBM의 암묵적 은퇴 연령인 60세를 앞둔 거스너는 2000년 초 샘 팔미사노Sam Palmisano를 COO로 임명해 그의 후계자가 팔미사노임을 대내외에 알렸다. 팔미사노는 외부에서 영입된 거스너와는 달리 IBM 볼티모어 지점에서 1972년부터 영업 사원으로 근무하기 시작해

> "IBM은 더 이상 컴퓨터 회사가 아닙니다. 21세기에 IBM은 국가 간 경계 없이 자산과 인력을 효율적으로 활용하고, 생산 수단을 통합할 수 있도록 만들어주는 글로벌 기업으로 변모해야 합니다."
>
> : 샘 팔미사노 :

30년간을 IBM에서만 근무한 IBM 내부 인사였다. 팔미사노가 CEO로 취임했던

2002년은 닷컴 버블이 꺼지면서 IT 산업이 급격히 침체된 시기였고, IBM의 매출도 2001년과 2002년 2년 연속으로 전년대비 20억 달러가량 감소하고 있었다. 하지만 IBM은 2003년에 IT 산업의 침체가 아직 가시지 않았음에도 불구하고 사상 최대인 891억 달러의 매출에 전년대비 20억 달러가량 증가한 76억 달러의 이익을 기록하며 빠르게 회복했다. 이는 강력한 통합 솔루션 및 서비스 제공 역량을 구축함으로써 IBM의 경쟁력이 근본적으로 향상됐다는 것을 보여주는 것이었다.

팔미사노는 고객들에게 변화무쌍한 경영 환경에 대응할 수 있도록 하는 최적의 소프트웨어와 솔루션, 서비스를 통합적으로 제공하는 기업이라는 IBM의 정체성을 더욱 강화해 나가고자 했다. 그는 웹 서비스, 그리드 컴퓨팅, 자율 컴퓨팅, 유틸리티 컴퓨팅 등 IBM의 각 사업 부문에서 독자적으로 추진해 오던 비전과 전략을 온-디맨드On Demand라는 모토 아래 재정비했다.

또한 PC, 하드디스크, 프린터와 같은 하드웨어 사업 부문을 줄줄이 매각했고, 그 대신 소프트웨어 개발 도구를 보유한 래셔널 소프트웨어Rational Software를 21억 달러에 인수했다. 또한 대형 회계법인인 프라이스 워터하우스 쿠퍼스(PWC)의 컨설팅 부문을 35억 달러에 인수하고, 인도에서 소프트웨어 개발과 고객 서비스를 지원하기 위한 인력 10만 명을 채용하기로 하는 등 소프트웨어 솔루션 및 서비스 사업의 역량을 계속 강화해 나갔다. 팔미사노는 또 고객의 필요에 맞춘 완전한 솔루션을 제공하기 위해서는 고객들의 문제를 파악하고 및 해결하는 능력을 강화하는 것이 무엇보다 중요하다고 보고 영업 조직과 제품개발 조직 간의 연계와 통합을 더욱 강조했다.

팔미사노는 잘 설계된 신규 사업 조직의 운영을 통해 혁신을 시스템화하고, 혁신의 속도를 높이며, 조직 내부에서뿐만 아니라 세계 각국의 대학 및 연구소와도 연계함으로써 혁신의 범위를 넓혔다.

IBM의 사업 분야는 IT뿐만 아니라 에너지, 교통, 바이오 등 다양한 분야로 점점 확대되었는데, 2007년 IBM은 이러한 혁신 전략을 종합하여 스마터 플래 닛Smarter Planet이라는 비전을 발표했다. 스마터 플래닛은 IBM의 앞선 IT 기술과 솔루션 제공 능력을 바탕으로 세계 경제와 산업과 사회를 바꿈으로써 지구의 심각한 문제를 해결한다는 이상적이고 야심 찬 비전이었다.

2008과 2009년에는 금융 위기로 경기 침체가 찾아왔지만, IBM은 다른 경 쟁 기업들에 비해 또다시 순조롭게 실적을 회복했다. 2000년에 IBM이 기록한 이익 중 소프트웨어와 서비스가 차지한 비중은 65%였고, 하드웨어도 24%를 차 지했지만, 2010년에는 소프트웨어와 서비스가 80% 이상을 차지했고, 하드웨어 는 8%가량을 차지할 뿐이었다.

IBM은 2011년에 전년대비 7%가량 증가한 1,069억 달러의 매출을 기록해 사상 최대 실적 기록을 경신했고, 세전 이익도 전년대비 9%가량 성장한 210억 달러를 기록했다. 무엇보다 IBM은 1994년 이후 2011년까지 18년간 미국 특허 등록 수 1위의 자리를 놓치지 않았다. 여러 가지 측면에서 IBM은 앞선 기술력 과 서비스 지향의 사업 모델을 통해 혁신적인 통합 솔루션을 고객에게 제공하 는 IT 업계의 리더 지위를 다시 찾은 듯이 보였다.

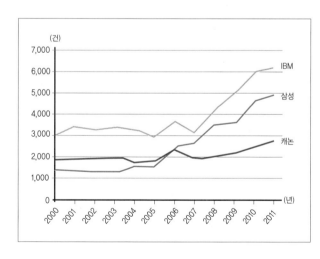

미국 특허 등록 추이: IBM 은 1994년부터 2011년까지 미국 특허 등록 수에서 18 년간 연속으로 1위를 차지 했다. 2011년의 1위는 IBM, 2위는 삼성, 3위는 캐논이 었다.(자료 출처: 미국 특허청, IFI)

IBM 사상 최초의 여성 CEO, 지니 로메티

팔미사노가 CEO로 재직하던 기간 중 IBM은 규모와 이익 면에서 지속적으로 성장하며 좋은 성과를 거두었지만, 2011년 10월 IBM의 암묵적인 정년인 60세를 맞아 팔미사노는 경영 일선에서 물러나 회장으로 취임하고, 후임 CEO로 54세의 지니 로메티Virginia Romerty가 취임했다.

로메티는 노스웨스턴 대학에서 컴퓨터공학을 전공한 후, IBM 디트로이트 지점에서 시스템 엔지니어로 근무하기 시작해 30여 년을 IBM에서 재직한 내부 인사였다. 그녀는 1990년대 초반부터 컨설팅 부문에서 경력을 쌓았고, IBM의 PWC의 컨설팅 부문 인수를 진두지휘하기도 했으며, 이후 IBM의 글로벌 전략을 담당하며 중국과 인도 시장 등을 개척했다. 로메티의 CEO 임명은 그녀가 IBM 100년 역사상 최초의 여성 CEO라는 점을 빼면 그리 놀라울 것은 없는 무난한 인사라는 것이 중평이었다. 로메티는 팔미사노의 전략을 계승해 스마터 플래닛이라는 비전을 지속적으로 추구할 것임을 밝혔다.

샘 팔미사노(좌)와 지니 로메티(우): 루 거스너의 후임으로 2002년 IBM의 CEO에 취임한 팔미사노는 각 사업 부문에서 추진해 오던 비전과 전략을 '온 디맨드'라는 모토를 중심으로 재정비했고, PC, 하드디스크 드라이브, 프린터와 같은 하드웨어 사업 부문은 줄줄이 매각했다.(출처: IBM)

HP

PC 및 서버, 프린터 세계 1위

대학에서 만난 절친한 두 친구가 함께 창업하기로 결심하고, 작은 차고에서
시작해 사이좋게 서로를 보완하며 세계를 호령하는 대기업으로 만들어 낸다.
HP는 마치 대하드라마 같은 이러한 감동적인 스토리의 주인공이다.
이 밖에도 HP의 스토리에는 직원을 무엇보다 최우선시한 CEO의 운영, 스타
CEO 영입, 초 대규모 인수 합병, 창업자 가문과 경영진 간의 주주총회 대결,
강력한 추진력을 발휘하던 CEO의 성추문 스캔들로 인한 사임 등 드라마에서나 볼
수 있을 것 같은 경영의 요소들이 그 어떤 회사보다도 많다.
HP는 한때 가장 존경받는 기업이기도 했지만, 최근에는 혼란스런 리더십
속에서 서비스/소프트웨어 지향적인 사업 모델과 하드웨어의 강점을 중심으로 한
사업 모델 사이에서 갈피를 잡지 못하는 다소 불안한 모습을 보여주고 있다.

**강한 자가
아니라
적응하는 자가
살아남는다**

HP

HP 경영 현황 (2011년 10월 말 기준)

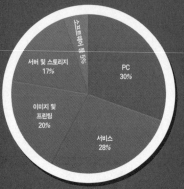

- 소프트웨어 5%
- 서버 및 스토리지 17%
- PC 30%
- 이미지 및 프린팅 20%
- 서비스 28%

총자산: 1,295억 달러
연간 매출액: 1,272억 달러

영업 이익: 97억 달러
(매출대비 8%, 자산대비 7%)
순이익: 71억 달러

주요 연표

1939
윌리엄(빌) 휴렛과 데이빗(데이브) 패커드,
휴렛-패커드(HP) 공동 창업

1957
주식 시장에 상장

1968
프로그래밍 가능한 과학용 데스크톱 계산기
HP-9100A 출시

1972
휴대용 과학 계산기 HP-35 출시

1974
프로그래밍 가능한 휴대용 과학계산기 HP-65 출시

1977
빌 휴렛, CEO에서 물러남. 존 영, CEO 취임

1982
컴팩 컴퓨터 창업

1984
잉크젯 프린터 '씽크젯'과 레이저 프린터
'레이저젯' 출시

1988
대중용 잉크젯 프린터 '데스크젯' 출시

1989
아폴로 컴퓨터 인수(5억 달러)

1992
루 플랫, CEO 취임

1994
컴팩, IBM을 뛰어넘어 세계 1위의 PC 업체가 됨.

1996
데이브 패커드 사망

1999
애질런트를 설립해 정밀 계측 기기 부문을 분사.
루슨트 출신의 칼리 피오리나 CEO 취임

2001
HP와 컴팩이 주식 교환 형식으로 양사 간 합병
계획 발표(발표일 기준 240억 달러 상당).
HP 공동 창업자 빌 휴렛 사망

2002
HP와 컴팩의 합병 건을 둘러싼 경영진과 창업자 가문
의 위임장 대결. 주주총회에서 합병 승인

2005
칼리 피오리나, 실적 부진으로 사임.
NCR 출신의 마크 허드가 HP의 CEO로 취임

2006
HP, IBM을 넘어서 매출 기준으로 세계 최대의 IT
업체가 됨. 델로부터 PC 시장 1위 자리 탈환

2008
대형 IT 서비스 업체 EDS 인수(130억 달러)

2010
네트워크 장비 업체 쓰리콤 인수(27억 달러). 모바일
운영체제를 보유한 팜 인수(12억 달러). 마크 허드,
스캔들로 해임됨. SAP 출신의 레오 아포테커가 CEO
로 취임

2011
기업용 검색 전문 업체 영국의 오토노미 인수
(102억 달러). 아포테커가 물러나고 이베이의
전 CEO 메그 휘트먼이 CEO로 취임

HP

휼렛, 패커드의 우정과 창업

휼렛-패커드HP의 공동 창업자 빌 휼렛 William Hewlett과 데이브 패커드David Packard는 태어난 곳이 미시건과 콜로라도로 각각 달랐지만, 1913년 3월과 1912년 9월에 태어난 동년

> "먼저 작은 틈새시장에서 시작해야 합니다. 그리고 나서 더 좋은 제품을 만들 수 있게 되면, 거기서부터 나아가는 것입니다."
>
> : 월터 휼렛 :

배로, 전자공학으로 세상을 발전시키겠다는 생각을 공유하고, 자연을 사랑하고 캠핑을 좋아하는 등 서로 공통점이 많았다.

스탠포드대 전기공학과에 진학하게 되면서 만나게 된 휼렛과 패커드는 이후 평생지기 친구 사이가 됐다. 대학을 졸업한 후 휼렛은 보스턴의 MIT의 석사 과정에 진학하고, 패커드는 뉴욕의 GE에서 일하며 잠시 서로 떨어져 지냈지만, 대공황이 막바지에 이를 무렵이던 1937년 초에는 둘 다 스탠포드대로 다시 돌아와 박사 학위를 밟고 있었다.

휼렛은 스탠포드 대학원에서 공부하던 시절, 음향의 주파수를 측정하는 데 사용되는 오디오 오실레이터Oscillator라는 장비의 회로를 단순화할 수 있는 아이디어를 생각해냈다. 당시 일반적으로 오디오 오실레이터는 200~600달러의 고가에 판매되는 제품이었는데, 휼렛의 아이디어대로 회로를 단순화하여 만든다면 100달러 이하로 가격을 낮추면서도 성능을 향상시킬 수 있었다.

창업에 관심이 많았던 휼렛과 패커드는 절친한 두 친구가 함께 회사를 만든다는 낭만적인 아이디어를 한번 실행해보기로 결심했다. 전파공학의 권위자이자 그들의 지도교수였던 프레드 터만Frederick Terman 교수도 제자들에게 창업을 적극 권유하며 용기를 줬다.

휼렛과 패커드는 패커드가 임대한 스탠포드대 캠퍼스가 위치한 팔로 알토 시의 한 주택에 딸린 조그만 차고에 작업장을 차렸다. 자본금은 538달러가 전부였고, 회사의 이름도 일단 임시로 '엔지니어링 서비스 컴퍼니'라고 정했다.

휼렛과 패커드는 드릴과 납땜인두를 비롯한 몇몇 기본적인 장비를 이용해 오디오 오실레이터를 수작업으로 직접 만들기 시작했고, 회사가 어느 정도 역사가 있는 것처럼 보이게 하기 위해 최초의 제품에는 모델 200A라는 이름을 붙였다. HP의 최초 고객은 월트디즈니 스튜디오였는데, 월트디즈니는 HP에서 구입한 8대의 오디오 오실레이터를 명작 애니메이션 〈판타지아〉를 상영하는 영화관의 음향 시스템을 조율하는 데 사용했다.

휼렛과 패커드가 만든 오디오 오실레이터는 기존 제품에 비해 가격이 저렴하면서도 성능은 뛰어났고, 전화나 라디오, 오디오 시스템 등을 제작하고 유지보수하는 데 매우 유용했다. 사업 첫 해인 1937년, HP는 총 5,369달러의 매출을 올렸고, 이익률도 30%가량으로 상당히 높았다. 창업에 대한 자신감을 얻은 20대 중반의 휼렛과 패커드는 1939년 1월 1일 공식적으로 회사를 설립했다. 두 창업자는 회사의 이름을 확정하기 전에 동전 던지기 내기를 했는데, 여기서 휼렛이 패커드를 이겼기 때문에 휼렛의 이름이 회사명의 앞에 들어가게 됐다.

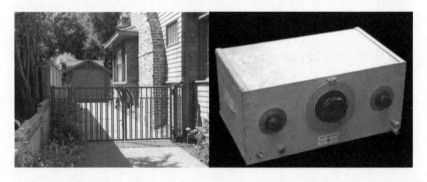

휼렛과 패커드가 창업한 차고(좌)와 오디오 오실레이터 (우): 스탠포드대 전기공학과에 재학하며 절친한 친구가 된 휼렛과 패커드는 1939년 팔로 알토시에 위치한 이 집의 조그만 차고에서 오디오 오실레이터라는 장치를 수작업으로 제작하여 판매하기 시작했다. 원하는 주파수의 소리를 일정하게 발생시켜 오디오 시스템을 검사할 수 있도록 해주는 측정 장비인 오디오 오실레이터의 당시 일반적인 판매 가격은 200~600달러나 됐지만, 휼렛의 아이디어로 회로를 단순하게 만들어 두 창업자는 100달러 미만에 판매하고서도 30% 가까이 높은 이익을 얻을 수 있었다. 두 창업자는 케이스의 페인트를 말리기 위해 부엌의 오븐을 사용했다.

제2차 세계대전과 HP의 성장

창업한 후 얼마 지나지 않아서 발발한 제
2차 세계대전은 HP에 큰 성장의 기회가 됐
다. 그들의 지도교수였던 터만 교수는 당시
하버드대로 옮겨 대규모 군사 연구 프로젝트
를 지휘하고 있었는데, 제자들이 창업한 HP
에 레이더 방해 장치에 필요한 장비 제작을
맡기며 창업 초기 기반을 닦는 데 도움을 주

"많은 이들이 회사는 돈을 벌기 위해
존재한다고 생각하지만 나는 돈은
회사의 존재로 인한 결과이지 회사
의 존재 이유는 아니라고 생각합니
다. 회사는 무엇인가 가치 있는 일
을 하기 위해 사람들이 모인 조직입
니다. 회사의 진정한 존재 이유는
사회에 공헌을 하는 것입니다."
: 데이브 패커드 :

기도 했다. 전쟁으로 말미암아 레이더 방해 장치, 전자파 신호 발생기, 계측 장
비 등 첨단 군용 전자 장비의 수요는 폭발적으로 늘어났다. 1940년에는 3만 달
러였던 HP의 매출은 제2차 세계대전이 한창 진행 중이었던 1943년에는 100만
달러로 성장했다. HP는 제2차 세계대전 중에 군수용 주문을 소화하기 위해 직
원 수를 200명까지 늘리기도 했지만, 전쟁이 끝나고 주문이 줄어들게 되자 어
쩔 수 없이 많은 직원들을 해고해야 했다. 34세의 젊은 나이에 많은 직원을 채
용하고 또 해고하는 가슴 아픈 경험을 한 휼렛과 패커드는 다시는 이런 식으로
회사를 운영하지 않겠다고 결심하게 됐다.

HP는 제2차 세계대전 이후에도 군사용 및 산업용 정밀 계측 장비를 중심
으로 꾸준히 성장해 나갔고, 1957년에는 주식시장에도 성공적으로 상장해 투
자 자금을 확보할 수 있었다. HP는 주파수 측정기, 원자시계, 그래픽 기록 장치
등 매우 정밀한 계측 기기들을 자체적으로 개발하거나 관련 기업들을 인수하
여 제품 라인을 늘려 나갔다. 또한 공장을 증설하면서 유럽과 일본 등지에 영업
망도 확충해 나갔다. HP가 본격적으로 성장해 나가는 과정에서 휼렛은 기술 개
발을, 패커드는 경영으로 역할을 분담을 하며 사이좋게 HP의 성장을 이끌어 나
갔다.

빌 휼렛(좌)와 데이브 패커드(우): 휼렛은 기술 개발을 맡고, 패커드는 경영과 관리를 맡으며 HP를 성장시켰다. 두 창업자는 탁월함을 추구하면서도, 임직원들을 믿고 격식이 없는 수평적인 조직 문화를 만들어 냈다. 휼렛과 패커드는 현장을 돌아다니며 임직원들과 직접 대화를 즐겨 나누는 것을 즐겼고, 이는 '걸어 다니는 경영(Management by Walk-around)'이라 불리기도 했다. 사진은 1960년대 후반 한 공장을 방문한 휼렛과 패커드의 모습.

계산기 및 컴퓨터 산업 진출과 성장

HP는 1968년에 HP-9100A라는 프로그래밍이 가능한 탁상용 과학 계산기를 출시했다. HP-9100A는 당시 컴퓨터 산업을 지배하던 IBM의 대형 컴퓨터와는 형태가 많이 달랐

"나의 핵심 임무는 HP의 각 사업 부문을 전략적으로 통합하는 것과 컴퓨터 사업의 방향을 제시하는 것입니다."

: 존 영 :

기 때문에 고객들의 혼란을 우려해 컴퓨터가 아닌 계산기로 선전하기는 했지만, 오늘날의 개념으로 볼 때 HP-9100A는 사실상 PC에 가까운 기기였다.

HP는 탁상용 과학 계산기를 통해 사실상 PC 사업에 진출한 셈이었고, 그런 관점에서 보면 최초로 PC를 대량 생산한 기업인 셈이었다. 하지만 HP는 소프트웨어를 통해 다양한 기능을 수행할 수 있는 컴퓨터에 집중하기보다는 과학 및 공학 용도의 계산기에 집중했다. HP가 1972년에 출시한 주머니 속에 들어갈 정도 크기의 휴대용 과학 계산기 HP-35와 1974년에 출시한 프로그래밍이 가능한 휴대용 과학 계산기 HP-65는 큰 인기를 끌면서 엔지니어들을 복잡한

HP-9100A(좌)와 HP-65(우): HP는 9100A를 과학용 계산기로 선전했지만, 내부 구조는 오늘날의 컴퓨터와 비슷한 기기 였다. 하지만 HP는 컴퓨터보다는 HP-65와 같은 휴대용 과학 계산기에 더 집중했다. 애플의 스티브 잡스는 고등학교 시절 필요한 전자 부품을 구하기 위해 빌 휴렛의 번호를 전화번호부에서 찾아 직접 통화하게 된 인연으로 방학 때 HP 에서 잠시 인턴을 한 적이 있었는데, 이때 HP의 9100A를 보고 PC에 대한 동경을 갖게 됐다(©User: Rama/Wikimedia Commons/CC-BY-SA-2,0-FR). HP에서 엔지니어로 일하던 애플의 공동 창업자 워즈니악은 애지중지하던 HP-65 계산기를 500 달러에 팔아 창업하기 위해 필요한 자금을 마련했다.(©User: teclasorg/Wikimedia Commons/CC-BY-SA-2,0)

계산으로부터 해방시켰다. HP는 텍사스 인스트루먼트와 함께 1970년대 이후 고가의 휴대용 과학 계산기 시장을 지배했다.

HP가 컴퓨터 사업에 본격적으로 매진하기 시작한 것은 컴퓨터 사업에 강한 의지를 갖고 있었던 존 영John Young이 CEO를 맡기 시작한 1977년 이후부터였다. 공동 창업자 패커드는 회사를 젊고 활력 있게 운영하기 위해서는 주요 제품군에 따라 별도의 사업 부문으로 분리해 각자 제조 및 마케팅 부서를 별도로 운영하게 함으로써 관료주의에 빠지지 않게 해야 한다는 믿음을 갖고 있었다. 패커드의 이러한 분권화된 경영 방침은 1950~60년대에 계측 장비 사업을 수행하는 데에는 매우 효과적이었다. 하지만 HP에는 수많은 소규모 사업부들이 독립적으로 운영되면서 때로는 연관이 있는 각 사업 부문이 조율되지 않거나 서로의 발목을 잡아 사업 추진이 이루어지지 못하는 경우마저 발생하곤 했다. 이러한 문제는 1970~80년대의 컴퓨터 사업에서 특히 심각했다.

영은 오레곤 주립대에서 공학을 전공한 기술자 출신으로, 장비와 컴퓨터 사업 분야에서 다양한 경험을 쌓았고, 스탠포드대에서 MBA 과정을 밟아 전문 경영인으로서의 교육도 받은 인물이었다. 영은 자신의 핵심 역할을 'HP의 각 사업 부문을 전략적으로 통합하는 것과 컴퓨터 사업의 방향을 제시하는 것'으로 정의하고, HP의 문제점을 해결하기 위해 각 사업 부문이 쥐고 있던 권한을 본사로 통합하고자 했다. 이는 분권화에 대한 강한 믿음을 갖고 있었고, 컴퓨터 사업도 탐탁지 않게 생각했던 창업자 데이브 패커드의 방침과는 완전히 다른 방침인 셈이었다.

40대인 영의 젊은 리더십 아래에서 HP는 좀 더 통합된 방식으로 공격적인 영업을 펼쳤고, IBM과 DEC라는 2개의 유력 기업이 지배하던 컴퓨터 시장에서 HP의 위상을 본격적으로 강화하기 시작했다. HP는 1978년 미니컴퓨터 업계의 4위 기업으로 성장하게 됐다.

한발 늦게 뛰어든 PC 사업

영이 CEO로 취임한 후 컴퓨터 사업이 강화되기는 했지만, 창업자들의 영향력이 여전히 강했던 HP는 자신의 정체성을 어디까지나 과학과 공학 분야에 필요한 전문적인 정밀 계측 기기를 제조하는 업체로 보았다. 애플의 공동 창업자인 스티브 워즈니악은 애플 I을 개발할 당시 HP에 다니고 있었는데, 정직했던 워즈니악은 HP에서 일하는 틈틈이 애플 I을 개발했기 때문에 고민 끝에 애플을 창업하기 전 HP에 먼저 자신이 개발한 PC의 사업화를 제안했다. 하지만 HP는 워즈니악이 개발한 PC가 HP가 초점을 두고 있는 과학 및 기업 시장에 적합한 제품이 아니라는 이유로 그 제안을 거절했다. HP가 일반 소비자들도 컴퓨터를 사용하는 시대가 곧 올 것이라는 선구자적인 안목을 갖추지 못했기 때문에 워즈니악은 홀가분하게 HP를 나와 애플을 창업할 수 있었던 반면, HP는 초기 PC 시장의 선두기업이 될 수 있었던 아까운 기회를 놓치고 말았다.

워즈니악이 HP를 그만 두고 스티브 잡스와 공동 창업한 애플의 PC가 일반 소비자 시장에서 큰 성공을 거둔 이후인 1980년에서야 HP는 비로소 HP-85라는 PC를 시장에 내놓았지만, 성공을 거두지는 못했다.

IBM이 1981년에 PC를 출시하자 HP는 자체적으로 PC를 설계하기보다는 IBM PC와 호환되는 PC를 제조하는 쪽으로 사업의 방향을 전환했다. HP는 PC보다는 1984년에 출시한 잉크젯 및 레이저젯 프린터에서 더 큰 성공을 거두었고, 이후 프린터와 스캐너, 복합기 등 PC 주변 기기 시장을 지배하며 PC 시장의 성장과 함께 급성장해 나갔다. 이 무렵인 1987년, 휼렛과 패커드는 경영 일선에서 손을 뗐고, 아들들을 이사회의 멤버로 참여시키는 방식으로 간접적으로 경영에 참여하기 시작했다.

HP는 PC용 주변 기기 사업을 중심으로 성장해 나가면서도 중형급 워크스테이션 컴퓨터 사업도 확대해 나갔다. HP는 1986년에는 2억 5,000만 달러나 연구 개발에 투자하여 불필요한 명령어들을 줄여 기존 컴퓨터보다 2~3배 빠른 성능을 얻을 수 있도록 한 리스크RISC라는 구조를 채택한 프로세서와 컴퓨터를 개발하는 데 성공하기도 했고, 1989년에는 과학 기술용 워크스테이션 컴퓨터의 시장의 강자였던 아폴로 컴퓨터를 5억 달러에 인수하기도 했으며, 1992년에는 텍사스 인스트루먼트의 워크스테이션 컴퓨터 사업 부문을 인수하기도 했다.

HP의 위기와 데이브 패커드의 경영 복귀

영이 CEO로 취임한 후 5년간의 실적은 매우 훌륭했지만, HP의 성장은 1980년대 후반부터 정체되기 시작했다. 진취적이고 유능한 인력들은 HP가 너무 느리고 소극적이 되어 버렸다는 이유로 회사를 떠나 성공적인 기업들을 창업했고, 1990년에 경기 침체가 찾아오자 HP 의 이익은 전년대비 11%나 감소하고, 주가는 1987년에서 1990년 사이 50%나 떨어졌다.

HP가 심각한 위기에 처했다고 판단한 패커드는 77세의 고령이었음에도 불구하고 다시 경영 일선에 복귀하기로 결심했다. 그는 팔로 알토, 콜로라도, 아이다호, 오레곤, 그리고 유럽까지 직접 현장을 방문하여 살펴보고, 핵심 사업 부문의 중역들을 만나 이야기를 들었다. 패커드는 보고 들은 것을 종합하여 HP가 당면한 가장 큰 문제는 중앙집권화로 인한 관료주의의 만연이라 결론지었고, 만연한 각종 위원회를 철폐하고 각 사업 부문이 다시 주도권을 갖고 사업을 독립적으로 추진하도록 하는 분권적인 경영을 강화하도록 했다. 또한 인간적인 기업이라는 기업 이미지의 훼손을 무릅쓰고 1990년과 1991년 각각 3,000명과 2,000명씩을 감원하는 한편, 영업 조직도 전면적으로 개편하고 마케팅 캠페인도 공격적으로 전개해 나갔다. 과감한 구조 조정과 함께 불과 1년의 기간 안에 개발을 완료해 1991년 출시한 700 시리즈 워크스테이션이 큰 성공을 거두면서 HP는 빠른 시간 내에 다시 정상화될 수 있었다.

루 플랫과 일하기에 가장 좋은 직장

1977년부터 CEO직을 수행해 왔던 영은 1992년 7월에 물러났고, 경영 일선에 복귀했던 패커드도 81세가 되던 1993년 마침내 최종적으로 은퇴했다. HP의 후임 CEO 겸 회장으로 임명된 인물은 컴퓨터 시스템 부문을 이끌던 51세의 루 플랫Lewis Platt이었다. 플랫은 코넬 대학에서 기계공학을 전공한 엔지니어 출신으로, HP에서 26년간 근무하며 와튼스쿨에서 MBA를 받은 것을 포함해 여러 분야에서 다양한 경력을 쌓은 인물이었다.

플랫은 당시 매우 빠른 속도로 성장하고 있던 PC 시장 공략을 최우선 과제로 삼았다.

HP의 PC 시장 점유율은 1992년 무렵 1%밖에 되지 않았고, HP의 전체 매출액에서 PC가 차지하는 비중도 6%에 못 미치는 상황이었다.

플랫은 우선 기업용 PC 시장을 중심으로 공략해 나갔고, 1995년 중반부터는 파빌리온Pavilion 시리즈라는 가정용 PC를 출시하면서 일반 소비자 시장도 공략해 나갔다. HP는 다양한 수요를 만족시킬 수 있도록 제품 라인을 확대했고, 매우 공격적인 가격 정책을 펼쳐 PC 시장의 점유율을 빠르게 높여 나갔다. 1998년경 HP는 컴팩과 IBM에 이은 제 3위의 PC 업체로 성장했고, HP의 PC 사업은 그해의 전체 매출액 470억 달러 중 20%가량을 차지할 정도로 비중이 커졌다.

HP의 레이저 프린터도 기업 시장에서 선두를 유지하고 있었고, 비교적 저렴한 가격의 잉크젯 프린터는 가정의 필수품이 되었다. HP는 PC와 프린터 부문의 성장에 힘입어 1993년에서 1996년 사이 연평균 20% 이상 고속 성장했다.

루 플랫은 직원들을 소중하게 여기는 것이 회사의 이익에 직결된다는 것을 진심으로 믿고 있었고, HP를 일하기 좋은 직장으로 만들기 위해 헌신한 사람으로 역사에 남겠다는 의지를 갖고 있었다. 플랫은 그의 첫째 아내가 1981년에 뇌종양으로 사망한 후 약 2년간 낮에는 성공 가도를 달리는 대기업의 임원으로, 밤에는 어린 두 딸의 아버지로 슈퍼마켓에서 장을 보고 저녁 식사를 준비하는 고된 삶을 살았던 경험이 있었다. 플랫은 자신의 경험을 바탕으로 일과 가정을 곡예하듯 살아가는 일하는 부모들을 존경했고, 어린 자녀를 두고 있는 직원들은 주당 30시간씩만 일할 수도 있도록 하는 관대한 근무 환경을 조성하기도 했다.

HP에는 말단 직원들도 창업자인 빌 휼렛과 데이브 패커드를 단지 빌과 데이브로 부를 정도로, 서로를 이름으로 호칭하는 수평적인 조직 문화가 있었다. HP에는 중역실도 따로 없었고, 모든 계층의 종업원들이 서로 맞대고 일을 할 수 있도록 자리가 배치됐다. 플랫도 자신이 직접 자동차를 운전해 출퇴근하고, 구내 식당에서 직원들과 어울려 식사를 하며, 비행기도 일반석을 타는 등 격식에 구애 받지 않고 직원들 간의 화합을 무엇보다 중시하는 기업 문화를 앞장서서 추구해 나갔다.

이러한 플랫은 직원들에게 매우 인기가 높았고, 플랫의 재임 기간 내내 HP는 미국 내에서 가장 일하기 좋은 직장 중 하나로 뽑혔다. 〈포브스〉지는 1995년에 HP를 '세계 최고의 경영을 보여주는 기업'으로 선정하기도 했고, 많은 이들이 HP의 인간 존중의 경영 방침과 우수한 직원 복지 프로그램을 연구 대상이자 모범적인 경영 사례로 꼽았다. 직원들도 다른 기업과는 다른 HP의 독특한 가치와 운영방식들을 'HP 웨이'라 부르며 자부심을 갖고 있었다.

인터넷 붐 속에서 하향 곡선을 그린 HP

플랫이 CEO로 취임한 후 연평균 20% 이상 고속 성장해 오던 HP는 1997년에는 11%, 1998년에는 9%로 성장률이 점차 둔화되기 시작했다. 이익률도 경쟁사대비 높은 편이 아니었고, 1998년의 이익은 전년보다 1억 달러 감소한 30억 달러를 기록했다. 성장 둔화의 주된 원인은 주력 제품인 프린터와 PC 시장에서의 경쟁이 더욱 치열해지면서 가격이 빠르게 하락한 것에 있었다.

"견고한 이익은 다른 모든 목표를 가능하게 해주는 목표입니다."
: 데이브 패커드 :

HP의 성장은 정체됐던 반면, 다른 많은 IT 기업들은 빠른 속도로 성장하는 인터넷을 중심으로 성장 가도를 달리고 있었다. 델은 인터넷 기반의 직접 판매와 낮은 원가 전략을 바탕으로 PC 시장에서 빠르게 성장하고 있었고, 썬 마이크로시스템은 "닷컴의 닷을 찍는 것은 우리다"라는 공격적인 슬로건과 함께 인터넷 위주의 전략을 구사해 폭발적인 성장률을 달성하고 있었다. 한때 위기에 처했던 IBM도 기술과 서비스 중심으로의 구조 개편을 마치고, 인터넷 솔루션의 리더로서 위치를 확고히 해 나가고 있었다.

반면, HP는 인터넷을 제대로 활용하지 못하고 다른 기업들을 뒤쫓고만 있다는 비판을 받았다. 전자상거래 부문을 강화하기 위해 12억 달러나 투자해 카드결제 단말기를 제조하는 베리폰Verifone을 인수한다고 발표했지만, 이로 말미암아 HP는 인터넷을 위한 올바른 전략은 고사하고 인터넷을 제대로 이해조차 하지 못하고 있다는 비난을 받기도 했다.

규모는 더 작지만 인터넷을 더 잘 이해하고 활용하며, 경쟁에서 승리하기 위해 무지막지할 정도로 맹렬히 매진하는 썬 마이크로시스템이나 델 같은 기업들의 약진을 막기에 HP는 너무 느리고 나약한 기업이 된 것처럼 보였다.

1990년대의 HP 직원들의 성향은 HP의 경영 방식에 많은 영향을 미친 휼렛과 패커드가 한창 활동하던 시절보다 훨씬 더 자기중심적이었고, 일하기 좋은 직장을 만들기 위한 루 플랫의 우호적인 노사 정책은 HP의 직원들을 치열하게 펼쳐지는 경쟁에서 이기기 위해 매진하기보다는 자아실현을 위한 취미 활동이나 봉사에 더 관심을 쏟도록 만든 측면도 있었다. 두 창업자와 그의 후손들은 인류애를 실천하는 관대한 자선사업을 통해 사회적 존경을 받았지만, 이 또한 HP가 이익을 희생해가면서라도 사회에 대한 기여를 우선시한다는 잘못된 메시지를 직원들에게 전달한 측면이 없지 않았다.

급변하는 시장 상황에 적절히 대응하지 못하고 있다는 비난 여론 속에서 HP 경영진은 컴퓨터와 프린터 사업에 더욱 집중하기 위해 창업 이래 계속해 왔던 정밀 계측 장비 사업을 애질런트Agilent라는 회사로 분사하기로 결정했다. 거대한 규모의 느린 기업으로 남기보다는 2개의 회사로 나누어 각자의 영역에서 시장 상황에 발 빠르게 적응하기로 한 것이었다. 1999년 3월, 애질런트의 분사가 마무리되자 플랫은 1992년부터 수행해 온 CEO직에서 물러났다.

HP 이사회는 플랫의 후임으로 조직에 과감한 변화를 불러오고, 인터넷 시대를 이끄는 기업으로 HP를 재탄생시킬 수 있는 '믿을 수 없을 정도로 놀라운 능력을 가진 새로운 CEO'를 선임한다는 것을 목표로 인물을 물색하는 작업에 나섰다.

칼리 피오리나와 HP의 재창조 미션

HP 이사회는 무려 100명 이상의 우수한 후보들을 플랫의 후임 CEO로 고려했는데, 고심 끝에 1999년 7월 HP의 CEO로 낙점한 인물은 외부 인사 칼리 피오리나Carly Fiorina 였

> 'HP의 재창조는 생존의 기본 조건입니다. 하면 좋은 일이 아니라 반드시 해야만 하는 일인 것입니다."
> : 칼리 피오리나 :

다. 피오리나는 스탠포드대에서 역사와 철학을 전공했고, AT&T 및 AT&T에서 분사한 통신 장비 회사 루슨트Lucent에서 20여 년 간 경력을 쌓은 인물이었다. 피오리나는 AT&T에서 힘든 부서들에 발령받아 어려운 문제들을 잘 해결해냈고, AT&T에서 루슨트를 분리하는 과정에도 깊숙이 참여해 대규모 상장 과정과 주식 시장의 생리에 대해서도 잘 이해하고 있었다.

또한 루슨트의 소비자용 통신 사업 부문 책임자로 인터넷 분야의 전문성도 갖추고 있어 인터넷을 중심으로 한 소위 '신경제'를 이끌어갈 최고의 여성 경영자 중 하나로 평가받고 있었다. 무엇보다 1998년에 〈포천〉지가 피오리나를 '미국에서 가장 영향력 있는 여성 경영인'으로 선정하면서 그녀는 하루아침에 엄청난 유명세를 타게 됐다.

한마디로 칼리 피오리나는 미디어와 대중의 많은 관심을 받는 스타 여성 경영인이었고, 화려한 경력과 명성을 가진 피오리나는 컴퓨터 산업에 대해서는 잘 알지 못했음에도 불구하고 성장 정체라는 HP의 문제를 해결할 적임자로

기대됐다.

1999년 HP 최초의 여성 CEO로 부임한 피오리나에 주어진 최대 과제는 이익을 동반한 성장을 실현하는 것이었다. 피오리나는 이를 위해 제일 먼저 두 가지에 최우선순위를 두기로 했다. 그 하나는 HP가 지녀왔던 오랜 가치를 존중하되, 이를 재해석해 조직에 긴장감과 활력을 불어넣고 변화된 시대에 맞는 조직 문화를 정립하는 것이었고, 또 다른 하나는 급성장하고 있는 인터넷을 중심으로 전략을 개편하여 HP를 본격적인 성장 궤도에 올려놓는 것이었다.

피오리나는 HP의 고유한 조직 문화가 HP 구성원들에게 바람직한 행동 방식을 제시하고, HP를 일하기에 매력적인 회사로 만든다는 장점은 인정했지만, 합의에 지나치게 중점을 두어 갈등을 무릅쓰고 대담한 조치를 취하는 것을 힘들게 하고, 이 때문에 조직이 위험을 회피하는 성향을 갖게 되어 빠르게 성장하는 데 걸림돌이 되기도 한다고 보았다.

피오리나는 HP의 조직 문화를 개혁하기 위해 기존의 'HP 웨이'를 좀 더 진취적이고 현대적으로 변형한 '새로운 HP 웨이'를 선포하고 이를 뿌리내리고자 했다.

'새로운 HP 웨이'는 특히 직원들의 실적을 관리하는 부분에 방점을 두었는데, 이에 따라 기존에 시행되던 단순한 이익 공유제는 직원들이 담당하고 있는 사업의 매출 및 이익의 성장과 연계된 실적 기반 보상 프로그램으로 바꾸었고, 특허 출원을 활성화하기 위한 연구원 대상의 동기 부여 프로그램도 실시됐다. 그 결과 HP는 2000년에는 전년대비 30%가량 증가한 3,000여 개, 2001년에는 5,000개의 특허를 신청했고, 2002년에는 1,385개의 미국 특허를 받아 2002년에 상위 10위 기업 리스트에 진입하게 됐다.

피오리나는 빠르게 발전하고, 경쟁은 계속 심화되며, 고객의 요구 사항은 항상 변하는 힘든 IT 산업 환경에서 살아남는 기업은 개별 제품이 아닌 통합된 솔루션을 제공할 수 있는 기업이라고 보았고, HP를 통합된 솔루션을 제공하는 업체로 만든다는 목표를 세웠다. HP를 고객들이 인터넷을 활용하여 사업을 하는 데 필요한 모든 장비와 서비스를 제공하는 최고의 회사로 빠른 시일 내에 변모시키겠다는 피오리나의 결정은 사실 IBM의 거스너가 위기에 처한 IBM을 구하기 위해 수년 전 내린 결론과 매우 유사한 것이었다.

HP를 솔루션 업체로 만든다는 전략을 실행하기 위해 피오리나는 대규모 조직 구조 개편을 단행했다. HP는 원래 신사업을 시작한 후 사업이 궤도에 오르면 이를 독립적인 기업처럼 운영해 왔기 때문에 당시 HP에는 독립적으로 운영되던 사업 조직이 83개나 있었다. 피오리나는 프린터, 컴퓨터, 서비스를 중심으로 3개의 제품 중심 조직을 만들고, 제품 조직과 영업 조직을 독립적으로 분리해 소비자 시장과 기업 시장을 중심으로 영업 조직을 재편했다.

이는 영업 조직이 자신이 담당하는 고객에게 프린터, 컴퓨터, 서비스 등 HP가 제공하는 모든 제품과 서비스를 판매할 수 있도록 함으로써 솔루션 중심의 영업이 가능하도록 하기 위한 조치였다. 또한 서비스 사업 강화를 위해 2000년에만 1,700명의 컨설턴트를 채용해 서비스 중심의 전략을 수행할 수 있는 역량을 확보했다.

피오리나의 재임 첫 해인 2000년, HP의 매출은 전년대비 15% 성장했고, 이러한 성장을 견인한 것은 새로이 정비된 서버 제품군과 컨설팅 서비스였다. 이익의 증가는 6%선으로 기대에 미치지 못하기는 했지만, 많은 이들이 관심을 갖고 지켜본 피오리나의 재임 첫해는 여러모로 성공적이라는 평가를 받았다.

칼리 피오리나: AT&T와 거기에서 분사한 루슨트에서 재직하던 피오리나는 인터넷 시대에 맞는 전략을 수립하여 이익을 동반한 성장을 이루어 낼 것을 주문받았다. 2000년 초반 IT 경기의 침체로 성장을 이끌어내기가 힘들어지자 그녀는 PC와 저가 서버 시장을 장악한 컴팩을 인수하여 성장을 도모하고자 했다. 하지만 저가 시장에 집중하는 컴팩과의 합병으로 HP의 이익률이 더 낮아질 것을 우려한 창업주 가문의 반대에 부딪쳤다.(ⓒAgencia Brasil/Wikimedia Commons/CC-BY-SA-3.0 Brazil)

피오리나의 위기

피오리나는 HP의 CEO로 취임한 지 얼마 지나지 않아 당시 썬 마이크로시스템에서 잘 나가다가 노벨의 CEO로 스카우트된 후 매우 고전하고 있던 에릭 슈미트를 찾아가 조언을 구한 적이 있었다. 슈미트는 처음에는 모든 것이 잘될 것처럼 생각되겠지만, 이내 모든 것이 잘못 돌아가는 것처럼 보이는 순간이 올 것이며, 이 시점을 잘 이겨내기 바란다는 충고를 해주었다. 피오리나에게도 결국 이러한 순간이 찾아왔다.

2000년 가을부터 IT 구매에 감소의 징후가 나타나기 시작했지만, HP 경영진이 이러한 추세를 적기에 파악하지 못하는 바람에 피오리나가 2001년 1사분기의 목표를 달성할 수 있을 것이라고 발표했음에도 불구하고 실적은 예측에 25%나 미달하고 말았다.

이러한 결과는 월스트리트의 투자자들을 놀라게 했고, HP의 주가는 14%나 급락하고 피오리나의 경영 능력과 신뢰성에 의문이 제기됐다. 피오리나는 이에 책임을 지는 뜻으로 보너스를 자진 포기하는 한편, 원가 구조를 개선하기 위해 8만 여 명의 직원들로부터 자발적인 임금 삭감을 받아내고 8,000명을 감원하기까지 했다. 고정비를 줄이기 위해 PC 제조는 아웃소싱했고, 저가의 프린터를 제조하는 공장은 인건비가 저렴한 아시아 지역으로 이전했다. 또한 고객들이 원하는 사양의 컴퓨터를 인터넷을 통해 직접 구매할 수 있도록 프로세스와 시스템을 재정비했다.

하지만 이러한 구조 조정 노력에도 불구하고 HP의 2001년 매출은 8%, 순이익은 89%나 감소했다. 프린터와 컴퓨터 모두 판매 수량과 평균 판매 가격이 감소했고, 특히 컴퓨터 부문은 4억 5,000만 달러라는 대규모 적자를 기록했다. HP는 서버 시장에서는 IBM과 썬 마이크로시스템에, PC 시장에서는 델 컴퓨터에 밀리고 있었다. 그나마 위안이라 할 수 있던 것은 새로운 성장 동력으로 삼고자 하는 IT 서비스 부문이 노키아, 사라 리, 할리버튼 같은 대기업들로부터 아웃소싱 계약을 따내는 등 6%의 매출 증가를 기록하여 HP 내에서 가장 빨리 성장하는 사업 분야로 자리 잡아가고 있었다는 것이었다.

당면한 경기 침체와 격화되는 경쟁 속에서 과연 원가 절감 노력과 서비스 부문의 성장만으로 HP가 경쟁을 이겨낼 수 있을지에 대해 많은 투자자들은 우려하기 시작했고, HP의 주가는 2001년 35%나 하락했다. 전 세계적인 경기 침체와 최악의 IT 지출 감소, 격화되는 경쟁이라는 험난한 경영 환경 속에서 이익을 동반한 성장을 추구하기 위한 고민이 깊어진 피오리나는 인수 합병을 통한 성장을 모색했다. 그녀는 다양한 인수 대상 기업들을 물색했는데, 이 중 하나가 당시 최대의 PC 제조업체인 컴팩이었다.

세계 1위 PC 기업 컴팩

컴팩은 IBM 호환 PC 시장에서 기회를 발견한 3명의 텍사스 인스트루먼트 출신 엔지니어들이 회사를 나와 1982년에 설립한 회사이다. 이들은 오늘날의 노트북 컴퓨터처럼 작아서 들고 다닐 수 있을 정도는 아니지만, 끌고는 이동할 수는 있을 정도로 이동성을 제공하는 IBM PC와 완벽하게 호환되는 PC를 출시하겠다는 아이디어를 가지고 있었다. 컴팩의 창업자들은 대기업의 중역을 역임했던 인물들답게 개인의 창업가적 역량에 의존하는 실리콘 밸리식 창업 모델보다는 처음부터 큰 회사로 시작해 규모와 역량을 바탕으로 시장을 지배하고자 했다. 이들은 텍사스 휴스턴의 벤처 투자자인 벤 로젠Ben Rosen으로부터 250만 달러의 투자를 유치하는데 성공했고, 1983년에 출시한 이동 가능한 IBM 호환 PC가 큰 성공을 거두면서 컴팩은 판매를 시작한 첫 해인 1983년부터 1억 달러 이상의 매출을 올리며 가장 빨리 성장하는 컴퓨터 업체가 됐다.

컴팩은 1985년에 인텔의 최신 프로세서인 80386 칩을 채용한 PC를 IBM보다 먼저 출시해 명성을 더욱 높였다. 이후 컴팩은 우수한 제품 개발력과 높은 수준의 판매 인센티브를 통해 강력한 제조 및 판매 네트워크를 구축해 나갔고, 1980년대 말에는 IBM에 이은 제 2위의 컴퓨터 업체로 성장했다.

그러나 1991년경 IT 경기가 침체되고 델 컴퓨터처럼 직접 판매 모델에 기반을 둔 업체들이 등장하면서 컴팩의 성장에 제동이 걸렸다. 컴팩이 1991년 3사분기에 7,000만 달러의 적자를 기록하자 컴팩의 회장으로 있던 투자자 벤 로젠은 공동 창업자 로드 캐니언Rod Canion을 CEO직에서 해임하고, 유럽 판매망을 개척한 에커드 파이퍼Eckard Pfeiffer를 후임 CEO로 임명하며 전면적인 구조 조정을 요구했다.

파이퍼는 전체 인원의 10%에 해당하는 1,400여 명을 감원했고, 나머지 두 공동 창업자들도 회사에서 모두 내보내는 등 경영진을 전면적으로 개편하고 전열을 재정비했다. 당시까지 컴팩은 이익률이 비교적 높은 기업용 시장에 주력해 왔지만, 파이퍼는 일반 소비자 시장에서 새로운 성장 동력을 얻는다는 전략을 세웠다.

컴팩은 1993년 8월, 1,500달러 이하 가격대의 PC를 포함한 프레자리오Presario PC 라인을 출시했고, 1,000만 달러 이상을 TV 광고에 투입하는 등 집중적인 마케팅 캠페인을 펼쳤다. 프레자리오 시리즈 PC는 출시 후 60일만에 10만 대 이상이 팔릴 정도로 큰 성공을 거두었고, 컴팩은 이에 힘입어 1994년 IBM을 제치고 세계 1위의 PC 업체로 등극하게 됐다.

컴팩은 이후 중저가 서버 시장 공략에도 적극적으로 나서 2만 5,000달러 이하 서버 부문의 점유율 1위 기업이 됐다. 1997년에는 1,000달러 이하의 PC를 출시하여 PC 시장에서의 치열하게 펼쳐지는 가격 경쟁에 주도적으로 대처해 나가는 한편, 같은 해에 30억 달러 상당의 주식 교환 방식으로 고성능 서버 업체인 탠덤Tandom 컴퓨터를 인수하고, 1998년에는 91억 달러에 역사 깊은 컴퓨터 업체인 디지털 이큅먼트를 인수하면서 서버 제품군 및 서비스 역량도 강화해 나갔다. 그러나 탠덤 및 디지털 이큅먼트의 인수가 실패작으로 평가되고, 이 후 유증으로 1998년과 1999년의 실적마저 악화되자 벤 로젠 회장은 1999년에 파이퍼를 해임하고, 1998년에 CIO로 영입한 마이클 카펠라스^{Michael Capellas}를 후임 CEO로 임명했다.

카펠라스는 인원을 삭감하고 기업 구조를 조정하는 등 비용 절감 노력을 전개하여 1999년 2사분기에는 실적을 다시 흑자로 돌려놓았다. 저장용 서버 및 기업용 솔루션 부문이 성장하면서 컴팩의 1999년 실적은 전년대비 매출과 영업 이익 모두 성장했다. 2000년경, 컴팩은 여전히 PC와 중저가 서버 시장 점유율 1위 자리를 지키고 있었지만, 같은 텍사스 주의 기업으로 극단적인 운영의 효율성을 앞세운 델 컴퓨터의 맹추격을 받고 있었다.

컴팩의 경영진들은 경쟁력을 완전히 상실하기 전에 기업을 매각해 더 큰 기업의 일부로서 시너지를 통해 경쟁력을 보전하는 방안을 심각하게 고민하게 됐다. HP는 PC 시장 1위 기업인 컴팩을 인수할 수 있는 몇 안 되는 기업들 중 하나였다.

HP와 컴팩의 합병 결정

컴팩의 CEO 카펠라스는 먼저 HP의 유닉스 운영체제인 HP-UX를 컴팩의 서버 부문이 라이선싱하여 사용하는 건을 구실로 2001년 초 피오리나와 대화의 물꼬를 텄다. 카펠라스는 피오리나와 대화하는 과정에서 "HP와 컴팩의 협력을 서버 부문에 한정짓지 않

"우리가 속해 있는 이 산업처럼 빠르게 그리고 근본적으로 변화하는 세계에서, 현상을 유지하는 정도로는 회사를 지탱해 나갈 수 없습니다. 용기와 결단을 가지고 앞으로 나아가야 합니다."

: 칼리 피오리나 :

고, 두 기업의 사업을 완전히 합친다면 더 큰 시너지를 얻을 수도 있을 것"이라 며 두 기업 간의 합병을 제안했다.

HP 경영진도 당시 내부적인 역량만으로는 원하는 만큼의 성장을 이루는 데 한계가 있다고 보고 있었고, 대규모 합병을 통해 성장을 도모하려는 생각이 있었기 때문에 두 기업 사이의 이해는 잘 맞아떨어졌다. 비밀리에 두 기업 간 심도 있는 토론이 몇 차례 이루어졌고, 피오리나와 카펠라스는 HP와 컴팩의 합 병이 충분히 가치가 있다고 판단했다.

HP는 맥킨지에 컨설팅을 의뢰해 합병의 전략적 영향에 관해 좀 더 세부적 으로 분석하기로 했고, 컴팩도 엑센추어를 자문회사로 택하여 독립적인 분석 을 진행했다. 또한 합병을 주관할 투자은행으로 HP는 골드만-삭스를, 컴팩은 살로몬-스미스-바니를 각각 선택하여 재무적인 영향에 대한 세부적인 분석을 독립적으로 실시하도록 했다. 골드만-삭스의 합병에 대한 최초 의견은 엄청난 규모의 두 기업을 합병하는 데 따르는 위험과 이익률이 낮은 PC 사업 중심으로 확장을 하는 전략으로 말미암아 합병 발표 직후 HP의 주가가 10~15%가량 떨 어질 것이라는 것이었다.

HP, 컴팩, 맥킨지, 엑센추어, 골드만과 살로몬의 담당자들은 몇 달 동안 수 차례 모여 두 기업의 합병에 관해 진지하게 토의했다. 2001년 8월, 맥킨지가 토 의를 종합하여 내린 결론은 대부분의 실패한 합병은 한 기업이 잘 모르는 영역 으로 진출하고자 할 때 발생하지만 HP와 컴팩의 합병은 사업 영역이 비슷한 두 회사의 합병이므로 석유 산업의 두 대기업 엑슨과 모빌의 합병 사례처럼 성공 할 가능성이 높다는 것이었다.

맥킨지는 합병을 성공적으로 이끌 수 있는 세부적인 방안을 HP 이사회에 제시했고, 투자은행인 골드만과 살로몬은 컴팩의 1주를 HP의 0.6325주의 비율 로 교환하는 것이 HP와 컴팩의 주주들에게 공정하다는 재무적인 의견을 제시 했다. 이는 결정 시점 직전의 4일간 HP의 주가 평균을 기준으로 할 때, HP가 컴팩을 240억 달러에 인수하는 셈이었다.

HP와 컴팩은 2001년 9월 3일 동시에 이사회를 열고, 컨설팅 회사와 투자은 행의 분석 결과를 바탕으로 합의 조건을 만장일치로 채택했고, 두 회사의 합병 은 그날 밤 언론에 발표됐다. 그러나 합병의 최종 승인 여부는 두 회사의 주주 들이 이를 승인하느냐에 달려 있었다.

합병을 둘러싼 경영진과 창업자 가문 간 위임장 대결

HP와 컴팩의 경영진은 주주들을 설득하 기 위해 크게 다음과 같은 세 가지 합병 사유 를 제시했다.

"변하지 않으면 모든 것을 잃게 됩니 다."

: 데이브 패커드 :

첫째, 고객들은 점점 더 하드웨어뿐만 아니라 서비스를 포함하는 종합 솔 루션을 요구하고 있지만, HP도 컴팩도 단독으로는 솔루션을 제공할 수 있는 위 치에 있지 않다는 것이었다. HP와 컴팩이 합병하여 탄생한 기업은 프린터 및 PC 부문의 세계 1위 기업이 될 뿐만 아니라 서버 부문의 2위, IT 서비스 부문의 3위 기업으로 부상할 수 있었으므로 솔루션 중심의 사업에 필요한 규모의 경제 를 이룰 수 있다는 점이 가장 우선적인 합병 사유로 제시됐다.

둘째, HP와 컴팩의 국제적인 서비스망을 통합하면 160개국의 6만 5,000명 의 IT 전문가들을 보유하게 되므로 IT 아웃소싱 서비스 시장에서 성장하기 위 해 필요한 규모를 이룩할 수 있으며, 서비스와 제품 판매 간 연계를 강화하여 매출 증가와 이익률 상승을 동시에 달성할 수 있다는 것이었다.

셋째, 두 기업의 중복되는 부문을 제거한다면 합병의 즉각적 효과만으로도 연간 25억 달러의 비용 절감을 기대할 수 있다는 것이었다.

그러나 창업자인 빌 휼렛의 아들이자 HP에서 1987년부터 14년간 이사로 재직해 오던 월터 휼렛Walter Hewlett은 두 회사의 합병이 주주 가치에 위배된다고 믿었다. 그도 급변하는 시장에 대응하기 위해 HP가 변할 필요가 있다는 점에는 동의했지만, HP의 아폴로 컴퓨터 인수나 베리폰의 인수를 포함한 IT 산업에서의 대규모 인수 합병은 성공한 예가 거의 없기 때문에 컴팩을 인수하는 것은 해답이 아니며, 합병보다는 오히려 핵심에서 벗어난 사업을 매각하고 이익을 창출하는 프린터 부문을 더욱 강화하는 것이 우선시되어야 한다고 생각하고 있었다.

월터 휼렛은 휼렛 가문에서 운영하는 재단의 주식을 포함하면 HP 주식의 총 6%에 대한 영향력을 행사할 수 있는 위치에 있었고, 무엇보다 HP의 상징적 존재이기도 했다. 이사회 임원이기도 했던 휼렛은 자신이 반대할 경우 HP가 컴팩을 합병하기 위해 더 높은 가격을 지불하게 될 수도 있다는 우려로 이사회에서 이사로서는 합병에 찬성하지만, 주주총회에서 주주로서는 반대표를 행사하기로 결심했다.

주식 시장의 반응도 휼렛의 의견과 비슷했다. 합병 발표 후 2개월이 지난 2001년 11월 5일 HP의 주가는 발표 전의 주가에서 27%나 하락했는데, 이는 시가 총액으로는 무려 123억 달러에 달하는 규모였다. 반면, 같은 기간 중 HP와 유사한 기업의 주가는 9.9% 상승했다. 월터 휼렛은 고심 끝에 합병에 반대하는 의견을 공개적으로 표명하기로 결정했다.

HP와 컴팩의 합병이 발표된 지 2개월이 지난 시점인 2001년 11월 6일, 월터 휼렛은 자신의 가문 쪽 지분은 모두 합병에 대해 반대표를 행사할 것이라고 발표했다. 그는 반대의 이유로 컴팩과 합병하면 PC 시장의 점유율은 높일 수 있겠지만, PC 사업은 이익률과 성장률이 모두 낮으며, 컴팩은 HP가 필요로 하고 이익률도 높은 고가 서버와 서비스 부문의 경쟁력이 없으므로 도움이 되지 않을 것이라는 점을 제시했다.

또한 합병을 수습하는 과정에서 수익성이 높은 프린터 사업에 대한 초점이 흐려질 수도 있어 HP의 가장 큰 화두인 이익을 동반한 성장을 이루는 데 오히려 방해가 될 것이며, 합병으로 인한 비용의 절감도 매출의 감소로 상쇄되고 말 것이라고 주장했다.

또 다른 창업자 패커드 가문 쪽도 같은 날 합병에 반대표를 행사할 것이라고 발표했고, 창업자 가문이 합병을 적극적으로 저지할 것이라는 뉴스에 HP의 주가는 17% 상승하면서 합병 반대 의견에 힘을 실어줬다.

피오리나는 시장의 부정적 반응과 창업자 가문의 반대에 정면으로 대응해 합병을 주주총회의 표결에 부치기로 결정했다. 이로써 경영진과 창업자 가문 간의 치열한 득표 전쟁이 시작됐다. 당시 창업자 가문이 소유한 HP 지분은 약 17%였고, 26%는 소액투자자가, 57%는 기관투자자들이 소유하고 있었다.

피오리나와 카펠라스는 기관투자자들의 찬성표를 얻는 것에 집중하는 전략을 세웠다. 동부에서 서부까지 집중적인 투자 로드쇼를 열어 합병의 장점에 대해 설명했고, 구체적이고 세부적인 계획을 제시해 투자자들이 갖고 있는 합병의 위험에 대한 우려를 덜고자 했다. 또한 독립적인 평가 기관들로부터 합병에 대한 우호적 평가를 얻어냄으로써 기관투자자들의 찬성표를 모았다. 이와 아울러 합병이 무산됐을 경우 발생할 혼란상에 대해서도 강조하며 주주들의 불안 심리를 자극했다.

결국 주주 총회에서 51.4%의 찬성 지분을 얻어냄으로써 합병은 가결됐고, 경영진은 합병을 계속 진행할 수 있었다. 그러나 찬성과 반대 간의 근소한 차이에서 볼 수 있듯이 합병 결정은 많은 이들을 실망시키는 것이었고, 합병의 효과에 대한 불확실성과 의구심은 그만큼 컸다.

휼렛은 포기하지 않고 HP 경영진이 도이치뱅크 자산 관리 부문에 압력을 넣었다며 소송을 제기하기도 했다. 1.3%의 지분을 갖고 있던 도이치뱅크는 원래 합병에 대해 반대표를 행사하기로 결정했으나 석연찮은 이유로 주주 총회

당일에 갑자기 찬성으로 돌아섰기 때문이었다. 그러나 소송은 별 소득이 없었고, 월터 휼렛은 2003년 스스로 이사직에서 사임했다.

전략가 피오리나의 퇴진과 실행가 마크 허드의 등장

피오리나는 컴팩과의 합병으로 더 경쟁력 있는 제품을 내놓을 수 있을 뿐만 아니라 상당한 비용 절감도 이룰 수 있을 것이라고 주주들을 설득했지만, 합병 후 1만 5,000명을

> "내 원칙은 이것입니다. 단순하게 하라. 설명할 수 있고 책임질 수 있도록 하라."
>
> : 마크 허드 :

감원하는 등의 비용 절감 노력에도 불구하고 통합 기업의 실적은 저조했고, 무엇보다 매출이 피오리나가 애초에 예측한 것보다 더 많이 감소했다.

HP는 직전 16개 사분기 중 5개 분기에서 예상치를 밑도는 실적을 기록했기 때문에 월스트리트는 경영진에 대한 신뢰를 잃어버린 상태였고, 피오리나는 매력적이고 설득력 있는 향후의 청사진을 제시하는 데에도 실패했다. 결국 피오리나는 HP와 컴팩의 합병이 완료된 지 3년이 지난 시점인 2005년 2월, HP의 CEO직에서 물러났다.

HP 이사회가 피오리나의 후임 CEO로 선택한 인물은 IBM만큼이나 오랜 전통을 가진 시스템 업체인 NCR의 CEO였던 48세의 마크 허드Mark Hurd였다. 허드는 NCR에서만 25년을 근무했지만, NCR이 컴퓨터와 통신 간의 시너지 효과를 기대한 AT&T에 1991년 합병되고, 1996년에는 AT&T의 구조 조정 작업의 일환으로 장비 부문은 루슨트, 컴퓨터 부문은 다시 NCR로 분사되는 과정을 경험하며, 비교적 잘 운영되던 흑자 기업이 대기업에 인수되어 많은 관심을 받지 못하는 하나의 부문으로 전락하면서 적자 기업으로 변하는 과정을 가까이에서 목격했다.

허드가 NCR에서 CEO로 재직한 기간은 2년밖에 되지 않았지만, 그는 감원 및 감봉 등 원가를 절감하는 강도 높은 조치를 시행하면서도 영업을 강화해 취임 당시 적자였던 NCR을 흑자로 전환하고 매 분기 예상을 뛰어넘는 실적을 발표하여 위기에 처한 회사를 살리는 데 탁월한 능력이 있다는 평을 받고 있었다.

허드가 HP의 CEO로 부여받은 최우선적인 과제도 피오리나와 마찬가지로 이익을 동반한 성장을 이룩하는 것이었다. HP는 IBM과 비슷한 규모의 매출을 기록하고 있었지만, 시장 가치는 IBM의 3분의 1 수준인 500억 달러에 지나지 않았을 뿐만 아니라 HP 매출의 절반 수준인 490억 달러의 매출을 기록하는 델의 시장 가치에도 미치지 못하는 상황이었다. 이는 HP가 매출 규모는 컸지만 이익률이 낮았기 때문이었다.

허드는 이익률을 높이기 위해 제일 먼저 지출을 줄이는 것에 초점을 두었다. 그는 취임 직후인 2005년 4월, 전체 인력의 10%에 해당하는 1만 5,000명을 감원한다고 발표했고, IT 지출과 직원 교육비 등을 삭감하고, 연구 개발비마저 줄이는 극단적인 원가 절감 조치를 시행했다.

중복된 기능의 조직은 통폐합됐고 전 세계에 산재한 비핵심 자산은 매각됐다. 또한 무엇보다 자원을 효율적으로 배분하기 위해 조직을 최대한 단순화하고 책임을 명확히 하고자 했다.

허드는 대체로 피오리나가 수립했지만 실행되지 않고 있던 전략들을 제대로 실행하는 것에 초점을 두었다. 하지만 피오리나가 정비한 영업 조직만큼은 다시 전면적으로 재정비하기로 했다. 앞서 설명한 바와 같이 피오리나는 IBM의 조직 체계와 유사하게 제품 조직과 영업 조직으로 나누어 영업은 조직을 고객별로 구성하여 어떤 제품이든 상관없이 고객과의 모든 접촉은 하나의 계정 관리자 또는 조직이 통합하여 관리하도록 했다. 하지만 이러한 구조가 통합된 솔루션을 제공하는 데 바람직할 것이라는 애초의 의도와는 달리 영업팀은 너무나 다양한 제품들을 판매해야 했고, 판매 실적에 대한 보고도 여러 제품 조직에 해야 했기 때문에 많은 비효율과 혼란이 야기됐다.

무엇보다 각 제품 조직의 책임자들이 영업 조직을 직접 통제할 수 없었으므로 매출에 대한 책임을 온전히 지려고 하지 않는 것이 큰 문제였다. 영업에 대한 의사결정의 속도도 제품 조직과의 협의가 필요했으므로 느려졌다.

허드는 피오리나가 프린터, 컴퓨터, 서비스로 구분한 제품 조직의 구조는 유지하되, 영업 조직을 제품 조직 밑에 배속함으로써 제품 책임자들의 책임과 권한을 강화했다. 허드는 또 의사결정의 속도를 높이기 위해 하나의 의사결정에 관여하는 사람들의 숫자를 최대한 줄여서 가능하면 한 사람이 의사결정의 권한과 책임을 지도록 했다.

허드는 HP의 개혁 작업을 매우 세부적인 것까지 챙겼고, 특히 전략 수립과 평가에 있어 측정 가능한 성과 지표를 적극 활용했다. 측정 지향적인 경영의 결과로 HP 경영진은 개혁을 통해 하나의 의사결정에 관여하는 사람의 수가 70% 감소했고, 이익과 손실의 33%만을 직접 통제할 수 있었던 각 사업 조직의 책임자는 75% 이상을 통제할 수 있게 됐으며, 19억 달러가량의 비용이 절감됐다고 하는 것과 같은 구체적인 수치로서 성과를 파악할 수 있었다. 구체적으로 확인되는 수치와 CEO의 세부 사항에 대한 관심은 개혁 작업에 추진력을 더했다.

실적 회복

허드가 CEO로 취임한 후 HP는 계속 기대를 뛰어넘는 분기 수익을 올렸다. 2006년에는 연간 매출 917억 달러를 달성함으로써 매출 기준으로는 IBM을 제치고 세계 최대의 IT 기업으로 등극했고, 델에게 빼앗긴 PC 시장 1위의 자리도 되찾았다. 이익의 거의 100%를 프린터와 소모품 판매에 의존하던 사업구조도 서버와 소프트웨어 부문에서 이익의 절반을 창출하고 프린터 사업 부문에서 이익의 절반가량을 창출하는 구조로 전환됐다. HP의 이익이 전년대비 158% 증가하면서 HP의 주가도 허드 취임 후 2년 만에 2배로 뛰어올랐다.

그러나 이익률은 7% 수준으로 여전히 만족스럽지 못한 수준이었기 때문에 허드는 이를 개선하기 위해 이익률이 높은 사업의 비중을 확대하고자 했다. 2006년경 HP는 이익률이 높은 기업용 컴퓨팅 시장의 단지 4%만을 차지하며 고전하고 있었는데, 이를 강화하기 위해 기업 고객과 1대1 대응이 가능하도록 영업 인력을 대폭 확충했다.

또한 HP가 시장 1위 위치의 자리를 굳건히 차지하고 있던 프린터 사업 부문에서는 문서 인쇄를 주로 하는 소비자 사진 인화를 주로 하는 소매업체, 홍보물 제작 등을 주로 하는 전문가 계층을 아우르는 폭넓은 프린팅 에코 시스템의 플랫폼을 제공하는 기업이 된다는 전략을 세웠다. 이를 위해 웹 기반의 사진 인화 서비스 업체인 스냅피시Snapfish와 상업용 디지털 인쇄 회사인 인디고Indigo 등을 인수하는 한편, 성장성과 이익률이 높지만 HP가 3% 정도밖에는 점유하지 못하고 있던 전문가용 시장 공략에 초점을 맞추었다.

허드는 HP의 사업 포트폴리오를 넓히고 규모의 경제를 실현하기 위한 전략적 대형 인수 합병들도 이뤄냈는데, 2008년 8월에는 IT 서비스 사업 부문을 강화하기 위해 대형 IT 서비스 업체인 EDS를 130억 달러에 인수해 IBM에 맞설 수 있는 역량을 갖추고, 2010년 4월에는 네트워크 장비 및 보안 솔루션 업체인 쓰리콤3COM을 27억 달러에 인수해 시스코와 경쟁할 수 있는 네트워크 장비 사업 역량을 갖추었다. 2010년 7월에는 PDA와 모바일 운영체제로 유명한 팜Palm 을 12억 달러에 인수해 애플이 아이패드를 출시한 후 급성장하던 모바일 컴퓨팅 사업에도 적극적으로 진출하고자 했다. HP는 팜의 인수를 통해 '웹 OS'라는 모바일 기기용 운영체제를 확보했는데, HP는 웹 OS를 바탕으로 자체적인 모바일 생태계를 조성한다는 모험을 시도하고자 했다.

피오리나가 HP를 서비스 중심의 회사로 만들고 싶어 한 반면, 허드는 아웃소싱과 같은 서비스 부문에서 경쟁하는 것은 HP의 제품과 기술을 지원하기 위해서라는 관점을 갖고 있었다. 피오리나는 데이터센터 등 다른 기업의 IT 기능을 제공하는 IT 아웃소싱 부문을 중요한 성장 영역으로 꼽았고, 이 부문은 실제로도 매년 20%씩 성장하고 있기도 했다. 하지만 아웃소싱 사업의 이익률은 그다지 높지 않았기 때문에 성장과 이익의 균형을 잡고자 한 허드는 피오리나만큼 아웃소싱 사업에 전력을 다하지는 않았다.

마크 허드의 스캔들과 해임

HP 내외에서는 허드가 피오리나의 전략과 힘들게 이룩해놓은 합병을 실행했을 뿐이며, 그가 단기간의 실적을 보여주는 지표를 개선하는 데에는 매우 뛰어나지만 장기적으로 건전한 전략을 실행하지는 않는다는 비평이 제기되기도 했다.

특히 지나친 비용 감축으로 HP의 혁신 역량을 감소시켰다는 평가가 많았는데, 실제로 매출의 9%대를 차지하던 HP의 연구 개발 투자는 허드의 재직 기간 중에 매출액의 2%대까지 떨어지기도 했고, 피오리나의 재직 기간 중 꾸준히 상승해 상위 10위에 들기도 했던 HP의 미국 특허 등록 건수는 허드의 재직 기간 중에 계속 감소하기도 했다.

허드는 HP의 기업 가치관의 큰 부분을 차지하는 기부 예산도 크게 삭감했고, HP의 내부 조사에 의하면 직원의 3분의 2가 다른 기업에서 제의가 오면 HP를 떠날 것이라고 답변하는 등 직원들의 사기는 크게 떨어졌다. 그러나 역시 가장 중요한 것은 숫자로 나타나는 결과였다. 허드의 재직 기간 중 HP의 매출은 32%, 주가는 113%가량 상승했고, 허드에 어두운 측면에 대한 비판은 화려한 실적 아래 묻혔다.

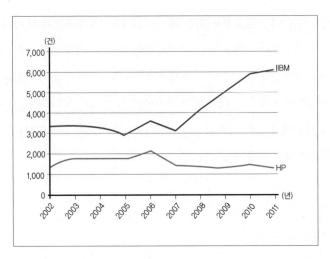

(건)

HP와 IBM의 미국 특허 등록 수 추이 비교: 마크 허드는 HP의 실적을 회복시켰다는 찬사도 받았지만, 혁신의 동력을 희생했다는 비평도 들었다. 실제로 HP의 특허 등록 수는 허드의 재직 기간 중에는 정체됐다. 1위 기업인 IBM과 비교하면 그 차이가 더욱 두드러짐을 볼 수 있다.(자료 출처: 미국 특허청, IFI)

우수한 경영 실적을 달성하며 월스트리트로부터 호평을 받던 허드의 퇴진은 예상치 못한 스캔들로 말미암아 급작스럽게 찾아왔다. 2010년 죠디 피셔Jodie Fisher라는 여인은 허드를 성희롱 혐의로 고소했다. 피셔는 당시 HP의 VIP 고객들을 위한 이벤트 개최를 몇 차례 진행한 바 있는 이벤트 업체의 사장이었지만, 한때 〈플레이보이〉지의 모델로 나서기도 했고, 여러 편의 성인 영화에 출연한 경력도 갖고 있어 허드와 피셔와의 관계에는 여러 모로 의혹이 제기됐다.

HP 이사회는 피셔의 고발 사건 내막을 조사하는 과정에서 허드가 피셔와의 개인적 만남을 위해 지출한 비용 2만 달러가량을 회사에 다른 명목으로 청구한 사실을 밝혀냈다. 또한 허드가 피셔가 출연한 성인 영화를 자신의 컴퓨터에서 본 적이 있는 것으로 나타남으로써 허드가 피셔의 과거를 알면서도 HP의 VIP 고객들에게 피셔를 소개한 정황이 드러났다.

무엇보다 결정적이었던 것은 이사회가 피셔를 직접 만나 조사하기로 한 전날 밤, 허드가 피셔를 만나 개인적으로 합의를 본 것이었다. 허드와 합의를 본 피셔는 이사회의 조사를 거부했고, 이사회는 허드에 대한 신뢰를 완전히 잃어버렸다. 결국 2010년 8월 6일, HP 이사회는 허드의 사임을 만장일치로 의결하고 찬성 6, 반대 4로 사건의 내막을 공개하기로 했다.

그런데 허드와 친분이 두터웠던 오라클의 래리 앨리슨Larry Allison 회장이 허드에게 오라클의 공동 CEO직을 제안하고 허드가 이를 수락하면서 또 다른 복잡한 문제가 야기됐다. 원래 HP와 오라클은 각각 하드웨어와 소프트웨어 전문 기업으로서 기업용 컴퓨터 시장에서 오랫동안 협력 관계를 유지해 왔지만, 2010년 1월 오라클이 HP의 반대에도 불구하고 썬 마이크로시스템을 인수하며 HP와 하드웨어 경쟁에 뛰어들면서 두 기업의 관계는 상당히 악화돼 있던 상태였다.

더욱이 오라클의 CEO인 래리 앨리슨은 "HP 이사회가 허드를 내쫓은 것은 애플이 스티브 잡스를 내쫓은 것 이래로 최대의 바보 같은 결정이며, 오라클은 HP의 실수에서 이득을 취할 것"이라는 등의 자극적인 발언으로 두 회사 간 감정의 골을 더 깊게 만들었다.

HP는 2010년 9월 7일, 허드가 회사의 기밀 정보를 경쟁사에 누설할 염려가 있다며 캘리포니아 법원에 소송을 제기했다. 하지만 캘리포니아 법원은 일반적으로 직원이 이직할 때 기밀을 누설하지 않겠다는 서약을 받는 것은 인정했지만, 경쟁사에 취업 자체를 못하도록 막는 것에는 반대하는 입장이었다. 따라

마크 허드: NCR의 CEO를 역임한 그는 피오리나의 후임으로 2005년 HP에 CEO로 영입돼 조직 내부의 효율을 높이고, 맹렬한 마케팅 공세를 펼쳐서 HP의 실적을 개선하고 PC 시장의 1위로 만들었다. 하지만 허드는 죠디 피셔라는 여인과의 스캔들로 2010년 불명예스럽고 갑작스럽게 HP의 CEO에서 물러났다.(출처: HP)

서 허드가 오라클로 가는 것을 HP가 법적으로 저지하기는 어려웠고, 결국 기밀 누설을 하지 않는다는 조건으로 허드의 오라클 이직에 합의할 수밖에 없었다.

레오 아포테커의 잇단 경영 실책

허드의 사임 후 8주 동안의 선정 작업 끝에 HP의 이사회가 2010년 9월 30일, 후임 CEO로 임명한 인물은 독일의 소프트웨어 업체인 SAP에서 CEO를 역임한 바 있는 레오 아포테커Leo Apotheker였다. 그런데 아포테커가 HP의 CEO에 취임한 것도 오라클과의 관계를 더욱 악화시켰다. 오라클의 앨리슨 회장은 아포테커가 SAP에 재직할 당시 오라클의 소프트웨어 기술을 훔칠 것을 지시했거나 이를 알고도 방조했다고 믿고 있었고, 이 때문에 아포테커와 SAP을 대상으로 몇 년째 소송을 진행해 오던 상태였기 때문이었다.

독일에서 태어나고 벨기에에서 자란 아포테커는 미국에서 영주 거주한 적은 없었지만, 5개 국어를 구사했고 SAP의 영업 전문가로 고객과의 네트워크를 가졌다는 점에서 기대를 모았다.

HP 이사회는 HP가 IBM, 오라클, 시스코 등과 경쟁하기 위해서는 소프트웨어 사업을 더욱 발전시켜야 하며, 아포테커가 쌓은 경험과 인맥은 HP가 글로벌 시장에서 성장하는 데 많은 도움이 될 것이라고 보았다. 그러나 아포테커가 CEO로 재직하는 기간에 SAP의 매출은 감소했고, 직원과 고객의 불만이 고조됐다는 등의 문제를 이유로 SAP의 이사회가 그와 재계약을 하지 않은 이력도 있었기 때문에 아포테커의 경영 능력과 리더십에는 의문점이 있었다. HP 이사회는 저명한 벤처 투자자 레이 레인Ray Lane을 이사회 의장으로 영입해 아포테커에게 부족한 미국 시장에서의 경험을 메우는 한편 유망한 기업의 인수 합병을 통해 HP가 성장하는 것을 돕도록 했다.

우수한 실적을 달성하고 있던 허드를 사생활 문제로 퇴임하도록 한 결정과 HP 내부에 훌륭한 인물들이 있었음에도 외부에서 여러 의문점이 제기된 인물을 후임으로 CEO로 영입한 것에 대해 HP 이사회는 비난을 감수해야 했다. 특히 GE의 CEO였던 존경받는 경영자 잭 웰치도 HP의 이사회가 회사 내부에서 후계자를 육성하는 기본적 직무를 다하지 않는다며 비난했다.

2011년 7월 1일, 아포테커가 이끄는 HP는 2010년 팜을 인수하면서 확보한 웹 OS 운영체제를 채용한 터치패드라는 태블릿 PC를 출시했다. HP는 터치패드를 출시하면서 27만여 대의 재고를 준비했지만 초기에 판매된 터치패드의 수량은 단지 2만 5,000대에 불과했다. 2011년 8월 16일에는 많은 터치패드 재고를 떠안게 된 미국의 대형 전자 제품 유통 업체인 베스트바이 Bestbuy가 HP에 대한 비용 지불을 거부하기도 했다.

터치패드는 유럽에서 출시 첫 달인 7월에 1만 2,000대밖에 팔리지 않았고, 8월 들어서는 판매 속도도 점점 떨어지고 있었다. 부족한 응용 프로그램과 흥미를 끌지 못한 광고 캠페인, 아이패드에 비해 뒤처진 기술 등이 터치패드 부진의 원인이라는 분석이 잇달아 제기됐다.

HP는 8월 18일 터치패드의 생산을 모두 중단할 것을 발표했다. HP는 야심 차게 추진한 터치패드의 실패로 인한 분위기를 반전하기 위해 터치패드 사업을 중단한다는 발표와 함께 기업용 검색 소프트웨어 부문의 선두 기업인 영국의 오토노미 Autonomy를 102억 달러에 인수할 것이며, 이익률이 높지 않은 PC 사업 부문을 분사할 계획이라는 것을 발표했다. 아포테커는 향후 HP는 이익률이 높은 소프트웨어 솔루션과 클라우드 솔루션에 집중하며, 기업 및 정부 시장 공략에 중점을 둘 것이라고 밝혔다.

PC 사업을 중단하며, 서버와 솔루션에 집중한다는 전략은 IBM이 2005년 취한 전략과 유사한 것이기는 했지만, 세계 1위를 차지하며 HP 매출액의 30%를 차지하고 있던 PC 사업을 접는다는 갑작스런 발표는 많은 사람들을 어리둥

절하게 만드는 것이었다. 또한 소셜 네트워크 서비스(SNS)의 확산 등 정형화되지 않은 정보가 급속도로 늘어나는 소위 '빅 데이터' 시대에 오토노미를 합병해 검색 소프트웨어의 역량을 보유하는 것은 가치 있는 일로 보이기는 했지만, 102억 달러라는 인수 가격은 너무 비싼 것으로 생각됐다. 발표 다음날인 8월 19일 HP의 주가는 20%나 폭락했고, 주주들의 집단소송 사태로 이어졌다.

HP가 터치패드 사업을 접기로 하면서 남은 재고를 처리하기 위해 100달러대로 가격을 인하하자 예상치 못한 일이 발생했다. HP 터치패드의 수요가 갑자기 급증해 물건이 없어서 못 팔 지경이 된 것이었다. HP의 터치패드는 예상치 못하게 2011년에 미국에서 애플의 아이패드 다음으로 많이 팔린 태블릿 PC가 됐다.

시장의 이러한 반응은 터치패드의 실패한 결정적 요인이 많은 기술 전문가들이 지적한 것처럼 웹 OS 운영체제나 다른 기술적인 문제라기보다는 저가의 태블릿 PC를 원하는 소비자들의 수요를 정확히 파악하지 못했고, 마케팅도 효율적으로 집행하지 못한 것이 문제였다는 점을 시사하는 것이었다.

레오 아포테커: HP 최초의 미국인이 아닌 CEO인 레오 아포테커는 독일의 소프트웨어 회사 SAP에서 20년 이상을 근무했고, CEO도 역임했던 인물이었다. 아포테커는 HP를 소프트웨어와 서비스 중심의 회사로 변모시키고자 했지만, 너무 비싼 가격에 기업을 인수하고 성급하게 태블릿 및 PC 사업 철수를 발표하는 등 경영 실책을 거듭하며 주주와 시장에 혼란을 줬고, 취임 1년을 못 채우고 물러나고 말았다.(ⓒDavid Terra/Wikimedia Commons/CC-BY-SA-2.0)

메그 휘트먼 체제

연속되는 경영 실책으로 아포테커는 결국 임기 1년을 못 채우고 2011년 9월 22일 CEO에서 물러났고, 후임 CEO로는 2011년 1월부터 HP 이사회 멤버로 활동하던 메그 휘트먼Meg Whitman이 선임됐다. 휘트먼은 30명의 직원으로 시작한 온라인 경매 업체 이베이를 세계적인 기업으로 키워낸 경력으로 존경을 받고 있던 여성 기업인이었다.

마크 허드가 해임됐을 당시, 〈뉴욕타임즈〉 지는 HP에 필요한 새로운 CEO는 마크 허드의 실행력과 칼리 피오리나의 전략적 센스, 루 플랫의 감성 지수라는 높은 기준을 동시에 충족하는 인물일 것이라는 기사를 실었다. 〈월스트리트저널〉이 2005년에 최고의 여성 경영인으로 선정한 바 있었던 메그 휘트먼은 그런 요구 사항에서 그리 멀리 떨어져 있는 인물은 아니었지만, 거대 기업 HP가 처해 있는 상황도 그리 녹록한 것은 아니었다.

HP를 소프트웨어와 서비스 중심의 기업으로 변신시키려 했던 전임 아포테커와는 달리 휘트먼은 HP의 정체성을 하드웨어, 소프트웨어, 서비스, 솔루션 모두를 공급하는 최대의 IT 인프라 기업이라는 데서 찾았다. 이러한 인식을 바탕으로 휘트먼은 전임 아포테커가 발표한 PC 사업의 분사 계획을 철회했고,

메그 휘트먼: 30명의 직원으로 시작한 이베이를 세계적인 기업으로 키워낸 존경 받는 여성 기업인이었던 휘트먼은 2011년 물러난 아포테커의 후임으로 HP의 CEO가 됐다. HP를 소프트웨어와 서비스 중심의 기업으로 변신시키려 했던 아포테커와는 달리 휘트먼은 HP의 정체성을 하드웨어, 소프트웨어, 서비스, 솔루션 모두를 공급하는 최대의 IT 인프라 기업으로 보았다.(©Max Morse/Wikimedia Commons/CC-BY-2.0)

웹 OS는 오픈 소스 소프트웨어로 만들어 향후에도 지속적으로 지원할 것이라는 계획을 발표했다. 또 오토노미의 인수는 계속 진행하여 클라우드 컴퓨팅과 빅 데이터의 시대에 필요한 데이터 분석 분야의 경쟁력을 강화할 계획임을 밝혔다.

인텔

반도체 종합 세계 1위

MOS 구조의 집적회로를 발명한 밥 노이스와 반도체 업계의 기술 혁신
방향과 속도를 정확히 예측해낸 고든 무어가 공동 창립한 인텔은 반도체 산업
자체를 만들어간 기업이자 반도체 역사 그 자체라고 해도 크게 틀리지 않다.
인텔은 D램의 상용화에 최초로 성공한 기업이었고, 마이크로프로세서도
최초로 개발했다. 하지만 D램 사업에서는 일본의 기업들에 밀려났고
마이크프로세서의 잠재력을 깨닫는 것도 다른 기업들에 비해 늦었다.
하지만 이후 인텔은 D램 사업의 뼈저린 실패를 교훈삼아 마이크로프로세서
사업에서 경쟁자들을 제압하고, 잠재적 경쟁자들의 진입마저 원천 봉쇄함으로써
완전한 시장 지배자의 위치를 차지했다.
마이크로소프트와 마찬가지로 현재 인텔의 고민은 모바일 기기 시대에
잘 적응하지 못하고 있다는 것에 있다.

강한 자가
아니라
적응하는 자가
살아남는다

intel

인텔 경영 현황 (2011년 12월 말 기준)

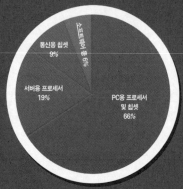

소프트웨어 6%
통신용 칩셋 9%
서버용 프로세서 19%
PC용 프로세서 및 칩셋 66%

총자산: 711억 달러
연간 매출액: 540억 달러

영업 이익: 175억 달러
(매출대비 32%, 자산대비 25%)
순이익: 129억 달러

주요 연표

1968
밥 노이스와 고든 무어, 인텔 창립

1970
1Kbit D램 개발

1971
세계 최초의 마이크로프로세서(4004) 개발.
주식 시장 상장

1980
IBM이 최초의 PC에 인텔의 16bit 마이크로프로세서
8088을 채택

1985
D램 사업 철수. 32bit 프로세서 80386 출시

1989
80486 프로세서 출시

1990
인텔 인사이드 마케팅 캠페인 시작

1993
펜티엄 프로세서 출시

1994
펜티엄 프로세서 리콜 사태

1995
펜티엄 프로 프로세서 출시

1997
펜티엄 II 프로세서 출시

1998
앤디 그로브, 건강상의 이유로 CEO에서 물러남. 후임
CEO로 크레이그 배럿 취임. 서버용 프로세서 펜티엄 II
제온과 1,000달러 이하 컴퓨터용 프로세서 셀러론 출시

1999
펜티엄 III 프로세서 출시

2000
AMD가 인텔보다 먼저 동작 속도 1GHz
프로세서 출시. 펜티엄 4 출시

2001
서버용 64bit 프로세서 아이태니엄 출시

2003
노트북 컴퓨터용 펜티엄 M 프로세서 출시. 센트리노
플랫폼 출시와 함께 공격적인 마케팅 캠페인 개시

2005
폴 오텔리니, CEO 취임

2006
펜티엄 브랜드를 폐기.
코어라는 브랜드로 프로세서 출시 시작

2008
넷북 및 모바일 인터넷 기기용 아톰 프로세서 출시

2010
독일 인피니온의 무선 통신용 반도체 사업 부문 인수
(14억 달러). 보안 소프트웨어 업체 맥아피 인수(77
억 달러)

intel

트랜지스터와 반도체 시대의 개막

1947년에 미국의 벨 연구소에서 근무하던 3명의 과학자가 반도체를 사용해 트랜지스터라는 부품을 발명한 것은 이후 펼쳐지는 전자 시대의 서막을 여는 큰 사건이었다. 하지만 벨 연구소가 1948년에 이 사실을 발표했을 당시, 저명한 〈뉴욕타임스〉 지도 이 뉴스를 신문 46페이지 맨 하단에 간단히 실을 정도로 일반 대중의 큰 관심을 받지는 못했다.

하지만 과학계는 반도체 트랜지스터가 혁명적인 발명품이며, 앞으로 세상을 바꿀 것이라는 것을 알고 있었다. 트랜지스터의 공동 발명자 윌리엄 쇼클리William Shockley, 존 바딘John Bardeen, 월터 브래튼Walter Brattain은 그 공로로 1956년 노벨 물리학상을 수상했다.

반도체는 원래 부도체와 전도체 중간 정도의 전기 전도 특성을 가진 일반적인 물질들을 통칭하는 말이었다. 사실 순수한 반도체는 전기를 거의 통하지 않는 부도체에 가까운 특성을 갖고 있다. 하지만 반도체에 불순물을 첨가하면 첨가된 물질의 종류와 양에 따라 다양한 전도 특성을 띠는 물질로 만들 수 있었기 때문에 전자 부품을 만드는 데 있어 매우 유용했다.

물론 기체나 액체가 아닌 고체 상태인 반도체에 불순물을 균질하게 첨가하는 것은 쉬운 일은 아니었다. 노벨상을 수상한 3명의 과학자들은 다른 종류의 불순물을 첨가해 다른 특성을 갖게 만든 반도체들을 서로 붙여서, 가장 기초적이고 중요한 역할을 수행하는 전자 부품인 트랜지스터를 만들어 낸 것이었다.

트랜지스터는 전기적 신호로 켜거나 끌 수 있는 스위치의 기능을 수행하여 1과 0의 논리를 구현할 수 있고, 신호의 세기를 증폭하는 증폭기 역할을 수행할 수도 있었다. 하나의 트랜지스터는 한 가지 일밖에 할 수 없지만, 여러 개의 트랜지스터로 회로를 구성하면 다양한 논리적 연산도 수행할 수 있게 된다. 반도체 트랜지스터가 개발되기 이전에는 이러한 스위치와 증폭 기능을 담당하는 부품은 진공관이었다. 하지만 진공관은 본질적으로 백열전구와 유사한 것이므로 크기가 크고, 전력을 많이 소모할 뿐만 아니라 수명에도 한계가 있었다. 진공관과는 달리 반도체 트랜지스터는 고체였기 때문에 수명이 반영구적이고, 크기도 작으며, 전력 소모가 적어서 컴퓨터와 전자 제품의 성능과 에너지 소비를 획기적으로 개선할 수 있었다.

실리콘 밸리의 요람이 된 쇼클리 반도체와 페어차일드 반도체

트랜지스터의 공동 발명자 윌리엄 쇼클리는 노벨 물리학상을 수상한 1956년에 벨 연구소를 나와 그의 연로한 부모님이 살고 있던 오늘날의 실리콘밸리 지역에 쇼클리 반도체 연구소를 설립하여 실리콘 밸리의 씨앗을 뿌렸다.

> "경영자에게 필요한 것은 일이 제대로 진행되고 있는지를 판단하는 능력보다 사람을 판단하는 능력입니다."
> : 밥 노이스 :

쇼클리의 칼텍공대 동문이기도 했던 당대의 기업가 아놀드 베크만Arnold Beckman이 쇼클리의 명성을 믿고 자본을 투자했고, 쇼클리가 직접 젊은 인재들을 뽑기 위해 나선 결과 진취적이고 뛰어난 젊은 인재들을 쇼클리 반도체로 모을 수 있었다. 후일 인텔을 창립하는 MIT 물리학 박사 출신의 밥 노이스Robert Noyce와 칼텍공대 화학 박사 출신의 고든 무어Gordon Moore도 이때 쇼클리가 채용한 인물들이었다.

쇼클리는 뛰어난 기술자였지만, 의심이 많고 모든 것을 통제하려 하는 등 성격이 괴팍해 젊은 연구원들과 사이가 좋지 못했다. 노이스와 무어를 포함한 쇼클리 반도체의 8명의 유능한 젊은 연구원들은 결국 쇼클리에 반란을 일으켰다. 베크만에게 찾아가 쇼클리를 경영에서 손 떼게 하고 기술 고문 역할에 머물게 해달라고 요청한 것이었다.

하지만 베크만은 이를 받아들이지 않았고, 반란에 실패한 이들은 쇼클리 반도체를 함께 뛰쳐나와 카메라 제조 기업 페어차일드Fairchild의 투자를 받아 1957년에 페어차일드 반도체를 설립했다.

이들 젊은 엔지니어들은 집단으로 쇼클리 연구소를 뛰쳐나감으로써 '8인의 배반자Traitorous Eight'로 불리기도 했다. 하지만 이들은 모두 진취적이고 뛰어난 인물들로 페어차일드 반도체에서 평면형 집적회로를 비롯한 많은 혁신적인 반도체 기술을 발전시켰고, 페어차일드가 혁신적인 기술 개발과 상업화를 위한 투자에 소극적으로 변했을 때는 페어차일드에서도 뛰쳐나와 각자 또 다른 기업들을 창업함으로써 실리콘밸리의 발달에 중요한 역할을 담당했다. 1968년에 설립된 인텔도 이 8인의 배반자에 속했던 밥 노이스와 고든 무어가 페어차일드를 나와서 세운 기업이었다.

(좌로부터) 앤디 그로브, 밥 노이스, 고든 무어: 잭 킬비와 함께 집적회로의 공동 발명자로 인정받는 밥 노이스는 무어의 법칙으로 유명한 또 다른 명망 높은 엔지니어 고든 무어와 함께 페어차일드 반도체를 나와 1968년에 인텔을 공동 창업했다. 두 창업자들의 명성으로 말미암아 인텔은 단 한 장의 사업계획서만으로 투자를 받을 수 있었고, 우수한 인재들도 모을 수 있었다. 헝가리 출신으로 20살에 단신으로 미국에 건너와 고학 끝에 U.C. 버클리에서 화학공학 박사를 받은 앤디 그로브는 인텔에 최초로 참여한 인재 중 하나였는데, 그는 이후 인텔의 CEO로 D램 사업 철수와 마이크로프로세서 사업으로의 전환을 지휘했고, 1998년 CEO에서 물러날 때까지 인텔을 세계 최대의 반도체 회사로 키워냈다.(자료 출처: 인텔)

인텔의 설립과 D램

인텔의 공동 창업자인 밥 노이스는 1958년에 하나의 반도체 조각Chip 위에 여러 개의 반도체 부품을 집적하여 회로를 구현하는 집적회로 ICIntegrated Circuit를 공동으로 발명한 것으로 인정받은 인물이었고, 고든 무어도 반도체의 집적도 및 성능 향상의 속도를 예측한 무어의 법칙으로 잘 알려진 인물들이었다.

이렇게 두 창업자들이 워낙 반도체 분야에서 명성이 높았기 때문에 인텔은 단 한 장의 사업계획서만으로 유력한 벤처 투자자인 아서 록Arthur Rock의 투자를 받을 수 있었고, 우수한 인재들도 모을 수 있었다. 후일 인텔의 CEO가 되는 앤디 그로브Andy Grove도 U.C.버클리에서 화학공학 박사 학위를 받은 후 페어차일드에서 일하다가 노이스와 무어를 따라 인텔에 합류한 창립 멤버 중 하나였다. 그로브뿐만 아니라 페어차일드의 보수적 태도에 불만을 품은 많은 인재들이 페어차일드를 떠나 인텔에 합류했다.

1960년대부터는 기업 회계와 공공기관 및 의료 데이터 등을 관리하기 위한 IBM의 시스템 360이나 370과 같은 기업용 대형 컴퓨터의 수요가 급증했고, 이에 따라 컴퓨터용 메모리의 수요도 엄청나게 성장하고 있었다. 하지만 1970년대 초까지만 해도 컴퓨터의 메모리 장치로는 반도체가 아니라 1950년대에 개발된 페라이트 코어Ferrite Core라는 장치가 주로 쓰였다.

페라이트 코어는 두 가지 방향으로 자기장을 띠는 특수한 광물인 페라이트로 만든 링들을 격자 형태로 배열된 전선들의 교차점에 끼운 것으로, 전선에 전류가 흐르면 자기장이 발생하는 원리를 이용해 전류를 흘려 페라이트 링이 갖는 자기장 방향을 변화시킴으로써 데이터를 부호화해 저장하는 메모리 장치였다.

페라이트 코어는 반도체에 비하면 크기를 줄이기 어려워 저장 밀도를 높이는 데 한계가 있었을 뿐만 아니라 정보의 처리 속도도 느렸다. 이 때문에 노이스와 무어는 인텔을 창업할 당시부터 처리 속도와 저장 용량을 높인 반도체 메모리를 만들어 페라이트 코어 메모리를 대체할 것을 목표로 했다.

반도체 메모리는 트랜지스터를 스위치로 사용해 조그만 축전기를 충전하거나 방전하는 방식으로 1이나 0이라는 정보를 저장하므로 하나의 반도체 칩 안에 여러 개의 트랜지스터를 집적할수록 더 많은 정보를 저장할 수 있었다. 하지만 작은 반도체 조각에 너무 많은 트랜지스터를 집적하게 되면 감당할 수 없을 정도로 많은 열이 발생한다는 것이 당시 반도체 집적회로 개발의 가장 큰 난제였다.

인텔의 창업자들은 페어차일드 시절부터 실리콘을 산화막으로 덮어 보호하고, 금속을 연결해 회로를 구성하는 금속-산화막-실리콘 구조, 즉 MOS^{Metal-Oxide-Silicon} 구조로 평면 형태의 트랜지스터를 만듦으로써 집적 시의 발열 문제를 해결하고, 제조도 수월하게 만드는 기술을 축적해 왔다. 이 때문에 인텔은 충분히 상업성이 있을 정도로 많은 수의 트랜지스터를 집적한 메모리 반도체를 개발해낼 수 있었다.

인텔이 1970년에 세계 최초로 개발한 1Kbit D램 메모리 반도체는 '1103'이라는 모델명으로 출시됐다. 1Kbit D램은 0이나 1의 형태로 저장되는 정보 단위 1,000개, 즉 1,000bit를 자유롭게 읽거나 쓸 수 있다는 의미로, 다시 말하면 1,000개 이상의 트랜지스터가 하나의 반도체 칩에 집적됐다는 것이었다.

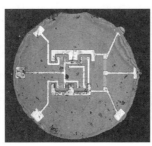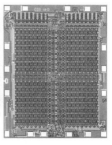

1Kbit의 정보를 저장할 수 있도록 1024(32×32)개의 페라이트 코어를 사용한 메모리 장치(좌), 밥 노이스가 4개의 트랜지스터를 집적한 최초의 평면형 집적회로(중), 평면형 집적회로 기술을 이용해 인텔이 3,000개 이상의 트랜지스터를 집적하여 개발한 1Kbit D램 메모리 반도체(우): 인텔은 노이스가 특허를 가진 평면형 집적회로 기술을 사용해 많은 수의 트랜지스터를 집적할 때 발생하는 발열 문제를 해결함으로써 페라이트 코어를 대체할 정도로 많은 수의 트랜지스터를 집적한 1Kbit D램을 최초로 개발할 수 있었다. 이후 컴퓨터의 메모리 장치는 페라이트 코어에서 D램으로 빠르게 대체되어 갔다. 실제의 크기는 D램 메모리 반도체가 페라이트 코어 메모리보다 훨씬 작다.

당시 인텔은 1bit의 정보를 저장하기 위해 1개가 아닌 3개의 트랜지스터를 사용하는 설계를 사용했기 때문에 1,024bit의 정보를 저장하는 조그마한 1103 반도체 칩 안에는 실제로는 3,000여 개의 트랜지스터가 집약되어 있었다.

인텔의 1Kbit D램은 페라이트 코어 메모리보다 크기가 작으면서도 더 빠르고 안정적이었기 때문에 이후 페라이트 코어 메모리를 반도체 메모리가 빠르게 대체해 나가는 계기가 됐다. 인텔은 1Kbit D램의 성공 덕분에 더 높은 집적도를 갖는 다음 세대의 D램과 다양한 반도체를 개발하기 위해 필요한 자금을 축적할 수 있었다.

D램 사업에서의 고전과 철수

인텔은 세계 최초로 1Kbit D램을 출시해 초기 반도체 메모리 업계의 선두 기업으로 부상하기는 했지만, 곧이어 빠르게 성장하는 D램 시장을 두고 업체들 간에 경쟁이 치열하

"인텔과 같은 테크놀러지 기업의 핵심은 전략과 실행입니다. 1980년 초의 메모리 사업은 전략과 실행 모두가 빗나간 완벽한 예였습니다."
: 앤디 그로브 :

게 펼쳐지면서 기술 세대가 바뀔 때마다 업계의 리더는 계속 바뀌었다. 1Kbit보다 4배의 집적도를 갖는 4Kbit D램을 개발하는 과정에서 인텔은 설계를 수차례 바꾸었고, 이 사이에 모스텍Mostek이라는 기업이 1bit의 정보를 저장하기 위해 1개의 트랜지스터를 사용하는 설계를 사용, 4Kbit D램을 먼저 개발해 시장을 장악해 버렸다.

1970년대 중반부터는 5개의 일본 전자 기업들(NEC, 후지쓰, 히타치, 미쓰비시, 도시바)도 D램 개발에 뛰어들었는데, 인텔은 당시 소규모 기업에 불과했지만 이들 일본 기업은 수십 억 달러 매출 규모의 대기업들이었고, 일본 정부의 연구 개발 자금 지원을 받을 뿐만 아니라 계열 은행으로부터 장기 저리로 필요한 자금을

융자받을 수도 있는 유리한 위치에 있었다.

D램을 제조하는 공정은 매우 복잡하기 때문에 생산된 전체 칩들 중 규격을 만족시키는 양품 칩의 비율, 즉 수율을 높이는 것은 쉽지 않았다. 반도체를 개발하여 생산하기 시작한 초기에는 일반적으로 수율이 매우 낮았고, 생산을 반복하면서 문제를 파악하고 개선하는 경험을 축적해야만 높은 수율에 도달할 수 있었다. 반도체를 개발하여 많은 이익을 얻을 수 있는 기간은 경쟁이 심하지 않은 초기였기 때문에 반도체 산업에서는 얼마나 빨리 제품을 출시하고, 얼마나 빨리 수율을 개선하며, 얼마나 공격적으로 생산 용량을 확장하는지에 따라 사업의 성패가 결정되곤 했다.

일본 반도체 기업들은 대량 생산을 위한 제조 기술이 누구보다도 뛰어났고, 대부분 가전, 컴퓨터, 통신 사업을 함께 영위하고 있어 내부 수요만으로도 수율을 올리기 위해 필요한 경험을 축적할 수 있었다. 1980년대 초 미국 반도체 기업의 일반적인 D램 수율은 50~60%선에 지나지 않은 반면, 일본 기업들의 수율은 70~80%에 육박했다.

유리한 자본 조달 구조와 높은 품질을 통해 원가 우위를 확보한 일본 기업들은 제품을 한발 앞서 개발해 이익을 얻은 후 다른 기업들이 따라올 시점에는 공격적으로 가격을 인하함으로써 경쟁자들을 고사시켜 나갔다. 예를 들어 1980년 3월, 일본산 64Kbit D램의 가격은 28달러였지만, 4월에는 6달러 수준으로 급락했다.

1982년에 일본 기업들이 256Kbit D램을 출시하자 미국의 D램 산업은 완전히 초토화됐다. 일본 기업들은 64Kbit D램 세대에서는 71%, 256Kbit D램 세대에서는 92%에 달하는 시장 점유율을 차지했다.

1984년경 인텔의 D램 시장 점유율은 단지 1%에 지나지 않았고, 사업은 회복 불가능한 지경에 이르렀다. 인텔은 결국 1985년에 D램 사업에서 완전히 철수하기로 결정했다. 인텔뿐만 아니라 모토롤라, 내셔널 세미컨덕터, AMD 등도 비슷한 시기에 D램 사업을 완전히 접기로 했다. 미국의 D램 업체들 중 간신히 살아남은 기업은 작은 신생 기업 마이크론 테크놀로지와 일본에 제조 시설을 갖추었던 텍사스 인스트루먼트뿐이었다.

마이크로프로세서 사업 진출

마이크로프로세서는 주어진 명령들을 실행해 수치 연산 및 논리 연산 등을 수행함으로써 오늘날 컴퓨터의 머리에 해당하는 가장 중요한 중앙 처리 장치 역할을 담당하는 반도체 칩이다. 인텔은 D램 사업을 접을 수밖에 없었지만, 다행히도 1980년대에 접어들어 빠르게 성장하고 있는 PC 사업의 핵심 부품인 마이크로프로세서가 있었다. 일본 기업들에 밀려 D램 사업을 접어야 했던 인텔이 세계 최초로 마이크프로세서를 개발하게 된 계기를 제공한 것은 공교롭게도 일본의 한 기업이었다.

1969년경 아직 신생 기업에 불과했던 인텔은 D램 메모리 반도체의 개발이 완료될 때까지 어떻게든 매출을 올리기 위해 주문형 반도체를 제작하는 사업도 운영하고 있었다. 이 무렵, 비지콤Busicom이라는 일본의 중소기업이 탁상용 전자계산기의 부품으로 사용하기 위한 반도체 집적회로 제작을 인텔에 의뢰했다. 비지콤이 처음 제안한 구조를 검토한 인텔의 엔지니어 테드 호프Ted Hoff는 당시 개발 중이었던 인텔의 반도체 기술과 메모리 반도체를 활용하면 비지콤이 제안한 것보다 더 단순하면서도 더 다양한 용도로 사용할 수 있는 프로그래밍이 가능한 범용 계산기용 반도체 칩셋을 개발할 수 있을 것이라는 생각을 했다. 호프는 비지콤을 설득하여 메모리와 프로세서가 분리된 4개의 반도체 칩으로 구성된 구조로 된 전자계산기를 개발하기로 했다.

하지만 당시 인텔은 1Kbit D램 개발에 집중하고 있었기 때문에 예정보다

1년 정도 늦은 1971년 1월에 이르러서야 읽기전용 메모리 반도체^{ROM} 4001과 자유롭게 읽고 쓸 수 있는 메모리 반도체^{RAM} 4002, 버튼과 화면의 입출력^{I/O}을 담당하는 반도체 4003, 중앙처리장치^{CPU} 역할을 하는 최초의 마이크로프로세서 4004 칩의 개발을 완료했다.

이때 인텔이 최초로 개발한 마이크로프로세서 4004는 기본적인 사칙 연산을 하는 수준으로, 뛰어난 성능을 제공하는 마이크로프로세서는 아니었지만 프로그래밍을 통해 다양한 기능을 수행할 수 있다는 점과 당시까지는 여러 개의 반도체 부품들을 써야만 구현할 수 있었던 기능을 2,300여 개의 트랜지스터를 집적해 하나의 칩으로 만들어 냈다는 점에서 놀라운 것이었다.

인텔이 비지콤을 위해 반도체를 개발하는 사이, 샤프와 카시오 등이 전자계산기 시장을 두고 치열하게 경쟁하면서 전자계산기의 가격은 급락했고, 비지콤은 어려운 상황에 처하게 됐다. 비지콤은 개발이 연기된 대가로 인텔에 개발 용역비를 줄여 달라고 요청했는데, 인텔은 개발비 4만 달러를 깎아주는 대신 개발한 마이크로프로세서를 비지콤 이외의 기업에도 판매할 수 있는 권리를 확보했다. 인텔은 이로써 후일 주력 사업이 되는 마이크로프로세서 사업에 진출하게 됐다.

최초로 마이크로프로세서를 개발한 인텔의 기술자들은 마이크로프로세서의 활용처가 무궁무진하여 계산기뿐만 아니라 개인용 컴퓨터, 즉 PC를 만들 수도 있다는 것을 알았고, 마이크로프로세서에 기반을 둔 PC에 큰 잠재력이 있다고 보았다. 텍사스 인스트루먼트와 모토롤라도 이와 비슷한 생각을 하고, 마이크로프로세서를 개발하여 판매하기 시작했다. 그러나 인텔의 최고 경영진들은 IBM의 메인프레임이 컴퓨터 시장을 지배하고 있는 상황에서 과연 PC를 위한 시장이 있을지 확신하지 못했다. 1970년대에 마이크로프로세서는 컴퓨터보다는 주로 자동차, 신호등, 생산라인 등을 통제하는 시스템에 많이 사용됐고, 인텔이 마이크로프로세서에서 올린 수익도 미미했다.

최초의 마이크로프로세서 인텔 4004의 내부 회로(좌) 및 이 회로를 패키징하여 판매한 칩(우): 인텔은 1971년, 최초의 마이크로프로세서 4004 칩을 개발했다(©User: LucaDetomi/Wikimedia Commons/CC-BY-SA-3.0/GFDL). 2,300여 개의 트랜지스터를 집적한 4004 마이크로프로세서 회로의 배선이 3,000여 개의 트랜지스터를 집약한 1Kbit D램보다 훨씬 더 복잡하다는 것을 알 수 있다.(출처: CPU-Zone, http://www.cpu-zone.com/4004.htm)

마이크로프로세서 사업의 성장

마이크로프로세서에 기반을 둔 개인용 컴퓨터의 가능성에 대해 일찍 눈을 뜬 기업들은 주로 신생 기업들이었다. 1975년, 뉴멕시코 주에 위치한 작은 회사인 MITS가 인텔이 1974년에 출시한 8bit 마이크로프로세서 8080을 사용해 알테어 8800이라는 최초의 마이크로프로세서 기반 PC를 제작해 판매하기 시작했다. 빌 게이츠와 폴 알렌도 1975년에 알테어 8800에서 베이직이라는 프로그래밍 언어를 사용할 수 있게 하는 소프트웨어를 개발하면서 마이크로소프트를 창업했다. 캘리포니아에서는 1976년에 스티브 잡스와 스티브 워즈니악이 모스 테크놀로지라는 기업에서 만든 저렴한 마이크로프로세서를 사용해 애플 I 과 애플 II PC를 개발해 큰 성공을 거두었다.

인텔은 마이크로프로세서를 최초로 개발한 기업이었음에도 불구하고 마이크로프로세서 사업에 적극적으로 나서지 않았고, 이는 인텔 마이크로프로세서의 경쟁력 저하로 이어졌다. 인텔의 프로세서보다 훨씬 저렴한 모스 테크놀로지의 프로세서를 채택한 애플의 PC가 인기를 끌자 인텔은 비로소 마이크로

190

프로세서를 사용하는 PC 시장의 중요성을 점차 인식하기 시작했다.

인텔은 1978년에 16bit 프로세서 8086을 내놓고, 1979년에는 8086의 저렴한 버전인 8088 프로세서를 출시하며 강도 높은 마케팅 캠페인을 전개해 2,500여 건의 납품계약을 따냈다. 이때 따낸 계약 중 하나는 이후 인텔의 운명을 결정해 버렸는데, 바로 IBM이 비밀리에 개발 중인 PC에 인텔의 16bit 프로세서 8088을 납품하기로 한 것이었다.

인텔 8088 프로세서: 인텔은 1978년에 출시한 16bit 프로세서 8086의 저렴한 버전인 8088 프로세서를 1979년에 출시했는데, 이 프로세서가 IBM PC에 채용됨으로써 인텔은 세계 최대의 반도체 기업으로 성장할 수 있었다. 8086및 8088 프로세서가 공통으로 채택한 명령어 집합은 오랜 기간 동안 'x86'이라고도 부르는 인텔 프로세서의 기본이 됐다.(© Konstantin Lanzet/Wikimedia Commons/CC-BY-SA-3.0/GFDL)

1981년에 IBM이 PC를 출시하면서 PC 시장은 본격적으로 성장하기 시작했다. PC 사업에 약간 늦게 뛰어든 IBM은 빠른 시일 내에 PC를 출시하고, PC 산업의 표준이 되기 위해 개방된 구조를 채택했다. 당시까지 컴퓨터 기업들은 일반적으로 대부분의 핵심 부품을 자체적으로 개발하고 생산하는 수직 통합형의 기업들이었는데, 외부 업체들로부터 공급받은 부품들을 결합해 PC를 제조한다는 IBM의 결정은 컴퓨터 산업에 큰 구조적 변화를 가져왔다. 이후 컴퓨터 산업은 각 부품에 전문화된 기업들의 영향력이 날로 커지는 수평적 산업으로 진화해 갔던 것이다.

인텔 프로세서를 사용한 IBM PC 및 호환 PC 사업의 성장으로 인텔은 마이크로프로세서의 선두 기업으로 부상했다. IBM은 PC를 출시할 당시 충분한 물량 공급을 보장받는 것은 물론 하나의 부품 기업에 종속되지 않기를 원했고, 인텔이 다른 반도체 회사들에게도 마이크로프로세서를 제조할 수 있도록 하기를 원했다.

인텔은 IBM PC 계약을 따내기 위해 AMD, NEC, 후지쓰, 지멘스 등 무려 12개의 회사에 8086 계열 프로세서의 제조 기술을 이전해야만 했다. 이 때문에 인텔은 초기 PC 시장에서는 마이크로프로세서 시장의 단지 30%만을 점유했다. 하지만 IBM PC의 성공과 함께 위상이 높아진 인텔은 IBM의 후속 PC인 PC-AT에 채택된 16bit 프로세서 80286은 4개의 기업에만 제조 기술을 이전함으로써 시장 점유율과 이익률을 더 높일 수 있었다.

80386 프로세서 출시와 독점 체제로의 전환

1985년, 인텔은 4년의 개발 기간과 2억 달러의 개발비를 투자해 야심 차게 개발한 32bit 프로세서 80386을 출시했다. 인텔은 80386을 다른 기업이 제조하는 것을 허락하지 않고 독점적으로 생산한다는 대담한 결정을 내렸다. 인텔은 최대 고객인 IBM을 설득하기 위해 뉴멕시코 주에 공장을 추가로 건설해 안정적인 공급을 보장하겠다는 계획을 밝혔다. 하지만 그 무렵 PC 사업의 주도권을 잃어가고 있던 IBM은 높은 성능을 제공하는 80386 기반의 PC가 자신들의 중형 컴퓨터 시장을 잠식할 수도 있다고 우려했고, 80386 기반 PC의 출시를 망설였다.

"나는 비록 전략적 변곡점이 모든 구성원들에게 고통스럽기는 하지만 정체 상태에서 벗어나 한층 더 높은 성취로 도약하는 기회를 제공한다는 것도 배웠습니다."
: 앤디 그로브 :

인텔은 망설이는 IBM 대신 호환 PC 제조업계의 리더로 부상한 컴팩과 손을 잡고, 소프트웨어의 검증과 개선 등 주요 작업들을 수행했다. 덕분에 컴팩은 IBM을 제치고 최초의 80386 기반의 PC를 출시한 기업이 됐다.

당시 소비자들은 더 높은 가격을 지불하고서라도 더 나은 성능의 PC를 구입할 의사가 충분했기 때문에 386 프로세서를 채택한 PC는 출시되자마자 큰 성공을 거두었다. 컴팩이 IBM을 제치고 최초의 386 컴퓨터를 출시하고, 또 성공한 것은 PC 사업의 표준을 결정하는 주도권이 IBM이 아닌 호환 PC 업계로 완전히 넘어갔음을 보여주는 일대 사건이었다.

인텔은 386 칩의 독점적 공급자였기 때문에 가격을 통제할 수 있었다. 286 칩의 평균 판매 가격은 40달러에 불과했던 반면, 386 칩의 평균 판매 가격은 150달러로 설정함으로써 인텔은 큰 이익을 올릴 수 있었다.

80386 프로세서: 인텔은 4년의 기간과 2억 달러의 개발비를 투자해 1985년 야심작인 32bit 프로세서 80386을 출시했다. 80386의 출시와 함께 인텔은 D램 사업에서 철수하고, 다른 기업에 마이크로프로세서를 생산할 수 있는 라이선스를 주지 않고 독점적으로 생산하기로 했다. 80386 칩이 큰 성공을 거두면서 인텔은 독점적 공급자로서 가격을 통제할 수 있었고, 높은 이익을 올릴 수 있었다.(ⒸKonstantin Lanzet/Wikimedia Commons/CC-BY-SA-3.0/GFDL)

지적 재산권을 이용한 후발 주자 견제

인텔은 일본 기업들에 밀려 D램 사업을 접게 된 전철을 밟지 않기 위해 마이크로프로세서에 관한 자신의 지적 재산권을 적극적

> "편집광처럼 초긴장 상태로 항상 경계하는 자만이 경쟁에서 이긴다."
> : 앤디 그로브 :

으로 보호하려고 노력했다. D램과는 달리 마이크로프로세서 관련 지적 재산권에 관해서는 인텔이 거의 독보적인 위치에 있었을 뿐만 아니라 1980년대에는 1970년대와는 달리 지적 재산권을 보호하는 제도도 한층 강화돼 있었다.

마이크로프로세서는 다른 반도체와 달리 '마이크로코드'라는 시스템 소프

트웨어가 내장된다는 특징이 있었다. 1984년, 당시 세계 최대의 반도체 제조업체로 부상한 일본의 NEC는 인텔로부터 이전받은 8086 계열 프로세서의 기술을 면밀히 분석해 자체적으로 마이크로코드를 만든 후 앞으로는 인텔에 로열티를 지불하지 않겠다는 선언을 했다. 인텔은 NEC를 제소했고, 최종 판결은 5년이나 지난 1989년에서야 내려졌는데, 법원은 NEC의 마이크로코드가 독자적인 것이라 판단하고 NEC의 손을 들어주었다.

하지만 이때 NEC의 승소보다 더 중요한 이 판결의 의미는 마이크로코드가 독립적인 저작권 보호의 대상이 된다는 것이었다. 이 때문에 만약 경쟁자가 인텔의 마이크로코드를 그대로 사용한다면 인텔의 저작권을 침해하는 것이라는 사실이 분명해졌다. 다른 마이크로코드를 사용하면서 호환성을 유지하는 것은 복잡한 일이었기 때문에 이 판결은 인텔에 오히려 유리한 것이었고, 다른 경쟁사들에 대한 진입 장벽을 만든 것이었다.

AMD는 인텔처럼 페어차일드 반도체 출신의 인력들이 중심이 되어 인텔과 비슷한 시기인 1969년에 창업한 회사로, IBM이 PC를 개발하며 공급업체를 선정할 당시 인텔의 2차 공급자 역할을 담당해 인텔의 프로세서가 선정되는 것을 도왔고, 이 과정에서 인텔로부터 장기적인 협력 관계를 약속받은 바 있었다.

AMD는 저돌성과 집요함을 바탕으로 인텔에 이은 2위의 프로세서 기업으로 성장했는데, 인텔이 80386 프로세서를 독점 생산하기로 하면서 AMD와의 협력 관계를 파기하고 80386 프로세서를 제조할 수 있는 라이선스를 주지 않기로 하자 AMD는 인텔에 거세게 반발하며 1987년에 소송을 제기했다.

AMD는 인텔과의 소송을 일찍 끝내기를 원했지만, 이후 소송과 맞소송, 또다른 소송들로 이어지며 수백 명의 증인, 수만 건의 문서, 기록적인 증인 출석 일수 등 수년 이상 지속되는 반도체 사업 최대의 소송이 됐다. 마침내 1994년 법원은 AMD가 인텔의 386 마이크로코드를 사용할 권리를 인정한다는 AMD에 유리한 최종 판결을 내렸고, 그 후속 프로세서인 486에 대해서는 인텔에 유리한 판정이 내려졌다. 결과와 상관없이 인텔은 소송을 통해 AMD를 묶어 두는데 성공했는데, 사실 이것이 바로 소송을 확대시킨 인텔의 의도였다.

인텔과 AMD가 지리한 소송전을 벌이는 와중에 컴퓨터 산업에서는 또 다른 중요한 변화가 일어나고 있었다. 애플-IBM-모토롤라가 합작으로 인텔의 프로세서보다 성능이 더 뛰어난 파워 PC라는 프로세서를 개발해냈고, 마이크로소프트는 파워 PC 프로세서를 비롯해 인텔 프로세서 이외의 다른 프로세서에도 설치할 수 있는 윈도 NT 운영체제를 출시한 것이었다.

인텔도 1993년에 펜티엄 프로세서를 개발해 AMD에 대한 경쟁 우위를 확실히 해 둔 상태였고, 1995년경에는 인텔과 AMD 모두가 뿌리를 두고 있는 x86 계열 프로세서 시장 자체가 위협받는 것처럼 보였기 때문에 인텔과 AMD는 마침내 길고 긴 법정 공방을 끝내고 1995년에 합의를 했다. 합의 조건은 AMD가 인텔에 로열티를 지불하는 조건으로 486 프로세서를 제조하되, 486 이후의 프로세서부터는 인텔의 마이크로 코드를 사용하지 않는다는 것이었다. 이러한 합의로 말미암아 AMD는 486의 후속 모델인 펜티엄 프로세서부터는 근본적으로 다른 개발 방식을 취해야 했고, 두 회사의 프로세서는 486 프로세서 이후 세대부터는 상당히 다른 기술적 방향으로 진화하게 됐다.

인텔의 거의 유일한 경쟁자라 할 수 있었던 AMD는 인텔의 마이크로 코드를 더 이상 사용하지 못하게 된 이후, 1990년대에 인텔의 프로세서와 필적할 만한 성능의 프로세서를 내놓지 못했다. 프로세서 시장에서 독점적인 위치를 차지하게 된 인텔은 인터넷이 가져온 1990년대의 폭발적인 PC 수요 증가의 혜택을 고스란히 누릴 수 있었다.

그럼에도 불구하고 인텔은 AMD에 대한 경계와 견제를 계속 늦추지 않았다. AMD의 프로세서를 사용하는 PC 제조업체에는 가격을 낮추어주는 등과 같은 경쟁적인 가격 전략을 펼쳤고, 인텔 인사이드 캠페인과 같이 최종 사용자를 대상으로 하는 마케팅 전략도 적극적으로 펼쳐 나갔다. 펜티엄 프로세서에

MMX라는 멀티미디어 처리용 명령어 집합을 추가할 때는 AMD에 새로운 명령어 집합에 대한 정보를 비밀로 하여 AMD가 인텔의 제품이 출시되기 전까지 호환되는 제품을 개발할 수 없도록 했다.

인텔은 새로운 프로세서를 출시할 때마다 칩을 메인보드에 꽂는 부분인 소켓Socket의 구조를 소켓 7, 소켓 8, 슬롯 I, 소켓 370 규격 등으로 빠르게 변화시켜 AMD 프로세서와 차별화하고, AMD가 이를 따라오는 데 많은 시간이 걸리게 하기도 했다.

'인텔 인사이드' 마케팅 캠페인

인텔은 AMD와 같은 경쟁자들의 위협에 맞서기 위해 자신의 마이크로프로세서를 차별화하고자 다각도로 노력했다. 그중 하나가 1990년부터 시작한 인텔 인사이드Intel Inside 마케팅 캠페인으로, 이는 PC 제조업체들이 자신들의 컴퓨터를 광고할 때 '인텔 인사이드'

> "인텔은 기술, 제조, 마케팅이라는 세 발이 달린 의자와 같다. 인텔이 지금까지 잘 나갔던 것은 이 세 다리가 수평을 이뤘기 때문이다. 이 다리 중의 하나가 다른 2개보다 짧아지면 우리는 비틀거리게 된다."
>
> : 앤디 그로브 :

라는 로고를 포함하고 컴퓨터에도 동일한 로고의 스티커를 붙이면, 마케팅 비용을 일정 부분 보상해주는 프로그램이었다. 인텔은 인텔 인사이드 캠페인을 시작한 지 3년 만에 전 세계 300개 이상의 회사에 5억 달러 이상을 집행했다.

대부분 기술 지향적이었던 인텔의 고위 경영진들은 이러한 마케팅 캠페인이 단지 엄청난 돈을 낭비하는 것으로만 보기도 했다. 컴팩과 같은 주요 고객들도 인텔이 브랜드 인지도를 높이려는 시도는 자신의 브랜드 인지도를 희생시키는 것이라며 불만을 제기하기도 했다.

하지만 인텔 인사이드 캠페인은 전반적으로 매우 성공적이었다는 평가를 받았다. 인텔은 이를 통해 일반 사용자들에게 자사의 인지도를 높임과 동시에 마이크로프로세서는 다른 PC 부품과는 달리 독립적인 중요한 부품이라는 것을 교육할 수 있었다.

높은 소비자 인지도는 PC 제조업체들의 프로세서 선택에 대한 영향력을 줄여 낮은 가격을 이유로 AMD와 같은 경쟁업체의 프로세서를 채용하지 못하도록 했다. 그뿐만 아니라 광고에 소극적이었던 PC 제조업체들이 적극적으로 광고를 하기 시작하면서 PC 시장이 더욱 빠르게 성장했고, 궁극적으로 인텔이 지배하는 마이크로프로세서의 시장 규모도 빠르게 성장하게 됐다.

마이크로프로세서 구조를 둘러싼 논쟁: 리스크(RISC) vs. 시스크(CISC)

1986년에 1억 7,300만 달러의 적자를 기록했던 인텔은 80386 마이크로프로세서의 성공을 바탕으로 1987년에는 20억 달러의 매출, 2억 4,800만 달러의 순이익을 기록했다. 1989년에는 80386보다 성능이 향상된 80486 마이크로프로세서를 출시해 70%의 시장점유율을 기록하며 PC용 마이크로프로세서 시장을 지배하게 됐다. 486 프로세서의 성공으로 인텔은 1990년에는 1987년대비 2배 이상 성장한 40억 달러의 매출, 6억 5,000만 달러의 순이익을 기록했다.

인텔의 소위 x86 계열의 프로세서는 시스크(CISC: Complex Instruction Set Computing)라 부르는 구조로 설계되어 왔다. 시스크 구조의 프로세서는 다양한 명령어를 지원함으로써 소프트웨어 쪽의 부담을 덜어주는 구조였다. 그런데 1980년대 중반 이후부터 PC보다 성능이 높은 워크스테이션과 같은 컴퓨터에 주로 사용되는 프로세서는 리스크(RISC: Reduced Instruction Set Computing)라 부르는 구조를 채택하기 시작했다.

RISC 구조는 자주 사용되지 않는 명령어를 없애고 최소한의 명령어만을 지원하도록 해 구조를 단순화했기 때문에 동일한 수의 트랜지스터를 사용하고도 CISC 구조보다 높은 성능을 구현할 수 있었다. 프로세서의 성능은 여전히 PC 사용자들이 가장 목말라하는 부분이었고, RISC 구조의 프로세서가 CISC 구조의 프로세서보다 높은 성능을 제공했으므로 많은 이들이 향후 PC용 프로세서를 지배하게 될 프로세서는 CISC 구조에 기반을 둔 인텔의 프로세서가 아니라 RISC 구조의 프로세서가 될 것이라 전망하기 시작했다. RISC 구조 프로세서의 부상은 CISC 구조를 채택하고 있는 인텔의 미래를 위협하는 요소로 인식되기 시작했다.

1993년, 애플이 소위 윈텔이라고 하는 마이크로소프트의 윈도우 운영체제와 인텔의 x86 계열 프로세서를 채택한 PC에 정면으로 도전하기 위해 RISC 구조의 프로세서를 보유한 IBM, 뛰어난 대량 생산 기술을 보유한 모토롤라와 손을 잡고 파워 PC라는 이름의 RISC 구조 프로세서를 개발해 이를 출시했다. 파워 PC 프로세서는 인텔의 프로세서보다 성능이 뛰어났기 때문에 애플-IBM-모토롤라뿐만 아니라 썬 마이크로시스템 등도 파워 PC 프로세서에 기반을 둔 시스템을 출시하기 시작했고, 마이크로소프트도 파워 PC 프로세서용 윈도우 NT 운영체제를 출시했다. 파워 PC 프로세서는 RISC 구조를 바탕으로 CISC 구조의 인텔 x86 프로세서를 실질적으로 위협하는 경쟁자로 떠오르는 것처럼 보였다.

그러나 파워 PC 프로세서를 비롯한 RISC 구조의 프로세서는 CISC 기반 프로세서보다 성능이 좀 더 뛰어나기는 했지만, CISC 프로세서용으로 개발된 대부분의 PC용 소프트웨어가 작동되지 않는다는 결정적인 단점이 있었다.

이 때문에 인텔은 CISC 구조를 버리지 못한 것이었고, 대부분의 PC 사용자들도 약간의 성능 향상을 위해 이미 설치한 소프트웨어를 못 쓰게 되는 것은 원하지 않았다. 인텔은 펜티엄 프로세서부터는 외부적으로는 CISC 명령어를 받아들이되, 내부적으로는 RISC처럼 처리하여 성능을 높이는 기술을 사용했다. 따라서 펜티엄 프로세서부터는 RISC 구조 프로세서 간의 성능 차이는 더 이상

크지 않게 됐다. 이후 반도체의 집적도가 점점 높아지고 프로세서의 성능이 향상되면서 1990년대 후반 무렵에는 CISC 기반의 프로세서와 RISC 기반의 프로세서 간의 성능 차이가 무시할 수 있을 정도가 됐고, PC용 프로세서에서의 RISC와 CISC 구조에 관한 논쟁도 점차 사라졌다. 인텔은 꾸준한 혁신을 통해 PC용 프로세서 시장에서의 독보적 위치를 지켜낼 수 있었던 것이다.

펜티엄 프로세서 리콜 사태

대부분의 마이크로프로세서에는 원인을 알 수 없는 문제들이 존재했다. 1993년 출시된 펜티엄 프로세서에서도 엔지니어들은 설계상 약간의 문제가 있다는 것을 발견했다.

> "새로운 질서가 세상을 지배하고 있다. 그 질서는 우리에게 5억 달러가 넘는 대가를 요구했다."
> : 앤디 그로브 :

하지만 이러한 문제로 말미암아 실제로 계산이 잘못될 확률은 거의 없다고 판단했다. 그러나 1994년 6월, 토마스 나이슬리Thomas Nicely라는 수학 교수는 수에 관한 이론을 연구하던 중 펜티엄 칩을 사용해 나눗셈을 할 경우 드물게 오류가 발생할 수도 있음을 발견했다. 예를 들면 4195835을 3145727로 나눈 값은 1.333820…이 돼야 하는데, 초기에 출시된 일부 펜티엄 칩은 1.333739…라는 소수점 4자리 이하부터 틀린 수치를 제시했던 것이다.

나이슬리 교수는 1994년 10월 24일 인텔에 이 문제를 알렸지만, 만족스러운 응답을 받지 못했다. 그는 10월 30일 지인들에게 이러한 사실을 알리고, 확인을 해보라는 이메일을 보내기 시작했다. 나이슬리 교수의 이메일은 인터넷을 통해 빠르게 확산됐다. 11월 7일에는 〈EE 타임즈〉 지에 보도됐고, 11월 21일에는 CNN 방송을 통해 보도되면서 미디어는 펜티엄 프로세서의 문제에 대해 연일 보도하기 시작했다.

이에 대한 인텔의 초기 대응은 매끄럽지 못했다. 수학 연산을 많이 사용하는 고객에 한해서만 칩을 교환해주겠다고 발표한 것이었다. 여론은 더욱 악화됐고, 급기야 IBM이 펜티엄 칩을 사용한 모든 컴퓨터의 출하를 중지한다고 발표하기에 이르렀다. 결국 인텔은 칩 교환을 원하는 모든 고객의 요청을 받아주기로 했다. 인텔은 펜티엄 칩의 교환과 문제 해결을 위해 무려 4억 7,500만 달러를 사용했는데, 이는 당시 인텔의 1년치 연구 개발 예산 절반에 해당하는 액수였다.

인텔의 시장 창출 전략과 메인보드 사업

인텔이 1993년에 출시한 펜티엄 프로세서는 출시 초기의 리콜 사태에도 불구하고 뛰어난 성능 덕에 이전의 인텔 프로세서와 마찬가지로 큰 인기를 끌었다. 인텔은 1995년에 펜티엄 프로 프로세서를 출시했고, 얼마 지나지 않아 멀티미디어 처리 능력을 향상시키는 MMX라는 명령어 집합을 추가한 펜티엄 II 프로세서 등을 출시하며 계속해서 시장을 창출해 나갔다.

인텔의 기본적인 사업 전략은 성능이 향상된 새로운 세대의 칩을 출시하면서 기존의 칩은 저가 시장을 담당하도록 하고, 새로운 세대의 칩은 높은 가격의 프리미엄 시장을 창출하게 하는 것이었다. 1990년대 중반까지는 멀티미디어 콘텐츠와 인터넷이 확산되면서 사용자들이 더 성능이 우수한 마이크로프로세서를 계속 갈구했기 때문에 인텔이 새로운 세대의 프로세서를 출시하면 대부분의 PC 업체들은 이를 원했고, 수요는 언제나 공급을 초과했다. 새로운 기술을 적용한 신세대 칩은 일반적으로 수율이 높지 않았기 때문에 신세대 칩에 프리미엄 가격을 책정하는 것은 수요와 공급의 균형을 이루는 하나의 방법이기도 했다.

하지만 인텔이 성능이 향상된 새로운 프로세서를 출시하더라도 PC 제조업체들이 새로운 프로세서를 채용한 제품을 출시하기까지는 시간이 걸렸다. 프로세서에 맞추어 컴퓨터를 설계하는 데 시간이 걸렸기 때문이었다.

인텔이 시장을 창출하기 위해 새로운 프로세서를 내놓는 기간을 줄이면서 프로세서 출시에서부터 이를 채용한 컴퓨터가 실제로 출시되는 데까지 걸리는 시간은 점점 더 인텔의 성장을 막는 주요 요인이 되어 갔다. 인텔은 프로세서와 컴퓨터 출시 시점 간의 차이를 줄이기 위해 PC에 사용되는 부품들을 서로 연결하는 회로를 구현하는 기판인 메인보드 사업에 직접 뛰어들기로 했다.

메인보드 사업은 인텔에 있어서는 어디까지나 프로세서의 수요를 부양하는 수단이었기 때문에 사업으로 인한 이익보다는 최신의 프로세서를 지원하는 메인보드를 최대한 빨리 출시하는 것과 메인보드의 주도권을 장악해 마이크로프로세서를 제외한 다른 PC 부품들을 표준화하는 것에 초점을 두었다. 표준화를 통해 PC의 메인보드와 주요 부품들이 범용화되면, 더 많은 부품 및 컴퓨터

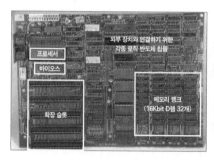

IBM이 1981년에 출시한 최초의 PC에 사용된 메인보드(좌)와 인텔의 ATX 메인보드 표준을 따른 2010년경의 메인보드(우): 인텔은 프로세서 출시와 컴퓨터 출시 사이의 간격을 줄이기 위해 직접 PC의 메인보드를 제작하는 사업에 뛰어들었고, 메인보드의 표준화에도 적극적으로 나섰다. 초기 PC의 마더보드에는 D램 같은 메모리 반도체 여러 개가 보드에 장착되고, 그래픽 카드, 하드 컨트롤러, 프린터 포트 등은 확장 슬롯에 카드를 꽂아서 연결해야 했다.
이러한 카드는 점차 메인보드에 포함되고, 하나의 칩으로 통합되어 그래픽 프로세서 및 메모리 제어 칩들은 노스브릿지라는 칩에 통합되었으며, 프린터와 디스크, USB와 네트워크 등의 연결을 담당하는 모든 반도체 칩들은 사우스브릿지에 통합됐다. 메인보드와 부품 간 인터페이스도 메모리 모듈은 DIMM, 하드디스크는 SATA, 주변 기기는 USB, 확장 카드는 PCI 등으로 표준화됐다.

업체들이 시장에 진출할 수 있을 것이고, 이들이 치열한 경쟁을 펼치면서 PC 가격이 인하되면 궁극적으로 마이크로프로세서에 대한 수요가 증가할 것이라고 계산한 것이었다. 실제로 가전 산업에는 강했지만 컴퓨터 산업에는 기반이 없던 일본의 소니는 인텔이 표준화를 이루어 놓은 덕분에 PC 시장에 수월하게 진출하여 다른 선발 PC 기업들과 어깨를 나란히 하며 경쟁할 수 있었다.

크레이그 배럿과 사업 다각화

1998년, 앤디 그로브가 건강상의 이유로 CEO에서 물러나고 후임 CEO로 크레이그 배럿Craig Barrett이 임명됐다. 배럿은 스탠포드대에서 재료공학 박사를 받은 후 스탠포드대에서 교수로 있다가 1974년 인텔에 합류한 인물로, 1993년부터는 인텔의 COO로 2인자 역할을 수행해 왔다.

배럿이 CEO로 취임할 당시인 1990년대 말에는 인터넷과 무선 통신 기술이 발달하면서 네트워크 컴퓨터, PDA, 스마트폰 등의 기기들이 PC를 대체할 것이고, PC 출하 감소 및 부품 가격 하락과 맞물려 마이크로프로세서의 매출도 감소하게 될 것이라는 예상이 지배적이었다. 실제로, 1997년경 컴팩이 최초로 1,000달러 이하의 PC를 출시하면서 PC 시장에는 가격 경쟁에 불이 붙고 있었고, 인텔의 경쟁자인 AMD는 저가의 프로세서를 판매해 이러한 저가 PC를 제조하는 것을 가능하도록 해주면서 프로세서 시장을 잠식하고 있었다.

배럿은 무어의 법칙에 충실하여 더 우수한 성능의 프로세서를 계속 출시해 나간다는 인텔의 기존 전략에 약간의 변화를 주기로 했다. 다양한 가격과 성능대를 커버하기 위해 펜티엄 프로세서 라인을 계층화하기로 한 것이다. 이에 따라 1,000달러 미만의 PC 시장 공략용으로는 셀러론Celeron, 비교적 높은 가격대의 데스크톱과 노트북 컴퓨터용으로는 펜티엄 II, 워크스테이션 및 중고가의 서버용 프로세서로는 펜티엄 II 제온Xeon 프로세서를 출시했다. 특히 제온 프로세서는 열 가지가 넘는 종류를 제공해 다양한 고성능 컴퓨터 수요에 대응하고자 했다.

배럿은 2000년대에는 PC가 아닌 휴대전화 및 네트워크 기기의 중요성이 높아질 것으로 보았다. 그는 프로세서의 계층화 전략과 함께 네트워크, 무선 통신, 온라인 서비스와 같은 새로운 시장으로도 진출하기 위해 재임 첫 3년간 외부 기업 인수와 내부 벤처 육성에 무려 120억 달러를 투자하기로 결정했다.

크레이그 배럿: 앤디 그로브의 후임으로 인텔의 CEO가 된 배럿은 인터넷 시대를 맞아 웹 호스팅, 네트워크 스위칭, 네트워크 가전, 소비자 제품 등 사업 다각화를 사업의 다각화를 모색했다. 하지만 다각화는 큰 성공을 거두지 못했고, 오히려 경쟁자 AMD가 성장할 수 있는 기회의 문을 열어주었다.(출처: 인텔)

PC용 프로세서 시장에서 AMD와의 경쟁

1990년대 말부터 AMD는 다시 인텔 프로세서의 성능에 필적할 만한 제품들을 출시하기 시작했다. 8억 달러에 인수한 넥스젠NexGen이라는 기업의 기술을 바탕으로 개발한 AMD의 K6 계열 프로세서는 1997년부터 출시돼 성능 면에서 좋은 평을 얻었다. AMD는 1990년대 말 디지털 이큅먼트의 알파 프로세서 개발에 참여했던 인력들을 대거 영입해 설계 능력을 보강했고, 첨단 구리배선 반도체 제조 기술을 보유한 모토롤라와 손을 잡고 2000년에는 인텔보다 먼저 1GHz의 동작 속도를 갖는 K7 계열의 애슬론Athlon 프로세서를 내놓기도 했다.

반면, 인텔이 1999년에 출시한 펜티엄 III 프로세서는 품질 문제로 리콜 조치가 취해지기도 했고, 제조 문제가 발생해 공급에 차질을 빚는 바람에 많은 고객들을 AMD로 넘어가게 하기도 했다. 인텔은 또 메인보드 산업에서처럼 메모리 산업에서도 표준화를 통한 범용화 및 주도권 장악을 노리고, 자신이 투자한 램버스Rambus의 RD램을 메모리 표준으로 만들고자 했지만, 개발 지연과 메모리 제조업체들의 반발로 램버스의 표준에 대한 독점적 지원 방침을 철회할 수밖에 없었다. 인텔이 다각화를 위해 의욕적으로 시작했던 새로운 벤처 사업과 기업 인수의 실적도 부진해 수십 억 달러의 손실을 보고 말았다. 인텔에 연속적으로 발생한 전략적 판단 착오와 실행 문제는 AMD에 기회의 문을 열어준 셈이 됐다.

특히 AMD가 인텔보다 먼저 1GHz 동작 속도의 프로세서를 출시한 것은 언제나 기술적인 측면에서는 AMD를 앞서 있다고 믿었던 인텔에 큰 충격을 줬다. 배럿은 취임 초부터 사업 다각화를 위해 추진했던 웹 호스팅, 네트워크 스위칭, 네트워크 가전, 소비자 제품 등의 사업들을 접고, 인텔의 기본 사업 모델과 핵심 역량에 다시 집중하기로 했다.

인텔은 다시 AMD보다 모든 기준에 있어 한 세대 이상 기술적으로 앞서는 제품을 출시하는 것에 집중해 공격적으로 개발 프로젝트를 진행하는 한편, 공정 기술의 미세화에도 많은 투자를 했다. 그 결과 인텔은 2002년경 AMD에 다시 기술적으로 한 세대 정도 앞서 나갈 수 있게 됐고, AMD의 프로세서를 가격에 민감한 소비자들이 사용하는 제품 범주로 다시 묶어 두는 데 성공했다.

그러나 다각화를 접고 다시 핵심 사업에만 집중한 결과 인텔은 2000년대에도 매출과 이익의 대부분이 마이크로프로세서에서 나오는 프로세서 의존적인 사업구조에서는 벗어나지 못했다. 인텔은 프로세서의 성능을 계속 향상시켜 나갔지만, AMD와의 경쟁이 격화되면서 프로세서의 가격은 계속 떨어졌고, 인텔의 매출과 이익의 성장률도 떨어졌다.

인텔의 노트북 컴퓨터 시장 공략: 센트리노 플랫폼

2000년대 초 데스크톱 PC용 프로세서에서는 AMD가 인텔의 무시할 수 없는 경쟁 상대로 떠올랐지만, 노트북 PC용 프로세서에서는 인텔이 2002년 시장 점유율의 89%를 차지할 정도로 압도적인 우위를 점하고 있었다. 데스크톱 PC용 프로세서에 있어 무엇보다 중요한 선택의 기준은 성능이었다. 하지만 노트북 PC용 프로세서는 성능뿐만 아니라 크기, 전력 소모, 발열, 노이즈 등 다양한 요소들이 모두 중요했다.

인텔은 빠르게 성장하는 노트북 시장 공략을 더욱 강화하기 위해 단순히 높은 동작 속도에만 초점을 두는 것이 아니라 배터리 수명, 무선 네트워킹 등 모바일 컴퓨팅 환경에서의 전반적인 기능을 잘 수행하도록 하는 것에 초점을 두기로 했다. 이를 위해 프로세서뿐만 아니라 프로세서와 메모리 및 주변 기기 등을 연결해주는 칩셋Chipset, 와이파이Wi-Fi 기반의 무선 네트워킹용 반도체 등 전체 시스템을 최적화하는 것에 중점을 두는 전략을 세웠다.

2003년, 인텔은 당시 최고 성능의 프로세서인 펜티엄 4보다 성능은 조금 떨어지지만 전력 소모는 훨씬 적은 펜티엄 M 프로세서, 프로세서와 다른 부품 및 주변 기기를 연결해주는 노스브릿지Northbridge 및 사우스브릿지Soughbridge 칩셋 '855', 그리고 '프로 2100'이라는 와이파이 네트워킹용 통신 칩을 묶어 모바일 컴퓨터를 위한 하나의 플랫폼으로 만들고, 이를 센트리노Centrino라는 브랜드로 공격적인 마케팅 캠페인을 전개했다.

PC 제조업체가 인텔의 센트리노 플랫폼에 포함된 칩들을 모두 채용할 경우 인텔은 '센트리노'라는 표시를 사용할 수 있도록 하고, 마케팅 비용을 지원해주었으며, 인텔 스스로도 센트리노 플랫폼에 대해 활발한 마케팅 활동을 펼쳤다.

인텔의 무선 네트워킹용 칩의 성능은 뛰어난 편이 아니었기 때문에 대부분의 PC 제조업체들은 인텔이 아닌 다른 기업의 칩을 사용하고 싶어 했고, 인텔이 무선 네트워킹용 칩 제조업체들을 모두 몰아내 버리고 독점적인 공급자가 되는 상황도 원하지 않았다.

그러나 센트리노 플랫폼을 채택하지 않으면 마케팅 비용을 지원받을 수 없었고, 이는 경쟁이 치열하게 전개되는 PC 시장에서 경쟁사에 마케팅으로 밀릴 수도 있다는 것을 의미했기 때문에 많은 업체들은 결국 센트리노 플랫폼을 채택했다. 인텔은 센트리노의 마케팅을 위해 3억 달러 이상을 집행했는데, 센트리노 플랫폼 전략은 매우 성공적으로 진행되어 인텔은 노트북용 프로세서뿐만 아니라 프로세서와 다른 부품들을 연결하는 칩셋 시장도 지배할 수 있게 됐다.

서버용 프로세서 시장에서 AMD와의 경쟁

1990년대 후반부터는 노트북 PC 시장과 함께 기업용 서버 시장이 급성장하기 시작했다. 원래 PC에 주로 사용되던 인텔의 프로세서는 1990년대 말에는 성능이 많이 향상되어 서버로 사용되는 고성능 컴퓨터에 필요한 작업을 수행할 수도 있게 됐다. 인텔은 1998년에 32bit 프로세서인 펜티엄 II 제온을 출시해 워크스테이션과 중형 서버 시장 진입에 성공했는데, 서버 시장의 이익은 일반 PC 시장보다 훨씬 높아서 펜티엄 II 제온 프로세서도 PC용 펜티엄 프로세서보다 10배 가까이 높은 가격에 판매됐다.

인텔은 제온 프로세서로 기업용 서버 시장에 진출하기는 했지만, 기업용 서버 시장의 지배자는 IBM, 썬 마이크로시스템, HP 등과 같은 기업들이었다. 인텔이 이들과 경쟁하기 위해서는 64bit 프로세서를 내놓을 필요가 있었다. 32bit 프로세서는 사용할 수 있는 메모리 주소가 한정돼 있어서 최대 4GB의 메모리만을 사용할 수 있다는 한계가 있었던 반면, 64bit 프로세서는 더 많은 메모리를 사용할 수 있어 데이터베이스 등에서 대용량 데이터를 처리하는 데 훨씬 유리했기 때문이었다.

펜티엄 프로세서는 이전 버전과의 호환성을 제공하기 위해 기존의 구조를 흔들지 않으면서도 여러 기능을 추가해 왔기 때문에 구조가 매우 복잡해져 있었다. 따라서 인텔은 1994년경 64bit 프로세서를 완전히 새로 개발하기로 했고, 이에 따른 위험을 줄이기 위해 고성능 프로세서 기술을 보유한 HP와 공동 개발하기로 했다. HP와의 공동 개발이 성공한다면 인텔의 64bit 프로세서는 HP의 HP-PA 프로세서와도 호환될 것이므로 기업용 시장에 본격적으로 진출하려는 인텔이나 IBM 및 썬 마이크로시스템에 밀리고 있던 HP 모두에게 도움이 될 수 있었다. 하지만 CISC 구조의 인텔 x86 계열 프로세서와 RISC 구조의 HP-PA 프로세서처럼 극단적으로 다른 2개의 구조를 통합하면서도 호환성을 유지하는 것은 유례없이 복잡한 작업이었다. 이 때문에 인텔의 64bit 프로세서 개발은 예정보다 3년가량이나 늦어졌다.

2001년에 출시된 인텔의 64bit 프로세서 아이태니엄Itanium의 가격은 32bit 프로세서인 제온보다 200~300달러나 더 비쌌지만, 아이태니엄 프로세서는 64bit 소프트웨어에 최적화됐기 때문에 32bit 프로세서용 소프트웨어의 구동 속도는 오히려 32bit 프로세서 제온보다 느렸다. 아이태니엄이 32bit용 소프트웨어를 구동하기 위해서는 한 단계 더 계산을 거치는 호환 모드를 사용해야 했기 때문이었다. 아이태니엄의 장점을 온전히 활용하기 위해서는 64bit용으로 개발된 소프트웨어를 사용해야 했는데, 점유율이 미약한 인텔의 아이태니엄 프로세서를 위해 기존의 소프트웨어를 다시 개발하는 소프트웨어 업체는 거의 없었다.

AMD도 기업용 시장을 공략하기 위해 2003년에 옵테론Opteron이라는 64bit 프로세서를 출시했다. 옵테론은 기본적으로 32bit 모드로 동작하되, 더 확장된 주소를 사용할 때에만 64bit용 모드를 활용하도록 함으로써 인텔과는 달리

32bit 소프트웨어를 더 빨리 구동할 수 있는 64bit 프로세서였다. 인텔이 아이태니엄으로 고성능 서버 시장에만 초점을 두는 동안 AMD는 기존의 프로그램을 더 빨리 실행하고, 64bit로 가는 중간 단계를 갖고자 하는 고객들을 흡수한 것이었다. AMD의 이러한 전략은 성과를 거두어 2005년 말, 서버용 프로세서 시장에서의 점유율을 30%까지 높였다.

인텔은 AMD 옵테론 프로세서의 성공을 큰 위협으로 보았다. 서버용 프로세서 부문에서 이뤄낸 혁신과 명성은 하위 단계인 데스크톱 PC용 프로세서로도 내려갈 수 있었기 때문이었다. 실제로 AMD는 옵테론과 동일한 64bit 설계를 사용한 데스크톱 PC용 프로세서인 '애슬론Athlon 64'를 출시해 PC용 프로세서 시장에서도 인텔을 위협하기 시작했다.

2006년 8월에는 창립 이래 인텔의 프로세서만을 독점적으로 사용하던 델마저도 자사의 데스크톱 PC에 AMD의 마이크로프로세서를 사용하기 시작할 것이라고 발표하는 사건이 일어났다. AMD는 2006년에 접어들어 서버와 데스크톱을 포괄한 전체 x86 계열 프로세서 점유율 20%를 넘어섰다.

폴 오텔리니 체제와 멀티 코어 전략

인텔은 20여 년 간 마이크로프로세서 시장을 압도적으로 지배해 왔지만, 드디어 인텔과 AMD 간에 경쟁다운 경쟁이 펼쳐지려는 듯 보였다. 이러한 위기 속에서 크레이그 배럿은 2005년 CEO에서 물러나 회장으로서 장기적인 방향과 사업 개발에 집중하기로 하고, 1974년 인텔에 입사해 30년 이상 주로 마케팅을 담당해 왔던 폴 오텔리니Paul Otellini가 후임CEO로 임명됐다. 오텔리니는 와이맥스WiMax 같은 통신용 반도체로 사업을 확장하겠다는 비전도 제시했지만, 오랜 경쟁자인 AMD에 대해서는 공격적인 가격 인하와 앞선 기술을 먼저 개발하기 위한 엄청난 연구 개발 투자라는 전통적 전략으로 대응했다. 출혈을 무릅쓴 치열한 경쟁 끝에 2006년 말 무렵 인텔은 90%에 육박하는 시장 점유율을 되찾았다. 하지만 인텔과 AMD 모두 이익과 주가는 하락하고 말았다.

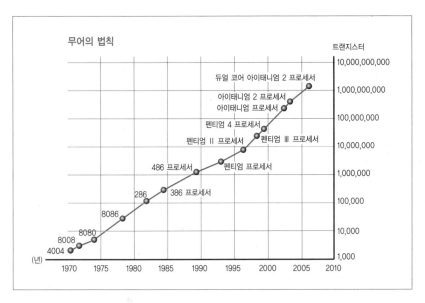

무어의 법칙과 인텔의 프로세서: 인텔의 공동 창업자 고든 무어는 페어차일드에서 일하던 시절인 1965년에 1년마다 반도체의 집적도가 2배씩 증가할 것이라 예상했고, 1975년에는 이 예상을 18개월마다 2배씩 증가한다는 것으로 수정했다. 인텔은 창업 초기부터 무어의 법칙이라 불린 이 일정에 충실하게 집적도를 높인 신제품을 출시해 나갔는데, 1970~2010년의 40년 기간 동안 집적도는 약 100만 배, 즉 약 2²⁰배가 높아져서 실제 2년마다 2배씩 집적도가 향상된 셈이었다.(자료 출처: 인텔)

인텔은 최초의 IBM PC에 채용된 8088 프로세서에서 펜티엄 4 프로세서에 이르기까지 18~24개월마다 프로세서에 집적된 트랜지스터의 수를 2배씩 늘려 성능을 2배 향상시키고, 성능대비 가격은 절반으로 만든다는, 소위 무어의 법칙에 따라 트랜지스터의 크기를 줄여 집적도를 높이고, 줄어든 전자의 이동거리를 바탕으로 더 높은 동작 속도를 이룩해 성능을 향상시키는 방향으로 기술 혁신의 큰 방향을 잡아왔다. 이를 실현하는 과정에서 인텔이 보유하게 된 설계 및 제조 능력은 대부분의 반도체 기업들이 프로세서 시장에 진입할 생각조차 못하도록 하는 진입 장벽이 됐다.

하지만 이러한 혁신 방식에 점차 한계가 다가왔다. 2004년 초 인텔은 당시로는 매우 진보한 미세 공정인 0.09마이크로미터, 즉 90나노미터 공정 기술에 기반을 둔 프레스콧Prescott 펜티엄 4 프로세서를 출시했는데, 이 펜티엄 4 프로세서의 동작 속도는 3.8GHz까지 높아졌지만, 이전 세대의 프로세서보다 40%나 더 많은 전력을 소모했고, 그만큼 더 많은 열이 발생했다. 전문가들은 5GHz 이상으로 동작 속도를 높이게 되면 프로세서에서 발생하는 열이 통제 불가능할 정도에 이를 것으로 예상했다.

인텔은 한계에 다다른 동작 속도 향상에 전념하기보다는 2개 이상의 마이크로프로세서를 하나의 실리콘 칩 위에 구현하는 멀티코어 기술에 주목했다. 멀티코어 프로세서는 복수의 프로세서들을 하나의 칩상에 구현한 프로세서로, 병렬 처리를 통해 동작 속도를 높이지 않고도 사용 시에 실질적인 성능 개선을 이룰 수 있는 방안이었다. 더욱이 마이크로소프트는 이미 윈도우 운영체제가 다중 프로세서를 지원할 수 있도록 구현해 놓은 상태였기 때문에 여러 개의 프로세서를 하나의 칩에 구현한 멀티코어 프로세서는 인텔이 별다른 소프트웨어적 노력 없이도 큰 폭의 성능 개선을 이룰 수 있는 매력적인 방안이었다.

인텔은 펜티엄 4 개발 시 사용한 전력 소모와 발열이 큰 프레스콧 디자인을 포기하고, 전력 소비가 적어 노트북 PC에 널리 사용되던 펜티엄 M 프로세서의 구조에 기반을 둔 2개의 프로세서를 하나의 칩에 구현한 멀티코어 프로세서를 개발했다. 1993년부터 사용해 온 펜티엄이라는 브랜드도 2006년에 폐기하고, 코어Core라는 새로운 브랜드를 내세웠다. 인텔은 이후 코어2(듀오/쿼드), 코어 i 시리즈(i3/i5/i7) 등 멀티코어 프로세서를 중심으로 다양한 가격대와 성능대를 공략해 나갔다. 인텔의 멀티코어 프로세서 전략은 마이크로프로세서를 둘러싼 경쟁이 단지 더 많은 수의 트랜지스터를 집적하고 명목상의 동작 속도를 높이는 중심에서 벗어나 사용 시에 실질적으로 향상된 성능을 제공할 수 있는 구조에 집중하는 것으로 변화했음을 의미했다.

혁신의 가속화: '틱-톡' 혁신 전략

2007년경부터 인텔은 멀티 코어 구조로의 전환에 발맞추어 '틱-톡Tic-Toc'이라는 혁신 모델을 전략으로 채택하기 시작했다. '틱Tic'은 더 미세한 공정 기술을 도입해 트랜지스터의 크기를 줄임으로써 성능 향상과 원가 절감 효과를 얻는 혁신을 말하는 것이고, '톡Toc'은 프로세서의 구조를 근본적으로 변경해 기능을 개선 또는 추가함으로써 실제 사용 시 성능을 높이는 혁신을 말하는 것이었다.

인텔이 코어 프로세서의 구조를 변경해 2007년 코어 2 프로세서를 출시한 것은 톡Toc에 해당했고, 이후 코어 2 프로세서의 구조를 크게 변경하지 않은 상태에서 2008년에 더 미세한 45나노미터 공정 기술을 도입한 것은 틱Tic에 해당했다. 2009년에 네할렘Nehalem이라는 이름의 새로운 구조에 기반을 둔 코어 i 시리즈 프로세서를 출시한 것은 톡Toc이었고, 2010년에 32나노미터 공정 기술을 도입한 것은 틱Tic이었다. 2011년 샌디브릿지Sandy Bridge라는 새로운 구조의 프로세서를 2세대 코어 i 시리즈 브랜드로 출시한 것은 다시 톡Toc이었다.

폴 오텔리니: 2005년 배럿의 후임으로 CEO가 된 오텔리니는 마케팅 전문가였다. 그는 무어의 법칙에 충실한 기존 전략 대신 공정 기술과 프로세서의 구조를 번갈아 가며 개선해 1년 주기로 혁신적인 제품을 출시하는 소위 '틱-톡' 혁신 전략을 통해 혁신을 가속화했다. 또한 급성장하는 모바일 기기용 프로세서 시장을 공략하기 위해 아톰 프로세서를 출시했다.(출처: 인텔)

인텔의 틱-톡 전략은 무어의 법칙에 따라 2년 주기로 공정 개선을 이룩하되, 이를 2년 주기의 구조 개선과 시점을 서로 엇갈리게 함으로써 결과적으로는 매년 혁신적인 제품을 출시한다는 전략이었다. 다시 말하면, 혁신의 초점을 집적도와 명목상의 동작 속도를 높이는 것에서 사용 시의 실질적인 성능 향상을 위한 설계와 공정 기술 개선에 맞추고, 제품 혁신의 주기를 줄임으로써 기술 혁신을 중심으로 하는 전통적인 전략을 더욱 가속화한 전략이라 볼 수 있었다.

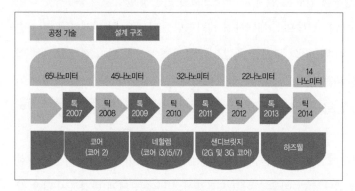

인텔의 '틱-톡' 혁신 전략: 인텔은 무어의 법칙에 따라 2년마다 공정 기술을 혁신하여 집적도를 높이는 것에 더하여 2년마다 구조를 혁신하되, '틱-톡' 전략에 따라 공정 혁신과 구조 혁신의 주기를 엇갈리기 만듦으로써 실질적인 제품 혁신의 주기를 1년으로 단축하는 혁신 전략을 실행해 나갔다.

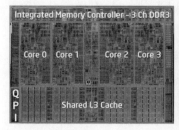
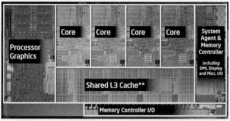

네할렘(좌)과 샌디브릿지(우) 회로 구조의 비교: 인텔은 틱-톡 혁신 전략에 따라 2년마다 프로세서의 구조를 바꾸었는데, 2009년에 출시한 코어 i 시리즈는 네할렘 구조에 기반을 두었고, 2011년에 출시한 2세대 코어 i 시리즈는 샌디브릿지 구조에 기반을 두었다. 네할렘 구조는 별도 칩에 구현해 왔던 메모리 컨트롤러 회로를 프로세서 내에 통합했고, 샌디브릿지 구조는 이에 그래픽 프로세서를 추가해 프로세서와 메모리 및 GPU를 연결하는 노스브릿지라 부르던 칩셋을 완전히 통합했다.

모바일 기기용 저전력 프로세서: 아톰

2007년 애플이 출시한 아이폰은 스마트폰 시장을 급성장시켰고, 그해 연말 대만의 아수스Asus가 출시한 EeePC는 넷북 컴퓨터 시장을 열었다. PC의 성장은 2000년대 후반에 접어들어 정체되고 있던 반면, 스마트폰과 넷북, 그리고 태블릿 PC와 전자책 등 뛰어난 이동성과 인터넷 접근성을 제공하는 모바일 인터넷 기기MID는 계속 급성장할 것으로 전망되고 있었다. 인텔도 모바일 인터넷 기기 시장을 겨냥해 2008년 아톰Atom이라는 프로세서를 출시했다. 아톰 프로세서는 PC용 프로세서처럼 높은 성능을 내지는 못했지만, 크기가 작고 전력 소모가 적어서 휴대용 소형 기기에는 더 적합했다. 인텔은 아톰 프로세서를 개발하면서 필요한 부분 이외의 회로는 과감히 제거함으로써 프로세서의 크기를 줄임과 동시에 가격도 대폭 낮췄다.

아톰 프로세서의 경쟁 상대는 AMD의 프로세서가 아닌 영국 암ARM의 기술에 기반을 둔 여러 업체들의 모바일 기기용 프로세서들이었다. ARM은 직접 반도체를 제조하거나 판매하는 업체는 아니었지만, 다른 반도체 업체들이 프로세서를 쉽게 설계하고 제조할 수 있도록 해주는 IP 코어라 부르는 핵심적인 회로를 설계하고 프로세서에 필요한 시스템 소프트웨어를 제작하여 라이선싱하는 독특한 사업 모델을 가진 기업이었다.

텍사스 인스트루먼트, 삼성, 퀄컴 등 수백 개의 반도체 기업들이 ARM으로부터 기술을 라이선싱하여 프로세서를 제작하고 있었고, ARM의 기술에 기반을 둔 프로세서는 전 세계 거의 모든 휴대전화와 아이팟과 같은 휴대용 멀티미디어 플레이어, 게임기, 셋톱박스, 이더넷, 와이파이 같은 무선 통신 장비, 각종 산업용 기기 등에 사용되고 있었다. ARM이 설계한 프로세서는 인텔의 프로세서보다 성능 면에서는 뒤떨어졌지만, 전력 소모가 적어서 모바일 기기나 소형 기기에는 더 적합했기 때문이었다.

인텔은 아톰 프로세서에 당시로는 최첨단인 45나노미터 공정 기술을 사용하고, 최소의 기능만을 구현함으로써 PC용 프로세서보다 전력 소모를 대폭 줄일 수 있었다. 하지만 인텔의 다른 프로세서들과의 호환을 위해 아톰 프로세서도 CISC 구조를 채택하고 있었기 때문에 RISC 구조를 가진 ARM 기반의 프로세서보다는 전력 소모가 많을 수밖에 없었다. 하지만 동시에 이는 아톰의 가장 큰 장점일 수도 있었다. 인텔의 전통적인 CISC 구조 명령어들을 지원하여 PC용 응용 프로그램들을 구동할 수 있었기 때문이다.

인텔은 일단 아톰 프로세서의 응용처를 스마트폰보다는 넷북에 맞췄고, 아수스의 EeePC, HP의 미니 시리즈, 소니의 바이오-M, 삼성의 NC10, LG의 X 시리즈 등 많은 유력 기업들이 넷북 컴퓨터의 프로세서로 아톰을 사용했다. 이후 더 미세한 32나노미터의 공정 기술을 적용해 스마트폰에 적용해도 무리가 없을 정도로 전력 소모가 적으면서도 성능이 뛰어나고 다양한 응용 프로그램을 지원하는 차세대 아톰 프로세서를 출시할 계획을 세웠다.

모바일 기기 시대의 전략

모바일 기기용 반도체의 추세는 다른 기능을 수행하는 별개의 반도체 칩들을 하나의 칩으로 합쳐서 시스템-온-칩SoC을 구현하는 것이었다. 특히 통신을 담당하는 모뎀 칩을 전문으로 했던 퀄컴이 2006년 자신의 모뎀 칩과 ARM의 프로세서를 통합한 스냅드래곤Snapdragon이라는 시스템-온-칩을 출시한 이후 계산을 수행하는 프로세서와 무선 통신을 담당하는 모뎀 칩을 하나의 칩으로 통합하는 것은 모바일 기기용 반도체의 핵심적인 경쟁 전략으로 부상했다.

인텔은 모바일 프로세서 기술과 와이파이 및 와이맥스용 통신 칩 기술은 보유하고 있었지만, 3세대 이동통신용 모뎀 칩을 개발하기 위한 기술과 특허권

아톰 프로세서: 인텔이 모바일 기기용으로 출시한 아톰 프로세서는 1센트짜리 동전보다도 크기가 작았고, 전력 소비도 적어 넷북 등의 모바일 기기에 많이 채용됐다. 인텔은 아톰의 전력 소모를 더욱 줄여 스마트폰에도 사용할 수 있는 프로세서로 만들고자 했다. 인텔은 또 아톰 프로세서의 회로를 처음으로 개방하여 다른 기업들도 아톰 프로세서를 바탕으로 다양한 형태의 시스템-온-칩SoC을 제작할 수 있도록 했다.(ⓒUser: Bundesstefan/Wikimedia Commons/CC-BY-SA-3.0/GFDL)

사용 라이선스는 보유하고 있지 않았다.

이 때문에 인텔은 퀄컴처럼 아톰 프로세서와 모뎀 칩을 하나로 묶은 시스템-온-칩을 내놓을 수 없었다. 2010년 8월, 인텔은 독일의 반도체 회사인 인피니온Infineon의 무선 사업 부분을 14억 달러에 인수해 일거에 3세대 이동통신용 모뎀 칩 시장에 진출함과 동시에 향후 모뎀과 프로세서를 통합한 반도체 칩을 개발할 수 있는 기반을 마련했다.

인텔은 프로세서의 경쟁력은 운영체제의 경쟁력에 달려 있다는 점을 잘 알고 있었기 때문에 PC 시장의 초창기부터 마이크로소프트와 밀접한 협력 관계를 맺으며 성장해 왔다. 그런데 마이크로소프트는 PC용 운영체제에 있어서는 여전히 독보적인 위치를 차지하고 있었지만, 모바일 기기용 운영체제에서는 애플이나 구글이 제공하는 운영체제에 밀리는 형편이었다.

인텔은 아톰 프로세서가 모바일 분야의 경쟁력이 약한 마이크로소프트의 운영체제에 종속되는 것을 원하지 않았다. 이 때문에 오픈 소스 운영체제인 리눅스를 아톰 프로세서에 최적화되도록 수정한 모블린Moblin이라는 운영체제를 자체적으로 개발하기도 했다. 또 다른 한편으로는 PC용 마이크로프로세서 사업에서 마이크로소프트가 그랬던 것처럼 유력한 모바일 운영체제로 떠오르는 안드로이드 운영체제를 가진 구글과 긴밀한 협력 관계를 구축하고자 노력하기도 했다.

인텔은 휴대전화 시장의 강자인 노키아와도 손을 잡고, 자신이 개발한 모블린과 노키아가 스마트폰용 운영체제로 개발해 오던 마에모Maemo를 합쳐 미고 MeeGo라는 운영체제를 만들기로 하고 2010년에 최초 버전을 공개했다.

하지만 이후 인텔이 안드로이드 진영과의 협력을 강화하고, 노키아도 이후 마이크로소프트와 제휴를 강화해 윈도우 폰 운영체제를 전폭적으로 지지하기로 하면서 미고의 위치는 불명확해져 버렸다. 하지만 미고는 리눅스에 기반을 둔 운영체제였으므로 리눅스 재단이 모바일 기기용 오픈 소스 소프트웨어로서 계속 관리해 나가기로 했다.

퀄컴

세계 1위 팹리스 반도체 기업, 이동통신용 모뎀 칩 1위

1980년대에 벤처기업으로 시작한 퀄컴은 상용화가 어려울 것으로 보였던
CDMA 기술을 고집스럽게 발전시켜 나가며, 디지털 이동통신 기술의 발달과
표준 제정에 깊숙이 개입해 왔다. 창업 초기부터 한국과 밀접한 관계를 맺어왔고,
현재 이동통신 업계에서 매우 중요한 위치를 차지하고 있는
퀄컴의 역사를 살펴보면, 이동통신 기술 및 표준의 진화뿐만 아니라
한국 이동통신 산업의 역사에 대해서도 알 수 있게 된다.
제조보다는 연구 개발에 역점을 두고, 지적 재산권을 중요 자산으로 삼는 퀄컴은
현대 지식 기반 기업의 일면을 보여주는 흥미로운 경영 사례이다.

**강한 자가
아니라
적응하는 자가
살아남는다**

QUALCOMM

퀄컴 경영 현황 (2011년 9월 말 기준)

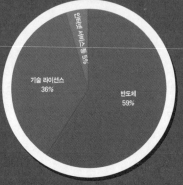

총자산: 364억 달러
연간 매출액: 150억 달러

영업 이익: 50억 달러
(매출대비 34%, 자산대비 14%)
순이익: 43억 달러

(원형 그래프 내)
라이선스 서비스 등 5%
기술 라이선스 36%
반도체 59%

주요 연표

1985
어윈 제이컵스, 대학 동창인
앤드류 비터비와 함께 퀄컴 창업

1988
트럭 운송 기업들을 중심으로 옴니트랙스 서비스 시작

1992
퀄컴, 한국 정부와 기술 이전 협약

1993
퀄컴의 CDMA 방식 표준이 미국의 이동통신 표준 중
하나로 채택됨.

1995
홍콩에서 세계 최초로 CDMA 상용화 성공

1996
한국에서 국가 단위로는 최초로 CDMA 상용화 성공

1999
퀄컴과 에릭슨 간 특허 침해 소송 종결. 퀄컴의 장비
사업 부문을 에릭슨에 매각

2000
퀄컴, 단말기 사업 부문을 교세라에 매각

2005
창업자 어윈 제이컵스의 아들 폴 제이컵스, CEO 취임

2006
모뎀과 프로세서를 합친 시스템-온-칩
반도체인 스냅드래곤 출시

2007
퀄컴과 노키아 간 로열티 소송을 합의로 종결

2008
퀄컴과 브로드컴 간 특허권 침해 소송을 합의로 종결

2011
무선랜(와이파이) 칩 부문의 강자인 아테로스 인수
(31억 달러)

QUALCOMM

초기의 이동통신 기술

초기의 이동통신은 통화를 원하는 2대의 단말기에 독점적으로 주파수를 할당하고, 도시 중심에 설치된 대형 안테나와 단말기가 할당된 주파수를 사용해 송수신하는 방식으로 이루어졌다. 하지만 문제는 이동통화를 위해 쓸 수 있는 주파수 대역은 한정되어 있다는 것이었다.

개별 통화마다 주파수를 독점적으로 할당하게 되면, 이동통신용으로 할당된 한정된 주파수 대역으로 도시 전체에서 동시에 가능한 무선 통화 숫자는 얼마되지 않았다. 또한 멀리는 수십 km까지 떨어져 있는 도시의 중심 안테나까지 신호를 송수신할 수 있어야 했기 때문에 사용자의 단말기는 크기도 컸고, 전력도 많이 소모했다. 하지만 이동통신 초기에는 단말기 가격이 매우 높았기 때문에 무선 통화에 대한 수요는 그리 많지 않았고, 이 때문에 중심 안테나를 통한 이동통신의 단점도 크게 문제되지는 않았다.

1947년, 미국의 전화회사 AT&T 산하의 벨 연구소 과학자들은 한정된 무선통신 주파수를 사용해 더 많은 통화를 가능하게 하는 혁신적인 아이디어를 생각해냈다. 이는 도시 중심에 하나의 대형 안테나를 설치하는 대신, 도시를 셀Cell이라 부르는 소규모 구역들로 나누고 각 셀의 중심에 기지국Base Station이라는 해당 셀 내에 위치한 단말기들과만 송수신하는 소규모 안테나를 설치하는 것이었다.

각 셀에 설치된 기지국들을 유선으로 연결하면, 서로 다른 셀에 위치한 단말기라 할지라도 무선 통화를 할 수 있었다. 이러한 방식은 전체 구역을 셀이라는 작은 구역들로 나누었기 때문에 셀룰러Cellular 방식이라 불렸는데, 동일한 주파수를 여러 셀에서 동시에 사용할 수 있으므로 이동통신용으로 할당된 한정된 주파수로 더 많은 수의 동시 통화를 가능하게 하는 획기적인 방식이었다. 단말기가 가까운 거리에 위치한 기지국과 통신하므로 송수신에 필요한 전력을 줄일 수 있어서 단말기의 크기를 줄일 수 있고, 한 번의 충전으로 오랜 시간 동안 통화를 할 수 있게 된다는 것도 큰 장점이었다.

셀룰러 방식 무선 통신의 가장 큰 난제는 사용자가 통화 도중 한 셀에서 다른 셀로 이동할 때, 각 셀을 담당하는 기지국 간의 전환이 매끄럽게 수행되지 않으면 통화가 끊어지게 된다는 것이었다. 이 때문에 셀룰러 방식의 상용화는 쉽지 않았고, 최초의 실증도 셀룰러 방식이 고안된 지 20년 이상이 지난 1969년에서야 이루어졌다. 벨 연구소의 과학자들은 뉴욕과 워싱턴 D.C 사이를 운행하는 열차 내에서 외부와 통화할 수 있도록 하는 셀룰러 방식 이동통신 서비스를 구현했는데, 난제였던 기지국 간의 전환은 열차 선로에 스위치를 설치해 열차가 셀의 경계를 지나갈 때 스위치를 누르게 하는 물리적인 방법으로 구현할 수밖에 없었다.

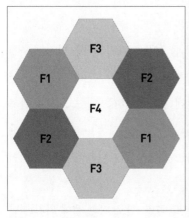 

셀룰러 방식 이동통신에서의 셀 구조 (좌), 셀의 중심에 설치된 기지국(우): 셀룰러 방식 이동통신에서는 전체 구역을 셀로 나누고, 각 셀의 중심에 설치된 기지국과 셀 내에 위치한 단말기들이 해당 셀에 할당된 고유한 주파수를 통해 신호를 송수신한다. 셀룰러 구조에서는 그림에서와 같이 같은 동일한 주파수(그림의 F1, F2, F3)를 여러 셀에서 간섭 없이 동시에 사용할 수 있다.

1세대 이동통신: 아날로그

셀룰러 방식 무선 통화 시스템을 최초로 상용화한 것은 미국이 아니라 일본이었다. 일본의 국유 통신회사인 NTT는 도쿄에 셀룰러 방식 이동통신 시스템을 구현해 1979년 12월부터 서비스를 개시했다. 곧이어 북유럽 국가들인 스웨덴, 노르웨이, 덴마크, 핀란드의 국유 통신사들도 연합해 1981년부터 NMT^{Nordic Mobile Telephone}라는 이동통신 서비스를 시작했다. 이 NMT의 시스템 개발에 중요한 역할을 담당한 회사가 후일 이동통신 장비 시장의 강자로 부상하는 스웨덴의 에릭슨과 휴대전화 시장의 강자로 등장하게 된 핀란드의 노키아였다. 에릭슨은 NMT 기지국과 통신 시스템을, 노키아는 최초의 NMT 단말기를 개발하여 공급했다.

셀룰러 방식을 발명한 미국에서 셀룰러 방식 이동통신 서비스가 지연된 것은 미국의 독점적인 통신 서비스 업체였던 AT&T가 반독점 소송에 휘말려 있었기 때문이었다. 미국 법무성은 통신 산업에서의 경쟁을 유도하기 위해 AT&T를 여러 자회사로 분할하는 조치를 취하도록 했고, 이것이 완료된 1983년에서야 미국에서는 AMPS^{Advanced Mobile Phone Service}라는 이름으로 셀룰러 방식 이동통신 서비스가 상용화됐다. AMPS 서비스에 통신 장비와 휴대전화를 공급한 회사는 모토롤라였다. 당시 모토롤라의 이동통신 단말기는 벽돌만 한 크기에 무게도 1kg이나 됐고, 가격도 3,995달러로 매우 높았다. 그럼에도 불구하고 미국 전역의 AMPS 서비스 가입자 수는 서비스를 개시한 지 2년 만인 1985년에 20만 명을 넘을 정도로 인기가 있었다.

모토롤라는 기술 혁신으로 단말기의 성능을 높였고, 대량 생산으로 단말기 가격을 낮추면서 제품 리더십을 유지해 나갔다. AMPS 방식의 셀룰러 이동통신 시스템이 남아메리카와 영국 등에 널리 채택되면서 이후 10년 이상 전 세계 이동통신 장비와 단말기 산업에서 독보적인 선두 자리를 지킬 수 있었다.

2세대 이동통신: 디지털

AMPS나 NMT 같은 1세대 이동통신 방식은 전체 지역을 셀로 구획하여 동일한 주파수를 여러 셀에서 동시에 사용할 수 있도록 했지만, 단말기와 기지국 안테나 간의 송수신은 여전히 개별 통화마다 하나의 주파수 슬롯을 독점적으로 할당하는 방식으로 이루어졌다.

각국 정부는 일반적으로 800~900MHz에 이르는 100MHz 정도의 주파수 대역을 이동통신용으로 할당했다. 그런데 하나의 통화를 위해서는 송신을 위해 30kHz, 수신을 위해 30kHz, 이렇게 도합 60kHz의 주파수 영역이 최소한 필요했고, 통화 간 간섭을 막기 위한 완충 주파수도 필요했다. 따라서 이동통신에 할당된 100MHz의 주파수를 사용해 동시에 연결할 수 있는 통화의 숫자는 한정될 수밖에 없었다.

이동통신에 대한 수요가 점점 증가하면서 선진국의 이동통신 네트워크의 용량은 1980년대 말경에 이미 포화 상태에 이르렀다. 통신 사업자가 통화 용량을 늘리기 위해서는 기지국을 더 많이 설치하고, 전체 구역을 좀 더 작은 셀로 촘촘히 구획하여 주파수 효율을 높여야만 했다. 하지만 새로운 기지국을 설치하는 데에는 많은 비용이 들었고, 무엇보다 이는 향후 더욱 증가할 것으로 예상되는 수요에 대처할 수 있는 근본적인 방안은 아니었다.

이에 따라 휴대전화와 기지국 안테나 간 아날로그 방식으로 송수신되던 신호를 디지털화한 후 압축과 분할 같은 디지털 신호 처리 기법을 사용해 동일한 주파수로 더 많은 통화를 가능하게 만드는 새로운 방식이 모색되기에 이르렀다. 이러한 방식은 신호의 전송 방식을 아날로그에서 디지털로 바꾼다는 점에서 이전 방식과는 확연히 차별화됐기 때문에 2세대 이동통신 또는 디지털 이동통신이라 불렸다.

2세대 이동통신의 디지털 신호 전송 방식으로서 일찍부터 연구된 것은 '시분할 다중접속', 즉 TDMA Time Division Multiple Access 방식이었다. TDMA 방식은 아날로그 방식에서 한 통화에 할당하는 주파수 슬롯으로 전송할 수 있는 데이터의 양이 가령 초당 '100'이라면, 신호를 디지털화한 후 초당 '30' 정도의 데이터로 압축해 3개의 통화 데이터를 하나의 주파수 슬롯을 통해 조금씩 번갈아 전송함으로써 아날로그 방식으로는 하나의 통화만 가능했던 주파수 슬롯 하나로 3개의 통화가 가능하도록 하는 방식이었다. TDMA는 이렇게 여러 통화에 필요한 신호를 조금씩 번갈아 전송한다는 점에서 시간을 분할한다는 의미의 '시분할 다중접속', 즉 TDMA라는 명칭이 붙게 됐다.

디지털 이동통신을 가장 발 빠르게 추진한 것은 유럽이었다. 유럽 국가들은 1982년부터 디지털 이동통신 방식의 표준 수립에 착수했고, 이동통신 수요가 급증하기 이전인 1987년경에 이미 TDMA 방식에 기반을 둔 GSM 방식을 표준으로 정했다. TDMA에 기반을 둔 GSM 표준에서는 대략 3개의 통화에 필요한 데이터를 하나의 주파수 슬롯에 조금씩 나누어 전송함으로써 기존의 아날로그 방식에 비해 통화 용량을 3배까지 증가시킬 수 있었다.

일본도 유럽의 선례를 따라 TDMA 방식에 기반을 둔 표준을 선정했고, AT&T 등 미국의 통신 기업들도 2세대 이동통신 표준으로 TDMA 방식에 기반을 둔 표준을 채택하기로 결정했다. 유럽, 일본, 미국 모두 TDMA 방식에 기반을 둔 표준을 추진하기는 했지만, 그 표준에 포함된 상세 사양은 조금씩 달라서 표준 간 호환되지는 않았다.

퀄컴의 창업

1985년에 퀄컴 QUALCOMM 을 창업한 어윈 제이컵스 Irwin Jacobs 는 1959년 MIT에서 전기공학 박사를 받은 후 MIT와 U.C. 샌디에고에서 교수를 역임하고, 초기

디지털 통신 분야의 유명한 교과서를 집필하
기도 한 유능한 공학자였다. 제이컵스는 퀄
컴을 창업하기 이전에도 1968년 MIT 동기인
앤드류 비터비와 함께 링커빗Linkabit이라는 디

지털 위성 통신 기술을 연구 개발하는 회사를 설립해 1억 달러 이상의 매출을
내는 기업으로 키워낸 후 1980년에 매각한 경험이 있는 기업가이기도 했다. 제
이컵스는 링커빗을 공동 창업한 비터비와 함께 1985년 두 번째로 회사를 창업
했는데, 이 회사가 후일 CDMA 기술을 지배하게 되는 퀄컴이었다.

  퀄컴은 창립 초기에는 주로 디지털 위성 통신을 군사 용도로 사용하기 위
한 연구 용역을 수행했지만, 곧 위성을 이용한 위치 추적 및 디지털 통신이 트
럭 운송업에 매우 큰 가치를 제공할 수 있다는 것을 파악했다. 퀄컴은 1988년에
옴니트랙스OmniTRACS라는 위성 기반 위치 추적 및 통신 시스템을 출시했는데, 슈
나이더Schneider와 같은 대형 운송 기업들이 이를 채택하기 시작해 1992년 초에는
미국뿐만 아니라 캐나다, 유럽, 일본, 브라질 등의 150여 개 운송 기업들이 옴
니트랙스 시스템을 사용했다. 퀄컴은 옴니트랙스 시스템의 성공에 힘입어
1991년 8월에 창립한 이래 최초로 흑자를 기록했고, 그해 가을에는 상장에도
성공하여 새로운 사업을 위한 자금을 모을 수 있었다.

  어윈 제이컵스는 디지털 위성통신에 사용되는 '코드분할 다중접속', 즉
CDMACode Division Multiple Access 기술을 휴대전화에 적용하는 것에 퀄컴의 미래를
걸기로 하는 중대한 결정을 내렸다. 이는 사실 매우 위험한 결정이었는데, 당시
유럽과 미국, 일본 등에서는 아날로그 방식 이동통신을 대체할 디지털 이동통
신기술 표준으로 CDMA 방식이 아닌 '시분할 다중접속', 즉 TDMA 방식에 기
반을 둔 표준을 채택할 것이 거의 확실한 상황이었기 때문이다.

  TDMA 방식에 기반을 둔 GSM 표준은 이미 유럽에서 서비스되고 있는 상
용화를 위한 검증이 끝나 있던 상태였지만, CDMA 방식은 TDMA 방식과 호환

되지도 않을 뿐만 아니라 상용화를 위해서는 극복해야 할 기술적 문제들도 많이 있던 상태였다.

하지만 TDMA 방식에 기반을 둔 GSM 표준은 검증되기는 했지만 너무 일찍 표준화되어 버렸기 때문에 개선할 여지가 많았다. 어윈 제이컵스는 CDMA 방식을 사용해 새로운 표준을 만들면 GSM 표준보다 더 높은 효율을 제공할 수 있다는 것을 알고 있었고, 기술적 우월함이 결국 승리할 것으로 믿고 과감하게 회사의 미래를 건 것이었다.

어윈 제이컵스: 제이컵스는 MIT와 U.C.샌디에고에서 교수를 역임했고, 초기 디지털 통신 분야의 유명한 교과서를 집필하기도 한 유명한 공학자였다. 1968년 설립한 '링커빗'이라는 디지털 위성 통신 장비 업체를 1980년 1억 달러 이상의 매출을 올리는 기업으로 성장시키고 매각한 후, 제이컵스는 축적한 디지털 위성 통신 기술을 바탕으로 이제 막 개화하려고 하는 디지털 무선 이동통신 분야에 뛰어들기로 했다. 그가 1985년에 창업한 퀄컴은 CDMA 방식을 디지털 이동통신의 또 다른 표준으로 만들어 냈다.

퀄컴의 도전: CDMA 방식

퀄컴이 추진한 CDMA 방식에 기반을 둔 표준은 음성 신호를 디지털화하여 전송한다는 점은 TDMA와 같지만, 각 통화마다 고유한 식별 코드를 부여해 음성 데이터를 식별 코드와 함께 조금씩 전송한다는 점이 달랐다.

퀄컴이 제안하는 CDMA 기반의 표준은 GSM 표준보다 더 넓은 주파수 영역을 활용할 수 있었고, 통화 중 침묵이 있을 경우 데이터를 전송하지 않았기 때문에 더 많은 통화를 처리할 수 있었다. 퀄컴이 제안하는 CDMA 방식 표준을 사용하면, 이론적으로는 아날로그 방식에 비해 8배에서 15배가량 많은 통화 용량을 얻을 수도 있었다.

그러나 CDMA 방식은 상용화를 위해 기술적으로 극복해야 할 문제가 TDMA 방식보다 더 많았다. 먼저, 통신 사업자 측의 시스템은 동시에 수신되는 통화 데이터들을 식별 코드를 바탕으로 재구성하여 중계해야 했기 때문에 더 많은 계산이 필요했다. 또한 휴대전화 단말기에서도 더 많은 계산을 수행해야 했는데, 이는 단말기가 더 복잡한 역할을 수행하는 부품을 포함해야 하며, 따라서 가격이 비싸고 전력 소모도 더 크다는 것을 의미했다. CDMA 방식은 TDMA 방식에 비해 기지국 간의 전환도 훨씬 더 까다로웠다.

그러나 반도체 기술이 발달함에 따라 이러한 문제들은 점차 극복돼 갔다. 1989년 퀄컴은 휴대전화의 시제품을 제작했고, 소규모지만 실제로 CDMA 기술로 휴대전화망을 운영할 수 있다는 것을 실증해냈다. 퀄컴은 이 과정에서 CDMA 단말기와 시스템을 제작하는 데에 필수적인 핵심 기술을 다수의 특허로 확보했다. 이후에도 퀄컴은 줄기차게 CDMA 기술 개발에 매달려 단말기를 위한 CDMA 칩셋을 개발했고, CDMA 방식에 소극적인 태도를 보이던 통신 장비 회사들을 대신해 통신 장비용 CDMA 반도체 칩셋과 이를 이용한 통신 장비를 직접 제작함으로써 CDMA가 실현 가능한 기술임을 실증하기 위해 노력했다.

퀄컴의 노력으로 CDMA 방식의 완성도가 점점 높아지자 처음에는 소극적이었던 통신 장비 회사들도 만일에 대비하는 차원에서 퀄컴으로부터 CDMA 기술을 라이선스받기 시작했다. AT&T가 최초로 퀄컴에게서 CDMA 기술을 사용할 수 있는 라이선스를 구입했고, 모토롤라, 노키아, 에릭슨, 지멘스, 삼성, LG 등의 기업들도 퀄컴의 CDMA 기술을 라이선스받았다. 퀄컴은 라이선싱 조건으로 상당량의 선급 기술료를 받아 이를 연구 개발 자금으로 사용하는 한편, 판매가의 5%가량을 로열티로 징수하기로 하여 미래의 수익원도 확보해 나갔다.

퀄컴은 기술 개발과 함께 로비 활동도 적극적으로 펼쳐서 미국 통신 산업 협회TIA와 연방통신위원회FCC가 유럽처럼 2세대 이동통신의 표준을 하나로 단

일화하지 않고, 복수의 표준을 채택하도록 설득하는 데 성공했다. 단일 표준을 선택하게 된다면 당시까지 상용화에 있어 가장 앞서 있던 GSM 같은 TDMA 방식에 기반을 둔 표준이 선택될 것이 분명했기 때문에 퀄컴은 자신이 개발한 CDMA 방식이 적어도 경쟁할 수 있는 기회는 가져야 한다는 시장 중심적 논리를 펼쳤다. 또한 CDMA가 표준이 될 경우 세계적 경쟁력을 갖춘 또 다른 미국 기업이 탄생할 수도 있다는 기대감도 불어넣었다.

연방통신위원회는 1993년 마침내 미국의 2세대 이동통신 사업에 있어서 복수의 표준과 복수의 사업자를 선정하기로 했고, 퀄컴은 이로써 CDMA 기술이 사장될 위기를 넘기고 표준으로 인정받을 수 있는 기회를 확보했다. 퀄컴은 계속 CDMA 핵심 기술에 대한 다수의 특허를 출원하면서 지적 재산권을 확보해 나갔다.

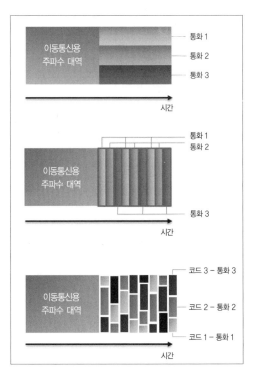

1세대 아날로그 이동통신에 사용된 주파수 분할 방식(상), 2세대 디지털 이동통신의 표준이 된 TDMA 방식(중), CDMA 방식(하): 1세대 아날로그 방식의 이동통신에서는 개별 통화마다 주파수를 독점적으로 할당했다. 하지만 2세대 디지털 방식의 이동통신에서는 통화 데이터가 압축되고, 여러 통화가 동일 주파수를 공유했다. GSM 같은 TDMA 방식의 표준은 통화 데이터를 조금씩 번갈아 전송했다. 퀄컴이 중심이 되어 추진한 CDMA 방식 표준은 통화마다 고유의 식별 코드를 부여해 데이터를 전송했고, 통화 중 침묵이 있을 경우는 데이터를 전송하지 않았기 때문에 GSM 표준보다 더 많은 통화를 처리할 수 있었다. 그러나 CDMA 방식에서는 단말기와 통신 장비가 더 많은 계산을 수행해야만 했다.

한국과 퀄컴의 공생 관계

퀄컴은 CDMA 방식이 널리 채택되도록 하기 위해 CDMA가 실현 가능하다는 것을 직접 입증해야만 했는데, 이 때문에 초기의 퀄컴은 CDMA 방식 휴대전화 통신 장비, 시스템을 모두 개발하고 제조해야만 했다. 하지만 퀄컴의 핵심 경쟁력은 어디까지나 CDMA 전송 방식의 핵심 기술에 있었을 뿐, 휴대전화와 장비의 제조는 아니었다. 이때, 퀄컴에 휴대전화와 장비 제조에 관한 도움을 준 것은 한국이었다. 한국 정부는 1990년대 초, CDMA 방식이 성공할 수 있을지의 여부는 불확실했지만, 국내 제조업체들이 TDMA 방식에서는 10년 이상이나 뒤처져 있었기 때문에 CDMA 기술이 기회의 창이 될 수 있을 것이라 보았다.

1991년 한국 정부와 퀄컴은 한국 정부가 퀄컴에 2년간 1,700만 달러의 기술료를 지급하는 대신 퀄컴은 한국의 제조업체들이 CDMA 핵심 장비와 단말기를 제조할 수 있도록 기술을 이전해주는 것에 합의했다. 새로운 성장 동력을 육성하려는 한국 정부와 CDMA 세력을 늘림과 동시에 부족한 연구 개발 자금을 수혈하고 연구 지원도 받고자 한 퀄컴의 이해가 맞아떨어진 것이었다.

한국은 국책 사업으로 개발한 TDX-10이라는 교환기 기술을 보유하고 있었는데, 이는 이동통신망을 구축하는 데 필요한 시스템 분야의 기술이 부족했던 퀄컴에게는 매우 요긴했다. 한국 정부는 CDMA 방식을 한국의 2세대 이동통신 표준으로 채택하고 교환기 기술을 제공하는 한편, CDMA 방식의 구현을 위한 초기 연구를 공동 수행하는 등 CDMA를 적극적으로 지원했고, 퀄컴은 그 대가로 한국의 단말기 및 통신 장비 제조업체들에게서 받는 판매가 5%에 해당하는 로열티 수입 중 20%를 전자통신연구원ETRI 등 한국의 연구 기관에 연구비로 재투자하기로 했다.

이로써 한국의 제조업체들은 CDMA 핵심 기술을 사용하는 대가로 퀄컴에 5%의 로열티를 내지만, 국가 전체적으로는 4%의 로열티만 내는 셈이었고, 퀄컴도 한국으로부터 지속적인 연구 개발 지원을 받을 수 있게 됐다.

1996년 1월, 한국이 국가 단위로는 세계 최초로 CDMA 방식 이동통신 서비스 상용화에 성공함으로써 퀄컴은 무엇보다 필요로 했던 중요한 대규모 실증 사례를 얻었다. 삼성전자, LG전자 같은 한국의 전자기업들은 퀄컴에게서 이전받은 기술을 바탕으로 CDMA 방식에서는 적어도 해외의 업체들보다 한발 앞서 나가게 됨으로써 해외 시장에 진출할 수 있는 교두보를 확보할 수 있었다. 1990년대 중반까지도 세계 휴대전화 시장에서는 무명에 가까웠던 삼성전자는 CDMA 휴대전화를 중심으로 1999년 세계 4위의 휴대전화 업체로 올라설 수 있었다. 한국과 퀄컴의 협력은 상호간에 이로운 결과를 가져온 셈이었다.

CDMA 방식의 확산

디지털 방식의 2세대 이동통신 서비스가 도입된 후 미국의 이동통신 시장은 급격히 변화했다. 무엇보다 이동통신 서비스 가입자 수가 급증함에 따라 할당된 주파수 용량을 초과하게 되는 경우가 많이 발생했다. 많은 통신사들이 2세대 이동통신 방식으로 TDMA 방식을 채택했지만, 아날로그 이동통신에 비해 용량을 크게 늘릴 수 없었던 TDMA 방식의 기술적인 한계는 점차 수면 위로 떠오르게 됐다. 이러한 상황에서 한국과 홍콩에서 성공적으로 운영되던 CDMA 방식을 활용해 배정된 주파수를 더욱 효율적으로 사용하여 용량을 늘리고, 통화 품질을 높여 다른 사업자들과 차별화하기를 원하는 몇몇 이동통신 사업자들이 생겨났다.

스프린트, GTE, 벨 애틀란틱 등이 이들 사업자들로, 이들은 1998년부터 미국에서 CDMA 방식 서비스를 제공하기 시작했다. 일본에서도 KDDI가 CDMA 방식 서비스를 개시하는 등 CDMA 방식을 채택하는 사업자들이 세계적으로 늘어나기 시작했다. GSM 방식은 2세대 이동통신 방식으로 여전히 지배적 위치를 차지하기는 했지만, CDMA 방식도 빠르게 성장하면서 1999년까지 전 세계적으로 5,000만 명의 가입자를 확보하여 이동통신 시장의 13%를 점유하기에 이르렀다.

3세대 이동통신: 표준 전쟁

1990년대 말 인터넷 보급이 확산되면서 많은 소비자들은 음성 통화만으로는 더 이상 만족하지 못하게 됐고, 휴대전화를 통해 인터넷에 접속하고 이메일과 사진을 주고받으며, 음악과 동영상 같은 멀티미디어 콘텐츠를 다운로드하여 사용할 수 있을 정도로 빠른 데이터 전송 속도를 요구하기 시작했다. 이에 따라 2세대 이동통신 기술보다 데이터 전송 속도가 더욱 향상된 다음 세대 이동통신 표준, 즉 3세대 이동통신에 대한 표준이 1990년대 말부터 활발히 논의되기 시작했다.

2세대 표준은 지역별로 독자적으로 개발됐기 때문에 국가 간 호환이 이뤄지지 않아 사용자들은 해외로 나가면 자신의 휴대전화를 사용할 수 없는 경우가 많았다. 통신 기술의 국제 표준을 정하는 UN 산하 기관인 국제통신연합ITU은 3세대 이동통신에서는 전 세계적으로 호환되는 표준을 만들어 어떤 휴대전화든 전 세계 어디에서나 사용할 수 있도록 하겠다는 목표를 세웠다. ITU는 1998년부터 IMT-2000이라고 이름 붙인 3세대 이동통신 표준에 대한 제안을 접수하기 시작했다.

1998년 말 유럽에서는 GSM 기술에서 진화한 3세대 이동통신 표준을 만들기 위해 3GPP3G Partnership Project가 구성됐다. 3GPP에는 당시 이동통신 장비 시장을 지배하던 에릭슨과 단말기 1위, 2위 업체인 노키아, 모토롤라 등 많은 유력 기업들이 참여했다. 3GPP는 WCDMA(또는 UMTS)라고 하는 3세대 표준을 제안했는데, 이는 데이터 전송 속도를 높이기 위해 TDMA가 아닌 CDMA 기술을 채용하되, 3세대 통신망이 구축되지 않은 지역에서는 GSM 망을 사용할 수 있는 표준이었다. WCDMA는 GSM 방식의 통신망을 이미 구축한 사업자들도 수용할 수 있는 기술이었고, GSM의 지적 재산권을 계승하는 것이기도 했으므로 GSM 방식의 선두 기업들에게는 매력적인 표준이었다. 특히 에릭슨은 WCDMA 방식 기술을 개발하고 이를 표준으로 만들기 위해 엄청난 투자를 했다.

3GPP가 형성될 무렵인 1998년 12월, 퀄컴이 주축이 된 3GPP2가 구성됐다. 3GPP2는 퀄컴의 2세대 CDMA 기술과 호환되는 3세대 표준인 CDMA2000을 제안했다. 이로써 3세대 이동통신의 표준으로 채택되기 위한 3GPP와 3GPP2 간의 경쟁이 벌어지게 됐다. 3GPP와 3GPP2에 동시에 참여한 기업들도 상당수 존재했기 때문에 3GPP와 3GPP2와의 대결은 사실상 양쪽 진영의 가장 큰 지적 재산권 보유자인 에릭슨과 퀄컴의 대결에 가까운 것이었다.

에릭슨을 중심으로 한 3GPP는 퀄컴의 CDMA 기반 기술과 호환되지 않도록 WCDMA 표준을 정해 나갔다. 이에 퀄컴은 자신이 특허를 보유하고 있는 CDMA의 핵심 기술을 WCDMA에 라이선싱하지 않겠다고 맞섰다. WCDMA는 GSM과 CDMA를 결합한 방식이었으므로 퀄컴이 보유한 CDMA 핵심 기술에 대한 특허를 사용할 수 없다면, WCDMA 방식도 구현할 수 없었다.

유럽과 미국에 각각 기반을 둔 두 진영 간의 대립이 격해지면서 1세대와 2세대의 경우처럼 3세대 이동통신 표준 역시 지역별로 서로 호환되지 않을 가능성이 높아졌다. ITU는 1998년 12월 CDMA 관련 지적 재산권 문제가 해결되지 않으면 IMT-2000 표준에 CDMA 기반의 기술을 아예 포함하지 않을 수도 있다는 경고 서한을 보내며 두 진영 간의 합의를 압박했다.

결국 1999년 3월, 퀄컴과 에릭슨은 퀄컴의 2세대 CDMA 핵심 기술과 3세대 표준안인 CDMA2000, 에릭슨의 3세대 표준안인 WCDMA에 대해 특허 공유,

즉 크로스 라이선싱에 합의했다.

에릭슨은 퀄컴과 합의하면서 퀄컴의 통신망 장비 사업 부문을 인수함으로써 이미 지배적 위치를 차지하고 있던 GSM 통신 장비 시장뿐만 아니라 2세대 CDMA 및 3세대 CDMA2000 장비 시장에 대한 교두보도 단숨에 확보하게 됐다. 퀄컴도 CDMA 기술의 지적 재산권을 3세대 이동통신에서도 행사할 수 있게 됐고, 경쟁력이 부족하고 자사의 핵심 경쟁력과도 동떨어진 통신 장비 사업도 정리할 수 있게 됐다. 퀄컴은 그로부터 1년 후 휴대전화 사업 부문도 일본의 교세라에 매각하며 CDMA2000과 WCDMA 기술의 개발 및 라이선싱과 통신용 반도체 개발 부문에만 집중하기 시작했다.

ITU는 2000년 6월, IMT-2000이라 이름붙인 3세대 이동통신 표준을 선택했는데, 여기에는 WCDMA, CDMA2000, TD-SCDMA 의 표준이 포함됐다. 이들 표준은 모두 높은 데이터 전송 속도를 제공하기 위해 퀄컴이 핵심 특허를 보유한 CDMA 기술을 채용했기 때문에 퀄컴은 3세대 표준을 채택한 모든 사업자들에게 기술료를 받을 수 있게 됐다. 퀄컴이 추진한 3세대 표준인 CDMA2000은 후일 유럽 중심의 WCDMA 표준에 밀리기는 했지만, 퀄컴은 CDMA 기술에 대한 근본 특허를 갖고 있었기 때문에 3세대 이동통신 시대에도 더욱 높은 수익을 올릴 수 있게 됐다.

폴 제이컵스의 CEO 취임과 소송전

2005년 7월, 70세가 넘은 창업자 어윈 제이컵스의 뒤를 이어 아들 폴 제이컵스Paul Jacobs가 퀄컴의 CEO에 취임했다. 폴 제이컵스도 아버지와 같이 전기공학을 전공했고, U.C.버클리에서 박사 학위를 받은 후 1990년부터 엔지니어와 관리자로서 퀄컴에서 다양한 경력을 쌓아왔다.

폴 제이컵스가 CEO로 취임한 지 얼마 지나지 않은 2005년 10월, 노키아, 에릭슨, 텍사스 인스트루먼트, 브로드컴, NEC, 파나소닉과 같은 통신 사업 분야의 막강한 기업들이 연합하여 유럽에서 퀄컴에 대한 소송을 제기했다. 퀄컴은 2세대와 3세대 표준에 대해 동일하게 CDMA 기술을 사용하는 대가로 판매가의 5%대의 로열티를 요구했는데, GSM 기술에 많은 지분을 가진 이들 기업들은 GSM과 CDMA 기술의 결합으로 탄생한 3세대 표준인 WCDMA에 퀄컴이 기여한 바는 2세대 CDMA 표준에 비해 현저히 적으므로 퀄컴은 WCDMA에 대한 로열티 비율을 낮추어야 한다고 주장했다. 특히 세계 1위 휴대전화 업체였던 노키아는 퀄컴에 대한 로열티 지급을 중단하고 추가로 민사 소송을 제기하며 대립각을 세웠다.

퀄컴은 이에 대해 맞소송으로 대응했다. 소송 전 끝에 2008년 7월, 노키아는 향후 15년간 퀄컴에 2%의 낮은 로열티를 지급하는 대신 퀄컴에 선급금으로 25억 달러를 지불하며, 자신이 보유한 GSM 및 4세대 이동통신 기술인 OFDMA 분야의 특허를 포함한 120여 개의 핵심적인 특허를 퀄컴에 이전하는 것에 합의했다. 이로써 퀄컴은 전 세계 모든 3세대 단말기에 대해 로열티를 받는 것에 대한 문제가 없어졌고, 4세대 이동통신에서도 기술 라이선싱 사업을 할 수 있는 지적 자산을 추가로 확보하게 됐다.

퀄컴의 사업 모델은 지적 재산권을 핵심 자산으로 했으므로 소송은 퀄컴에 있어 정규 업무와 같은 것이었다. 퀄컴은 수많은 크고 작은 소송을 치러야만 했는데, 그중 굵직한 소송 중 하나는 2007년 미국의 브로드컴이 퀄컴을 국제통상위원회ITC에 제소한 것이었다.

브로드컴은 퀄컴의 3세대 표준인 CDMA2000의 발전된 버전인 CDMA EV-DO로 퀄컴이 수익을 얻는 것은 자신의 특허권을 침해한 것이라고 주장했다. 2009년 4월, 2년여 간의 공방 끝에 브로드컴이 4년간 어떤 법적 주장도 하지 않는 대신, 퀄컴은 브로드컴에 8억 9,100만 달러를 4년에 걸쳐 지급하기로 합의했다. CDMA2000의 진화된 버전인 CDMA EV-DO에 대해서는 브로드컴의 지적 재산권을 일부 인정하기로 한 것이었다.

4세대 이동통신

3세대 이동통신은 사용자들이 음악이나 동영상 파일 같은 대용량 데이터를 원하는 만큼 자유롭게 송수신할 수 있을 정도로 속도가 빠르지는 못했다. 이 때문에 WCDMA 표준은 HSPA, CDMA2000 표준은 EV-DO 같은 개정된 표준을 내놓아 데이터 전송 속도를 높이려고 했지만, 근거리 무선 통신인 와이파이Wi-Fi 같은 빠른 무선 인터넷 환경에 익숙한 사용자들의 눈높이를 맞추지는 못했다. 이에 따라 3세대보다 데이터 전송 속도가 더 빠른 4세대 이동통신 표준에 대한 논의가 활발히 진행되기 시작했다.

3GPP와 3GPP2 모두 4세대 이동통신 표준의 핵심적인 기술로 고려한 것은 와이파이 표준(802.11)의 기반 기술이기도 한 직교 주파수 분할 방식, 즉 OFDMAOrthogonal Frequency Division Multiple Access였다. OFDMA는 고속 푸리에 변환이라는 디지털 신호 처리 기법을 통해 주파수를 더욱 촘촘하면서도 서로 간섭이 일어나지 않도록 나눔으로써 대용량 데이터를 동시에 고속으로 보내는 기술이었다.

OFDMA 방식과 다중 입출력 안테나, 즉 MIMOMultiple-Input Multiple-Output 기술을 적용하면 높은 주파수 효율로 다수의 안테나를 사용해 데이터를 병렬적으로 전송할 수 있으므로 매우 빠른 속도의 데이터 서비스가 가능했다.

4세대 이동통신의 표준으로 유럽 중심의 3GPP는 LTELong Term Evolution를, 퀄컴을 중심으로 하는 3GPP2는 UMBUltra Mobile Broadband라는 서로 다른 표준을 제안했는데, 두 표준 모두 OFDMA 기술에 기반을 둔 것이었다. LTE는 많은 통신사들이 채택한 WCDMA 표준과 호환이 됐기 때문에 4세대 이동통신 표준의 대세가 됐고, 퀄컴도 2008년 노키아로부터 LTE 관련 특허권 다수를 인수한 후 더 이상 UMB 표준에는 투자를 하지 않겠다고 공식 선언하면서 4세대 이동통신 표준의 방향은 LTE 계열로 확정됐다.

그러나 이 무렵에는 LTE 이동통신망이 언제부터 대규모로 구현되기 시작할 것인지가 불분명했다. 대부분의 통신 사업자들은 이미 3세대 이동통신망을 위해 많은 투자를 해놓은 상태였기 때문에 새로운 방식의 통신망을 구축하기 이전에 먼저 투자를 회수하려 했기 때문이었다. 많은 통신 사업자들이 3세대 휴대전화 보급의 확산과 투자 회수를 기다리는 상황이었기 때문에 LTE 서비스의 본격적인 개시에는 상당히 많은 시일이 걸릴 것으로 전망하는 이들이 많았고, 기술 개발은 지체됐다.

롱텀-이볼루션(LTE) vs. 와이맥스(Wi-Max)

3세대 통신망에 대한 투자를 회수하고자 하는 통신 사업자들의 이해관계 속에서 4세대 LTE 기술 개발과 이동통신망의 구현이 지연되면서 2000년대 중반부터 더 빠른 데이터 전송 속도를 원하는 소비자들의 요구와 통신사들이 제공하는 서비스 간의 격차는 점점 커졌다. 이 틈새를 차지하고자 한 대안적 기술이 와이맥스WiMax였다. 와이맥스는 이동통신의 표준을 정하는 국제 통신연합, 즉 ITU가 아닌 전기전자기술자협회, 즉 IEEE에서 제정한 표준이었는데, IEEE는 이더넷(802.3)과 와이파이(802.11)로 부르는 근거리 유선 및 무선 컴퓨터 네트워크의 표준화에 주도적인 역할을 해 온 단체였다.

IEEE는 2002년 원거리 무선 컴퓨터 네트워크의 표준으로 와이맥스라 부르는 802.16 표준을 제정했는데, 컴퓨터와 휴대전화가 인터넷을 매개로 하여 점차 융합해 가는 추세였기 때문에 원거리 컴퓨터 네트워크 표준은 더 이상 이동 통신 산업과 무관한 표준이 아니었다. 와이맥스 기술을 사용하면 당시의 일반적인 3세대 이동통신망이 제공하는 것보다 5배가량 더 빠른 데이터 전송 속도를 얻을 수 있었기 때문에 통신 사업자들은 와이맥스를 하나의 위협이자 기회로 봤다.

와이맥스의 표준화를 주도한 기업은 인텔이었다. 인텔은 2003년 출시한 센트리노 플랫폼의 성공으로 근거리 무선 통신, 즉 와이파이 반도체 시장에 성공적으로 진출한 후 새로운 성장 동력으로 와이맥스용 반도체 사업을 육성하고자 했고, 이를 위해 와이맥스를 중심으로 한 비즈니스 생태계를 조성하기로 했다. 이 무렵 삼성전자도 무선 통신망 장비 사업을 새로운 성장 동력으로 삼기 위해 기지국 간 전환이 가능하여 이동 중에도 무선 인터넷을 사용할 수 있는 원거리 네트워크 기술을 개발하고 있었는데, 인텔은 와이맥스 생태계를 키우기 위해 삼성을 파트너로 끌어들이기로 했다.

인텔은 삼성이 개발한 기술이 와이브로 또는 모바일 와이맥스라는 이름으로 알려진 802.16e 국제 표준으로 제정되는 데에 큰 역할을 했다. 삼성은 대신 전자통신연구소ETRI 및 KT 등과 협력하여 와이맥스 통신망 구축을 위해 필수적인 기술과 장비를 개발하고, 한국에서 국가 단위의 와이맥스 상용화의 사례를 제공하기 위해 노력하기로 했다. 이는 퀄컴이 2세대 CDMA 방식을 확산시키기 위해 한국과 협력한 것과 유사한 전략이었다.

와이맥스 생태계를 활성화하기 위해서는 통신사들의 협력이 반드시 필요했는데, 컴퓨터 중심의 사업구조를 갖고 있던 인텔은 통신사들과 사업 관계가 거의 없었다. 인텔로서는 휴대전화 사업을 활발히 벌이는 삼성을 우군으로 확보한 것은 삼성과 우호적 관계를 맺은 스프린트와 같은 통신 사업자들을 와이맥스 진영에 끌어들일 수 있는 좋은 방안이기도 했다.

인텔은 스프린트와 케이블 TV 사업자인 컴캐스트 및 타임워너 케이블과 공동 투자로 클리어와이어Clearwire라는 업체를 설립하고, 미국 전역을 커버하는 와이맥스 망 구축과 상용화에 나섰다. 와이맥스 진영의 기본 전략은 LTE 인프라의 확산이 지연되는 사이에 한발 앞서 서비스를 제공함으로써 고속 데이터 전송에 대한 수요를 흡수한다는 것이었다. 하지만 와이맥스는 기존의 3세대 및 2세대 이동통신망과 호환되지 않는다는 커다란 단점이 있었다.

대부분의 통신 사업자들은 이 때문에 와이맥스를 외면했고, 이미 휴대전화와 유선 인터넷 서비스에 비용을 지불하던 소비자들도 무선 인터넷을 위해 와이맥스 서비스에 추가로 가입하려 하지 않았다. 이 때문에 국가적 지원을 바탕으로 와이맥스를 실증하기로 한 한국에서조차 KT와 SKT 같은 통신사들이 와이맥스보다는 인구 밀집 지역을 중심으로 와이파이 존을 제공하고 3세대 망을 확충하는 것에 더 중점을 두는 현상이 일어났다.

애플이 2007년에 아이폰을 출시한 후 스마트폰이 예상을 뛰어넘는 속도로 전 세계적으로 빠르게 보급되기 시작했고, 이에 따라 데이터 사용량이 늘어나면서 3세대 통신망이 예상보다 빠르게 포화 상태에 이르게 됐다. 이렇게 되자 LTE의 구축 속도도 빨라져 2009년 말 스웨덴을 시작으로 LTE 서비스를 제공하는 국가들이 점차 증가하기 시작했다. LTE는 기존의 WCDMA 이동통신망과 연결성이 있어서 통신사들은 인구 밀도가 높은 도시 지역에서는 LTE 망을 구축해 서비스를 제공하고, 인구 밀도가 낮은 지방에서는 자신들이 보유한 3세대 망으로 되돌리는 방식으로 LTE를 내건 서비스를 제공할 수 있었다.

중동과 아시아, 아프리카처럼 유선 인터넷 인프라가 부족한 저개발 국가들에서는 와이맥스 망이 광대역 유선 인터넷망의 대안으로서 구축되기도 했지만, LTE는 속도 면에서 와이맥스에 뒤지지 않았기 때문에 이동통신 기술로서 와이맥스는 급격히 동력을 잃게 됐다. 미국에서 와이맥스 서비스를 제공하기 위해 창립된 클리어와이어도 2011년 자사의 와이맥스 망을 LTE 망으로 전환할 것이라 발표하기에 이르렀다.

LTE와 와이맥스는 모두 OFDMA에 기반을 두고 있었는데, OFDMA 방식의 핵심적인 특허는 퀄컴뿐만 아니라 삼성, 노키아, 모토롤라, 에릭슨 등의 기업이 나눠 갖고 있었다. 퀄컴은 인수와 연구 개발 등을 통해 관련 특허를 확보해 나가기는 했지만, OFDMA에서는 CDMA처럼 높은 특허 집중도를 갖지는 못했다. 그러나 대부분의 통신사들이 LTE 망을 구축하더라도 이를 WCDMA와 LTE를 모두 지원하는 다중 모드 형태로 구현했기 때문에 LTE 망이 확산되더라도 퀄컴은 CDMA 기술에 대한 라이선스 수익을 계속 얻을 수 있었다.

퀄컴은 CDMA의 경우 2세대와 3세대 이동통신 방식에 동일한 로열티를 징수한 것과는 달리 4세대에서는 OFDMA 기술만을 사용하는 경우와 OFDMA와 CDMA 기술을 모두 사용하는 경우를 나눈, 두 종류의 기술 라이선스 프로그램을 판매했다.

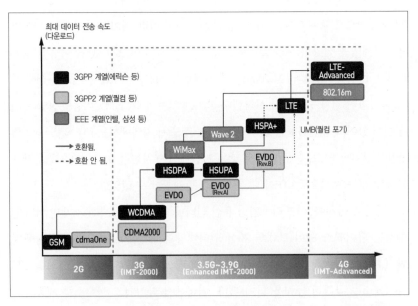

이동통신 표준의 진화(2G~4G): LTE는 CDMA 방식이 아닌 OFDMA 방식과 MIMO 기술을 사용한 표준이었고, 많은 통신사들은 LTE를 4G라고 광고했지만, LTE는 ITU에서 4G로 공식적으로 인정받지 못했고, 그 진화된 버전인 LTE-Advanced가 4G로 인정받았다.

퀄컴의 반도체 사업

퀄컴은 반도체 제조시설, 즉 팹Fab은 보유하지 않고, 대신 반도체의 설계와 판매에만 집중하는 팹리스Fabless 사업 모델의 대표적 기업으로, 2000년대 내내 세계 1위 팹리스 반도체 기업의 자리를 유지해 왔다. 퀄컴의 주력 제품은 모뎀Modem이라는 반도체 칩이었는데, 모뎀 칩은 기지국과 휴대전화 간 데이터 송수신을 가능하게 하기 위해 전파 신호를 디지털 신호로 변환하고, 또 반대로 디지털 신호를 전파 신호로 변환하는 역할을 수행하는 휴대전화 및 통신망 장비에 사용되는 핵심 반도체였다.

퀄컴은 반도체의 제조를 TSMC나 글로벌 파운드리 등 반도체 제조만을 전문적으로 하는 파운드리Foundry 업체들에게 위탁하고, 자신은 반도체 칩의 성능을 높이거나 크기를 줄이고, 더 많은 기능을 하나의 칩에 통합하기 위한 연구개발 투자에 집중했다. 다양한 기능의 칩을 하나의 칩으로 통합하면, 칩의 크기를 줄임으로써 더 작은 휴대전화를 만들 수 있었고, 통합 칩의 단가는 높지만 휴대전화 전체적인 부품 원가를 줄여줬기 때문에 칩 공급업자와 단말기 제조업체 모두에게 유리했다.

퀄컴 모뎀 칩의 가장 큰 고객은 전통적으로 삼성전자와 LG전자였는데, 2011년에는 LG전자가 스마트폰으로 바뀌는 추세에 적응하지 못하면서 대만의 HTC가 삼성전자와 함께 퀄컴 칩의 2대 주요 고객으로 부상했고, 애플의 아이폰에 퀄컴의 모뎀 칩이 사용되면서부터는 애플이 퀄컴의 최대 고객 중 하나로 떠오르게 됐다.

다른 반도체 기업들도 퀄컴이 보유한 CDMA 특허 기술을 사용하는 것에 대한 기술료를 지불하면, 2세대 및 3세대 이동통신용 모뎀 칩을 직접 설계, 제조, 판매할 수 있었기 때문에 모뎀 칩 시장에서의 경쟁은 매우 격렬했다. 모뎀 칩 분야에서 퀄컴의 가장 큰 경쟁자는 독일의 인피니온과 에릭슨, ST 마이크로가 합작으로 설립한 ST-에릭슨이었는데, 2010년에는 인텔이 인피니온의 모뎀 칩 사업 부문을 인수하며 경쟁에 뛰어들었다.

그 밖에 미국의 브로드컴, 모토롤라에서 분사한 프리스케일, 텍사스 인스트루먼트, 일본의 후지쓰, 대만의 미디어텍 등도 GSM 방식에서의 기술적 우위, 단말기 업체 고객과의 관계, 가격 경쟁력 등의 고유한 경쟁력을 바탕으로 퀄컴의 칩과 경쟁했다.

퀄컴의 기술 라이선싱 사업

반도체와 함께 퀄컴의 핵심 수입원 중 하나는 다른 기업들이 퀄컴의 CDMA 기술을 사용하는 대가로 지불하는 사용료였다. 브로드컴, 텍사스 인스트루먼트, 후지쓰, 미디어텍 등의 기업들은 모뎀 칩 분야에서는 경쟁자들이었지만, 라이선스 사업의 관점에서는 고객들이었다.

퀄컴은 연구 개발을 핵심 경쟁력으로 하고 기술 라이선싱을 주요 수입원으로 하는 기업답게, 매우 치밀하게 설계된 라이선스 프로그램을 운영했는데, 그 핵심은 한 기업에 준 라이선스가 다른 기업으로 이전되지 않도록 하는 것이었다. 가령 CDMA 단말기를 제조하는 업체는 퀄컴에서 라이선스를 받은 모뎀 칩 업체로부터 부품을 공급받았다고 하더라도 CDMA 단말기를 판매하기 위해서는 퀄컴에서 또 다른 라이선스를 구입해야만 했다. 단말기 업체들은 퀄컴으로부터 라이선스를 받은 후 직접 모뎀 칩을 생산해 자신의 단말기에 사용할 수도 있었지만, 모뎀 칩을 다른 기업들에 판매하기 위해서는 퀄컴에서 별도의 라이선스를 또 받아야만 했다.

퀄컴의 라이선스 판매 전략의 또 다른 핵심은 자신이 보유한 방대한 특허를 일부분만 판매하지 않고 넓은 범위의 특허 사용권을 묶어 판매하며, 기술의 종류와 관계없이 전 세계 모든 기업들에 동일한 라이선스료와 로열티 조건을 받는다는 것이었다. 이러한 퀄컴의 전략으로 말미암아 3세대 WCDMA 라이선스를 받은 기업들도 2세대 CDMA 라이선스를 사용한 기업들과 동일한 로열티를 지불했다. 퀄컴은 기술을 사용하기 원하는 기업들에 일반적으로 한 차례의 선급금과 매출이 발생할 때마다 도매 판매 가격의 5% 정도의 비율로 로열티를 받았다. 물론 중국 정부가 CDMA2000을 승인하도록 하기 위한 경우처럼 매우 드물게는 좀 더 나은 조건의 로열티 조건을 제공하기도 했지만, 이러한 조건은 전 세계 대부분의 기업들에 공통적으로 적용됐다.

퀄컴은 다른 어떤 기업보다 라이선스 사업의 경험과 지식을 축적하고 규모의 경제를 확보한 상태였으므로 다른 기업과 특허 풀을 구성하여 공동으로 라이선스 사업을 하는 것보다는 차라리 다른 기업의 특허를 인수해 직접 협상에 나서는 것을 선호했다.

퀄컴의 사업 전략

퀄컴의 2011년 매출액은 150억 달러, 순이익은 43억 달러에 달했는데, 매출은 주로 반도체 사업과 기술 라이선싱 사업에서 나왔다. 반도체 사업이 매출의 약 60%를 차지했지만, 가장 큰 이익을 올리는 분야는 기술 라이선싱 사업이었다. 기술 라이선싱 분야의 이익률은 80% 이상이었기 때문이다.

경쟁이 치열하게 전개되는 반도체 사업에서 퀄컴은 독립적인 모뎀 칩을 판매하던 기존의 방식에서 한걸음 더 나아가 모뎀 칩과 와이파이, 블루투스, GPS 등을 통합한 칩 및 시스템 소프트웨어를 제공해 휴대전화 제조업체들이 필요한 모든 것을 제공하는 통합 시스템 솔루션을 제공하는 업체가 되고자 했다. 퀄컴은 2011년 1월에는 와이파이 칩을 통합하기 위한 포석으로 와이파이 칩 부문의 강자 아테로스Atheros를 31억 달러에 인수하기도 했다.

2006년에는 영국 암ARM이 개발한 핵심 회로(즉, IP 코어)를 사용해 세계 최초로 모뎀 칩과 프로세서 칩을 통합한 시스템-온-칩인 스냅드래곤Snapdragon을 출시했다. 퀄컴이 새로운 주력 제품으로 만들고자 했던 스냅드래곤 칩은 스마트폰과 넷북, 태블릿 PC 등의 중소형 모바일 정보 기기를 동시에 겨냥한 제품이었다.

최초 버전의 스냅드래곤은 그래픽 처리 능력이 떨어지고 전력 소모 및 발열 등의 문제도 있어 좋은 평을 받지 못했지만, 이후 출시된 스냅드래곤 칩들에는 더 미세한 공정 기술이 적용되면서 전력 소모와 발열 문제가 많이 개선되고, 기능도 향상되어 점차 호평을 받게 됐다.

퀄컴은 2011년에 전년대비 50%가량 성장한 150억 달러의 매출을 기록했다. 이는 스마트폰의 확산과 새로운 모바일 기기의 등장 등으로 모바일 통신 기기가 41% 성장하면서 CDMA 모뎀 칩 시장 자체가 커졌고, 단말기의 가격도 높아졌기 때문이었다. 또한 3G 및 4G 모두를 지원하는 모뎀 칩을 거의 독점적으로 공급함으로써 높은 수익을 올릴 수 있었던 것도 주요 요인이었다.

TSMC

세계 1위 파운드리 반도체 기업

일반적으로 제조를 하청받는 기업들은 규모가 작거나 기술 수준이 낮고,
따라서 이익률도 높지 않은 경우가 대부분이다. 하지만 반도체 제조 서비스
전문 기업인 대만의 TSMC는 2011년 매출 기준으로 인텔과 삼성전자에 이은
반도체 업계 3위 규모의 대형 기업이자 애플, 인텔, 퀄컴 등
최고 수준의 이익률을 올리는 기업들에도 뒤지지 않는
30%대의 높은 영업 이익률을 기록하고 있는 알짜 기업이다.
기술 유출에 무엇보다 민감한 반도체 산업에서 TSMC가 제조 서비스로
성공할 수 있었던 비결은 자신의 제품을 개발하거나 판매하지 않고,
제조에만 전념하는 순수 파운드리 모델을 고집하고 개척해낸 것에 있었다.
TSMC는 순수 파운드리 모델의 가장 큰 단점인 안정적인 가동률 확보 문제를
합작 투자와 개발 단계부터 고객과 긴밀하게 협조함으로써 해결해냈다.
TSMC는 반도체 산업 육성을 위한 대만 정부의 정책적 투자로 시작된
기업이라는 점에서 또 다른 흥미로운 시사점을 던져준다.

강한 자가
아니라
적응하는 자가
살아남는다

TSMC

TSMC 경영 현황 (2010년 12월 말 기준)

기타 4%

마스크 제작 6%

웨이퍼 가공
90%

총자산: 247억 달러
연간 매출액: 144억 달러

영업 이익: 55억 달러
(매출대비 38%, 자산대비 22%)
순이익: 55억 달러

주요 연표

1987
대만 정부와 필립스 합작으로 TSMC 설립

1994
대만 증시 상장

1996
주식 예탁 증서(DR) 발행 형식으로 미국 증시에도 상장.
아날로그 디바이스와 ISSI 등 미국 반도체 기업들과
합작으로 미국에 웨이퍼테크 설립

2000
에이서의 반도체 부문 인수. 대만 제3의 파운드리
업체 WSMC 인수. 웨이퍼테크 잔여 지분 인수하여
완전 자회사로 편입

2001
신주 과학 단지 내 12인치 웨이퍼용 팹 건설.
필립스와 합작으로 싱가폴 SSMC 설립

2004
타이난에 12인치 웨이퍼용 팹 건설.
중국 상하이에 8인치 웨이퍼용 팹 건설

2005
모리스 창 은퇴. 후임 CEO로 COO 릭 차이 취임

2009
모리스 창 CEO로 복귀

2010
태양광 발전 및 LED 사업 진출

2012
타이중에 12인치 생산라인 건설

TSMC

반도체 제조 공정

인텔의 공동 창업자 밥 노이스Robert Noyce와 텍사스 인스트루먼트에 근무하던 잭 킬비Jack Kilby는 둘 다 집적회로의 발명자로 인정받고 있고, 노이스와 킬비는 비슷한 시기인 1957년경 독립적으로 집적회로를 발명한 것일 뿐, 공동 작업을 한 것은 아니었다.

노이스는 금속과 산화막, 실리콘을 차례대로 쌓은 MOSMetal-Oxide-Silicon 구조를 이용해 평면 형태의 트랜지스터를 구현하고, 이러한 평면형 트랜지스터 여러 개를 하나의 반도체 조각에 집적한 집적회로를 만들어 냈는데, 노이스의 사망으로 말미암아 집적회로를 발명한 공로로 노벨 물리학상을 수상한 사람은 잭 킬비뿐이었지만, 현대의 반도체 집적회로는 잭 킬비의 설계가 아니라 밥 노이스가 설계한 MOS 구조에 기반을 두고 있다.

MOS 구조의 평면형 트랜지스터에 기반을 둔 현대의 반도체를 제조하는 과정은 기본적으로는 판화를 찍어내는 과정과 같다. 먼저, 컴퓨터로 설계한 집적회로는 포토 마스크photo mask라는 유리판에 패턴으로 새겨지고, 이 포토 마스크를 필름으로 삼아 광학 장비를 활용해 99.99999999%(11개의 9)의 순수한 실리콘으로 만든 얇은 재질의 원판인 웨이퍼에 패턴을 그려 넣는다.

다음에는 웨이퍼에 그려진 패턴대로 물리적 또는 화학적 방법을 통해 웨이퍼를 깎아 내거나, 덮어 쓰거나, 일부분에만 특정한 불순물을 첨가해 웨이퍼상에 하나의 계층을 만들어 낸다. 그 다음 또 다른 패턴이 새겨진 포토 마스크를 사용해 웨이퍼에 또 다른 계층을 만들고, 이 과정을 수십 차례 반복하면, 최종적으로는 복잡한 구조를 형성한 수십 개의 계층이 웨이퍼상에 쌓아올려진다.

이렇게 가공이 끝난 웨이퍼에 서 있는 수십~수백 개의 사각형 조각, 즉 다이Die들 중에서 성공적으로 동작하는 다이들만을 웨이퍼에서 잘라내 이 다이에 순금으로 된 가느다란 실로 만든 전선을 연결하고, 다이와 전선을 외부 환경으로부터 보호하기 위해 플라스틱 수지로 감싸는 패키징 과정을 마치면, 각종 전자 기기의 부품으로 사용할 수 있는 반도체 칩이 된다.

한 장의 웨이퍼에는 보통 수십~수백 개의 다이가 있고, 따라서 수십~수백 개의 반도체 칩이 생산되는데, 제조 과정 중 조그만 먼지가 내려앉는 것만으로도, 그 부분의 칩은 불량품이 될 수도 있기 때문에 반도체 제조 환경은 매우 청정하게 유지되는 것이 중요하고, 웨이퍼 가공이 모두 끝난 후에는 반드시 모든 다이들을 일일이 검사해야 한다.

웨이퍼 한 장의 가공을 완료하는 데는 일반적으로 몇 주 씩이나 걸리는데, 값비싼 장비를 사용해 가공한 웨이퍼에 불량 다이들이 많으면 많을수록 해당 웨이퍼에서 얻을 수 있는 수익이 그만큼 줄어들므로 반도체 사업에서는 양품 다이의 비율, 즉 수율을 향상시키는 것이 수익성을 높이는 데 무엇보다 중요하다.

또한 웨이퍼의 크기에 관계없이 한 장의 웨이퍼를 가공하는 데 걸리는 시간은 비슷하기 때문에 웨이퍼의 크기는 클수록, 다이의 크기는 작으면 작을수록 한 번의 가공으로 여러 개의 반도체 칩을 만들어 낼 수 있으므로 수익성 측면에서 유리하다.

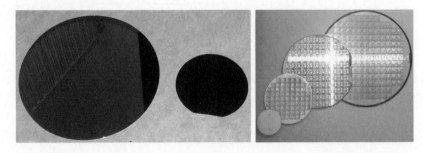

팹에서 가공하기 전의 순수한 실리콘 웨이퍼(좌)와 가공이 끝난 다양한 사이즈(2, 6, 8, 12인치 지름)의 웨이퍼(우). 반도체 칩은 지구상에서 가장 풍부한 원소인 실리콘을 순수하게 정제하여 만든 원형판(웨이퍼) 위에 광학, 화학, 물리학적 기법을 정교하게 적용하여 만들어 낸다. 가공을 하기 이전의 웨이퍼에는 회로의 패턴이 새겨진 사각형 무늬(다이)가 보이지 않아 마치 거울과 같지만, 가공이 끝난 웨이퍼에는 수십 개의 사각형(다이)가 새겨지고, 각 다이에는 회로를 구현하는 수십 개의 층이 누적되어 있다. 가공이 끝난 웨이퍼상에 보이는 수십 개의 사각형 다이 하나하나가 잘라져서 패키징 공정을 마치면 반도체 부품이 된다.(©User: Hebbe/Wikimedia Commons/CC-BY-SA-3.0/GFDL)

246

회로를 구성하는 선의 폭을 줄이면, 다이의 크기를 근본적으로 줄이고 전자의 이동 거리를 줄여 동작 속도도 높일 수 있다. 회로의 선폭을 줄이거나 웨이퍼의 크기를 늘리면, 웨이퍼 한 장당 생산되는 칩의 수를 늘릴 수 있지만, 높은 수율을 유지하는 것이 힘들어지고, 가공을 위해 더 비싼 장비들을 필요로 한다는 단점도 있었다.

모리스 창과 TSMC의 창업

TSMC의 창업에 지대한 역할을 한 모리스 창Morris Chang은 1931년 기업가 정신과 실용주의적 상업문화로 유명한 중국의 저장浙江 지방에서 태어났다. 그는 중국이 공산화될 무렵인 1940년대 중반 미국으로 건너가 MIT를 졸업했고, 이후 스탠포드대에서 전기공학 박사를 받았으며, 텍사스 인스트루먼트에서 25년간 반도체 사업에 종사하며 부회장직까지 올랐던 인물이었다.

"약 50년 정도되는 반도체 산업의 역사를 돌이켜 볼 때, 나는 산업을 완전히 바꾸어 놓은 5개의 기술 혁신과 하나의 사업 모델 혁신이 있었다고 봅니다. 5개의 기술 혁신은 트랜지스터, 집적회로, 무어의 법칙, MOS 기술, 그리고 마이크로프로세서입니다. 사업 모델의 혁신은 파운드리 사업 모델과 그 이란성 쌍둥이인 팹리스 사업 모델입니다."
: 모리스 창 :

1985년, 54세였던 창은 대만의 반도체 산업 육성을 맡아달라는 대만 정부의 요청을 받고 귀국하여 대만의 국책 연구기관 ITRIIndustrial Technology Research Institute의 원장을 맡았다. ITRI는 1983년부터 초고집적회로VLSI 개발 프로젝트를 시작했고, 창이 원장으로 부임할 무렵인 1985년에는 2마이크로미터(μm, 10^{-6}m) 공정 기술을 사용해 반도체를 시범 생산 할 수 있을 정도의 역량을 보유하고 있었다.

그 무렵의 최첨단 공정이 1마이크로미터 공정 기술이었던 것을 감안하면, ITRI가 보유한 기술은 뒤떨어진 편이었다. 하지만 대만 정부는 이를 바탕으로

국제적으로 경쟁력이 있는 반도체 제조 기업을 만들어 내고자 했고, 이를 맡을 핵심 인물로 세계 반도체 산업에 정통한 모리스 창을 지목한 것이었다.

당시 대만에는 건설에 많은 비용이 들어가는 반도체 제조 시설인 팹을 보유하지 못하고, 반도체 설계만을 전문으로 하는, 팹리스Fabless라 부르는 반도체 기업들만이 다수 존재했다. 팹리스 기업들은 컴퓨터를 이용해 반도체 칩을 설계만 할 뿐, 실제 제조는 팹을 보유한 업체에 맡겼다. 대부분의 대만 팹리스 업체들은 NEC 같은 일본 반도체 업체들에 제조를 위탁하고 있었는데, 그 이유는 일본 업체들이 미국이나 유럽의 업체들보다 제조 및 품질 관리 능력이 높아서 더 높은 수율을 냈기 때문이다.

창이 오랜 기간 근무했던 텍사스 인스트루먼트는 미국과 일본 양쪽 모두에 팹을 운영했기 때문에 창은 일본 업체의 수율이 높은 이유가 일본인들의 철저한 직업윤리와 훌륭한 기술교육, 낮은 이직률과 높은 애사심 등에서 비롯된 것이라는 것을 잘 알고 있었다. 창은 대만인들 역시 일본인들이 갖고 있는 이러한 장점들을 갖고 있기 때문에 대만도 반도체 제조업에서 성공할 수 있다고 굳게 믿고 있었다.

대만 업체들의 반도체 생산을 대행해주던 일본 업체들은 자신들의 제품도 제조, 판매했기 때문에 자신들의 제품을 최우선적으로 먼저 생산한 후 여유 능력이 있을 때에만 대만 업체들의 반도체를 제조해주곤 했다. 이 때문에 대만 팹리스 반도체 업체들은 가장 수요가 높은 성수기에 제품을 확보하지 못해 판매 기회를 놓치거나 매우 불리한 조건으로 일본의 제조업체들과 거래할 수밖에 없었다.

창은 대만 반도체 업계의 이러한 상황에 주목하고, 반도체의 제조만을 전문으로 하는 순수 파운드리Foundry 기업을 설립하여 팹리스 업체들과의 동반 성장을 통해 대만 반도체 산업을 육성하고자 했다.

하지만 당시까지만 해도 반도체의 제조에만 집중하는 순수한 파운드리 기업은 존재하지 않았고, 많은 전문가들도 파운드리 사업 모델은 성공하지 못할 것이라 보았다. 당시에도 반도체 설계와 판매에만 집중하는 팹리스 기업들이 다수 존재하기는 했지만 이들이 당시 반도체 산업계에서 차지하는 비중은 미미했다.

수요의 대부분은 팹을 보유하고, 설계에서 제조를 모두 자체적으로 수행하는 종합 반도체 업체, 즉 IDMIntegrated Device Manufacturer 업체들에게서 나왔다. 대부분의 IDM 업체들은 수요가 자신의 공급 능력을 초과할 때는 파운드리에 제조를 위탁하겠지만, 수요가 공급에 미치지 못할 경우에는 자신들의 팹에서 스스로 제조했다. 따라서 자신의 제품이 없이 다른 기업에게 제조 서비스만을 제공하는 순수 파운드리 업체는 꾸준한 수요를 확보하지 못해 고정비의 비중이 큰 반도체 사업에서 이익을 낼 수 없을 것이라는 생각이 일반적이었다.

모리스 창도 이러한 점을 잘 인식하고 있었고, 안정적인 수요를 확보하는 것이 파운드리 사업에서 성공하기 위한 핵심 열쇠라 보았다. 창은 규모가 미미한 대만의 팹리스 업체들의 수요만을 바라보기보다는 국제적인 반도체 기업과 합작 회사를 설립해 주문 물량을 확보하는 것이 좋겠다고 생각했다.

창은 10개 이상의 국제적인 반도체 업체들과 접촉했지만, 이들은 기술이 뒤처진 대만 기업과의 합작에 큰 흥미를 보이지 않았다. 하지만 때마침 일본 전자 업체들의 공세에 힘겹게 맞서면서 재무 상황이 악화됐던 네덜란드의 다국적 전자 기업 필립스가 합작을 통한 구조 조정의 기회를 활발히 모색하고 있었다. 필립스는 반도체 합작 기업을 설립하자는 대만 정부의 제안에 응하기로 했다.

1987년 2월 1일, 대만 정부와 필립스의 합작 기업인 TSMCTaiwan Semiconductor Manufacturing Company가 설립됐다. TSMC는 ITRI가 위치한 곳이기도 한 타이베이에서 남서쪽으로 1시간 정도 거리에 자리 잡은 신주 과학 단지에 위치했는데, TSMC는 창업 당시 ITRI로부터 건물과 대지, 장비뿐만 아니라 기술 인력, 공정 기술 노하우 등을 이전받아 빠르게 사업을 진행할 수 있었다.

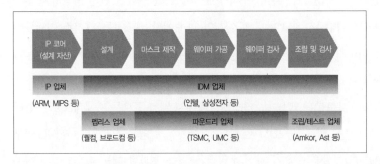

반도체 업계 가치사슬 구조: 반도체 관련 업체들은 담당하는 제조 공정에 따라 종합 반도체(IDM), 팹리스, 파운드리, 조립 및 검사 전문업체 등으로 구분될 수 있다. 종합 반도체 업체는 자체적인 설계 기술과 제조 시설을 보유하고 설계부터 제조에 이르는 전 과정을 수행하고, 파운드리 업체는 외부 업체의 위탁을 받아 칩 생산만을 전문적으로 수행한다.

TSMC의 성장

TSMC는 대만 반도체 업계에 안정적인 제조 서비스를 제공함으로써 대만 반도체 산업을 발전시키는 촉매제 역할을 훌륭히 수행했다. TSMC가 설립된 1987년경에 일반적인 규격이었던 지름 6인치 웨이퍼를 가공하는 팹 하나를 건설하는 데 드는 비용은 2억 달러가량이나 됐지만, 1987년 대만 팹리스 업체 30여 개 전체의 매출액을 다 합쳐도 2,500만 달러에 불과할 뿐이었다.

그러나 5년 후인 1992년, 대만의 팹리스 반도체 기업은 59개로 늘어났고,

전체 매출 규모도 3억 4,000만 달러 수준으로 대폭 성장했다. 이러한 대만 팹리스 업계의 성장은 TSMC의 안정적인 물량 공급과 함께 대만이 PC 생산 기지로 부상하면서 대만 내 반도체 부품 수요가 높아진 것이 맞물린 결과였다.

TSMC는 창립 초기에 대만의 팹리스 업체들 및 필립스의 반도체를 제조하는 것에 초점을 두었지만, 점차 전 세계의 팹리스 기업들이 선호하는 파운드리 전문 기업이 되어 갔다. 팹리스와 파운드리 업체는 모리스 창이 쌍둥이로 비유할 정도로 서로가 서로를 필요로 하며 동반 성장해 나가는 불가분의 관계였다.

팹리스 기업들은 파운드리에 제조를 위탁함으로써 변동이 심한 반도체 산업에서 고정비 지출로 인한 부담 없이 기술 개발에만 전념해 혁신적인 제품을 개발함으로써 지속적으로 높은 이익을 누리며 성장해 나갈 수 있었다.

TSMC는 창업 후 5년간은 공격적으로 설비를 확장하기보다는 웨이퍼 검사, 포토 마스크 제작, 반도체 설계 용역 등과 같은 서비스를 확대하고, 1마이크로미터 공정 기술을 도입하는 등 내부 역량을 높이는 데 초점을 두었다. 이후 파운드리 사업 운영에 어느 정도 자신감이 붙은 TSMC는 1992~1994년 사이 반도체의 수요가 급증하고, 전 세계적으로 반도체의 공급 부족 현상이 나타나기 시작하자 1994년부터 공격적인 확장 전략을 펼쳐 나가기 시작했다.

팹리스 기업들뿐만 아니라 IDM 업체들도 부족한 공급 능력을 메우기 위해 파운드리 업체에 제조를 위탁하기 시작했고, 파운드리에 대한 수요는 지속적으로 성장할 것이 예상됐기 때문이었다.

TSMC는 1995년에 8억 달러를 투자한 새로운 팹을 완공해 1993년 대비 생산 능력을 거의 2배로 늘렸다. TSMC의 팹은 풀가동됐고, 창업 7년차가 되는 1995년에 TSMC는 매월 100만 장 이상의 웨이퍼를 생산하며, 매출 10억 8,800만 달러에 5억 6,700만 달러의 순이익이라는 반도체 업계 최고 수준의 이익률을 내며 순항했다.

TSMC는 팹 건설에 필요한 막대한 투자 자금을 조달하기 위해 1994년에 대만 증시에 상장했고, 일부 고객들로부터 공급을 보장해주는 조건으로 선금을 받아 팹 건설 자금에 사용했다. 1996년 중반에는 미국의 아날로그 디바이스 및 ISSI와 합작으로 미국의 워싱턴 주에 웨이퍼테크WaferTech라는 파운드리 기업을 설립했고, 1996년 4월에는 주식 예탁 증서DR 발행을 통해 대만 기업 최초로 미국의 뉴욕 증시에서 5억 달러 이상의 투자 자금을 모으기도 했다.

공격적인 확장 정책

TSMC의 투자 원칙은 수요의 변동에 유연하게 대응하고, 납기를 철저히 유지하기 위해 수요보다 10% 정도 많은 생산 능력을 보유하도록 한다는 것이었다. 하지만 1999년에는 반도체 수요가 전년대비 80%나 급증하여 도저히 수요를 따라잡기 힘들어지자 TSMC는 다른 기업들을 인수함으로써 최단 기간 내에 생산 능력을 확보하는 것에 나섰다.

TSMC는 2000년, 대만의 컴퓨터 업체 에이서Acer의 반도체 사업 부문을 10억 7,000만 달러에 인수하는 한편, 대만 제3의 파운드리 업체였던 WSMC마저 인수해 2개의 8인치 웨이퍼 팹을 추가 확보했다. 이로써 TSMC는 연간 280만 장이었던 생산 용량을 340만 장으로 약 20% 가까이 증설할 수 있었다.

2000년에는 신주에서 2시간가량 떨어져 있는 타이난에도 8인치 웨이퍼를 가공하는 팹 6을 건설했고, 2001년에는 20억 달러를 투자해 신주 과학단지 내에 12인치 웨이퍼를 가공할 수 있는 최신식 팹을 건설해 최첨단 공정의 연구 개발과 생산에 사용했다. 또한 필립스와 합작으로 SSMC라는 기업을 설립해 싱가폴에도 진출했다.

이렇게 TSMC가 매우 공격적인 확장 기조를 가져가던 무렵인 1999년 9월 21일, 대만에 역사상 최대 규모의 지진이 발생했다. 많은 이들은 TSMC에도 큰 타격이 있을 것으로 예상했지만, 대만의 전력 시스템은 일주일만에 신속히 복구됐고, TSMC도 90%의 가동률을 곧 회복해냈다. 대만에 지진이 발생한 1999년에도 TSMC는 235억 달러의 매출에 7억 9,200만 달러의 이익을 기록해 33%라는 높은 이익률을 유지했다.

하지만 2001년에 경기 침체와 전자 제품 수요 감소 등으로 반도체 업계 최악의 불황이 닥쳤을 때는 TSMC도 그 여파를 피할 수 없었다. 가동률은 50% 밑으로까지 떨어졌고, 매출액은 전년대비 24%, 영업 이익은 전년대비 80%나 감소하여 TSMC는 투자를 중단하며 버텨내야 했다.

UMC를 비롯한 경쟁업체들이 대부분 적자를 기록한 것에 비하면 선전한 편이었지만, TSMC의 2001년 영업 이익률은 10%밖에 되지 않았다. 그러나 2001년의 반도체 경기 침체로 말미암아 많은 반도체 업체들이 투자를 줄이는 대신 파운드리에 생산을 의존하는 경우가 더 많아졌기 때문에 2001년의 위기는 오히려 이후 빠르게 성장할 수 있는 기회가 됐다.

TSMC는 2004년부터는 대만의 남부에 위치한 타이난에 12인치 웨이퍼용 팹의 건설을 완료하는 등 다시금 확장 모드로 전환했다. 특히 12인치 웨이퍼 가공 시설인 신주의 팹 12와 타이난의 팹 14는 최첨단 공정 기술을 보유했을 뿐만 아니라 그 규모도 엄청나서 각각 월 10만 장 이상의 12인치 웨이퍼 생산 능력을 가진 소위 기가팹Giga Fab이었다. 이러한 엄청난 팹의 규모는 연구 개발의 효율성도 높여주었을 뿐만 아니라 개별 제품의 수요 급락이나 수요 급등과 같은 수요 변동을 흡수하는 역할도 해주었다.

TSMC는 2004년에 중국 상하이에 월 3만 2,000장의 8인치 웨이퍼를 가공하는 팹을 건설하며, 중국 본토에도 진출했다. 그러나 세계 파운드리 시장을 평정한 TSMC도 중국에서는 20% 미만의 점유율만을 차지하며 고전했다. TSMC는 최첨단의 기술과 우수한 서비스를 바탕으로 프리미엄 가격을 받는 사업 모델이었던데 반해, 중앙 정부와 지방 정부의 적극적인 후원으로 설립된 중국의 파

TSMC의 생산 시설 및 생산 용량

양산 개시	위치	FAB 이름	웨이퍼 지름	생산 용량 (장/월)	최고 미세 공정 (마이크로미터)
1990	신주	2	6인치	85,767	0.45
1995	신주	3	8인치	102,173	0.15
1997	신주	5	8인치	42,740	0.15
1998	신주	8	8인치	85,737	0.11
1998	미국(워싱턴)	웨이퍼테크	8인치	36,500	0.15
2000	타이난	6	8인치	96,282	0.11
2000	싱가포르	SSMC	8인치	21,907	0.15
2001	신주	12	12인치	117,964	0.028
2004	타이난	14	12인치	172,092	0.04
2004	중국(상하이)	10	8인치	77,500	0.15
2012	타이중	15	12인치	-	0.023

(2011년 말 기준, TSMC 연차 보고서를 재구성)

운드리 업체들은 2~3세대 지난 기술을 초저가에 제공하는 가격 공세를 펼쳤기 때문이었다.

TSMC의 전략

모든 기업들이 원하는 높은 이익률과 높은 성장률의 동시 달성이라는 성과를 TSMC가 이룰 수 있었던 바탕에는 운영의 효율과 기술 리더십, 우수한 고객 서비스라는 세 가지 핵심 역량에 집중하는 명확한 전략과 철저한 실행이 있었다.

"우리의 경쟁력을 좌우하는 세 가지 힘은 기술, 제조, 그리고 고객과의 파트너십이며, 이 세 가지는 삼위일체의 힘이라 할 수 있습니다."
: 모리스 창 :

핵심 역량 1: 제조 효율성

TSMC는 창업 초기에 가동률을 높이고 수익성을 확보하며, 높은 수준의 수율을 지속적으로 유지하는 운영의 효율성에 최우선순위를 두었다. 고정비 비중이 큰 반도체 제조업의 특성상 가동률을 높이는 것은 수익성 확보를 위해 무엇보다 중요했기 때문이었다.

필립스와 합작을 한 것도 주문을 확보함으로써 가동률을 높이기 위한 조치였다. 이 밖에도 가동률을 높이기 위해 설비 간 호환성을 높이고 유연성을 높이며, 초기에는 팹들을 표준화하고 신주 과학단지 내에만 건설해 서로 근접한 거리에 있도록 함으로써 한 팹에서 일시적인 문제로 말미암아 병목 현상이 발생한 경우 다른 팹의 시설로 대체하는 것이 가능하도록 했다. TSMC의 이러한 팹 클러스터링 전략은 지진이나 용수 부족과 같은 지역적인 문제가 발생했을 때에는 피해가 더 커진다는 문제점도 있었지만, 자원을 공유하고 설비의 효율성을 높임으로써 가동률을 높이고, 고객의 주문량이 급증했을 때 효과적으로 대처할 수 있게 해주는 방안이었다.

TSMC는 수율을 높이기 위해 일본 기업들의 품질 관리 방식을 적극적으로 벤치마킹했고, 이와 더불어 팹에 투입하는 기술자들의 수를 대폭 늘렸다. 제조 현장에 투입된 기술자들은 협력하여 수율 문제를 해결하고, 오래된 장비들을 첨단 공정에 투입할 수 있도록 개선하거나 수명을 연장시켜 수익 창출에 크게 기여했다. 대만의 교육 시스템은 우수한 기술자들을 많이 배출해냈고, TSMC는 높은 수준의 임금과 이익 공유 프로그램 등을 제공해 우수한 기술 인력을 확보하고 이직률을 낮춤으로써 기술을 축적해 나갔다.

파운드리 사업의 특성상 TSMC는 수율 문제가 발생했을 때 고객으로부터 도움을 받을 수도 있었다. TSMC의 고객인 반도체 기업들은 TSMC가 수율을 높이면 자신의 이익도 높아지게 되므로 프로세스 기술자들을 TSMC에 파견하여 수율 문제의 원인을 파악하고 해결하는 것을 도와주었다. 이러한 과정에서 TSMC는 수율을 높일 수 있는 선진 기법을 취득하고 제조 역량을 점점 발전시켜 나갈 수 있었다. TSMC는 수율 문제의 원인을 파악하고 문제를 해결하는 능력이 탁월하다는 평을 얻게 됐다.

첨단 기술을 적용한 반도체 칩의 가치가 가장 높은 시점은 출시한 직후였고, 경쟁사들이 유사한 제품을 출시하기 시작하면 반도체 칩의 가격은 빠르게 하락했다. 하지만 신제품을 개발한 직후에는 제조 경험이 부족하여 수율이 저조했고, 충분한 물량을 공급할 수 없는 것이 일반적이었다.

TSMC에 제조를 위탁하면 빠른 시일 내에 수율을 높일 수 있다는 점은 반도체 업체들에게는 매우 높은 가치가 있는 것이었다. 가장 가치가 높은 시기에 더 많은 제품을 판매할 수 있었기 때문이다.

TSMC는 설계와 제조 공정을 통합해 대량 생산 과정에서 수율을 높이기 위해 설계 단계부터 고객들과 적극적으로 협력했다. TSMC는 필요한 경우 기술자를 고객사에 파견해 고객들이 TSMC의 팹에 설계를 최적화하는 것을 도왔다.

때로는 6개월 이상 기술자를 고객사에 파견해야 할 경우도 있었기 때문에 이는 상당한 비용을 수반했지만, TSMC는 이를 통해 더 높은 수율을 얻을 수 있었을 뿐만 아니라 고객들이 경쟁 파운드리 업체로 옮겨가는 것을 힘들게 하는 부수적인 효과도 얻을 수 있었다.

높은 수율을 달성할 수 있는 역량과 설계 단계부터의 협력으로 말미암아 많은 고객들은 TSMC가 경쟁 파운드리 업체보다 웨이퍼 한 장당 10~30%까지 높은 가격을 청구해 높은 이익을 올렸음에도 불구하고 제조를 TSMC에 위탁하는 것이 경제적으로 더 이득이라는 판단을 했다. TSMC 고객들의 약 80%가량은 오직 TSMC에만 제조를 위탁했다.

핵심 역량 2: 기술 리더십

TSMC는 ITRI에서 개발한 2마이크로미터 공정을 기반으로 시작했고, 1991년부터는 1마이크로미터 이하의 공정 기술을 개발하기도 했지만, 1990년대 초반까지 선두 IDM 업체들보다 공정 기술에 있어서는 뒤처져 있었다. 따라서 TSMC는 운영의 효율성을 어느 정도 확보한 1990년대 이후에는 기술 리더십 확보에 초점을 맞추고, 높은 수준의 제조 및 개발 엔지니어들을 계속 채용했으며, 연구 개발에도 많은 투자를 했다.

그 결과 TSMC는 1995년에 0.5마이크로미터 공정 기술을 확보해 선두권 반도체 기업들과의 공정 기술 격차를 거의 없앴고, 1999년경에는 최첨단 기술의 출시 일정인 국제 반도체기술 로드맵(ITRS)을 따라잡았으며, 2003년에는 90나노미터(0.09마이크로미터) 공정 기술을 개발해 반도체 산업의 공정 기술을 리드하기 시작했다.

TSMC가 최신 공정 기술을 보유하게 되자 팹리스뿐만 아니라 IDM 업체 고객들도 많아졌다. IDM 업체들은 원래 최신 제품은 자신이 보유한 팹에서 먼저 생산한 후 일정 시간이 지나고 나서야 파운드리에 제조를 위탁하곤 했다. 최신 기술을 사용한 제품의 제조를 파운드리에 위탁하면 자신들이 개발한 기술이 경쟁 기업에 넘어갈지도 모른다고 생각했기 때문이었다.

그러나 TSMC가 공정 기술의 리더로 부상하게 되자 필립스, ST마이크로, 모토롤라 등 선두권 IDM 업체들도 우선 TSMC에서 생산을 시작하여 제조 과정에서의 문제점들을 상당수 해결하고, 그런 다음 자신의 팹으로 가져가 대량 생산을 하는 경우가 많아졌다.

최신 기술의 팹을 건설하는 데 필요한 비용과 최첨단 공정 기술을 개발하는 데 들어가는 비용이 엄청나게 증가하면서 모토롤라나 텍사스 인스트루먼트 같이 전통적으로 자신의 팹을 보유했던 IDM 업체들도 점차 TSMC 같은 파운드리 업체에 개발과 제조의 상당부분을 의존하는 팹라이트 사업 모델로 전환하는 경우가 많아졌다. 이로 말미암아 TSMC 같은 대형 파운드리 업체가 누리는 규모의 경제 효과는 더욱 커졌다.

핵심 역량 3: 서비스 리더십

TSMC의 임직원들은 자신들의 본업이 제조업이라기보다는 고객에게 제조 서비스를 제공하는 서비스업이라고 인식하고 있었고, 고객들에게 다양하고 혁신적인 서비스를 개발하여 제공함으로써 파운드리 사업의 표준을 만들어 나갔다. TSMC가 특히 중점을 둔

> "파운드리 사업에서 우리가 배운 가장 중요한 교훈은 이 사업이 제조가 아니라 서비스 지향의 사업이라는 것입니다. 우리는 우리 자신을 서비스 회사로 만들기 위해 많은 노력을 하고 있습니다."
> : 모리스 창 :

것은 고객들이 적기에 제품을 출시해 제품의 가치가 가장 높을 때 최대한 많이 판매할 수 있도록 하는 것이었는데, 이를 위해 설계에서부터 실제 반도체 칩의 제작까지 걸리는 시간과 시제품 제작 이후 대량 생산까지 걸리는 기간을 최대한 단축하는 서비스에 특별히 초점을 두었다.

가령 TSMC의 고객들인 반도체 업체들은 시놉시스Synopsis나 케이던스Cadence 등의 업체에서 제공하는 EDAElectronic Design Automation라는 반도체 설계용 소프트웨어를 사용해 반도체를 설계했는데, TSMC는 이들 EDA 소프트웨어를 사용해 설계된 반도체가 TSMC에서 실제로 제조되는 데 문제가 없도록 보장하기 위해 EDA 업체들과도 긴밀한 협력 관계를 구축했다.

또한 설계를 반도체로 구현하는 데 문제가 없는지 검증하기 위해서는 필수적으로 제작해야만 하는 포토 마스크의 제작 기간을 단축하기 위해 포토 마스크를 제조하는 사업도 시작했고, 파운드리 사업의 성장과 함께 TSMC는 세계

최대 규모의 포토 마스크 제조 기업이 됐다.

고객들과의 협력 수준을 높이기 위해 TSMC는 인터넷을 전략적으로 잘 활용했다. TSMC는 1990년대 말부터 고객들이 TSMC의 팹을 자신의 팹과 다를 바 없이 생각할 수 있도록 한다는 버추얼 팹Virtual Fab을 표방하며, e파운드리라는 인터넷 기반의 서비스를 제공하기 시작했다.

e파운드리는 가공 중인 웨이퍼 한 장 한 장에 대한 상황을 매일 3회씩 고객들에게 업데이트해주는 TSMC 온라인, 수율 데이터 및 분석 결과를 제공하는 TSMC YESYield Enhancing Solution, 제작된 포토 마스크로 반도체를 생산한 결과를 상세히 알려주는 TSMC 잡뷰Job View 등의 서비스를 제공했다.

특히 웨이퍼 가공 상황을 상세히 알려주는 TSMC 온라인은 90% 이상의 고객들이 활발히 사용할 정도로 인기가 높았고, TSMC YES도 전 세계에 산재한 고객들에게 공통된 데이터와 도구를 제공하여 수율을 신속히 개선하고 대량 생산까지 걸리는 시간을 단축할 수 있도록 해주어 매우 요긴했다. TSMC가 제공하기 시작한 이러한 인터넷 기반 서비스들은 곧 파운드리 업체들이라면 누구나 고객 만족을 위해 반드시 제공해야만 하는 표준적인 서비스로 자리 잡았다.

이러한 고객 지향적인 운영과 시스템에 더해 TSMC 서비스 리더십의 핵심에는 고객들에게 제공하는 다양하고 독특한 부가가치 서비스들이 있었다. 매출의 대부분은 웨이퍼 제조에서 나왔고, 부가가치 서비스에서 얻는 수익은 미미한 수준이었지만, TSMC는 부가가치 서비스가 고객들부터 주문을 받고, 기존 고객들을 유지하는 데 핵심적인 요인이 된다고 보았다. IP 라이브러리 인증 및 평가, 멀티 프로젝트 웨이퍼(MPW: Multi-Project Wafer), 급행 제조 서비스 등은 고객들이 가장 큰 관심을 갖고 있는 개발 기간 단축과 개발 비용 절감에 많은 도움을 주는 핵심적인 부가가치 서비스였다.

핵심 서비스 1: IP 코어 인증 및 평가

설계 기술과 제조 기술이 발달하면서 개별 기능을 수행하는 반도체 칩의 크기는 점점 줄어들었고, 이에 따라 다수의 반도체 칩들을 하나의 칩상에서 구현하는 시스템-온-칩 반도체가 점차 보편화돼 갔다. 하지만 SoC를 만들기 위해 필요한 여러 분야의 기술 역량과 자원을 모두 보유하고 있는 기업들은 매우 적었고, 역량과 자원을 갖추고 있다 하더라도 빠르게 변화하는 시장의 수요에 맞춰 적기에 제품을 개발해내는 것은 매우 어려웠다.

이에 따라 반도체 설계 시 일부분으로 사용할 수 있는 IPIntellectual Property 코어라 부르는 회로 모듈의 설계만을 전문적으로 하는 반도체 기업들이 생겨났다. IP 코어를 개발하는 사업 모델은 반도체 칩 자체를 설계하는 것이 아니라 다양한 칩의 설계에 일부로 사용할 수 있는 재사용 가능한 회로 모듈을 설계한다는 점에서 팹을 보유하지는 않지만 반도체 칩의 설계와 판매를 담당하는 팹리스와는 또 다른 사업 모델이었다.

IP 업체들은 사용료를 받는 조건으로 자신들이 개발한 IP 코어 설계를 반도체 업체들에게 문서 및 지원 서비스와 함께 제공했고, 반도체 업체들은 개발 시에 IP 업체들이 제공하는 IP 코어를 활용하여 개발 기간을 단축하고, 기술의 세대가 바뀔 때마다 다시 개발하는 데 드는 비용도 절감할 수 있었다. 많은 IP 코어들은 특성이 잘 알려져 있고, 오류도 적었기 때문에 팹리스와 IDM을 불문하고 반도체 설계 시 IP 업체가 제공하는 IP 코어를 사용하는 것이 점차 보편화됐다.

TSMC는 IP 업체들이 자신의 팹에 특화된 IP 코어를 개발하도록 개발 자금을 지원하기도 하고, IP 코어가 자신의 팹에서 실제로 성공적으로 구현될 수 있는지 검증하고 평가하는 프로그램도 제공했다. 모든 IP 코어가 TSMC의 팹에서 처음부터 구현에 성공되는 것은 아니었고, 대부분 수차례의 시행착오와 수정이 필요했기 때문이었다.

IP 코어는 그 종류만 해도 수십 개였고, 각 종류마다 복수의 IP 업체가 존재하며, 한 IP 업체가 제공하는 동일한 종류의 IP에도 사용된 공정 기술에 따라 다른 버전들이 있었기 때문에 IP 코어의 검증 및 평가는 비용이 매우 많이 소요되는 작업이었다. 그럼에도 불구하고 TSMC는 우수한 IP를 사용해 설계한 반도체 칩을 자사의 팹에서 제조할 수 있도록 만들어 자신을 반도체 비즈니스 생태계의 중심으로 만들기 위해 IP 코어의 검증은 반드시 필요한 투자라고 보았다.

핵심 서비스 2: 사이버 셔틀(멀티 프로젝트 웨이퍼)

앞에서 설명한 바와 같이 반도체 칩을 제조할 때에는 포토 마스크를 이용해 사진을 현상하듯이 이미지를 반도체 웨이퍼에 새겨 넣고, 패턴대로 웨이퍼를 깎아 내거나 덮어 씌워서 웨이퍼에 하나의 계층을 만든다. 최종적으로 반도체 칩을 완성하기 위해서는 이러한 계층을 몇 십 개나 쌓아 올려야만 하기 때문에 하나의 반도체 칩에 필요한 마스크의 수는 일반적으로 수십 장이나 됐다.

TSMC의 고객들은 반도체의 설계가 끝나면 실제로 이를 검증해보기 위해 일단 마스크 세트를 제작해 시험 제작을 했고, 그 결과를 바탕으로 설계를 변경하게 되면 마스크도 다시 제작해야 했다. 반도체 제조 공정 기술이 점점 더 미세해지면서 마스크의 비용과 가격은 높아졌고, 고객들의 개발비 중 마스크가 차지하는 비중도 증가했다. 단순한 기술의 경우에도 마스크 제작에는 1만 달러 이상이 들었고, 최신의 기술을 적용한 반도체 칩을 개발할 때는 마스크 제작 비용만 100만 달러를 넘어가는 경우도 많았다.

TSMC는 개발 시 마스크 제작에 소요되는 고객들의 비용을 절감하기 위해 '사이버 셔틀'이라는 서비스를 제공하기 시작했다. 사이버 셔틀은 한 장의 마스크를 여러 고객들이 분할하여 사용할 수 있도록 하는 서비스로, 고객들은 TSMC가 '셔틀'이라고 부르는 공동 마스크의 제조 일정을 확인한 후 원하는 일정의 셔틀에 자신의 설계를 검증하기 위해 마스크의 특정 영역을 예약할 수 있었다. 셔틀을 공동으로 이용하는 고객들은 전체 마스크 세트에 대한 비용을 분담하므로 설계 시 소요되는 마스크 제작 비용을 절감할 수 있었다.

TSMC는 IP 코어 검증을 위해 자체적인 수요가 많았기 때문에 사이버 셔틀을 자주 운영할 수 있었고, TSMC도 셔틀 프로세스를 이용해 다수의 IP들을 하나의 마스크를 사용해 검증함으로써 IP 검증에 소요되는 비용을 절감할 수 있었다.

핵심 서비스 3: 슈퍼-핫-랏(급행 제조)

실리콘 웨이퍼를 가공해 반도체 칩을 완성하는 데 필요한 기간은 4주 이상이 걸리는 것은 보통이었고, 최신 공정을 사용한 경우는 심지어 석 달까지도 걸렸다. TSMC는 여러 가지 이유로 매우 빠른 가공 기간을 원하는 고객들을 위해 특별히 가공 기간을 매우 단축시켜주는 '슈퍼-핫-랏Super Hot Lot'이라는 서비스를 제공했다. 슈퍼-핫-랏 서비스로 생산되는 웨이퍼들은 제조 시 팹 내에서 특별대우와 높은 우선순위를 부여받아 일반적인 가공 기간의 절반 정도의 기간 내에 가공이 완료됐다.

특정 웨이퍼를 슈퍼-핫-랏 서비스의 대상으로 삼아 특별대우를 하기 위해서는 다른 웨이퍼들의 생산을 희생해야만 했다. TSMC는 하나의 슈퍼-핫-랏 서비스를 받아들일 때마다 그 3~4배에 해당하는 웨이퍼 생산량이 줄어드는 것으로 추정했다. 따라서 TSMC는 슈퍼-핫-랏 서비스를 사용하는 고객들에게 일반적으로 2배가량 비싼 가격을 청구했지만, 이는 이익이 되는 서비스는 아니었다.

그럼에도 불구하고 TSMC가 슈퍼-핫-랏 서비스를 제공한 이유는 급행 제조 서비스 요청이 주로 개발한 반도체 칩을 대량 생산 전에 검증하는 단계에서 많이 들어왔기 때문이었다. TSMC는 고객들이 가장 초점을 두는 것이 개발 기간 단축과 적기 출시라는 것을 잘 알고 있었기 때문에 생산량의 희생을 감수하고서라도 이러한 급행 제조 서비스를 제공했고, 전략적 판단에 따라서는 고객들에게 슈퍼-핫-랏 서비스 제공에 따른 추가 비용을 청구하지 않는 경우도 있었다.

TSMC의 공급망 관리와 마케팅

TSMC는 창립 당시부터 실행에 초점을 둔 문화를 유지했는데, 확실한 실행을 위해서는 계획을 올바르게 세우는 것이 중요했다. TSMC는 이를 위해 개별 부서에서 독립적으로 수행하던 수요예측과 생산 용량 계획, 용량 할당 및 생산 계획 등의 업무를 2000년대 이후에는 중앙에서 통합하여 수행하기 시작했다.

파운드리 사업은 기본적으로 생산 용량을 판매하는 사업이므로 생산 용량 계획은 전체 계획 프로세스의 핵심이었다. TSMC는 정확한 생산 용량 계획을 위해 100명 이상의 기술, 제조 및 산업공학 전문가들로 구성된 전담 그룹을 운영하고, 고객에게 용량을 할당하거나 조정할 때에는 회사 전체의 관점을 갖고 중앙에서 통합적인 방식으로 이를 수행했다. TSMC는 특히 고객에게 약속한 납기 일자를 지키는 것에 가장 큰 초점을 두었는데, 고객들도 TSMC가 약속한 납기 일자를 바탕으로 이후의 자신들의 조립과 검사, 제조와 영업 활동 등의 일정을 결정했기 때문이었다. TSMC는 정확한 계획과 차질 없는 실행을 통해 고객들에 한 납기 약속은 반드시 지키는 것으로 이름이 높았다.

파운드리 사업의 성공을 위해서는 고객들과 장기적이고 긴밀한 관계를 맺고 유지하는 것이 중요했는데, 이를 위해서는 대인 접촉이 필수적이었다.

TSMC는 미국, 중국, 일본, 유럽 등 주요 고객사들이 위치한 지역에 지역 사무소를 개설했고, 특히 매출의 70%가량이 나오는 TSMC의 가장 큰 시장인 북미 지역을 위하여 TSMC는 실리콘밸리의 중심인 산호세에 사무소를 개설했고, 200명가량이나 되는 영업, 기술 마케팅, 고객 서비스 담당 인력을 운영했다.

지역 사무소는 기존 고객들과 TSMC와의 접촉 채널 역할을 담당하기도 했지만, 그 지역의 유망한 고객을 발굴하고 판매로 연결하는 책임도 졌다. 지역 사무소의 역할은 대만 본사와 긴밀하게 조율됐고, 이 때문에 지역 사무소에 배치된 영업 담당자는 대만을 자주 방문하고, 주간에는 고객들과 긴밀하게 협조하며, 야간에는 대만에 위치한 동료들과 조율하고 협력하는 바쁜 일정을 소화해야 했다.

파운드리 사업에서의 본격적인 경쟁의 시작

창립 이래 CEO직을 수행해 온 모리스 창은 2005년 7월 1일, 회장으로 경영 일선에서 물러났고, 1989년부터 TSMC에서 일해 온 COO 릭 차이Rick Tsai가 후임 CEO에 취임했다. 릭 차이의 취임 첫 해인 2006년, TSMC의 전년대비 매출액은 20%, 영업 이익은 40%나 향상된 좋은 실적을 거두었다. 하지만 2007년에는 매출액이 전년대비 2%밖에 성장하지 못했고, 금융 위기가 발생한 2008년에는 3%의 성장을 기록했다. 2009년에는 매출은 11%, 영업 이익은 12%나 감소했다.

"지금까지 반도체 산업에서 완전히 새로운 혁명적 발전은 없었습니다. 다만, 새로운 획기적인 응용처가 있어 왔을 뿐입니다. 반도체 업계는 PC가 처음 등장했을 때, PC가 킬러 앱이 될 것이라는 것을 알아차리지 못했고, 휴대전화가 등장했을 때에도 마찬가지였습니다. 따라서 우리는 새로운 킬러 앱이 무엇일지 예측하기보다는 반도체 산업에서 어떻게 경쟁하느냐에 초점을 두어야 합니다."
: 모리스 창 :

반도체 제조 공정이 점점 미세화되면서 TSMC는 수율을 향상시키는 데 큰 어려움을 겪었다. 2009년경의 최첨단 공정이었던 40나노미터 및 45나노미터 공정에서 TSMC는 좀처럼 수율을 높이지 못했고, 이 때문에 TSMC의 가장 큰 고객이자 창업 이래 매우 돈독한 관계를 유지해 왔던 그래픽 프로세서(GPU) 업체 엔비디아nVidia와 ATI는 모두 신제품 판매에 큰 차질을 겪었다. 2007년부터 시작한 65나노미터 공정에서는 3개 사분기만에 이를 전체 매출의 10%까지 끌어올렸지만, 2009년부터 시작한 40나노미터 및 45나노미터 공정이 전체 매출의 10%를 차지하기까지는 5~6개 사분기나 걸렸다.

파운드리 산업에서의 경쟁 지평도 변화하고 있었다. TSMC와 마찬가지로 ITRI에서 분사된 같은 신주 과학 단지 내에 위치한 대만의 경쟁 파운드리 업체 UMC는 오랜 기간 TSMC와 경쟁해 왔다. 하지만 이와 더불어 AMD가 세계 최대 규모의 국부펀드인 중동의 아부다비 국부펀드의 투자를 받아 제조 부문을 분사해 세운 글로벌 파운드리도 2010년 싱가포르의 파운드리 업체 차터드Chartered를 합병해 2위 업체인 UMC와 비슷할 정도로 덩치를 키우는 등 공격적인 투자로 괄목할 만한 경쟁자로 떠올랐다. 또한 2000년대 중반부터 파운드리 사업을 조금씩 해 오던 삼성전자도 2009년부터는 새로운 성장 동력을 찾아 파운드리 사업에 본격적으로 투자하기로 하고 IBM 및 글로벌 파운드리와 첨단 공정 기술을 공유하고 상호간 팹 호환성을 보장하는 '커먼 플랫폼'이라는 연합을 형성해 파운드리 사업에서 본격적인 경쟁에 나섰다.

심각한 위기라 판단한 TSMC의 창업자 모리스 창은 77세의 고령이었음에도 불구하고 2009년 6월, 전격적으로 CEO직에 복귀했다. TSMC는 2010년경 8인치 웨이퍼로 환산하면 월 100만 장이 넘는 세계 최대 규모의 생산 용량을 보유하고 있었고, 2010년 매출은 세계 2위의 파운드리 업체인 대만의 오랜 경쟁자 UMC와 세계 3위 업체인 글로벌 파운드리의 매출을 모두 합친 것의 2배가 될 정도로 파운드리 산업에서 압도적인 위상을 차지하고 있었다.

2010~2011년 세계 파운드리 업체 순위

순위		기업명	국적	매출(백만 달러)		전년대비 증감율(%)
2011	2010			2011	2010	
1	1	TSMC	대만	14,600	13,307	10
2	2	UMC	대만	3,760	3,965	-5
3	3	글로벌 파운드리	미국	3,530	3,510	2
4	5	삼성전자	한국	1.975	1,205	64
5	4	SMIC	중국	1,315	1,555	-15

(자료 출처: IC 인사이트)

하지만 창은 파운드리 사업에 다시 공격적인 투자를 감행할 것임을 밝혔고, 2010년에 대만의 중앙에 위치한 타이중에 새로운 12인치 팹을 건설하기 시작했다.

TSMC는 2011년 4분기부터 28나노미터의 제조 공정을 개시했는데, 높은 이익률을 유지하기 위해 수율을 올리기 어려운 최신의 28나노미터 공정에 보수적으로 투자하는 바람에 2012년에 28나노미터 공정의 수요가 5배 이상 급등하자 제조 수요를 맞추는 데 어려움을 겪었다. TSMC의 주요 고객인 엔비디아와 퀄컴은 TSMC로부터 28나노미터 공정에서 충분한 공급을 받을 수 없을 것으로 보이자 각각 삼성전자와 UMC 및 글로벌 파운드리에서도 반도체 칩을 제조하기로 결정했다.

제조 공정이 점점 미세화됨에 따라 새로운 공정을 개발하는 비용과 필요한 역량은 한 기업이 감당하기 어려울 정도로 계속 치솟았고, 더 많은 기업들이 불확실한 경제 상황에서 대규모 투자에 따른 리스크를 줄이기 위해 파운드리 업체에 제조와 공정 개발을 위탁했다. 이에 따라 TSMC는 2000년대에 반도체 산업의 성장률보다 더 높은 성장률을 달성하며 고속 성장해 왔다. 하지만 TSMC가 20년가량을 독주해 오던 파운드리 산업에서 마침내 본격적인 경쟁이 시작되는 것처럼 보였다.

삼성전자

전자업계 매출 1위, 메모리 반도체 및 TV 세계 1위

1987년에 선친 이병철 회장의 대를 이어 삼성그룹의 회장에 취임한
이건희 회장의 숙원은 당시 한국의 간판 기업이었던 삼성전자를
'세계 일류' 기업으로 만들어 내는 것이었다. 삼성전자는 이제 여러모로
살펴봐도 그야말로 명실상부한 세계 일류의 전자 기업으로 성장했다.
삼성 신화의 시작은 빠른 스피드의 개발과 적극적인 투자로 D램 사업의
최강자로 부상한 것이었다. 이때의 성공 경험은 플래시 메모리, LCD 등에서
세계적 수준에 올라서는 데 밑바탕이 되었다. 또한 IMF를 겪으며 체득한
위기의식과 디지털 시대에 적합한 유연함과 속도도 삼성을
휴대폰과 TV에서 세계 최고 수준의 기업으로 만드는 데 큰 역할을 했다.
삼성전자는 점점 더 모듈화, 전문화되어가는 IT 업계에서 부품과 완제품
모두에 걸쳐 강력한 경쟁력을 보유한 독특한 기업으로 자리 잡았다. 많은 도전을
성공적으로 극복해낸 삼성이 소프트웨어와 플랫폼 창출력, 표준 주도력에서의
약점을 어떻게 극복해 나가며 성장해 나갈 것인지가 주목되고 있다.

**강한 자가
아니라
적응하는 자가
살아남는다**

SAMSUNG

삼성전자 경영 현황 (2011년 12월 말 기준)

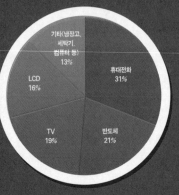

기타(냉장고, 세탁기, 컴퓨터 등) 13%
휴대전화 31%
LCD 16%
TV 19%
반도체 21%

총자산: 약 1,350억 달러
연간 매출액: 약 1,430억 달러

영업 이익: 141억 달러
(매출대비 10%, 자산대비 10%)
순이익: 119억 달러

주요 연표

1969
삼성전자 설립

1974
한국 반도체 인수

1983
반도체 산업 본격 진출 선언. 64K D램 개발 성공

1984
기흥 반도체 공장 건설. 64K D램 대량 생산 및 판매 개시

1986
텍사스 인스트루먼트, 집적회로 특허 침해로 삼성을
제소. 8,500만 달러 배상금 지급에 합의

1987
256K D램 양산 시작. 이병철 회장 타계,
이건희 회장 취임

1988
반도체 호황으로 누적 적자 해소.
삼성전자와 삼성반도체 합병. 4MD 램 개발

1992
세계 최초로 64M D램 개발.
D램 세계 시장 점유율 1위 달성

1993
이건희 회장, 프랑크푸르트 선언과 함께 질을 중시하는
'삼성 신경영' 도입 선언

1994
256M D램 세계 최초 개발

1995
LCD 디스플레이 패널 대량 생산 시작

1996
1G D램 세계 최초 개발. 윤종용 대표 취임

1997
아시아 외환위기로 2만 9,000명 감원.
20억 달러 이상의 자산을 매각

2002
LCD 패널 점유율 세계 1위 달성

2003
플래시 메모리 점유율 세계 1위 달성

2004
매출 552억 달러, 순이익 103억 달러 기록. 일본의 5대
전자 기업(소니, 파나소닉, 도시바, 히타치, 샤프)의
이익을 모두 합친 것보다 더 많은 이익을 기록.
소니와 LCD 패널 합작회사인 S-LCD 설립

2006
TV 세계 시장 점유율 1위 달성

2007
모토로라를 제치고 휴대전화 세계 시장 점유율 2위 달성

2009
최지성 대표 취임

2010
HP를 제치고 매출액 기준으로 IT 업체 중 세계 1위 업체
에 등극. 삼성 사상 최대인 144억 달러의 이익을 기록

2011
소니, S-LCD의 지분을 삼성전자에
모두 넘기고 합작 관계 청산

SAMSUNG

기술을 외부에 의존할 수밖에 없었던 초라했던 시작

제당과 모직 사업을 중심으로 하던 삼성 그룹은 1969년 사업 다각화를 위해 전자 산업에 진출하기로 했다. 삼성전자의 첫 번째

"성공의 세 가지 요체는 운(運), 둔 (鈍), 근(根) 입니다."
∷ 이병철 ∷

제품은 흑백 TV였다. 전자 사업에 대한 경험과 기술이 전무했었던 삼성은 이병 철 회장의 일본 인맥을 동원해 일본의 산요전기 및 NEC와 합작으로 기술을 도 입했고, 수입한 전자 부품을 조립해 파나마 등지로 수출했다.

삼성전자는 1980년대 무렵 TV, VCR, 전자레인지 등의 제품을 대량 생산하 고 수출하는 비교적 성공적인 가전 업체로 성장했다. 하지만 한국 시장을 제외 한 해외에서는 잘 알려진 해외 전자 업체들의 브랜드를 붙여 판매하는 주문자 상표 부착 생산OEM이 주를 이루었다. 삼성전자는 벌어들인 이익의 많은 부분을 연구 개발과 제조 기술 향상에 재투자하면서 역량을 꾸준히 키워 나갔다.

초기의 삼성전자는 대체로 외부에서 기술을 도입함으로써 품질을 높이고 경쟁력을 확보해 나갔는데, 전자레인지는 그 좋은 일례라 할 수 있다. 삼성은 1979년부터 전자레인지를 제조하여 판매하기 시작했지만, '마그네트론'이라 는 전자레인지의 핵심 부품은 일본 업체들에 의존해야만 했다.

핵심 부품을 일본 업체에 의존하는 구조로는 일본의 경쟁업체들을 결코 이 길 수 없다고 생각한 삼성전자는 어려움을 겪고 있었던 미국의 암페렉스Amperex 라는 회사의 마그네트론 제조 공장을 1983년에 인수하기로 했다. 삼성은 마그 네트론 제조 시설을 분해해 아예 통째로 한국에 들여옴으로써 마그네트론의 제조 기술과 생산 시설을 동시에 확보할 수 있었다. 핵심 부품인 마그네트론 제 조 기술과 시설을 확보한 덕분에 삼성은 일본 업체들의 견제를 뚫고 전자레인 지를 한동안 주요 수출 품목으로 삼을 수 있었고, 1980년대 후반에는 세계 최대 의 전자레인지 생산 업체로 올라설 수 있었다.

메모리 반도체 사업 진출

1980년대 초만 해도 세계 수준에서는 거 의 존재감이 없었던 삼성전자가 세계적인 기 업으로 도약한 계기가 된 것은 반도체 사업 이었다. 삼성전자는 1974년에 경영난에 처한

> "삼성이 반도체에 대규모 투자를 한 것은 반도체 산업을 성공시켜야만 한국의 첨단 산업을 꽃피울 수 있다 고 확신했기 때문입니다."
> : 이병철 :

'한국 반도체'를 인수하며 반도체 사업의 기틀을 마련해 놓기는 했지만, 반도 체 기술은 기초적인 수준에 머물렀고, 사업 실적도 좋지 못한 상황이었다.

1979년 제2차 오일파동을 겪은 이후, 삼성그룹의 창업주 이병철 회장은 고 유가 시대에 생존하기 위해서는 고부가가치 제품에서 경쟁력을 확보하는 것이 반드시 필요하다고 생각했다.

이병철 회장은 오랜 고심 끝에 1983년 2월, 마침내 본격적으로 반도체 사 업에 투자할 것을 결심했다. 반도체에도 수많은 종류가 있는데, 삼성이 고심 끝 에 주력 제품으로 선정한 반도체 제품은 당시 가장 시장 규모가 컸던 메모리 반 도체 'D램'이었다.

이 무렵 미국과 일본의 업체들은 D램 시장을 놓고 치열하게 경쟁하고 있 었다. 치열한 경쟁은 공급 과잉과 가격 폭락을 불러와 1970년대에 1Kbit D램을 최초로 개발한 인텔마저도 1980년대에는 적자가 누적되는 D램 사업에서 철수 하기로 할 정도로 시장 상황이 좋지 않았다.

삼성전자는 자신이 제조하는 가전 제품에 사용되는 반도체를 거의 전량 수 입하고 있었던 실정이었기 때문에 컴퓨터에 사용되는 D램보다는 가전 제품에 사용되는 주문형 반도체 사업에 주력하는 것이 더 바람직할 것으로 보는 것이 당시의 일반적인 견해였다. 그러나 이병철 회장은 반도체 사업에 본격적으로 뛰어들기로 결정하면서 일본이 할 수 있다면 한국도 할 수 있다는 믿음으로, 시 장 규모가 충분하여 잘하면 반도체 사업 그 자체만으로도 큰 수익을 낼 수 있는

D램 반도체를 주력 품목으로 삼기로 했다.

삼성그룹은 1983년 3월 15일 "왜 우리는 반도체 사업을 해야 하는가?"라는 제목의 비장한 결의가 담긴 발표문을 내놓고, 대내외에 반도체 사업 진출을 공식 선언했다. 이제 전자 사업은 그룹의 사업 다각화 차원을 훨씬 넘어 삼성 그룹 전체의 운명을 좌우할 수 있는 위험 부담이 크고 중요한 사업이 되었다.

이병철 회장은 반도체 사업에서 무엇보다 중요한 것은 속도라는 것을 잘 알고 있었기 때문에 사업 진출을 선언한 지 1년이 되는 1984년 3월말까지 64Kbit D램의 대량 생산 라인을 건설한다는 것을 목표로 설정했다. 반도체 제조 라인, 즉 팹을 건설하는 데에만 일반적으로 18개월가량이 걸리고, 당시 삼성은 64Kbit D램을 개발조차 하지 않은 상황이었다는 점을 고려하면 1년 만에 제품을 개발하고 제조라인을 건설해 대량 생산까지 끝낸다는 것은 무모한 목표에 가까웠다. 하지만 늦게 출발한 삼성이 촌각을 다투는 반도체 사업에서 성공하기 위해서는 개발과 제조라인 건설을 병행하면서도 반드시 시간을 단축하여 앞서가는 경쟁 기업들을 따라잡아야만 했다.

삼성은 미국으로부터의 반도체 기술 도입을 모색하기 위해 실리콘밸리에 연구 개발 센터와 시험 생산 시설을 갖춘 현지 법인을 설립했는데, 당시 사장 월급의 몇 배를 주면서까지 미국의 반도체 기업에서 경험을 쌓은 유능한 재미 한국인 과학자들을 끌어 모았다.

삼성에는 행운도 따라주었다. 당시 일본 업체들과의 경쟁에 밀려 재정 상황이 좋지 않던 미국의 D램 업체 마이크론Micron이 로열티를 받는 조건으로 64Kbit D램의 설계도를 삼성전자에 넘겨주기로 한 것이었다. 물론 설계도를 입수했다고 하더라도 수백 단계로 이루어진 반도체 공정을 터득해 이를 제품으로 생산해내는 것은 매우 어려운 일이었다. 삼성은 제품 개발과 생산 라인 건설을 동시에 진행하는 동안 일본의 샤프Sharp에 인력을 파견하여 반도체 공정 연수를 받게 하는 등 생산 인력들의 훈련도 병행해 나갔다.

한국 경제를 좌우하는 삼성그룹의 운명이 걸렸다는 사명감과 일본을 이겨 보겠다는 의지는 삼성 임직원들에게 엄청난 열정을 불러일으켰다. 연구 개발 인력들은 휴일도 없이 주야로 개발에 매진했고, 반도체 진출을 공식 선언한 지 1년이 되지 않은 1983년 12월에 64Kbit D램의 시제품 개발에 성공했다.

이는 미국, 일본에 이어 세계 3번째로 64Kbit D램을 개발해낸 것으로, 10년 이상의 기술 격차를 단숨에 4년으로 줄인 셈이었다. 개발과 병행하여 진행된 반도체 생산 라인 건설에서도 허허벌판이나 다름없던 기흥에서 1983년 9월에 건설을 시작한 지 6개월 만인 1984년 3월에 건설을 완료했다. 영하의 겨울 날씨 속에서 철야로 작업하고, 4km 길이의 비포장도로를 단 하루 만에 포장도로로 만들어 내는 등, 믿기 어려울 정도의 엄청난 열정을 쏟아 부어 이루어 낸 것이 었다.

64K D램: 삼성은 반도체 사업에 진출하기로 선언한 후, 엄청난 속도로 제품 개발과 양산을 추진해 나갔다. 삼성은 64Kbit D램 의 개발과 제조라인 건설을 병행해 가며 시간을 단축해 1년 만 에 64Kbit D램을 대량 생산해냈다. 사진은 64Kbit D램이 가공 된 실리콘 웨이퍼와 웨이퍼의 한 네모 조각(다이)을 패키징하 여 만든 D램 반도체 칩이다.(출처: 삼성전자)

반도체 사업으로 인한 시련

각고의 노력 끝에 삼성은 64Kbit D램을 대량 생산하기 시작해 1984년 9월 부터 판매하기 시작했다. 하지만 곧 이은 D램 가격 폭락으로 삼성은 큰 재정적 어려움을 겪게 됐다. 기존 업체들의 견제로 1984년 상반기에 4달러 수준이던 64Kbit D램의 가격이 1985년에는 그 10분의 1 수준인 30센트 수준으로 급락했던 것이었다.

당시 삼성의 64Kbit D램 생산원가는 1달러 30센트 수준이었기 때문에 하나를 판매할 때마다 1달러씩 손해를 보는 셈이었다. 1985년과 1986년의 2년간 삼성은 반도체 사업에서 2,000억 원의 적자를 기록했고, 삼성그룹이 반도체 사업 때문에 쓰러진다는 말이 세간에 나돌기 시작했다.

엎친 데 덮친 격으로, 집적회로의 원천 기술을 가지고 있는 미국의 텍사스 인스트루먼트가 1986년 2월에 특허 침해로 삼성을 제소했다. 사실, 텍사스 인스트루먼트가 특허소송의 주요 대상으로 삼았던 것은 일본의 반도체 기업들이었다.

하지만 일본 기업들은 자신들이 보유한 다른 특허를 바탕으로 상호간에 특허 사용권을 인정하는 조건으로 텍사스 인스트루먼트와 협상해 지불해야 하는 배상금을 줄일 수 있었던 반면, 삼성은 보유한 특허가 거의 없었기 때문에 8,500만 달러라는 거액의 배상금을 그대로 물 수밖에 없었다. 삼성은 이 사건을 계기로 특허를 보유하는 것이 얼마나 중요한 것인지를 뼈저리게 깨달았고, 이는 이후 국제 특허를 활발히 출원하는 계기가 됐다.

이렇게 삼성의 반도체 사업은 대내외적으로 매우 어려운 상황이었지만, 성공의 요체를 '운(運), 둔(鈍), 근(根)'이라고 믿었던 이병철 회장의 성공 철학처럼 둔하다(鈍) 싶을 정도로 사업을 계속 유지해 나갔고, 끈기 있게(根) 64Kbit D램의 다음 세대인 256Kbit D램의 개발과 생산라인 건설을 계속 병행해 나갔다.

반도체 사업에서의 결실

둔하고 끈기 있게 반도체 사업을 유지하던 삼성에 마침내 운(運)이 찾아왔다. 미국 반도체 산업 협회가 중심이 되어 일본 반도체 업체들을 덤핑 판매 혐의로 제소하는 등 일본 업체들에 대한 공세가 펼쳐졌고, 1986년 9월에 미일 반도체 협약이 체결된 것이었다.

일본 기업들은 협약에 따라 활동에 많은 제약을 받았고, 줄곧 하락하던 D램 반도체 가격은 드디어 다시 상승하기 시작했다. 삼성은 1987년부터 256Kbit D램을 대량 생산하고 있었는데, 당시 일본과 미국의 기업들은 거의 동시에 256Kbit D램의 생산 설비를 축소하고, 다음 세대인 1Mbit D램의 생산에 집중하고 있었다.

하지만 256Kbit D램 수요가 예상보다 오래 지속됐기 때문에 여전히 256Kbit D램을 주력 제품으로 삼고 있었던 삼성은 특수를 누릴 수 있었다. 판매 가격이 올라갔을 뿐만 아니라 판매량도 폭발적으로 늘어나면서 삼성은 1988년에 그동안 반도체 사업에서 누적된 적자를 일거에 해소하고도 남을 정도로 큰 규모의 이익을 올렸다.

그러나 생애 마지막 사업으로 반도체 사업을 의욕적으로 추진했던 이병철 회장은 반도체 사업의 결실을 보지 못하고 1987년 11월 지병인 폐암으로 타계하고 말았다. 삼성그룹의 후임 회장으로는 혹독한 후계자 수업을 받아온 3남 이건희 회장이 취임했고, 그는 선친의 뜻을 잇는다는 의미에서 이병철 회장이 거주하던 한옥 자택을 개조해 '승지원(承志院)'이라 이름 짓고 자신의 집무실과 삼성그룹의 영빈관으로 삼았다.

삼성전자는 256Kbit D램 개발에서는 선두 기업보다 4년 이상 뒤처졌지만, 4Mbit D램은 1988년에 개발에 성공함으로써 그 격차를 6개월로 줄였다. 이후 삼성은 기술 격차를 더욱 줄여 나가 16Mbit D램은 1989년 미국 및 일본 업체들과 거의 동시에, 64Mbit D램은 마침내 미국과 일본의 기업들을 제치고 1992년 세계 최초로 개발하기에 이르렀다.

삼성전자의 256Mbit D램은 1994년, 1Gbit D램은 1996년에 계속 세계 최초로 개발해 나가며 명실상부한 세계 최고의 D램 업체가 됐다. 16Mbit D램 개발을 주도한 진대제 박사, 64Mbit D램 개발의 주역인 권오현 박사, 256Mbit D램 개발의 책임자였던 황창규 박사 등은 이후 삼성의 이공계 출신 스타 경영인으로 이름을 날렸다.

삼성이 D램 분야의 경쟁에서 승리할 수 있었던 주요 원인은 16Mbit, 64Mbit, 256Mbit D램의 개발을 동시에 진행하는 것과 같은 병행 개발 전략을 통해 개발팀 간 경쟁을 유발하고 속도를 높이는 한편, 선행 기술 개발을 통한 시너지 효과도 함께 얻은 것에 있었다. 또한 제품 개발과 대량 생산 기술 개발을 병행하여 대량 생산까지 걸리는 시간을 절약하고 설계 단계에서부터 양산성을 고려했다는 점도 성공 요인이었다. 이러한 내부 경쟁과 병행 전략을 통해 삼성은 신제품 개발 속도 경쟁에서 승리할 수 있었을 뿐만 아니라 경쟁 기업보다 더 높은 제조 생산성을 달성할 수 있었다.

이건희 회장은 반도체 사업에서 이익을 얻기 위해서는 위험을 무릅쓰고 한 발 앞서 과감하게 투자를 하는 것이 특히 중요하다고 믿었다. 삼성은 1989년 16Mbit D램의 대량 생산 라인을 건설하면서 당시 일반적이던 6인치 크기의 웨이퍼가 아닌 8인치 크기의 웨이퍼를 가공하는 제조 라인을 건설하기로 결정했다.

8인치 웨이퍼를 통한 대량 생산은 세계 최초의 시도였기 때문에 많은 투자와 시행착오를 감내해야 하는 결정이었지만 8인치 웨이퍼를 사용하면 하나의 웨이퍼에서 생산되는 반도체 칩의 수를 일거에 2배 가까이 늘릴 수 있었다. 삼성은 16Mbit D램을 8인치 웨이퍼로 대량 생산하는 데 성공해냄으로써 경쟁사 대비 생산성과 원가 경쟁력에서 앞서 나갈 수 있었다.

삼성은 64Mbit D램의 제조를 위해 개발한 0.35마이크로미터 회로선 폭의 가공 기술을 16Mbit D램의 제조에 적용함으로써 칩의 크기를 더욱 줄였는데, 칩 사이즈가 축소되면 한 장의 웨이퍼에서 생산되는 칩의 개수는 더욱 늘어나기 때문에 삼성의 원가 경쟁력은 더욱 높아졌다. 1992년, 삼성은 드디어 D램 점유율 세계 1위 업체로 올라섰다.

이병철(좌) 이건희(우) 회장 부자: 이병철 회장은 오랜 고심 끝에 1983년 2월 마침내 본격적으로 반도체에 투자할 것을 결심하였다. 당시 가장 시장 규모가 컸던 D램 반도체 시장에서는 일본 기업들이 미국 기업들을 몰아내며 승승장구하고 있었는데, 이병철 회장은 '일본이 할 수 있다면 한국도 할 수 있다'는 믿음을 갖고 D램을 반도체 사업의 주력 제품으로 하기로 했다. D램 사업에서 삼성은 초기에 매우 고전했지만, 이병철 회장이 타계하고 이건희 회장이 취임한 지 얼마 지나지 않은 1988년, 그간의 누적 적자를 모두 만회하고도 남을 정도의 큰 이익을 올렸다.

D램 사업에서 체득한 내부 경쟁과 병행 개발, 과감한 투자와 끊임없는 기술 혁신이라는 전략은 삼성전자의 주요한 성공 방정식이 됐고, 이후 LCD 패널, 플래시 메모리 등의 사업 분야에서도 적용되어 세계를 제패하는 밑거름이 됐다. 또한 세계 최고의 기업들이 최첨단 기술로 각축하는 반도체 산업에서 세계 1등을 이루어낸 경험은 삼성전자의 임직원들에게 "우리도 세계 1위가 될 수 있다"는 자신감을 불어넣었다.

삼성을 '일류 기업'으로 만들기 위한 이건희 회장의 개혁 드라이브

1987년에 삼성그룹의 회장으로 취임한 이건희 회장은 삼성전자에 일견 모호하지만 지속적인 방식으로 큰 방향을 제시하고 삼성전자를 일류 기업으로 변화시키고자 노력했다.

선친인 이병철 회장의 경영 신조 중 가장 첫 번째가 "인재가 제일 중요하다"는 것이었고, 삼성은 '인재 사관 학교'라는 별칭이 붙을 정도로 교육과 동기부여를 통해 평범한 인력을 우수한 인력으로 키워내는 것으로 정평이 나 있었다. 후계 수업을 받은 이건희 회장도 확고한 인재 중시의 경영 철학을 갖고 있었다.

이건희 회장이 취임한 후 가장 먼저 추진한 일 중 하나가 '지역 전문가'라는 제도를 도입해 우수한 젊은 인재들을 1년 정도 해외에 파견해 그 나라의 언어와 문화를 익히고

돌아오게 한 것이었다. 이는 마치 일본이 근대화를 위해 메이지 유신 초기에 젊은 인재들을 세계로 파견하여 그들이 배워온 세계에 대한 지식을 새 정부의 수립의 초석으로 삼은 것처럼 삼성의 젊은 인재들을 세계의 각 지역으로 파견해 그들의 글로벌 지식과 경험을 삼성에 이식하고 제품의 품질을 높이고자 한 시도였다.

이건희 회장은 삼성의 경영진들에 세계 최고 수준의 능력과 경험을 가진 글로벌 인재를 채용하는 것을 지속적으로 강조하고, 더 나아가 이를 경영진의 주요 임무로 함으로써 글로벌 감각을 가진 우수 인재를 삼성에 지속적으로 수혈하고자 했다. 1991년에는 경기도 용인에 '창조관'이라는 대규모 연수 시설을 만들고, GE의 교육 및 인사 시스템을 철저히 벤치마킹해 인적 자원 개발의 수준을 높였다.

1993년이 삼성전자가 향후 일류 기업이 되느냐, 몰락하느냐를 좌우할 매우 중요한 시기라고 판단한 이건희 회장은 삼성을 일류 기업으로 만들기 위한 강한 개혁 드라이브를 시작했다.

이건희 회장의 가장 유명한 일화는 1993년 12월, 독일의 프랑크푸르트에 삼성의 중역들을 모은 후 "마누라와 자식 빼고는 다 바꾸라"는 충격적인 선언을 한 것이었다. 회장 취임 이후 5년여 간 말수를 아껴왔던 이건희 회장은 프랑크푸르트 선언 이후 100명이 넘는 삼성의 경영진들을 이끌고 68일간이나 선진국들을 돌아다니며 세계를 직접 보도록 하고, 수많은 말들을 쏟아냈다. 이건희

회장의 발언과 생각은 '삼성 신경영 원칙'이라는 것으로 정리돼 조직 내부에 공유됐는데, 그 핵심은 모든 것에 우선하여 삼성 제품과 경영의 '질'을 높이자는 것이었다.

삼성은 1990년대 들어 한국 시장을 중심으로 휴대전화 판매를 확대해 나가기는 했지만, 제품의 품질 문제가 잇달아 발생했다. 1995년 3월, 이 회장은 질을 강조하는 신경영 원칙을 강조하기 위해 15만 대의 품질 불량 휴대전화를 회수하고, 휴대전화를 제조한 구미에 위치한 공장 직원들이 보는 앞에서 이를 망치로 부수고 불태울 것을 지시했다. 해외 토픽이 되기도 한 이 사건은 품질의 중요성에 대한 직원들의 인식을 한 단계 더 높이는 충격 요법이 됐다.

세계적 수준의 '일류' 제품이 되기 위해서는 디자인이 무엇보다 중요하다는 것도 이건희 회장의 주요 경영 철학 중 하나였다. 1993년의 프랑크푸르트 선언 이후 '질 경영'이라는 화두가 어느 정도 자리 잡은 것으로 판단한 이 회장은 1996년을 디자인 혁명 원년이라 선포하며 디자인을 강조하고 나섰다.

세계 디자인의 중심지인 이탈리아의 밀라노에 디자인 센터를 열어 해외의 우수 인력을 확보하고 최신 디자인 트렌드를 흡수하는 한편, 미국의 유명 디자인 학교인 파슨즈와 협력해 SADI라는 실무 중심의 디자인 교육 기관을 설립하기도 했다.

이렇게 확보한 우수 디자인 인력들은 휴대전화, TV, 백색 가전 부문에서 삼성만의 정체성을 나타낼 수 있는 디자인을 지속적으로 내놓았고, 우수한 디자인은 삼성이 휴대전화와 TV 등의 제품에서 프리미엄 전략을 사용할 수 있게 하는 밑거름이 됐다.

플래시 메모리 사업

D램 메모리 반도체는 내부에 집적된 트랜지스터들을 스위치로 삼아 축전기들을 충전하거나 방전하는 형식으로 정보를 빠르게 저장하거나 읽을 수 있다는 장점이 있지만, D램에 저장한 정보를 유지하기 위해서는 끊임없이 전류를 흘려주어야만 한다는 특성이 있다. D램 메모리 반도체는 전류의 공급이 끊어지면 저장된 데이터도 날아가기 때문에 '휘발성 메모리'라고 불렀다. 플래시 메모리는 D램처럼 자유롭게 정보를 쓰고 읽을 수 있는 반도체 메모리의 일종이지만, 전류의 공급이 없어도 저장된 데이터를 계속 저장할 수 있다는 특성이 있어서 '비휘발성 메모리'라고 불렀다. 플래시 메모리의 원천 기술은 1960년대 미국의 벨 연구소에서 발명됐다. 하지만 저장 속도가 느리다는 단점을 개선해 1980년대에 플래시 메모리를 처음 상용화해낸 것은 일본의 도시바였다.

1980년대 후반부터 삼성은 D램 산업의 정상급 기업으로 부상했지만, D램의 시장의 성장률은 둔화되고 있었고, 경쟁은 더욱 격화되고 있었다. 반도체 사업의 성장을 이어가기 위해 새로운 기술을 찾고 있었던 삼성의 연구진들은 1989년에 도시바의 기술자들이 플래시 메모리에 대한 논문을 발표하자 이것이 바로 삼성이 필요로 하는 새로운 기술이라는 것을 알아차렸다.

도시바는 자신들이 개발한 플래시 메모리가 매우 전망이 밝다고 생각하고 있었지만, 정작 플래시 메모리의 주요 고객들인 가전업체들이 도시바만이 독점적으로 공급하는 플래시 메모리를 채용하지 않으려 한다는 것이 고민이었다. 수요가 충분하지 않으면 기술도 성숙해질 수 없었기 때문에 도시바는 1993년경 플래시 메모리 기술을 함께 개발하고 시장을 키워 나갈 파트너로 삼성전자를 받아들이기로 했다.

삼성은 도시바에 비해 2년 이상 기술이 뒤처져 있었고, 플래시 메모리를 제조하기 위해서는 도시바가 특허를 보유한 기술을 반드시 사용해야 하므로 도시바에 많은 특허료를 지불해야만 하는 불리한 조건에 있었다. 하지만 삼성은 D램 사업에서 얻은 노하우와 집중력을 발휘한다면 플래시 메모리 사업에서도 반드시 성공할 수 있을 것이라 믿었다. 각고의 노력 끝에 삼성은 1994년, 도시바와 거의 동시에 16Mbit 플래시 메모리 칩을 생산해냈다.

플래시 메모리의 수요는 1990년대 초반만 해도 그다지 크지 않았다. 하지만 카시오가 1996년에 최초의 디지털 카메라를 시장에 출시한 이후, 디지털 카메라 시장이 급성장하면서 플래시 메모리의 수요가 빠른 속도로 성장하기 시작했다. 이 무렵 도시바는 자신을 빠른 속도로 자신을 따라잡는 삼성이 언젠가 플래시 메모리 시장도 D램처럼 장악해 버릴 수 있다는 우려를 하기 시작했다.

2000년경 도시바는 삼성에 합작회사를 설립해 공동으로 플래시 메모리 사업을 할 것을 제안하였다. 플래시 메모리 시장 점유율 1위 업체이자 원천 기술을 갖고 있는 도시바의 합작 제안은 삼성으로서는 어쩌보면 고마운 일이었다. 하지만 삼성은 이를 거절했다. 도시바와의 합작이 미래의 성장을 가로막을 수도 있다고 보고, 독자적으로 플래시 메모리 사업을 진행하기로 한 것이었다. 이는 도시바와 정면 승부를 해야 할지도 모른다는 위험을 감수한 결정이었다.

2000년대에 접어들어 카메라뿐만 아니라 MP3 플레이어와 휴대전화, USB 메모리 등의 용도로 플래시 메모리 시장은 더욱 빠른 속도로 성장했다. 이때 삼성은 독자적으로 사업을 수행했기 때문에 더 큰 결실을 거둘 수 있었다.

2003년, 삼성은 마침내 도시바를 뛰어넘어 세계 플래시 메모리 시장 점유율 1위 기업으로 올라섰다. 플래시 메모리에 있어서도 후발 주자였지만, D램 사업의 경험을 살려 과감한 승부수를 던짐으로써 최초로 플래시 메모리 상용화에 성공한 도시바를 제치고 세계 1위의 기업으로 올라선 것이었다.

LCD 패널 사업

1990년대 초, 삼성은 당시까지 주종을 이루던 CSTN 방식의 액정 디스플레이LCD 패널보다 훨씬 더 선명한 화질과 넓은 시야각을 제공하는 TFTThin Film Transistor 방식의 액정 디스플레이가 다가오는 디지털 시대의 핵심적인 디스플레이 장치가 될 것이라 내다 봤다.

TFT LCD 패널은 패널에 있는 수많은 화소 하나하나마다 얇고 작은 필름 형태의 트랜지스터를 배치해 화소를 제어함으로써 매우 선명한 영상을 만들어 낼 수 있었다. 1990년대 초만 하더라도 TFT 방식의 LCD를 제조하는 업체들은 모두 반도체 제조도 겸하는 일본 업체들이었다.

D램 사업을 통해 세계의 주요 업체들을 고객으로 확보한 삼성은 TFT LCD의 주요 고객들이 일본 업체 외에 2차 공급선을 원한다는 것을 알게 됐다. 삼성의 경영진은 삼성도 반도체 부문에서 축적한 기술을 활용한다면, TFT 방식의 LCD를 개발할 수 있다고 믿었다.

삼성은 반도체 연구 인력들과 미국에 유학하여 TFT LCD 기술을 습득해 온 연구 인력들을 중심으로 하고, 일본의 은퇴한 LCD 기술자들을 자문역으로 채용해 TFT LCD의 자체 개발에 나섰다. 개발진들은 각고의 노력 끝에 1992년, 10.4인치 크기의 LCD 패널을 개발하는 데 성공했고, 1994년 10월에는 한 달에 12만장 규모로 10.4인치 LCD 패널을 대량 생산하는 라인도 건설했다. 반도체 사업에서 쌓은 경험과 역량은 LCD 패널을 개발하고 대량 생산 시설을 건설할 때 많은 도움이 됐다.

삼성이 생산한 LCD는 처음에는 대만의 중소기업들에게나 판매할 수 있었다. 삼성은 LCD 사업에서도 세계 1위로 올라서기 위해 대담한 전략을 사용했다. 1990년대 초반부터 1995년까지 노트북 PC에 사용되는 표준적인 LCD 패널의 크기는 8.4인치에서 9.4인치로, 또 10.4인치로 증가해 왔다. 대부분 10.4인치 이후에는 11.3인치 패널이 표준이 될 것으로 전망하고 있었고, 삼성이 10.4인치 패널을 판매할 당시 LCD 패널 세계 1위 업체였던 일본의 샤프는 이미 11.3인치 패널을 개발하여 시판하고 있기까지 했다. 하지만 삼성은 10.4인치 패널 다음에 11.3인치를 과감히 건너뛰고 12.1인치 패널을 대량 생산하기로 결정했다.

당시 많은 마케팅 조사 결과는 대부분의 소비자들이 12.1인치 패널을 사용하기 위한 추가 비용을 지불할 의사가 없다는 것으로 나타난 상황이었기 때문에 많은 이들은 삼성의 이러한 결정을 위험한 것이라 봤다. 그럼에도 불구하고 삼성이 11.3인치 패널을 건너뛰고 12.1인치 패널을 생산하기로 한 데에는 1993년 이건희 회장이 선포한 신경영의 여파가 컸다.

삼성전자에는 적당한 성과에 안주하는 분위기가 사라지고, 반드시 세계 최고가 되겠다는 정신이 조직에 널리 퍼져 있었고, 이러한 분위기에서 11.3인치 패널을 생산한다면 후발주자로서 일본의 선발업체들을 절대 뛰어넘을 수 없다는 판단이 12.1인치 패널을 한발 앞서서 생산하는 과감한 결정으로 이어진 것이었다.

삼성은 12.1인치 패널로 한발 먼저 뛰어든다는 과감한 결정을 내렸으면서도, 당시 최대의 노트북 PC 제조업체인 도시바와 협력 관계를 체결해 수요를 확보함으로써 위험을 분산했다. 마침 1995년에 그래픽 사용자 인터페이스가 강화된 윈도우 95가 출시되면서 큰 화면에 대한 수요가 급증하게 됐고, 12.1인치 패널을 생산한 삼성과 이를 자신의 노트북에 채용한 도시바는 모두 크게 성공할 수 있었다.

기술력과 제조 능력이 점차 향상되고, 1990년대 중반부터 노트북 PC의 수요가 급격히 성장하면서 삼성은 LCD 사업에서도 결국 큰 성공을 거두었다. 삼성은 2002년 매출액 기준으로 세계 LCD 패널 1위 업체로 올라섰고, 이후에도 한 세대 앞선 투자와 꾸준한 기술 개발을 통해 한국의 경쟁사인 LG와 세계 1, 2위의 자리를 다투며 세계 최고의 LCD 업체라는 지위를 계속 유지해 나갔다.

휴대전화 사업

삼성은 1983년부터 새로운 성장 동력을 찾고자 하는 노력의 일환으로 휴대폰 사업을 시작하기는 했지만, 처음에는 모토롤라의 휴대전화를 분해하여 기술적 원리를 겨우 파악할 정도로 시작은 초라했다. 삼성은 1988년에 SH-100이라는 휴대전화를 내놓았지만, 모토롤라의 휴대전화와는 비교할 수 없는 낮은 품질의 휴대전화라는 소비자들의 인식을 깨지 못했다. 삼성은 한국의 휴대전화 시장에서조차 1990년대 초까지 10%의 시장 점유율도 차지하지 못하고 있었다.

이건희 회장이 1993년부터 주도한 개혁 드라이브는 휴대전화 사업에도 큰 영향을 미쳤다. 이 회장은 삼성이 만약 1994년까지 모토롤라의 휴대전화와 필적할 만한 품질의 휴대전화를 내놓지 못한다면 휴대전화 사업에서 철수할 것이라 선언했다. 강한 위기의식 속에서 기술진들은 그간 축적해 온 기술과 아이디어를 총동원하여, 1993년 11월 SH-700이라는 모델의 휴대전화를 개발해냈다. SH-700은 모토롤라의 휴대전화와 차별화하기 위해 한국 지형의 3분의 2를 차지하는 산악 지역에서의 통화 성능을 향상시키고, 많은 사람들이 휴대전화를 바지 주머니에 넣고 다니는 점을 고려해 내구성을 강화하는 것에 특히 중점을 두었다.

당시 휴대전화 사업을 이끌었던 이기태 사장은 휴대전화의 시제품을 받자마자 벽에 던져 버렸다. 그 다음에는 땅에 떨어진 휴대전화를 밟아 버렸다. 그런 다음, 그는 바닥에서 휴대전화를 집어 통화를 시도했다. 놀랍게도 벽에 던지고 밟기까지 한 휴대전화로 통화가 가능했다. 이로써 SH-700은 이후 삼성의 휴대전화 사업을 세계적 수준으로 끌어올리는 데 큰 역할을 하는 이기태 사장의 독특한 내구성 테스트에 합격한 셈이었다.

삼성은 1994년 10월, SH-700의 품질을 더욱 개선한 SH-770 모델을 '애니

콜'이라는 휴대전화 브랜드로 출시하고, 1995년 1월부터 "한국 지형에 강하다"라는 슬로건과 함께 대대적인 마케팅 캠페인을 전개해 나갔다. 그 결과 1994년 10월, 26%에 불과하던 삼성 휴대전화의 한국 시장 점유율은 1995년 8월에는 52%로 올라갔다. 반면, 모토롤라의 한국 시장 점유율은 53%에서 42%로 내려갔다. 적어도 한국 시장에서는 이건희 회장의 지시대로 삼성이 모토롤라를 이긴 것이었다.

1996년 4월부터 한국에서 시작된 CDMA 방식의 이동통신 서비스는 삼성의 휴대전화 사업에 새로운 기회의 문을 열어주었다. 한국 정부는 상대적으로 뒤처진 자국의 휴대전화 및 이동통신 장비 산업을 육성하기 위해 당시 미국의 벤처기업에 불과했던 퀄컴이 중심이 되어 추진하는 CDMA 기술에 미래를 걸기로 했다.

한국 정부가 이러한 결정을 내릴 당시인 1990년대 초, CDMA 방식은 기술적인 장점은 인정받았지만 상용화 여부가 충분히 검증되지 않은 상태였고, 디지털 이동통신 표준으로 널리 채택될 수 있을지의 여부도 불확실한 상태였기 때문에 이는 모험적인 선택이었다.

삼성은 CDMA 방식을 밀어주는 정부의 정책에 힘입어 미국의 퀄컴으로부터 CDMA 관련 기술을 이전받을 수 있었고, CDMA 방식 이동통신 서비스를 개시한 국가가 아직 없었던 1996년 3월에 이미 SCH-100이라는 CDMA 방식 휴대전화를 개발하며, 적어도 CDMA 방식 휴대전화에서는 앞서 나갈 수 있었다. 이와 더불어 한국 정부는 이동통신 가입자에 대해 보조금을 지불하는 정책과 다수의 이동통신 사업자를 선정해 경쟁을 유도하는 시장 개방 정책을 시행하여 한국의 이동통신 시장을 활성화했다. 1998년 5월, 10%에 불과하던 한국의 휴대전화 보급률은 1999년 8월 43%로 올라갔고, 삼성은 급성장하는 한국 시장에 CDMA 방식의 휴대전화를 공급하면서 성능과 품질을 더욱 향상시킬 수 있었다.

삼성은 CDMA 방식에서의 우위를 바탕으로 1996년 미국의 CDMA 방식 이동통신 사업자 스프린트Sprint와 손잡고, '스프린트-삼성'이라는 공동 브랜드로 휴대전화를 출시하며 미국 시장에 성공적으로 진출할 수 있었다. 삼성은 이후 홍콩, 브라질 등에서 CDMA 방식을 채용한 통신 사업자들을 대상으로 수출을 확대해 나갔고, 1999년에는 CDMA 휴대전화 세계 시장 점유율 50% 이상을 차지하는 1위 업체가 됐다. 하지만 CDMA 휴대전화 시장은 당시 전 세계 70%를 장악하고 있던 GSM 방식 휴대전화 시장에 비해 상대적으로 규모가 작은 시장이었다.

삼성은 SGH-200이라는 GSM 방식 휴대전화를 출시하면서 GSM 방식을 채택한 유럽 시장 공략에도 나섰다. 하지만 삼성의 GSM 휴대전화는 CDMA 휴대전화만큼 품질이 뛰어나지 않았고, 유럽에서의 삼성 브랜드 인지도도 낮았기 때문에 당시의 휴대전화 빅3 업체였던 모토롤라, 노키아, 에릭슨과 경쟁하기에는 역부족이었다.

SGH-200 이후에도 유럽 시장에 출시한 후속 GSM 휴대전화 모델이 계속 실패하자 삼성은 1998년 9월에 소비자의 관점에서 디자인을 전면적으로 바꾸고 기능을 획기적으로 향상시킨 SGH-600 모델을 출시했다. SGH-600의 제품 경쟁력에 자신이 있었던 삼성은 경쟁 회사의 휴대전화보다 높은 가격을 책정해 자신의 휴대전화에 고급 이미지를 부여하고, 고급 휴대전화의 이미지를 앞세워 삼성을 프리미엄 브랜드로 만들기 위한 전략을 펼치기 시작했다.

또한 영국, 프랑스, 독일 등에서 현지 문화와 접목한 마케팅 활동을 활발히 펼쳐 나가고, 화면이 2개 달린 폴더형 휴대전화, 컬러 화면이 장착된 휴대전화 등 혁신적인 디자인과 기능을 가진 휴대전화들을 지속적으로 출시했다. 이러한 노력들이 성과를 거두며 삼성은 GSM 방식 휴대전화에서도 점차 성공을 이루기 시작했고, 삼성의 전반적인 브랜드 이미지도 높아졌다. CDMA와 GSM 방식의 휴대전화에서 모두 성공을 거두면서 삼성은 2003년에 판매 수량 기준으로는 노키아, 모토롤라에 이은 세계 3위, 매출액 기준으로는 모토롤라를 누르고 세계 2위의 기업으로 올라서게 됐다.

'미스터 크라이시스(Mr. Crisis)' 윤종용 대표

삼성전자를 세계 일류 기업으로 만들겠
다는 강한 집념을 가졌던 이건희 회장이 삼
성전자의 CEO로 임명한 인물이 윤종용 대표
였다. 윤 대표는 서울대 전자공학과를 졸업

"변화하지않으면살수없습니다. 지
구상에살아남은생물은강한자가아
니라환경에잘적응하는자입니다."
: 윤종용 :

하고 1966년에 삼성에 입사한 이후 삼성의 가전 사업 부문을 이끄는 위치까지
올라섰다. 윤 대표는 이병철 회장 시절인 1986년경, VCR의 품질 문제로 이병철
회장의 눈 밖에 나게 되어 삼성을 그만 두고 잠시 현대전자와 네덜란드의 필립
스에서 근무한 적도 있었다. 하지만 본질을 깊게 파악하는 그의 능력을 잘 알고
있었던 이건희 회장은 네덜란드에 있던 윤 대표를 다시 삼성으로 불러들여
1990년대 중반부터는 일본 삼성을 이끌도록 했다.

1997년 1월에 삼성전자의 대표이사로 취임한 윤 대표의 앞길에는 가시밭
길이 펼쳐졌다. 취임 첫 해인 1997년에 아시아 외환위기가 닥치면서 환율과 이
자율이 폭등하며, 삼성전자도 적자를 면할 수 없었고 생존의 위기에 처하게 됐
다. 삼성전자는 2만 9,000명이라는 전례 없는 대규모 인원 감축을 시행했고, 실
적이 저조한 사업과 제품을 포기했다. 또한 20억 달러 이상의 자산을 매각해 부
채를 줄이는 등 뼈아픈 구조 조정을 해야만 했고, 이를 통해 외환위기를 힘겹게
겨우 넘길 수 있었다.

위기와 구조 조정의 아픔을 직접 체험한 윤 대표는 상시적이면서도 절실한
위기의식을 이건희 회장과 공유했고, "경영자는 조직이 내일이라도 당장 망할
수 있다는 위기의식으로 항상 긴장해야 한다"며 조직에 끊임없이 위기의식을
불어넣었다. 또한 "경영은 끊임없는 혁신의 연속"이라며 다시는 위기를 겪는
일이 없도록 하기 위해 지속적으로 혁신을 추구해 나갔다. 이 때문에 윤 대표는
외국 언론으로부터 미스터 크라이시스(Mr. Crisis) 또는 카오스 메이커(Chaos

Maker)라는 별명을 얻기도 했다.

윤 대표는 재고와 부실채권을 줄이고, 제값을 받고 물건을 판매하는 데에 특히 중점을 두었는데, 재고 관리의 중요성을 강조하기 위해 "하이테크 제품은 생선회와 같아서 첫째 날에는 높은 값을 받을 수 있지만, 그 다음 날부터는 엄청 나게 가격이 하락한다"는 소위 '생선회 이론'을 주창하기도 했다. 윤 대표의 위 기감 고취와 끊임없는 혁신 드라이브, 세계 정상급의 공급망 관리 프로세스 및 시스템 구축은 삼성전자를 세계 일류 기업으로 도약하게 하는 원동력이 됐다.

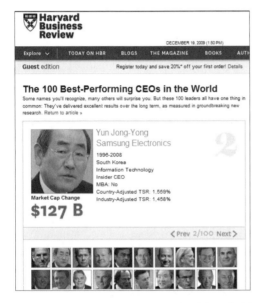

〈하버드 비즈니스 리뷰〉가 2009년 선정한 세계에서 가장 우수한 실적을 올린 100대 CEO 중 스티브 잡스에 이어 2위로 선정된 윤종용 대표. 윤종용 대표는 취임 첫 해인 1997년 아시아에 외환위기가 닥치면서, 삼성의 대규모 구조 조정을 진두지휘해야만 했다. 이후 그는 이건희 회장과 함께 조직에 상시적이면서도 절실한 위기의식을 불어넣으며, 조직을 혁신해 나갔다. 윤종용 대표는 디지털 시대에는 아날로그 시대를 주름잡던 일본의 전자 기업들을 넘어서겠다는 비전 과 이를 달성하려는 강한 의지를 갖고 있었다.

디지털 시대의 전략

삼성의 경영진은 아날로그에서 디지털로의 전환은 앞서가는 경쟁자들을 따라잡을 수 있는 절호의 기회가 될 것이라고 보았다. 소니 같은 선두 기업들은 아날로그 기술에 있어서는 삼성보다 수십 년 전부터 앞서 출발했을 뿐만 아니라 워크맨, 트리니트론 TV 등으로 강력한 브랜드 이미지도 구축하고 있었다.

그러나 디지털 시대가 도래하면 많은 기술이 반도체 부품에 포함되게 되고, 기존의 선두 기업들과 삼성 간 제품 및 제조 기술 격차는 점차 줄어들 것이라고 보았다. 삼성은 회사의 미래를 디지털 기술에 걸기로 하고, 이에 적극적으로 투자를 감행했다. 1만 명 이상의 과학자 엔지니어, 디자이너들을 투입했고, 매년 수십 억 달러의 연구 개발 비용을 투자했다.

디지털 시대에는 제품의 수명이 짧아지고 가격이 빠르게 하락하므로 무엇보다 중요한 것은 고객을 만족시키는 제품을 개발하기 위한 시장 정보를 감지하는 '마켓센싱'과 제품 출시일을 단축해 적기에 제품을 출시하기 위한 '스피드'였다. 삼성은 '마켓센싱' 능력을 높이기 위해 임직원들의 마케팅 역량을 강화하는 한편, '스피드'를 높이기 위해 조직의 계층을 줄이고 의사결정 절차를 간소화하는 것에 초점을 두었다.

마켓센싱과 빠른 의사결정에 기반을 둔 민첩한 신제품 기획력과 높은 수준의 개발 능력, 간소화된 조직 구조에서 나오는 스피드 경쟁력을 바탕으로, 삼성전자는 신기술을 사용한 엄청난 수의 다양한 디지털 신제품들을 지속적으로 시장에 출시했다. 2003년에는 미국 시장만을 겨냥하여 42개의 TV 모델을 출시했고, 모토롤라가 12~18개월 단위로 휴대전화 모델을 교체할 때 삼성은 9개월마다 새로운 휴대전화 모델을 출시했다.

이렇게 매년 수많은 신제품들을 출시하면서도, 특별히 기대되는 유망 제품 5개 정도를 소위 '전략 상품'으로 선정해 기획 단계에서부터 자원을 집중했다.

전략 상품들은 대부분 세계 최초의 제품들이었기 때문에 삼성은 전략 상품의 출시를 통해 품질, 성능, 디자인의 업계 표준을 선도하는 기업으로 성장할 수 있었다. 2006년 출시돼 세계 시장을 휩쓸면서 삼성을 평판 TV 시장 점유율 1위 기업으로 끌어올린 '보르도 TV'도 이러한 전략 상품의 대표적인 예였다.

한국 시장에서의 매출은 삼성전자 전체 매출의 극히 일부만을 차지할 뿐이었지만, 한국 시장은 디지털 제품 개발 환경과 테스트 마켓으로서 많은 정보를 제공해주었다. 가령 한국 정부가 2세대 디지털 이동통신 기술의 표준으로 CDMA 방식을 채택한 것은 GSM 방식 휴대전화에 있어서는 절대 약세에 있던 삼성이 CDMA 방식 휴대전화로 세계에 도전할 수 있는 토대를 제공해주었다.

또한 한국은 인구의 4분의 3 이상이 도시 지역에 거주하여 광대역 인터넷이 다른 어떤 나라보다도 먼저 보급된 국가였기 때문에 삼성은 한국 시장을 통해 인터넷 시대의 시장 트렌드를 한발 앞서 파악할 수도 있었다.

마케팅과 브랜드 관리 전략

1990년대 후반까지만 해도 한국 밖에서는 잘 알려지지 않은 브랜드였던 삼성은 1999년부터 전 세계 54개로 분산됐던 광고 회사를 2개사로 정리하며 마케팅 진용을 정비한 후, 2000년 초부터 'SAMSUNG DIGITall-Everyone's invited'라는 마케팅 캠페인을 전 세계적으로 전개하기 시작했다. 삼성이 혁신적이면서도 사용하기 쉬운 디지털 제품을 만들어 내는 회사라는 통일된 이미지를 소비자들에게 전달하고자 한 것이었다. 2001년에는 전년대비 35% 증액한 4억 달러를 광고료로 집행하며 더욱 공격적인 브랜드 마케팅을 펼쳐 나갔다.

삼성은 광고 파급 효과가 특히 높은 스포츠와 휴대전화를 마케팅 캠페인에 전략적으로 활용했다. 2000년 시드니 올림픽에서는 올림픽 공식 후원사로 선정돼 회사의 이미지를 높였고, 2004년 아테네, 2008년 베이징 올림픽에서도 올림픽 공식 후원사 자격을 따냄으로써 올림픽이라는 세계적인 행사에 어울리는 세계적인 브랜드라는 이미지를 확고히 정착시켰다. 2002년에는 당시 인기가 매우 높았던 영화 〈매트릭스〉 시리즈에 삼성 휴대전화를 간접광고PPL하면서 첨단 제품을 제조하는 기업으로서의 이미지를 강화하기도 했다.

적극적이면서 전략적인 마케팅 캠페인으로 삼성 브랜드의 가치는 전 세계적으로 괄목할 정도로 상승했다. 특히, 세계의 가전 업체들이 각축전을 벌이는 전략적 중요도가 높은 시장인 미국에서는 소니 브랜드에 필적할 정도로 성장했다. 삼성은 미국 시장에서 베스트바이Best Buy, 써킷시티Circuit City, 컴퓨에스에이CompUSA 등 대형 전자 제품 전문 유통업체들과의 관계 유지에 많은 공을 기울였고, 프리미엄 브랜드 전략과 궤를 같이해 높은 가격에 제품을 판매하는 것에 역점을 두었다. 미국 시장은 상위 10개의 유통업체가 전체 가전의 60%를 판매하고 있는 구조를 갖고 있었고, 이들 유통업체들은 제품을 고가로 판매해야 더 큰 판매 수수료를 받을 수 있으므로 삼성 제품의 가격이 높아야 판매에 더 적극적으로 임할 것이라 본 것이었다.

삼성은 독일 같은 국가에서는 소비자들이 자국 브랜드에 대한 충성도가 높고 소매 체인도 분산돼 있어 고전했지만, 프랑스, 스페인, 이탈리아 같은 국가에서는 브랜드 파워가 매우 높았다. 러시아와 중국 같은 신흥국 시장에서도 이익을 내기 어려운 저가 시장에서의 경쟁을 회피하고, 프리미엄 브랜드로 도시를 중심으로 영업 및 마케팅 캠페인을 전개했기 때문에 선진국 시장에서보다 오히려 상대적으로 더 높은 위상의 브랜드로 자리 잡기도 했다.

TV 사업 세계 1위 등극

삼성전자는 창업 시절부터 TV를 생산해 왔고, TV 분야의 기술도 상당히 축적해 왔지만, 소니나 마쓰시타 같은 일본 기업들에 밀려 TV 사업 실적은 신통치 않았다. 이건희 회장이 1993년에 신경영을 선언하며 개혁 드라이브를 본격적으로 시작한 계기가 된 것도 미국의 한 유통업체 매장을 방문했을 때, 구석에서 먼지를 뒤집어쓰고 있는 삼성의 TV를 보고 충격을 받은 사건이었다. 그럼에도 불구하고 삼성의 TV은 2000년대 초까지도 세계 최대 시장인 미국에서 10위권 밖이라는, 다른 사업 분야와 비교할 때 초라한 위상을 차지하고 있었다.

2005년경 삼성전자는 TV 사업을 획기적으로 전환할 수 있는 기회가 왔다고 판단했다. 브라운관에서 LCD나 PDP 같은 평판 TV로, 또 아날로그에서 디지털 방식으로 TV 시장에서 커다란 패러다임 변화가 일어나고 있었기 때문이다.

아날로그 시대의 경쟁력은 기술과 경험의 축적, 수많은 부품들의 품질과 경쟁력이었고, 이러한 점에서 삼성은 일본 기업들을 따라잡기 힘들었다. 하지만 디지털 시대에는 다수의 부품들이 하나의 반도체 칩에 통합되기 때문에 조립 공정은 간단해지고 불량률도 낮아지므로 가장 중요한 경쟁력은 시장이 원하는 신제품을 경쟁 기업보다 더 빨리 개발하여 출시하는 것이었다. 이것은 반도체, LCD, 휴대전화 사업을 통해 갈고 닦아온 삼성이 강점을 갖고 있던 부분이었다.

이건희 회장은 TV 사업을 강화하기 위해 2005년에 핵심 사업인 반도체 부문의 엔지니어들을 300명이나 빼내어 TV 사업부에 배치하고 경쟁 업체와 차별화된 제품을 만들 수 있는 기술적 기반부터 갖추도록 했다. 또한 윤 대표는 대표 직속의 VIPValue Innovation Program 센터라는 기관을 만들어 연구 개발, 디자인, 영업, 마케팅, 생산 등 다양한 분야를 담당하는 직원들로 구성된 팀을 수개월 동안 합숙시키면서 높은 집중력과 강도 높은 커뮤니케이션을 통해 시장이 원하는 제품에 대한 아이디어를 구체화하도록 했다. VIP 센터에 집합된 범조직적인 팀은 프랑스 인시아드INSEAD 경영대학원의 김위찬 교수와 르네 마보안 교수가 주창한 '가치 혁신 이론'을 바탕으로 체계적인 사고를 통해 진정으로 시장이 원하는 제품에 대한 아이디어를 구체화하도록 가이드됐다.

디지털 TV 시대로 접어들면서 소비자들은 TV를 전자 제품이라기보다는 하나의 가구로 보는 경향이 생겨나고 있었고, 이에 따라 TV에는 기술적인 요소 뿐만 아니라 디자인적인 요소가 점점 더 중시되고 있었다. VIP 센터에 모인 삼성의 TV 개발팀은 소비자들의 이러한 욕구를 읽고, 스피커를 뒤로 숨긴 와인잔을 연상시키는 획기적인 디자인을 채택한 TV를 개발해냈고, 기술적 세부 사항을 강조하기보다는 가구처럼 우아함과 이미지를 강조한다는 마케팅 전략을 수립해냈다.

또한 경쟁 업체들이 모방 제품을 내놓기 전에 시장을 장악해 버리기 위해 생산 및 유통도 치밀하게 준비해 전 세계에 동시에 출시하며 대대적인 마케팅 캠페인과 함께 유통업체에 충분한 물량을 공급하며 파상 공세에 나섰다. 삼성의 보르도 TV는 출시 첫 해인 2006년에 250만 대나 판매되는 대성공을 거뒀다.

보르도 TV의 성공에 힘입어 삼성전자는 2007년부터 드디어 판매 대수와 매출액 모두에서 세계 1위의 TV 업체로 올라섰다. 2008년에는 TV 틀의 색이 다양하게 변하는 크리스털 로즈 TV를 출시해 300만 대 이상을 판매하며 보르도 TV의 성공을 이어 나갔고, 2009년에는 평면 TV의 광원으로 사용되던 형광등 대신 반도체 광원을 사용해 전력 소비를 줄이고 두께를 3cm까지 줄인 LED TV를 출시해 또 다시 큰 성공을 거뒀다. 2010년에는 입체영상을 즐길 수 있도록 해주는 3D TV, 2011년에는 인터넷을 통해 다양한 응용 프로그램과 콘텐츠를 다운로드하여 사용할 수 있는 스마트 TV 등 거의 매년 혁신적인 제품을 지속적으로 출시하며, 삼성은 세계 1위의 TV 업체 위치를 계속 지켜 나갔다.

메모리와 LCD에서 이미 세계 1위를 달성한 바 있었지만, TV 사업에서 세계 1위를 달성한 것은 또 다른 의미가 있는 사건이었다. 반도체와 LCD는 기업들을 대상으로 한 사업이지만, TV는 다수의 소비자를 대상으로 한 상품이었기 때문에 제품의 품질과 성능뿐만 아니라 마케팅, 브랜드, 유통 등 모든 면에서 탁월해야만 1위를 할 수 있는 전자 산업의 간판이라 할 수 있기 때문이었다. TV에서 세계 1위로 올라설 수 있었던 것은 디지털 시대의 부가가치 핵심 요소는 기술뿐만 아니라 브랜드 이미지와 디자인, 마케팅 전략이라는 것을 일찍부터 인식하고, 2000년대 초반부터 브랜드 이미지를 높이고, 디자인 수준을 높이며, 마케팅 및 공급망 관리 역량을 높여온 부단한 노력의 결실이기도 했다.

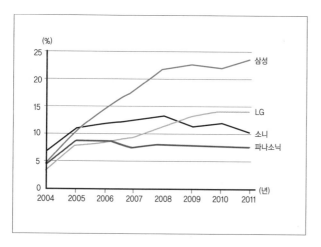

매출액 기준 연도별 세계 TV 시장 점유율 : 삼성은 TV 시장에서 2006년부터 소니를 제치고 1위에 올라섰고, 1위를 꾸준히 유지해 나갔다. 아날로그 시대에 TV의 왕자였던 소니는 2009년에는 한국의 LG전자에게도 역전당하고 말았다.(자료 출처: 디스플레이서치)

'독한 승부사' 최지성 대표

2009년 12월, 삼성전자의 대표이사로 최지성 대표가 선임됐다. 최지성 대표는 서울대 무역학과를 졸업한 후 1977년 삼성그룹 내의 무역회사인 삼성물

산에 입사했고, 1980년대 초반에는 삼성그룹의 핵심 조직인 회장 비서실에 근무하기도 했다. 그는 1985년 그룹의 명운이 걸린 사업이었던 반도체 사업에 투입돼 유럽에서 반도체 해외 영업망을 개척하는 임무를 맡았고, 1,000여 쪽의 반도체 관련 매뉴얼을 외우고, 반도체 칩을 가방에 넣고 혼자서 유럽을 돌아다니며 판매처를 개척하는 것으로 삼성전자에서의 근무를 시작했다. 스스로 '장사꾼'임을 자처했던 최지성 대표는 TV 사업 부문을 이끌며 삼성을 세계 TV 시장 1위로 끌어올리고, 이후에는 휴대전화 사업 부문 책임자로 부임해 경쟁업체들의 공세에 흔들리고 있었던 삼성의 휴대전화 사업을 확고한 세계 2위로 만드는 능력을 발휘했다.

최 대표는 삼성전자 경영진의 주축을 이루는 엔지니어 출신은 아니었지만, 마케팅과 공급망 관리의 전문가이자 유순해 보이는 인상과는 달리 빠른 의사결정과 맡은 일은 반드시 끝장을 보는 독한 근성으로 '독한 승부사'라는 별명을 갖고 있던, 삼성조직 내 상하 모두에 두터운 신임을 받아온 주요 경영인 중하나였다.

삼성은 2010년 1,340억 달러(약 154조 원)의 매출을 기록해 1,260억 달러의 매출을 기록한 HP를 제치고 세계 최대의 IT 기업으로 등극했다. 2011년 매출은 1,430억 달러를 기록해 1,272억 달러에 그친 HP와의 격차를 더욱 벌렸다. 당기순이익도 2010년 사상 최대인 140억 달러를 기록해 115억 달러를 기록한 인텔

최지성 대표이사: 2009년 12월 삼성의 대표이사 겸 CEO가 된 최지성 대표는 서울대 무역학과 출신으로, 삼성전자 경영진의 주축을 이루고 있는 엔지니어 출신은 아니었다. 하지만 회장 비서실 근무를 거치며 이건희 회장의 신임을 얻었고, TV 사업 부문과 휴대전화 사업 부문을 이끌며 훌륭한 경영 실적을 내면서 임직원들의 두터운 신망과 존경을 받았다. 그는 특히 빠른 의사결정과 맡은 일은 끝장을 보는 근성, 마케팅과 공급망 관리의 전문가로 잘 알려져 있었다.(출처: 삼성전자)

의 이익을 넘어섰다. 한때 세계 전자 시장을 지배했던 일본 기업들인 파나소닉은 2010년 각각 9억 달러의 이익, 소니는 32억 달러의 적자라는 초라한 실적을 기록해 삼성전자의 실적은 더욱 돋보였다. 마케팅 조사 전문 기관인 인터브랜드Interbrand의 2011년 조사에 의하면, 삼성의 브랜드 가치는 세계 17위인 234억 달러에 달했다.

서로 다른 기술이 하나의 제품이나 네트워크로 통합되는 디지털 컨버전스 시대에 다양한 디지털 제품군에 강점을 갖고 있고, 수직 계열화를 이루었으면서도 빠른 의사결정 속도를 갖는 조직 구조를 가진 삼성전자는 기회를 잡기에 매우 유리한 위치에 있었다. 디지털 컨버전스의 상징이라고 할 수 있는 스마트폰 사업에서 삼성이 애플이나 RIM, 노키아 등에 비해 출발이 늦었음에도 불구하고 빠른 시간 내에 스마트폰의 강자로 부상할 수 있었던 것도 다양한 부품과 완제품 사업에서 쌓아온 디지털 역량이 바탕이 됐기 때문이었다.

애플의 아이폰 출시를 기점으로 많은 휴대전화 업체들의 예상을 뛰어넘는 급격한 속도로 스마트폰 시대가 열리기 시작했을 때, 삼성은 애플의 아이팟과 아이폰에 들어가는 프로세서를 개발하고 제조해 오면서 시스템 반도체 부문의 역량을 쌓았기 때문에 자신의 스마트폰에 우선적으로 공급되는 우수한 성능의 프로세서를 보유할 수 있었다.

또한 디스플레이 부문에서 꾸준히 역량을 쌓아왔기 때문에 색상이 선명하고 실외에서도 화면이 잘 보이는 AMOLED 디스플레이를 자신의 스마트폰에 채용해 경쟁 회사의 제품과 차별화할 수 있었다. 이와 아울러 유연하고 빠른 의사결정 구조와 꾸준히 쌓아온 소프트웨어 개발 역량은 너무 늦지 않은 시점에 안드로이드 운영체제를 채택한 우수한 성능의 스마트폰을 출시할 수 있도록 했다. 결국 이러한 요인들이 복합적으로 작용해 삼성은 스마트폰 시장의 후발 주자였음에도 불구하고 2011년 스마트폰 판매 대수 기준 세계 1위에 오르면서 스마트폰 시장에서 지배적 위치에 올라설 수 있었다.

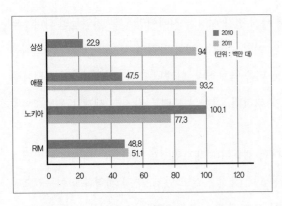

2010년 및 2011년 전 세계 스마트폰 판매량: 삼성은 2010년만해도 스마트폰 판매 대수에 있어서 노키아, 애플, RIM에 뒤처져 있었지만, 그간 쌓아온 역량을 결집해 2011년에는 스마트폰 판매 대수 세계 1위에 오를 수 있었다.(자료 출처: IDC)

하지만 일각에서는 하드웨어보다는 소프트웨어, 개별 기기보다는 플랫폼 쪽으로 가치가 점점 이동하는 디지털 컨버전스의 시대에, 소프트웨어 경쟁력과 플랫폼 창출력이 상대적으로 약하다는 점을 삼성전자의 불안 요소로 꼽았다. 삼성은 2011년에 통신사들에 적기에 최신 제품을 공급하며 스마트폰 시장에서 선전하기는 했지만, 삼성의 주력 스마트폰은 대부분 안드로이드 운영체제를 사용했기 때문에 다른 업체들이 출시한 스마트폰과 제품이 크게 차별화됐던 것은 아니었다. 또한 차이점이 있었다고 하더라도 빠른 속도로 그 차이가 점차 줄어드는 추세였다.

PC 사업의 역사에서 볼 수 있던 것처럼 휴대전화 제조업체들이 안드로이드 운영체제에 기반을 둔 스마트폰을 중심으로 치열하게 경쟁하는 것은 궁극적으로는 삼성 같은 휴대전화 제조업체들보다는 안드로이드 운영체제와 플랫폼의 가치와 영향력을 높이는 것으로 귀결될 가능성이 더 컸다.

소니

캠코더 및 게임기 세계 1위

트랜지스터라디오, 트리니트론 TV, 워크맨, 캠코더, CD 등
혁신적인 히트 제품을 누구보다 시장에 먼저 내놓은 소니는
1990년대까지만 해도 명실상부한 세계 가전업계의 왕자였다.
하지만 베타맥스 방식 VCR의 대실패는 소니의 전략에 큰 영향을 미쳐
음악과 영화 등 콘텐츠 사업의 강화로 이어졌고,
이후 기업 규모가 커지면서 생겨난 지나친 분권화와 콘텐츠와 하드웨어 간
불협화음은 소니를 디지털 시대의 부적응자로 만들었다.
소니의 위기는 현재 진행형이다. 강력한 카리스마를 가졌던 창업
세대가 사라진 후 강력한 리더십 없이 표류하는 소니는 마치 현재 일본
사회의 축소판처럼 보인다. 소니가 과연 애플이나 IBM처럼 존망의 위기를
극복하고 다시 왕좌에 복귀할 수 있을 것인지 많은 이들이 주목하고 있다.

**강한 자가
아니라
적응하는 자가
살아남는다**

SONY

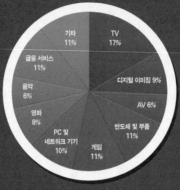

소니 경영 현황 (2011년 3월 말 기준)

TV 17%
기타 11%
금융 서비스 11%
디지털 이미징 9%
음악 6%
AV 6%
영화 8%
반도체 및 부품 11%
PC 및 네트워크 기기 10%
게임 11%

총자산: 약 1,508억 달러
연간 매출액: 약 838억 달러

영업 이익: 23억 달러
(매출대비 3%, 자산대비 2%)
순이익: 약 -30억 달러(적자)

주요 연표

1946
모리타 아키오와 이부카 마사루,
도쿄통신공업(TTK) 설립

1955
일본 최초의 트랜지스터라디오 판매 시작

1968
트리니트론 컬러 TV 출시

1958
회사명을 도쿄통신공업에서 소니로 바꿈.

1979
워크맨 출시

1975
베타맥스 방식 VCR 출시

1982
최초의 CD 플레이어 출시

1981
소니 생명 설립

1983
오가 노리오, 회장 겸 CEO로 취임

1985
비디오 촬영과 재생이 모두 가능한 휴대용 캠코더 출시

1988
미국 CBS 레코드 인수(20억 달러)

1989
미국 컬럼비아 영화사 인수(34억 달러)

1994
플레이스테이션 출시. 컴퍼니 제도 도입

1999
이데이 노부유키, 소니의 회장 겸 CEO로 취임

2001
에릭슨과 50대 50 합작으로 휴대전화 기업
소니-에릭슨 설립

2003
1사분기에만 10억 달러에 달하는 손실을 보고한
'소니 쇼크' 발생

2004
미국 MGM 영화사 인수. 삼성전자와 합작으로
LCD 패널 제조 회사 S-LCD 설립

2005
하워드 스트링어, 소니의 회장 겸 CEO 취임

2006
배터리 리콜 조치(10만여 개)

2007
삼성전자에 TV 시장 1위 자리를 내줌.

2008
노트북 컴퓨터 리콜 조치(43만 8,000여 대)

2011
플레이스테이션 네트워크(PSN)에서 7,500만 명의 개
인 정보를 해킹당함. S-LCD의 지분을 삼성에 모두 매각

2012
소니-에릭슨의 지분을 에릭슨으로부터 인수. 하워드 스트
링어 퇴임, 히라이 가즈오 회장 겸 CEO로 취임

SONY

발명가 이부카 마사루와 기업가 모리타 아키오

젊은 시절부터 발명에 재능을 보였던 와세다 공대 출신의 엔지니어 이부카 마사루와 나고야에서 14대째 일본식 정종(사케)을 만드는 양조장을 운영하는 모리타 집안의 장손으

"기술에는 큰 회사들이 미처 착안하지 못한 틈새가 얼마든지 있습니다. 우리는 기술로 일본의 부흥에 기여할 것입니다."
: 이부카 마사루 :

로 오사카 제국대에서 물리학을 전공한 엘리트였던 모리타 아키오는 제2차 세계대전 중 우연한 기회에 서로를 알게 됐다.

이들은 12살의 나이 차이에도 불구하고 서로 잘 통한다는 것을 알아차렸고, 전쟁이 끝난 직후인 1946년에 20여 명의 직원과 함께 동경의 백화점 한 층을 빌려 소니의 전신인 '도쿄통신공업'이라는 이름의 회사를 공동 창업했다. 이부카와 모리타가 갖고 있던 창업 정신은 첨단 기술을 활용해 사용자가 감탄할 만한 기발한 신제품을 개발한다는 것이었다. 이부카는 연구 개발을, 모리타는 관리와 마케팅 부문을 맡으며 역할을 분담하기로 했다. 뛰어난 발명가였던 이부카는 미군들이 일본에 가지고 들어온 테이프 녹음기를 처음 보고 완전히 매료됐고, 사전과 책, 잡지 기사 등에서 얻은 지식만을 바탕으로 일본 최초의 테이프 녹음기를 만들어 냈다. 1950년에 출시돼, 주로 학교 등에 팔려나간 테이프 녹음기는 도쿄통신공업이 만들어 낸 최초의 히트 상품이 됐다.

소니 창업자 이부카 마사루(좌)와 모리타 아키오(우): 와세다 공대 출신의 이부카 마사루는 젊은 시절부터 발명에 재능을 보인 엔지니어였고, 모리타 아키오는 나고야에서 14대째 양조장을 운영하는 집안의 장남으로 오사카 제국대에서 물리학을 전공한 후 해군 장교로 복무한 엘리트였다.
제2차 세계대전 중 우연히 서로를 알게 된 이들은 12살의 나이 차에도 불구하고 서로 마음이 잘 맞았다. 이들은 전쟁이 끝난 1946년, '도쿄통신공업'이라는 이름으로 회사를 공동 창업했고, 이후 회사명을 소니로 바꾸었다.

트랜지스터라디오, 트리니트론 TV, 워크맨

1947년에 트랜지스터를 발명한 미국의 벨 연구소는 독점적 전화회사의 자회사로 전자 사업에 진출하기 어려운 제약이 있었기 때문에 트랜지스터의 특허권을 1952년부터 다른 기업들에게 라이선스하기 시작했다. 소니는 텍사스 인스트루먼트, 모토롤라 등과 함께 트랜지스터의 사용권을 최초로 사들여 후일 반도체 산업의 발달에 중요한 역할을 한 기업들 중 하나였다.

> "새로운 아이디어를 얻기 위해 시장 조사를 하는 것은 어리석은 짓입니다. 우리의 목표는 일반인들을 이끄는 것이고, 그들은 무엇이 가능한지 모릅니다. 만약 헨리 포드가 일반인들에게 무엇을 원하느냐고 물었다면, 아마도 자동차가 아니라 더 빠른 말을 원한다고 대답했을 것입니다."
> : 모리타 아키오 :

소니는 라이선스받은 트랜지스터를 사용해 라디오를 만들고자 했다. 라디오에는 미미하게 수신된 전파 신호를 증폭하는 부품이 필요한데, 당시 라디오의 증폭기로는 진공관이 사용되고 있었다. 하지만 진공관은 크기가 크기 때문에 당시의 라디오는 응접실에 가구처럼 놓고 사용할 정도의 크기였다. 트랜지스터는 진공관처럼 증폭기 역할을 할 수 있을 뿐만 아니라 진공관보다 크기가 작고, 전력 소모가 적으며, 거의 고장도 나지 않기 때문에 트랜지스터를 사용하면 주머니에 넣고 다닐 수 있을 정도의 소형 라디오도 만들 수 있었다.

하지만 문제는 당시의 반도체 기술로 만든 트랜지스터는 주파수 특성이 좋지 않아 음의 왜곡과 잡음이 심해서 라디오와 같은 음향 기기의 증폭기로 사용하기 힘들다는 것이었다.

소니는 창업 초부터 기술을 중시했고, 이 때문에 탄탄한 기초과학 역량을 갖춘 우수한 젊은 엔지니어들이 많았다. 소니의 엔지니어들은 각고의 노력 끝에 트랜지스터에 사용되는 실리콘의 순도를 높이고, 실리콘에 불순물을 첨가하는 공정을 개선하여 마침내 증폭 특성이 좋고, 잡음도 적은 우수한 성능의 트랜지스터를 개발해내는 데 성공했다.

소니는 이 트랜지스터를 활용해 소형 라디오를 개발했고, 1955년에 일본 최초로 소형 트랜지스터라디오를 출시했다. 이는 텍사스 인스트루먼트가 1954년에 출시한 상용 트랜지스터를 사용해 미국의 리전시Regency라는 회사가 세계 최초로 소형 트랜지스터라디오를 출시한 것과 불과 몇 달밖에 차이나지 않은 것이었다.

이후 소니는 트랜지스터 기술에 대한 연구 개발을 지속해 트랜지스터를 채용한 TV를 개발하는 등 반도체와 트랜지스터 기술 분야에 일가를 이루었다. 1956년부터 소니에서 연구원으로 근무했던 에사키 레오나는 반도체의 특성을 밝혀낸 공로로 1973년에 일본인으로는 세 번째로 노벨 물리학상을 수상하기도 했다.

소니는 제작한 소형 트랜지스터라디오를 미쓰이나 미쓰비시처럼 해외에 많은 지사를 두고 있는 일본계 대형 종합상사를 통해 수출할 수도 있었다. 하지만 공동 창업자 모리타 아키오는 일본 거대 재벌의 계열사인 이들 상사 업체들은 소니의 제품을 잘 모르고, 경영 철학도 맞지 않는다는 이유로 이들을 통해 수출하는 것을 거부했다.

모리타는 대신 개발한 소형 트랜지스터라디오를 들고 직접 뉴욕으로 건너가 몇몇 대형 소매 체인들을 접촉했다. 이때, 당시 꽤 큰 규모의 시계 업체였던 불로바Bulova라는 회사가 트랜지스터라디오에 관심을 보였는데, 10만 대라는 엄청난 주문 물량을 내는 대신 라디오를 불로바 상표로 판매할 것을 요구했다. 불로바의 제안에 응한다면, 당시 소규모 기업에 불과했던 소니는 급성장할 수도 있었던 상황이었다.

하지만 모리타는 불로바의 제안을 거절하고, 비록 성장 속도가 느리더라도 자체 브랜드로 해외 판매망을 직접 개척해 나가기로 했다. 외국인이 발음하기 어려운 도쿄통신공업(일본어로는 도쿄쓰신코교)이라는 회사명 대신 소니SONY라는 브랜

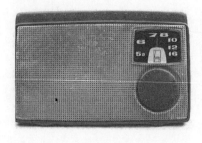

소니가 1955년에 개발한 트랜지스터라디오 TR-55(좌)와 1957년 개발해 전 세계에서 선풍적인 인기를 끈 TR-63(우): 소니는 벨 연구소로부터 트랜지스터 기술의 사용권을 사들인 최초의 기업들 중 하나였고, 1955년에 일본 최초의 트랜지스터라디오 TR-55를 개발해냈다. TR-55를 셔츠 주머니 속에 들어갈 정도로 소형화한 TR-63은 전 세계에서 날개 돋친 듯 팔려 나가면서 소니 브랜드를 널리 알렸다.(출처: 소니)

드를 붙여 라디오를 판매하기 시작했고, 소니 브랜드를 붙인 라디오는 일본뿐만 아니라 해외에서도 날개 돋친 듯 팔려 나가기 시작했다. 도쿄통신공업은 트랜지스터라디오를 출시한 지 3년 후인 1958년 회사명을 아예 소니로 바꾸었다.

이부카 마사루는 소형 트랜지스터라디오에 이어 소니가 도약할 수 있도록 하는 또 다른 기술 혁신을 만들어 냈다. 수많은 기술적 난관을 극복하고 1968년에 컬러 TV의 화질을 획기적으로 개선한 트리니트론Trinitron 브라운관을 개발해 낸 것이었다. 트리니트론 브라운관은 소니 TV에만 독점적으로 공급됐고, 이를 바탕으로 소니는 TV 시장을 장악할 수 있었다.

모리타 아키오 또한 소니의 상징이 되는 제품의 개발을 주도했다. 모리타는 미국에 출장을 갔을 때, 캘리포니아의 젊은이들이 대형 카세트 플레이어를 들고 걸어 다니는 것을 보았는데, 여기에서 걸어 다니면서 들을 수 있는 소형 카세트 플레이어라는 아이디어를 착안했다.

소형 휴대용 카세트 플레이어에 대한 시장 조사 결과는 불분명했지만, 모리타는 개발을 강행하여 1979년에 워크맨이라는 브랜드로 이를 출시했다. 이 워크맨이 공전의 히트 상품이 되면서 소니는 기발한 제품을 누구보다 먼저 시장에 내놓는 기업이라는 명성을 쌓게 됐다.

소니와 마쓰시타 간의 VCR 전쟁

TV 방송을 녹화할 수 있는 장비를 최초로 개발한 기업은 미국 캘리포니아 소재의 암펙스AMPEX라는 기업이었다. 그러나 1956년에 암펙스가 개발한 녹화 장비는 방송국에서나 사용할 수 있는 대형 장치였다. 소니와 마쓰시타 전기의 자회사 중 하나인 JVC는 1960년대 후반부터 대형 녹화기를 소형화해 가정에서도 사용할 수 있는 TV 녹화기를 만들기 위한 연구를 시작했다.

연구 개발 속도에서 소니는 마쓰시타에 조금 더 앞섰고, 1975년에 마쓰시타에 한발 앞서 가정용 비디오 카세트 레코더VCR를 출시했다. 소니와 마쓰시타 전기는 상호 기술 이전 계약을 맺고 있었기 때문에 소니는 마쓰시타가 당연히 기술적으로 앞서 있던 자신의 베타맥스 방식을 따를 것이라 생각했다. 그러나 자존심이 상한 마쓰시타 전기는 소니와의 경쟁을 선택했다.

마쓰시타 전기는 자회사인 JVC를 통해 소니보다 1년 늦은 1976년에 VHS 방식이라는 독자 규격의 VCR을 출시했는데, VHS 방식에서 사용하는 테이프는 소니의 베타맥스 테이프와 사이즈도 달랐고 호환도 되지 않았다. 마쓰시타의 독자 노선 방침에 당황한 모리타 아키오는 당시 81세의 고령이었던 마쓰시타 전기의 창업주 마쓰시타 고노스케를 직접 찾아갔다. 같은 일본 기업인 소니가 추진하는 베타맥스 방식이 세계의 표준이 될 수 있도록 지원해줄 것을 요청하기 위해서였다. 하지만 마쓰시타는 이를 거절했고, 모리타는 이에 큰 모욕감을 느꼈다. 이로써 VCR 전쟁이라고도 하는 소니와 마쓰시타 간 VCR 시장의 주도권을 장악하기 위한 자존심을 건 치열한 경쟁이 벌어지게 됐다.

소니의 베타맥스 방식은 마쓰시타의 VHS 방식보다 화질이 더 우수했다. 하지만 소니는 선행 주자의 이점과 기술적 우위를 믿고, VCR을 출시한 후 자신의 베타맥스 방식을 업계 표준으로 만들기 위해 다른 기업과 협력하는 것에 관심을 두지 않는 실수를 하고 말았다. 반면에 마쓰시타는 VHS 방식의 화질도 일반 소비자들이 느끼기에는 충분히 우수한 수준이라는 점을 강조하고, 소니의 베타맥스 방식은 테이프 하나의 재생 시간이 VHS 방식보다 짧다는 단점을 부각시켰다.

마쓰시타는 소니보다 1년 늦게 VCR을 출시했지만, 대량 생산에 돌입하기 위한 준비를 착실히 해놓은 상태에서 VCR을 출시했다. 마쓰시타는 JVC, 내셔널, 파나소닉 등과 같은 자신의 여러 자회사 브랜드로 판매하기 위한 수요뿐만 아니라 GE, RCA 등의 업체들에게 OEM 방식으로 VCR을 공급하기에도 충분한 생산 용량을 확보했던 것이다.

또한 일본 가전 시장의 선두권 업체인 샤프와 산요에게도 VHS 방식의 VCR을 생산할 수 있는 기술을 이전하여 세력을 늘렸고, 컴퓨터 사업을 위해 전 세계적인 유통망을 구축해놓고 있던 히타치 및 미쓰비시와도 협력 관계를 맺어 세계에 VHS 방식 VCR의 보급을 확산하는 데 적극 나섰다.

이렇게 규모의 경제를 달성한 마쓰시타는 생산을 자동화하고 설계를 개선해 부품의 수를 줄여 나감으로써 원가 절감을 이룰 수 있었다. 마쓰시타는 VCR 출시 후 5년 만에 가격을 50%까지 낮출 수 있었고, 이러한 가격 경쟁력은 많은 소비자들이 소니보다는 마쓰시타의 VHS 방식 VCR을 선택하도록 만들었다.

VCR이 보급됨에 따라 1970년대 말부터는 비디오테이프 대여점들이 생겨나기 시작했는데, VHS 방식 VCR의 점유율이 베타맥스 방식보다 더 높았기 때문에 대여점에 공급되는 영화 테이프들은 많은 경우 VHS 방식으로만 제공되곤 했다.

소비자들은 VHS 방식으로 빌릴 수 있는 영화가 더 많았기 때문에 소니의 베타 맥스 방식 VCR이 아닌 VHS 방식 VCR을 구매했다. VHS 방식 기기의 점유율과 VHS 방식 테이프의 보급은 상호간에 선순환 효과를 일으키면서 VHS 방식 기기의 확산을 이끌었고, 소니의 베타맥스 방식은 결국 마쓰시타의 VHS 방식에 완패하고 말았다. 1982년 소니의 VCR 시장 점유율은 13%로 떨어졌고,

1987년에는 5%에 지나지 않았다. 자존심에 상처를 입은 소니는 1980년대 말까지도 VHS 방식의 VCR을 생산하지 않았다.

VCR을 먼저 개발하고도 VCR 산업에서의 주도권을 잃어버린 뼈아픈 경험은 이후 소니의 경영 방침에 큰 영향을 미쳤다. 소니가 이후 음반 사업 및 영화 사업에 적극적으로 뛰어든 것도 VCR 전쟁에서 패배한 가장 큰 원인이 자신의 표준을 뒷받침하는 콘텐츠가 부족했기 때문이라고 보았기 때문이었다. 또한 선행 주자의 이점과 기술적 우위만을 믿고 다른 기업들과의 협력에 소홀했던 VCR 사업에서의 실수를 반복하지 않기 위해 이후 8mm 캠코더, CD, 블루레이 등에서는 자신의 규격을 산업의 표준으로 만들기 위해 다른 기업들과 적극적으로 협력해 나갔다.

예술가를 꿈꾼 경영인 오가 노리오

모리타 아키오보다 나이가 12살 더 많았던 공동 창업자 이부카 마사루는 1970년대 초부터 경영 일선에서 손을 떼기 시작했고, 모리타 아키오도 1983년부터는 회장으로서 경영의 세부 사항에서는 한발 물러났다. 모

"소니는 우수한 성능, 시각적 아름다움, 그리고 가졌다는 사실만으로도 기쁜 제품을 만들어야 합니다. 무엇보다 마음의 현(絃)을 울리는 것이 중요합니다."

:오가 노리오:

리타 이후 소니의 사장으로 실무를 지휘한 이는 오가 노리오였다. 오가는 13살이었던 1943년에 늑막염에 걸려 학교를 한동안 쉬었는데, 마침 그때 그가 살던 집 건너편에 동경대에서 전기공학을 전공한 이와이 이치로라는 젊은 지식인이 살고 있었다. 목재 수입상을 하던 오가의 아버지는 주로 해외에 머물렀기 때문에 오가는 이와이를 아버지처럼 따르며 저녁마다 수학과 과학, 전자 회로와 악보를 읽는 법 등을 배웠다. 오가는 이와이의 영향을 받아 잠시 엔지니어가 될까

도 생각했지만, 결국 성악가를 꿈꾸며 명문 도쿄 예술대에 진학했다.

대학생 시절 오가는 "무용가들이 기량을 다듬기 위해서는 거울이 필요한 것처럼 성악가들이 기량을 다듬기 위해서는 녹음기가 필요하다"는 설득력 있는 주장을 교수들에게 펼쳐 비싼 가격에도 불구하고 학교가 소니에서 초창기에 만든 녹음기를 구입하도록 만들었다. 소니의 녹음기를 사용하면서 오가는 고객이자 음악가로서 참기 힘든 문제점들을 신랄하게 지적했고, 자세한 기술적 해결책까지 당돌하게 제시했다.

이 일을 계기로 소니의 두 창업자 이부카와 모리타는 오가와 친하게 됐고, 오가가 소니에 꼭 필요한 인물이라 판단하게 됐다. 오가는 도쿄 예술대를 졸업한 후 독일로 유학을 가서 베를린 국립 예술대를 졸업했지만, 소니 창업자들의 끈질긴 구애를 받은 끝에 바리톤 성악가 활동을 병행한다는 조건으로 1959년에 소니의 정식 사원이 됐다.

창업자들의 신임이 두터웠던 오가는 사장으로 취임하기 전부터 소니 경영의 많은 부분에 개입해 왔다. 그는 특히 소니의 브랜드를 매우 소중하게 여겼고, 제품의 디자인에 대해 매우 세세하고 꼼꼼하게 신경을 썼다. 초창기 소니의 로고는 멋이 없다는 오가의 주장에 따라 글씨체와 비율 등이 수차례 수정된 끝에 오늘날까지 사용되는 SONY라는 로고로 발전했다.

오가는 또 TV의 측면에 부착했던 소니 로고를 정중앙에 부착할 것을 고집해 이를 관철시키기도 했고, 은은한 광택이 나는 은회색과 검회색 같은 소니 제품의 색상과 글씨체, 버튼의 모양까지도 직접 세심하게 챙겼다. 오가는 결벽증으로 보일 정도로 세부적인 디자인에 집착하고 타협하지 않는 고집을 가지고 있었는데, 그의 이러한 세심함은 소니의 다양한 제품이 세련되고 통일된 이미지를 갖도록 하는 데 많은 기여를 했다.

소니는 1980년대에 네덜란드의 필립스와 협력해 레이저 기술을 활용해 디지털 방식으로 음악을 재생하는 콤팩트디스크(CD)를 개발했는데, 오가는 CD 한

장에 60분가량의 음악을 저장하기를 원했던 필립스에 맞서, 음악이 CD의 사이즈를 결정해야 하며 CD 한 장은 기존의 LP 레코드로 두 장이 필요했던 베토벤의 9번 교향곡 '합창'을 기록할 수 있어야 한다는 주장을 해 이를 관철시켰다. 이 때문에 1982년부터 판매되기 시작한 CD는 베토벤의 9번 교향곡의 분량인 75분가량의 음악을 한 장에 저장할 수 있었다.

소니가 미국의 벨 연구소에서 개발했지만 대량 생산이 매우 어려웠던, 전자적인 눈의 역할을 하는 CCD(Charge Coupled Device)라는 이미지 센서 반도체 칩을 대량 생산해내는데 성공한 것도 오가가 CEO로 재임하던 기간이었던 1980년대였다. 소니는 이 CCD 반도체 칩을 이용해 영상의 촬영과 재생이 모두 가능하면서도 한 손으로 들 수 있을 정도로 작은 크기의 기기인 캠코더를 1985년 출시했다.

CCD의 개발을 총지휘해 왔던 이는 모리타 아키오의 매제인 이와마 가즈오였다. 도쿄대 출신의 엔지니어인 이와마는 소니가 트랜지스터를 개발할 당시 중요한 역할을 담당했고, 이후에는 10년 이상 CCD 칩의 연구 개발에 매진했지만, CCD의 양산을 끝내 보지 못하고 세상을 떠났다. 오가는 세상을 떠난 이와마의 공적을 잊지 않고, 소니가 CCD 칩의 대량 생산에 성공했을 때 양산된 CCD 칩을 이와마의 묘비에 새겨 넣어주기도 했다.

소니는 VHS 방식 테이프보다 훨씬 더 작은 8mm 테이프를 캠코더용 규격으로 정했는데, 이때는 베타맥스 방식 VCR에서와 같은 실수를 반복하지 않기 위해 100여 개 이상의 기업들과 적극적으로 협력해 결국 8mm 테이프를 소형 캠코더의 표준 규격으로 만들어 냈다.

창업주인 모리타는 "하드웨어와 콘텐츠는 자동차의 양쪽 바퀴다"라는 말을 즐겨 했고, 오가도 소니를 하드웨어와 콘텐츠 모두에 강한 회사로 만들기를 원했다. 오가는 1968년에 소니가 미국의 CBS와 합작으로 일본 최대의 레코드 회사 CBS-소니 레코드를 설립할 당시, 이를 담당하기도 했는데, 소니의 사장으로 있던 1987년에는 당시 세계 최대 음반 회사였던 미국의 CBS 레코드를 20억 달러에 아예 인수해 버렸다.

또한 1989년에는 65년의 전통을 가진 컬럼비아 영화사를 34억 달러에 인수해 소니 영화사로 사명을 변경했다. CBS 레코드와 컬럼비아 영화사를 인수함으로써 소니는 음반 및 영화를 직접 제작하는 사업에도 뛰어들게 됐고, 방대한 음악과 영화의 판권도 확보하게 됐다.

오케스트라를 지휘하는 오가 노리오: 1983년 소니의 CEO에 취임한 오가 노리오는 원래 도쿄 예술대 성악과에 다니던 음악도였다. 오가는 소니가 초창기에 출시한 녹음기의 음질 문제를 지적하고, 기술적 해결책을 제시한 것을 계기로 창업주들의 끈질긴 스카우트 제의를 받아 바리톤 성악가 활동을 병행한다는 조건으로 소니에 입사했다. 한때 예술가를 꿈꿨던 오가는 독일 유학 시절 알게 된 세계적 지휘자 카라얀과 친하게 지냈고, CD의 개발과 보급에 많은 기여를 했다. 오가는 소니의 CEO로 있으면서도 지휘자로 수차례 공연을 하기도 했다. 그의 또 다른 취미는 비행기 조종이었다.

소니의 위기와 미니 컴퍼니제 도입

소니는 창업 이래부터 첨단 기술에 모든 것을 걸고 창의적인 신제품을 끊임없이 시장에 출시하는 전략으로 성장해 왔다. 하지만 1981년에는 금융업으로도 사업 분야를 확장해 미국 푸르덴셜Prudential과 합작으로 소니 생명을 설립하기도 했고, 1980년대에는 CBS 레코드와 컬럼비아 영화사를 인수하면서 엔터테인먼트 및 콘텐츠 부문의 비중을 키웠다.

주력인 전자 사업에서도 오디오와 TV 등 가전 제품뿐만 아니라 기업용 시스템에 이르기까지 제품 라인을 확대했다. 1994년경, 소니는 자산이 470억 달러에 달하고, 전 세계에 수백 개의 자회사와 관계회사를 보유한 전자 엔터테인먼트, 금융의 세 부문으로 다각화된 대형 다국적 회사로 성장해 있었다.

트리니트론 컬러 TV, 워크맨, CD, 캠코더 등 소니가 내놓은 혁신적인 제품들은 소니 브랜드의 가치를 높였고, 전 세계의 많은 소비자들은 소니 제품의 가격이 경쟁사 대비 더 높았음에도 불구하고 소니의 제품을 구입했다. 하지만 1990년대에 접어들어 일본의 거품경제가 붕괴되면서 소니의 주력 시장 중 하나였던 일본의 가전 시장은 침체됐고, 일본 엔화의 가치가 높아지면서 소니 제품의 해외 경쟁력도 계속 하락했다. 1995년 3월에 마감된 회계연도에 소니는 33억 달러의 연간 손실을 보고했는데 이는 1961년 이후 최초의 적자였다. 1995년에 막대한 적자를 기록하게 된 데에는 많은 투자를 한 블록버스터 영화 〈라스트 액션 히어로〉의 흥행 실패 등 현지 경영인이 독립적으로 운영했던 미국 법인의 음악 및 영화 사업 부문이 방만한 경영으로 30억 달러의 영업 적자를 기록했던 것이 매우 컸다.

오가는 위기를 극복하기 위해서는 핵심인 전자 사업에서 경쟁력을 회복하고 실적을 개선하는 것이 무엇보다 중요하다고 보았다. 이를 위해 그는 사업 포트폴리오를 재정비하는 한편, 의사결정 속도를 더 높일 필요가 있다는 판단 아래 19개 사업 본부로 구성됐던 구조를 1994년 말에 8개의 독립적인 컴퍼니로 재조직했다.

이러한 컴퍼니 제도 속에서 각 컴퍼니들은 '회사 안의 회사'라는 개념을 바탕으로 제조와 판매를 자율적으로 운영함은 물론이고, 독자적으로 제품을 개발하기 위한 연구 개발 조직과 재무적 권한까지 이양받아 독립적으로 운영되는 회사 수준의 자치권을 가졌다. 각 컴퍼니에는 한 명의 사장을 두어 담당하고 있는 컴퍼니의 재무적 성과에 대해 온전히 책임을 지도록 했다. 컴퍼니 제도의 도입으로 소니의 최고 경영진은 소니 그룹 전체의 경영을 책임지는 회장 겸 CEO, 사장 겸 COO, 그리고 각 컴퍼니의 사장들로 구성됐다.

이데이 노부유키와 디지털 드림 키즈

오가는 1995년 4월, 미국 현지 법인의 방만한 경영을 개선해 소니의 엔터테인먼트 사업을 재건하고, 디지털 기술과 인터넷으로 상징되는 새로운 시대에 소니를 이끌어갈 차기 회장으로 외부에는 거의 알려져 있지 않았던 이데이 노부유키 상무를 낙점했다.

"이부카 상은 트랜지스터 키즈였습니다. 모리타 상은 워크맨 키즈였습니다. 오가 상은 CD 키즈였습니다. 이제 우리는 디지털 드림 키즈가 되야 합니다."

: 이데이 노부유키 :

와세다대 정치학과를 졸업한 이데이 노부유키는 1960년에 소니에 입사한 후 여러 부문에서 경험을 쌓아왔다. 그는 특히 스위스에서 유학 생활을 하고 소니 프랑스를 설립하는 등 유럽 시장의 전문가로 영어와 프랑스어에 유창했고, 국제적인 감각이 있었다.

오가는 자신의 직속 조직이었던 홍보팀을 이끌며 소니의 글로벌 홍보를 지휘하는 이데이에게 좋은 인상을 받았다. 소니 브랜드를 매우 소중히 생각하는 오가 회장은 부족하다고 생각되는 소니의 고위 경영진들을 하나하나 소거해 나간 결과, 이미지 메이킹에 능하고 국제적인 감각이 있는 이데이가 소니의 브랜드 가치를 지킬 수 있는 적임자라 판단했고, CEO 계승 서열 14위에 불과한 말단 상무인 이데이를 후임 회장에 임명하기로 결심한 것이었다.

소니의 공동 창업자인 모리타 아키오는 오가의 후임 회장은 엔지니어 출신이어야 한다고 줄곧 주장해 왔지만, 이데이를 후임으로 임명할 당시 모리타는 거의 말을 할 수 없을 정도로 건강이 좋지 않았기 때문에 영향력을 행사할 수 없었다.

소니의 공동 창업자 이부카 마사루와 모리타 아키오가 양자처럼 생각했던 오가 노리오는 창업자 가문의 일원처럼 인정을 받았지만, 이데이는 그런 후광을 기대할 수 없었다. 이데이는 소니 경영진의 주축을 이루는 엔지니어 출신도 아니었고, 후임으로 거론되던 다른 후보들에 비해 상대적으로 젊고 경험이 부족해 회사 내외의 지지 기반도 약한 편이었다.

이데이는 자신이 리더십을 발휘할 수 있기 위해서는 내부의 파벌을 없애는 것이 시급하다고 보았고, 내부의 강한 반발에도 불구하고 이사진의 수를 38명에서 10명으로 줄이는 조치를 시행했다. 또한 오가의 신임을 업고 방만한 경영을 하던 소니 미국 법인의 경영진들도 1995년에 전면적으로 교체했다.

소니의 창업 세대는 탁월한 식견으로 창의적이면서 고객들이 원하는 신제품을 개발해 시장을 스스로 만들어 냈다. 하지만 창업 세대는 이제 물러났고, 시대도 변했기 때문에 이데이는 소니가 기존과는 다른 전략과 경영 방식을 채택해야 한다고 믿었다. 이데이가 새로운 시대의 비전으로 내세운 것은 디지털 기술을 통해 소비자의 꿈을 실현하는 것을 돕는다는 '디지털 드림 키즈Digital Dream Kids'였다. 이는 소니의 제품이 젊은이나 젊은 마음을 갖고 있는 이들에게 매력이 있어야만 하며, 소니의 직원들도 아이들이 무언가를 창조할 때 갖는 흥분을 되찾아야 한다는 의미를 함축적으로 전달하고자 한 표어였다.

이데이 노부유키: 1999년 소니의 CEO로 취임한 이데이는 와세다대 정치학과 출신으로, 소니 경영진의 주축을 이루는 엔지니어 출신이 아니었을 뿐만 아니라 다른 CEO 후보들에 비해 회장이 되기에는 너무 젊고 경험이 부족해 회사 내외의 지지 기반이 약했다.
이데이는 내부의 파벌을 없애기 위해 강력한 내부 반발에도 불구하고 이사진의 수를 38명에서 10명으로 줄이는 조치를 감행했다. 또한 디지털 드림 키즈라는 모토 아래 소니를 인터넷과 디지털 시대의 중심에 서는 기업으로 만들고자 했다.(출처: 퀀텀 필름스)

디지털 네트워크 전략과 사상 최고의 실적

이데이는 네트워크 시대에는 단순한 디지털 제품을 만들어 파는 것이 아니라 고객에게 더 큰 즐거움과 가치를 주는 유기적으로 연결되는 제품을 만들어야 한다고 생각했다. 이는 먼저 소니가 보유한 콘텐츠, 콘텐츠를 재생하는 기기, 콘텐츠의 유통망을 연결해 소비자들이 더 쉽고 편리하게 소니의 제품과 콘텐츠, 서비스를 활용하도록 한다는 계획으로 이어졌다.

소니의 제품과 콘텐츠, 서비스가 유기적으로 연결된다면, 소비자들은 소니의 다른 제품도 자연스럽게 구매할 것이고, 이렇게 된다면 궁극적으로 전 세계 모든 가정에 소니의 제품을 중심으로 하는 디지털 허브가 구축되고, 소니는 거기서 또 다른 수익 모델을 만들어 낼 수 있을 것이라 본 것이었다.

소니는 이러한 비전을 실현하기 위해 일본에서 '소-넷'이라는 인터넷 접속 서비스를 1996년부터 개시했고, '스카이 퍼펙트'라는 디지털 위성 방송 사업도 시작했다. 또한 네트워크를 통해 디지털 콘텐츠를 연결하기 위해서는 제품 라인에 컴퓨터가 반드시 필요하다고 본 소니는 1997년 바이오(VAIO)라는 브랜드로 PC 사업에 뛰어들기도 했다. 또한 디지털 시대에는 제품 간의 차이가 점차 줄어들 것으로 보고, 소니 제품의 차별화를 위해 반도체 기술 개발에도 더욱 집중하기로 했다.

1997년 3월 마감한 1996 회계연도에 소니는 역사상 최대인 450억 달러의 매출을 기록했다. 이러한 실적의 일등 공신은 플레이스테이션 게임기와 게임 소프트웨어 사업의 성공이었다.

1994년 일본 시장에, 1995년 미국 시장에 각각 출시한 플레이스테이션은 이데이가 주도했다기보다는 오가 노리오가 사장으로 재임하던 시절 엔지니어 출신 경영자 쿠다라기 켄에게 경영의 전권을 부여해 독립적으로 운영된 자회사인 소니 컴퓨터 엔터테인먼트에서 주도한 사업이었다.

플레이스테이션은 단순한 게임기라기보다는 그래픽에 특화한 컴퓨터에 가까운 기기였고, 특히 3차원 가상현실 구현 능력이 다른 어떤 게임기보다 탁월했다. 또한 복제 방지를 위해 반도체로 게임 소프트웨어를 공급하던 기존의 게임기들과는 달리 저렴하고 빠르게 제조하고 배포할 수 있는 CD-ROM으로 게임 소프트웨어를 공급해 수요에 민첩하게 대응하고 게임 제작 업체들의 이익을 높일 수 있도록 했다. 일부 소비자들은 CD-ROM으로 배포되는 게임 소프트웨어를 불법으로 복제하여 사용할 수 있는 방법을 알아내기도 했지만, 이는 게임기의 판매에 부정적인 영향을 주는 것은 아니었다.

플레이스테이션은 게임기 시장의 후발 주자였음에도 불구하고 큰 성공을 거두었고, 1998년에는 세계 게임기 시장의 40%를 점유할 정도로 급성장했다. 소니 미국 법인이 주도하는 음악과 영화 사업도 이데이가 새로 임명한 미국인 경영진들에 의해 흑자로 전환됐다. 이러한 실적 덕분에 미국의 〈비즈니스위크〉지는 1997년 이데이를 최고의 CEO 25인 중 하나로 선정하기도 했다. 그러나 곧이어 아시아의 금융 위기와 일본의 경기 침체가 닥치면서, 1998과 1999 회계연도에 소니의 이익은 지속적으로 감소했다.

플레이스테이션: 플레이스테이션은 단순한 게임기가 아니라 3차원 가상현실을 구현하는 그래픽 컴퓨터에 가까웠다. 경쟁사인 닌텐도는 제조하는 데 오랜 시간이 걸리는 반도체 칩으로 게임 소프트웨어를 공급했지만, 소니는 저렴하고 빠르게 제조할 수 있는 CD-ROM으로 게임 소프트웨어를 제공해 수요에 재빨리 대응할 수 있었다.

네트워크 컴퍼니 제도와 조직 분권화

소니의 창업주 이부카 마사루는 1997년 별세했고, 또 다른 창업주인 모리타 아키오도 그로부터 얼마 지나지 않은 1999년에 세상을 떠났다. 건강이 좋지 않았던 오가도 이에 맞추어 명예 회장으로 물러났고, 이데이는 오가로부터 회장의 지위도 계승하게 됐다.

회장 겸 CEO로 권한이 더 커진 이데이는 인터넷 시대에 대응하기 위해 소니의 전자 산업을 재정비하는 대규모 구조 조정 계획을 발표했다. 전자 부문은 홈, 퍼스널 IT, 네트워크 및 부품이라는 3개의 소위 네트워크 컴퍼니와 소니 컴퓨터 엔터테인먼트(SCE) 및 방송용/전문가용 시스템 부문의 두 독립적인 사업 단위들로 구성된 구조로 개편됐다.

네트워크 컴퍼니와 사업 단위의 독립성은 더욱 강화되어 소니 본사는 장기적인 연구 개발과 최소한의 목표만을 제시하고, 각 네트워크 컴퍼니가 전략을 스스로 세우고 기술 및 제품 개발을 스스로 수행하도록 했다. 각 컴퍼니의 경영 실적은 자본 비용을 고려한 수익성 지표인 경제적 부가가치, 즉 EVA^{Economic Value Added}를 바탕으로 평가하고, 직원들의 보상 기준도 자신이 착수한 프로젝트의 EVA를 기반으로 산정해 컴퍼니의 사장뿐만 아니라 임직원들도 EVA를 의사결정의 기준으로 삼도록 했다.

2001년 3월로 마감된 2000 회계연도에 소니는 VAIO 컴퓨터 같은 정보 기기, 디지털 카메라 및 DVD 플레이어와 같은 AV 기기, 반도체와 전자 부품 모두에서 좋은 성과를 냈고, 2000년 3월 출시한 플레이스테이션 2 역시 3개월 만에 200만 대가 팔릴 정도로 큰 성공을 거두면서 소니는 전자 사업에서 전년대비 132% 증가한 영업 이익을 보고했다.

2003년의 소니 쇼크

그러나 2002년 3월 마감된 2001 회계연도에 소니는 전체 매출의 60%를 차지하는 전자 사업 부문에서 적자를 기록했다. 소니는 2001년 닥친 미국 IT 경기 침체와 9.11 테러로 인한 경기 침체 등을 그 주요한 원인으로 꼽았지만, 당시 소니의 전자 사업은 총체적인 어려움을 겪고 있었다.

아날로그 시대에 소니 경쟁력의 원천은 혁신적인 상품 기획으로 스스로 표준을 정하는 능력과 장인 정신에 기반을 둔 전기 기계의 소형화 기술이었고, 세계 시장을 제패한 소니의 워크맨과 소니의 자회사 아이와Aiwa가 판매한 소형 카세트 플레이어는 이러한 경쟁력이 집약된 제품이었다. 하지만 디지털 시대에 접어들자 이러한 기계적 기술은 별로 소용이 없어졌고, 제품 기획력과 디자인, 부품의 경쟁력이 무엇보다 중요해졌다.

도시바가 내놓은 소형 하드디스크를 사용해 혁신적인 디자인과 최초의 유료 음악 다운로드 서비스를 통합한 혁신적인 제품을 내놓은 기업은 소니가 아닌 애플이었고, 소니는 오랫동안 지켜오던 휴대용 음향 기기 시장의 왕좌를 힘없이 애플에 내주고 말았다. 소니는 화질이 더 우수하다는 이유로 고집스럽게 트리니트론 브라운관을 채용한 TV를 베가Wega라는 브랜드로 판매했지만, 소비자들은 삼성전자와 샤프, 파나소닉 등이 출시한 LCD TV나 플라즈마 TV와 같은 평판형 TV를 더 선호했다.

마이크로소프트는 엑스박스라는 게임기를 개발해 소니와 게임 산업에서 경쟁에 뛰어들었고, 게임 시장의 강자 닌텐도도 전열을 재정비하고 나서면서, 소니의 게임 사업 매출과 이익은 점차 줄어들었다. 휴대전화, 카메라, 캠코더 같은 다른 주력 제품들도 유사한 기능과 비슷한 품질의 제품을 더 낮은 가격에 제공하는 다른 기업들과의 치열한 경쟁에 직면하고 있었다. 많은 소비자들이 소니 제품의 품질이 더 우수하다고 믿었고, 소니의 브랜드 파워도 상당했지만, 품질의 차이가 가격 차이만큼 크지 않다고 생각하는 소비자들이 점점 늘어났다.

2002년경부터 세계 경제는 회복의 기미를 보이기 시작했다. 하지만 소니는 2003년 1사분기에만 10억 달러에 달하는 손실을 보고해 시장을 놀라게 했다. 이 중 6억 달러는 전자 부문의 구조 조정 비용이었다. 매체들에 의해 '소니 쇼크'라고 불린 이러한 깜짝 실적 발표로 소니의 주가는 2일 만에 25%나 급락했다.

이데이는 회장인 자신도 이 정도의 적자가 발생할 줄은 몰랐다고 말해 다시 한 번 시장을 놀라게 했다. 이 때문에 〈비즈니스위크〉 지가 1997년에 선정한 최고의 CEO 25인에 포함됐던 이데이는 2004년에는 최악의 경영인으로 선정되기도 했다.

이데이 회장은 2003년 10월에 소니의 창립 60주년이 되는 2006년까지 소니를 획기적으로 변화시킨다는 '트랜스포메이션 60 전략'을 발표했다. 이 전략의 핵심은 전자 엔터테인먼트, 금융 부문 간의 융합을 더욱 가속화한다는 것으로, 특히 소니 미국 법인에서 운영하는 엔터테인먼트 사업을 중심으로 전자 기기들을 융합하는 것에 초점을 두었다. 애플의 아이튠즈 스토어에 대항하기 위해 소니도 '소니 커넥트'라는 유료 음악 다운로드 서비스를 시작했고, 유럽의 베텔스만 그룹BMG과 제휴해 '소니-BMG 뮤직 엔터테인먼트'를 설립하고 미국의 영화사 MGM을 인수함으로써 소니는 자신이 보유한 콘텐츠를 대폭 늘렸다.

하드웨어와 콘텐츠 부문 간의 불협화음

이데이 회장이 융합의 중심을 하드웨어가 아닌 콘텐츠에 둠에 따라 일본에 위치한 전자 부문과 미국에 위치한 엔터테인먼트 부문 간 내부 갈등은 오히려 심화됐다. 일본에서는 미국 현지 지사가 주도한 MGM의 인수 때문에 소니의 재무적 성과 회복이 늦어지고 있다면서 비판했고, 소니가 핵심 사업인 전자 사업에서 벗어나 콘텐츠 사업을 확장하는 것이 올바른 전략인지에 대한 의문을 제기했다.

사실 콘텐츠 사업 중심의 접근은 그렇지 않아도 고전하고 있던 전자 사업의 발목을 잡고 있었다. 가령 소니는 음악 콘텐츠 사업을 지원하기 위해 전자 사업 부문에서 출시하는 휴대용 음악 플레이어에 저작권 보호 기능을 추가하고 ATRAC이라는 고유의 파일 포맷만을 지원했는데, 이 때문에 소니의 플레이어로는 소니 커넥트나 소니와 계약을 맺은 사이트로부터 다운로드한 음악 파일들만을 재생할 수 있었다.

소니의 플레이어는 PC와 음악과 영화를 주고받는 과정도 복잡했기 때문에 일반적으로 널리 사용되던 MP3 포맷의 음악 파일을 편리하게 재생하기 원하는 사용자들은 소니의 플레이어를 외면했다. 기기와 콘텐츠를 연결하는 플랫폼을 구축함으로써 경쟁력을 갖추고자 했지만, 플랫폼의 가장 약한 고리가 전체 플랫폼의 경쟁력을 떨어뜨린 셈이었다.

이데이는 전자와 콘텐츠 간, 또 전자 사업 부문 간 융합을 계속해서 강조했지만, 그가 설계한 조직 구조와 보상 체계는 오히려 융합을 방해하는 측면이 컸다. 스티브 잡스가 조직 전체를 직접 진두지휘하며 소수의 핵심 제품만을 개발했던 애플과는 달리 소니는 독립적으로 운영되는 각 네트워크 컴퍼니들이 효율적으로 조율되지 않은 채 중복되는 수많은 제품들을 개발하고 있었다.

또한 각 컴퍼니의 실적을 경제적 부가가치, 즉 경제적 부가가치EVA를 바탕으로 평가하는 방침은 융합보다는 컴퍼니 이기주의에 빠지게 하고, 장기적인 관점보다 단기적인 실적에 집중하게 했다. 직원들에 동기를 부여하기 위해 내세운 보상 정책도 대부분 자신이 맡은 제품의 판매에만 연동돼 있어, 이들이 소니 전체의 이익을 위해 행동할 유인을 제공하지 못했다.

소니 - BMG의 루트킷 사건

콘텐츠에서 얻는 수익을 늘리기 위한 정책은 예기치 않은 문제를 일으키기도 했다. 소니가 독일의 베텔스만 그룹과 합작으로 설립한 음반 회사인 소니-BMG는 저작권을 보호하기 위해 음악 CD를 컴퓨터로 재생할 때, 사용자의 컴퓨터에 복사 방지 프로그램을 자동으로 설치되도록 했다. 문제는 이때 사용자의 시스템에 접근을 할 수 있도록 해주는 루트킷Root kit이라는 프로그램이 사용자가 모르는 사이에 무단으로 설치됐다는 것이다. 이 루트킷을 사용하면 사용자의 정보를 은밀하게 외부로 보낼 수도 있었고, 루트킷을 제거하려고 하면 윈도우 운영체제가 손상됐다.

문제가 된 복사 방지 프로그램은 소니가 직접 개발한 것이 아니라 영국의 한 소프트웨어 회사에 외주를 준 것이었다. 하지만 소니는 자신이 공급한 소프트웨어의 기술적 특징과 잠재적 위험을 제대로 파악하지 못한 것에 대해 책임을 져야 했다.

소니는 다수의 법정 소송에 휘말렸고, 문제가 된 프로그램이 포함된 2,400만 장의 CD를 시장에서 회수해야만 했다. 엎친 데 덮친 격으로, 소송 과정에서 소니가 무료로 공개된 오픈 소스 소프트웨어를 사용했으면서도, 이의 사용에 따르는 소스 코드 공개 의무를 이행하지 않은 것이 추가로 드러났다. 소니의 기업 이미지는 크게 실추됐고, 룰즈섹LulzSec이나 어나너머스Anonymous와 같은 강력한 글로벌 해커 조직은 이 사건을 계기로 소니를 부도덕한 기업이자 보복의 대상으로 지목하고 집중적인 해킹 목표로 삼기 시작했다.

소니의 복잡한 사내 정치

복잡한 사내 정치는 소니를 가로막는 또 다른 장애물이었다. 오가 노리오 회장은 1999년에 이데이에게 회장 직위를 물려주고 명예 회장으로 있었지만, 때때로 막후 작업을 통해 이데이를 능가하는 영향력을 행사하기도 했다.

가령 분사와 합병에 있어 이데이보다 더 조심스러운 태도를 갖고 있었던 오가는 이데이가 2002년에 자회사인 소니 생명을 50억 달러에 매각하려 했던 계획을 무산시켜 버렸다. 오가의 이러한 행동은 직원들에게 이데이에 저항해도 괜찮다는 메시지를 전하는 것이나 다름없었기 때문에 소니의 분열상은 더욱 심화됐다.

특히 오가는 2003년의 '소니 쇼크' 이후, 이데이 체제로는 소니의 회생이 어렵다고 판단하고, 플레이스테이션 사업을 키워낸 쿠다라기 켄을 CEO로 삼고자 했다. 오가는 이데이에게 쿠다라기를 소니의 핵심 사업 부문인 가전 및 반도체 사업 부문의 책임자로 임명할 것을 공개적으로 제안했다.

오가는 공식적으로는 그러한 제안을 할 직위를 갖고 있지 않았지만, 그의 제안을 무시할 수도 없었던 이데이는 결국 오가의 요청대로 쿠다라기에게 가전과 반도체 부문의 사장직을 맡겼다. 플레이스테이션을 개발한 쿠다라기 켄은 엔지니어로서의 능력을 인정받는 인물이었지만, 기술에 지나치게 자부심을 가진 엔지니어로 다른 부문에 대해 비협조적이고 최고 경영진과의 소통이 부족하다는 평을 듣기도 하는 인물이었다. 이데이는 오가의 의견을 존중하는 형식으로 쿠다라기를 승진시키기는 했지만, 한편으로는 자신이 스스로 임명할 후계자를 은밀히 물색하기 시작했다.

2005년 3월에 결산된 회계연도에 소니는 상당한 영업 적자를 기록했는데, 이것은 더 많은 책임을 부여받았던 쿠다라기의 권한을 축소하는 명분이 됐다. 쿠다라기는 가전과 반도체 부문의 사장직에서 물러났고, 플레이스테이션 사업에만 집중하게 됐다. 그러나 이후에도 영업 적자는 더욱 악화됐고, 소니는 브랜드 가치에 있어서도 처음으로 삼성전자에 밀리기 시작했다. 쿠다라기가 물러난 상황에서도 실적 악화를 기록하자 이데이는 더 이상 회장직을 유지할 수 없게 됐고, 이데이는 결국 2005년 6월 회장 겸 CEO의 자리에서 물러나 최고 자문역이라는 명목상의 지위만을 갖게 됐다.

소니의 이사회는 이데이의 후임으로 쿠다라기가 아닌, 이데이가 소니로 영입한 영국 출신 미국인 하워드 스트링어Howard Stringer를 임명했다. 소니는 이로써 최초로 서구 출신 회장을 맞게 됐고, 이데이는 물러나기는 했지만 쿠다라기를 후임으로 앉히려고 한 오가에 일격을 가한 셈이 됐다. 이로부터 얼마 지나지 않은 2007년 4월, 한때 소니의 가장 유력한 차기 회장으로 꼽히기도 했던 쿠다라기 켄은 야심 차게 추진한 플레이스테이션 3 개발 프로젝트를 성공적으로 마무리 짓지 못한 것에 책임을 지고, 소니 컴퓨터 엔터테인먼트의 사장직에서도 물러나고 말았다.

하워드 스트링어: 소니 최초의 외국인 CEO

영국 웨일즈 태생의 유태인인 하워드 스트링어는 옥스퍼드대에서 현대 역사를 전공한 후 뉴욕으로 건너가 미국의 3대 방송국인 CBS에서 1965년부터 20여 년 간 기자와 프로듀서로 일하며 수차례 미국 방송 업계 최대의 영예인 에미상을 수상했고, 1985년부터는

"이 회사는 위대한 전통을 갖고 있습니다. 나는 이 회사를 성공으로 이끈 이러한 전통들을 먼저 살필 것입니다. 나는 일본인들을 가르치려 하기보다는 먼저 일본인들로부터 배울 것입니다."

: 하워드 스트링어 :

CBS 사장을 역임하기도 한 명성이 높은 언론인이자 경영인이었다. 이데이가 직접 스카우트하여 1997년에 소니에 입사한 스트링어는 소니의 엔터테인먼트

사업을 총괄하면서 미국과 캐나다의 가전 사업을 이끌어 왔다.

스트링어는 소니의 미국 법인을 이끌 당시였던 2001년 '프로젝트 USA'라는 이름으로 구조 조정에 나서 3년간 소니의 미국 인력의 3분의 1에 해당하는 9,000명을 감원하고, 연간 7억 달러의 지출을 줄임으로써 이데이에게 강한 인상을 심어 주었다. 또한 스트링어는 자신의 인맥을 동원해 이데이 회장을 세계의 경제 리더들이 모이는 다보스 포럼에 화려하게 등장시키고, 뉴욕에서 열리는 주요 파티 등에도 초대하면서 환심을 사기도 했다.

무엇보다 스트링어는 2004년에 경쟁이 치열해 어려울 것으로 보았던 MGM 영화사 인수를 성공시키면서 추진력을 인정받았다. 특히 50억 달러라는 거액을 제시해 MGM 인수에 성공하면서도 하드웨어 부문에 많은 투자가 필요한 소니의 사정을 감안해 사모펀드 세력을 끌어 모아 소니가 부담할 금액을 3억 달러로 줄이는 수완을 발휘한 것은 스트링어가 소니의 3대 사업인 콘텐츠, 전자 금융 사업에 대한 균형 감각을 가진 인물로 인정받게 되는 결정적 계기가 됐다.

많은 사람들이 일본 특유의 문화에서 자유로운 외국인 경영자로서 스트링어가 닛산자동차의 카를로스 곤처럼 일본인 전임자들이 할 수 없었던 방식으로 소니를 과감하게 개혁할 것이라고 예상했다. 그러나 스트링어는 통합과 중재에 장점을 가진 정치인 형의 인물이었고, 실제로 그에게 기대된 가장 큰 역할도 미국에 중심을 둔 엔터테인먼트 사업과 일본에 중심을 둔 전자 사업 간의 갈등을 중재하여 소니를 건설적인 방향으로 이끌어 나가는 것이었다.

사실 소니는 일반적인 일본 기업이 아니었고, '모방만하는 일본 기업'이라고 하는 서구의 비아냥에 맞서 내세울 수 있는 일본의 자존심이자 사외이사 제도가 활성화된 강한 이사회와 투명한 지배 구조 등 서구의 경영 방식을 도입한 가장 국제화된 일본 기업 중 하나였다.

스트링어는 소니를 서구의 기업 문화에 억지로 끼워 맞추지 않겠다고 공언

소니 최초의 외국인 CEO 하워드 스트링어: 스트링어는 영국의 웨일즈에서 태어나 미국의 CBS에서 기자 생활을 하며 수차례 에미상을 수상하고 CBS의 사장까지 역임한 인물이었다. 이데이 회장에 스카우트되어 1997년에 소니에 입사한 그는 소니 아메리카에서 강력한 구조 조정 프로그램을 시행하여 강한 인상을 심어 주었고, 치열한 인수 경쟁 속에서 사모펀드 세력을 끌어 모아 미국의 영화사 MGM 인수에 성공함으로써 유력한 CEO 후보가 됐다. 이데이는 언론인 출신의 스트링어가 자신이 제시한 콘텐츠 중심의 융합이라는 비전을 지속적으로 추구할 것이라 믿고 2005년 6월, 스트링어에게 회장직을 넘겼다.(출처: 소니)

하고, 일본인 직원들과 기술자들로부터 소외되지 않기 위해 결과 지향의 미국 문화와 전통을 중시하는 일본 문화 사이에서 균형을 맞추고자 했다.

소프트웨어 및 콘텐츠 사업 강화

스트링어는 회장 취임 직후 100일간 소니가 전개하는 사업을 광범위하게 검토했고, 소니의 가장 큰 문제점 세 가지는 폐쇄적인 조직 구조, 너무 광범위한 제품군, 제품 간 호환성 미흡이라는 결론을 내렸다. 스트링어는 소프트웨어와 서비스 부문을 강화하는 한편, 경영의 초점을 흐리는 비전략적 자산은 과감

> "하드웨어 엔지니어들은 여태까지 훌륭하게 해 왔지만, 이제는 새로운 아이디어를 만들어 내기 위해 소프트웨어 엔지니어들과 함께 일해야만 합니다. 엔지니어들은 기꺼이 도움을 받고자 하는 자세를 가져야만 합니다."
>
> : 하워드 스트링어 :

히 매각한다는 구상을 밝혔는데, 이는 2005년 9월 '프로젝트 니폰'이라고 명명한 3개년 구조 조정 계획으로 구체화됐다. 스트링어는 3년 후인 2007 회계연도까지 720억 달러의 매출, 18억 달러의 비용 감축, 전자 부문은 4%, 그룹 전체는 5%의 영업 이익을 달성한다는 구체적이고 명확한 목표를 제시하고자 했다.

스트링어는 '소니 유나이티드Sony United'라는 슬로건을 내걸고, 각 사업 부

문의 융합을 강화해 소니를 변혁시키겠다는 의지를 천명했다. 이는 이데이가 제시한 비전과 유사했지만, 스트링어는 네트워크 컴퍼니 제도 아래에서 서로 독립적으로 운영되던 전자 사업 부문들을 통합해 좀 더 중앙 집중화된 전자 사업 그룹으로 개편하고자 했다.

중복되는 조직과 프로세스는 제거됐고, 비핵심 자산은 매각됐으며, 사업 영역과 제품군은 축소됐다. 2005년에서 2007년의 기간 중 1만 명 이상의 인원이 감축됐다. 1998년 출시해 최초의 로봇 애완견으로 유명했던 아이보AIBO 사업도 정리됐다.

소니는 전통적으로 하드웨어적인 혁신에 강점을 보여 왔다. 그러나 스트링어는 소니가 하드웨어보다는 소프트웨어와 콘텐츠를 통해 고객들에게 풍부한 엔터테인먼트를 제공하는 것에 집중하는 기업으로 변해야 한다고 보았다. 스트링어는 이를 위한 최우선 과제로 소니의 소프트웨어 개발 역량을 결집해 전자 제품들 간 호환성을 높이고, 가전 제품의 90%를 무선 네트워킹이 가능한 제품으로 만들 것을 지시했다.

특히 플레이스테이션 3 및 이를 중심으로 한 온라인 서비스에 큰 성장 잠재력이 있다고 보고, 소니의 기술 역량을 여기에 집중하도록 했다. 또한 통신 기기와 엔터테인먼트를 융합한 워크맨 폰을 출시했고, 플레이스테이션 3와 VAIO 컴퓨터와 같은 소니의 다양한 정보 가전 기기에는 초고화질 동영상 포맷인 블루레이 디스크를 장착하도록 했다. 도시바의 HD-DVD 포맷과 경쟁하고 있는 블루레이 포맷의 세력을 늘리고, 고화질 미디어 플레이어의 보급을 통해 콘텐츠의 판매도 촉진하기 위해서였다.

반짝 실적 회복과 재추락

2007년 3월로 마감된 2006 회계연도가 끝났을 때, 소니의 전자 부문은 4% 이상의 영업 이익을 올렸다. 스트링어가 취임 직후에 제시한 구조 조정 3개년 계획에서 제시한 목표를 1년 이상 단축하여 달성된 것이었다. 소니는 트리니트론 브라운관 TV에 대한 고집을 버리고, 한발 늦은 LCD TV 시장 진입을 만회하기 위해 2004년에 삼성과 합작으로 S-LCD라는 LCD 패널 제조업체를 설립했다.

그리고는 S-LCD에서 공급받은 패널로 평판 TV를 제조해 2005년부터 브라비아Bravia라는 브랜드로 평판 TV를 판매하기 시작했다. 소니의 브라비아 평판 TV가 인기를 끌면서 전자 사업 부문의 실적은 크게 개선됐다. 감원과 자산 매각 같은 다른 구조 조정 계획 목표도 1년 이상 앞서서 달성됐다.

2007 회계연도에도 전자 부문은 5.2%의 영업 이익률을 기록했다. 스트링어는 다른 기업들과의 협력을 통해 고정 자산을 줄여 이익률과 유연성을 높이면서도 차별화된 기술은 보유하고자 하는 방안을 계속해서 모색했다. 2008년 3월에 나가사키의 반도체 제조 시설을 도시바에 매각하되, 도시바와 합작 기업을 설립함으로써 플레이스테이션 3에 들어가는 핵심 부품인 셀Cell 프로세서는 일본 내에서 생산되도록 하고 물량도 보장받기로 한 것은 그 일례였다.

스트링어는 감원과 원가 절감, 합작 등 그간의 구조 조정 노력이 결실을 맺어 2008 회계연도에는 소니의 전자 사업이 드디어 부활해 22억 달러의 이익을 낼 것이라 전망했다.

하지만 이러한 낙관적인 예상과는 달리 2008년은 품질 문제와 제품 경쟁력 약화, 금융 위기로 인한 경기 침체가 겹치면서 소니에 최악의 해가 됐다. 소니의 VAIO 노트북 컴퓨터에 화재가 발생하는 사례들이 잇달아 보고되면서 소니는 2008년 9월, 44만여 대의 노트북 컴퓨터를 리콜 조치해야만 했다. 2006년에도 제조한 배터리의 문제로 5억 달러가량의 손실을 감수하며 전 세계적으로

10만 개의 배터리를 리콜하는 조치를 취한 적이 있었기 때문에 소니의 품질에 대한 신뢰는 크게 손상됐다.

애플은 아이튠즈 서비스와 결합한 아이팟의 플랫폼 경쟁력을 바탕으로 계속 소니의 휴대용 음악 플레이어를 압도했고, 2007년에는 아이폰을 출시해 프리미엄 시장에 집중하던 소니의 휴대전화 사업에도 또 다른 타격을 주었다. 애플의 아이팟과 아이폰이 게임기를 대체하면서 플레이스테이션의 매출도 잠식됐다.

블루레이 드라이브를 내장한 플레이스테이션 3는 경쟁사인 닌텐도의 위Wii 나 마이크로소프트의 엑스박스 360보다 2배 이상 비쌌기 때문에 경쟁력이 약했다. LCD TV, 디지털 카메라 및 캠코더 등의 가전 제품 판매는 2008년에 수량 기준으로는 증가했지만, 격심해진 가격 경쟁과 제조 원가 상승으로 영업 이익은 급락했다. 영화 사업 부문의 영업 이익은 48% 감소했고, 금융 서비스 부문 역시 미국발 금융 위기와 일본 주식 시장의 폭락으로 영업 손실이 더욱 악화됐다. 2008년에 접어들어 수익이 증가한 사업 부문은 일본 내의 인터넷 서비스 사업인 소-넷만이 유일했다.

결국, 2009년 3월에 마감한 2008 회계연도에 소니는 29억 달러의 연간 영업 적자와 17억 달러의 당기 순손실을 기록했다. 이는 1994년 이후 14년 만에 최초의 영업 적자이자 소니 역사상 두 번째로 큰 규모의 적자였다. 소니는 엔화 절상과 글로벌 경기 침체를 실적 부진의 주요 원인으로 꼽았지만, 시장은 스트링어의 리더십에 대해서도 의구심을 가졌다.

스트링어는 자신의 집이 있는 런던과 뉴욕에 너무 자주 오래 머물렀기 때문에 일본인들은 소니가 위기에 처했음에도 스트링어가 전력을 다하지 않는다며 비판하곤 했다. 사실 일본을 대표하는 기업인 소니의 회장이 도쿄에 살 집을 구하지 않고 호텔에서 머무는 것은 문제 있는 태도로 보였다.

전권을 부여받은 하워드 스트링어

스트링어는 2005년에 소니의 회장으로 임명되기는 했지만, 일본 문화와 기술을 잘 모른다는 점을 감안해 전권을 부여받지는 못했다. 스트링어는 주로 미국에 기반을 둔 소니 엔터테인먼트의 정상화에 집중하는 역할

> "우리에게는 하드웨어가 있고, 콘텐츠가 있고, 네트워크가 있습니다. 우리의 가장 중요한 과제는 이들을 어떻게 서로 조화롭고 올바르게 엮어내는가 하는 것입니다."
> : 하워드 스트링어 :

을 맡았고, 전자 부문은 소니에서 30여 년을 근무한 엔지니어 출신의 츄바치 료지 사장이 전반적인 의사결정 권한을 위임받아 실질적인 CEO 역할을 수행하며 스트링어를 보좌해 왔다.

소니가 2008년에 큰 손실을 기록하자 많은 이들은 스트링어와 츄바치가 손실에 책임을 지고 함께 물러날 것으로 보았다. 하지만 2009년 초 물러난 것은 츄바치 사장뿐이었고, 스트링어는 오히려 츄바치가 맡았던 전자 사업도 책임 지도록 권한이 강화됐다. 자신이 원하는 만큼의 극단적인 변화를 하기에는 충분한 권한을 부여받지 못했다고 하는 스트링어의 주장을 이사회가 수긍한 것이었다.

전권을 부여받은 스트링어는 '모노즈쿠리'라고 부르는 높은 품질의 제품 제작에 집중하는 일본식 엔지니어링 전통만으로는 소비자들의 변화하는 취향을 만족시킬 수 없으며, 하드웨어, 소프트웨어, 콘텐츠 사업의 융합을 가속화해야만 한다는 자신의 믿음을 계속해서 밀어붙였다.

이를 위하여 무엇보다 전자 부문 내에 여전히 깊이 존재하는 내부 장벽을 제거하는 것이 중요하다고 보고, 2009년에는 전자 부문과 독립적으로 운영되던 게임 부문을 통합해 전자 부문을 '소비자 제품 및 부품Consumer Products & Devices 그룹'과 '네트워크 제품 및 서비스Networked Products & Service 그룹'이라는 2개의 큰 그룹으로 재조직했다.

하지만 에릭슨과의 합작 법인인 소니-에릭슨, 소니 생명을 비롯한 금융 서비스 사업, 미국 법인이 운영하는 음악 및 영화 사업 등은 여전히 독립적으로 운영되는 사업체로 남겨 두었다. 또한 스트링어는 한국, 대만, 중국의 기업들과 경쟁하기 위해서는 원가를 더욱 절감해야만 한다고 보고, 더욱 많은 인원을 감축하고, 제조 시설을 폐쇄하여 아웃소싱하거나 해외로 이전하는 조치를 이어 갔다.

엔지니어 출신으로 하드웨어에 강한 열정을 갖고 있었던 츄바치가 물러나고, 방송인 출신인 스트링어가 소니의 모든 경영권을 장악하게 되자 소니의 강점인 장인 정신과 제조업의 전통이 사라질 것이라는 우려는 점점 더 커졌다. 실제로 연속되는 수차례의 감원 열풍 속에서 많은 우수한 기술자들이 소니를 떠났고, 직원들의 사기는 크게 떨어졌다.

리더십에 불만을 품은 직원들은 새로운 아이디어를 말하기보다는 지시를 실행하기만 하는 소극적인 방식으로 저항하기도 했다. 우수한 기술 인력이 빠져 나가고 남아 있는 직원들의 사기도 떨어지면서 과거 소니에 찬란한 영광을 가져다주었던 혁신 능력은 점차 사라져갔다. 소니는 플레이스테이션 이후 한때 소니의 트레이드마크가 되기도 했던 세상을 깜짝 놀라게 하는 히트 상품을 더 이상 내놓지 못했다.

어쩌면 소니의 가장 큰 문제는 무엇이 가장 큰 문제인지에 대해 사내의 의견조차 통일되지 않고 있다는 것이었다. 어떤 이들은 여전히 소니가 전자 사업에서 벗어나 콘텐츠와 소프트웨어 사업을 강화할 필요가 있는지 계속 의심했고, 또 다른 이들은 마케팅과 브랜드에만 의존하다가 기술 능력과 품질의 저하를 가져온 것이 가장 큰 문제라고 보았다.

스트링어는 소니가 콘텐츠와 소프트웨어 중심으로 변화할 수 있도록 조직을 흔드는 것이 자신의 역할이라고 보았고, 많은 사람들은 스트링어가 과연 소니의 구조 조정에 성공해 다시 경쟁력을 회복시킬 수 있을지 계속 의문을 가졌다.

스트링어가 전권을 부여받아 소니를 이끌어 온 2009년, 2010년, 2011년에도 연속으로 적자를 기록한 소니는 2008년 이후 4년 연속 적자를 기록했고, 스트링어가 소니 회장직에 있었던 7년의 기간 중 소니의 주가는 절반으로 떨어졌다. 특히 2011 회계연도에는 세금 납부 연기를 더 이상 허락하지 않는 미국의 세금 제도와 맞물려 예상 손실액의 2배가 넘는 60억 달러라는 창업 이래 최악의 당기 순손실을 보고해 다시 한 번 시장을 놀라게 했다.

스트링어의 퇴임과 소니 사상 최연소 CEO 히라이 가즈오

2012년 2월, 스트링어 회장이 70세를 맞는 것을 기점으로 물러나고, 2012년 4월부터는 1960년생인 52세의 히라이 가즈오가 소니의 회장 겸 CEO로 취임했다. 히라이는 미국, 캐나다 등지의 은행에 근무했던 아버지를 둔 덕분에 영어에 능통했고, 국제적인 감각도 갖추고 있었다.

"소니에는 세상에 없던 기발한 제품을 내놓고, 세상을 새로운 즐거움의 시대로 이끌어갔던 DNA가 있습니다. 나의 역할은 잠들어 있는 이러한 소니 DNA를 깨우는 것입니다."
: 히라이 가즈오 :

히라이는 1984년 도쿄에 위치한 사립 인문대학인 국제기독교대학을 졸업하고, CBS 소니에 입사해 처음에는 해외 음악을 일본에 마케팅하는 일을 담당했다. 그는 이후 영어 구사 능력과 국제적 감각을 살려 플레이스테이션 사업을 담당하는 소니 컴퓨터 엔터테인먼트의 뉴욕 사무소장, 미국 법인장 등을 거쳤다.

히라이는 NBA, NFL, NHL, NASCAR 등과 같은 미국의 주요 스포츠 이벤트와 플레이스테이션을 연계해 마케팅하는 전략으로 플레이스테이션의 성공에 큰 역할을 담당했다. 쿠다라기 켄이 2007년 플레이스테이션 3의 개발 지연 및 사업 적자를 이유로 물러난 후 히라이는 소니 컴퓨터 엔터테인먼트의 수장으로 게임 사업을 흑자 전환했고, 플레이스테이션 네트워크 서비스를 활성화하는 인상적인 경영 실적을 내기도 했다. 2009년 소니의 전자 부문을 2개의 대그룹으로 나누는 조직 개편 당시, 히라이는 네트워크 제품 및 서비스 그룹의 수장을 맡아 게임, PC, 워크맨, 온라인 콘텐츠 서비스 사업을 이끌어 오며 소니의 차세대 회장이 될 유력한 인물로 부상했다.

소니 역대 최연소 회장인 히라이가 취임한 2012년, 소니가 처한 상황은 매우 어려웠다. 가장 큰 문제는 TV 사업이었다. 2006년 삼성에 TV 시장 1위 자리를 내준 소니는 2010년 3D TV를 출시한 후 콘텐츠 경쟁력을 앞세워 3D TV 시장에서 잠시 선두로 올라서며 TV 사업에서 부활하려는 듯 보이기도 했지만, 2011년부터는 3D TV에서마저 설비 투자와 기술력을 앞세운 한국의 삼성전자와 LG전자에 다시 밀려났다. 2011년까지 8년 연속으로 적자를 기록하던 소니의 TV 사업은 원가 경쟁력뿐만 아니라 제품 경쟁력에서도 뒤처져 있었고, 투자자들로부터는 매각해야 한다는 압력을 받고 있었다.

플레이스테이션 3을 중심으로 한 게임 사업은 다른 사업에 비해 선전하고 있는 편이었지만, 2011년 5월에 플레이스테이션에 다운로드할 수 있는 게임, 음악, 영화 등의 콘텐츠를 판매하는 온라인 장터 플레이스테이션 네트워크가 해킹당하는 사건이 일어났다.

전 세계 7,500만 명의 개인 정보와 신용카드 정보 등을 해킹당한 소니는 이에 대한 보상금으로만 수십 억 달러 이상을 지출하게 될 수도 있을 것으로 전망됐다. 플레이스테이션 네트워크는 이로부터 얼마 지나지 않은 2011년 10월에도 또 다시 9만 여 명의 개인 정보가 해킹 당하는 등 해커들의 동네북 신세가 돼버렸다.

2011년, 소니는 14억 7,000만 달러에 소니-에릭슨의 에릭슨 지분을 매입해 휴대전화 사업을 독자적으로 추진하고, TV 부문을 강화해 TV-PC-플레이스테이션-스마트폰을 연결하는 소위 '4-스크린 전략'을 본격적으로 추진한다고 발표했다. 컴퓨터와 스마트폰, 스마트폰과 게임기, TV와 컴퓨터 간의 경계가 모

플레이스테이션 3을 발표하는 히라이 가즈오(좌)와 쿠다라기 켄(우): 다른 사업 부문과는 독립적으로 운영되던 소니의 게임 사업 부문인 소니 컴퓨터 엔터테인먼트에서 함께 일하며 플레이스테이션의 성공을 일궈낸 두 사람은 소니 내에서의 위상이 크게 높아졌다. 쿠다라기는 오랜 기간 소니의 차기 회장으로 유력시됐지만, 끝내 꿈을 이루지 못했다. 하지만 히라이는 2012년 소니 최초의 외국인 회장 스트링어의 뒤를 이어 소니의 최연소 회장으로 취임해 소니의 가장 어려운 시기를 책임지게 됐다.

호해지는 디지털 컨버전스의 시대에 소니의 이러한 전략은 바람직한 전략으로 평가되기는 했지만, 한편으로는 늦은 감이 있었다.

스티브 잡스나 이건희, 루 거스너 같은 강력한 리더십이 부재한 소니가 이미 혁신의 대명사로 자리 잡은 애플이나 빠른 의사결정 속도와 실행력을 무기로 디지털 시대에 무섭게 성장한 삼성전자 같은 기업에게 빼앗긴 시장을 다시 탈환하는 일은 매우 어려울 것처럼 보였다.

히라이는 8년 연속 적자를 기록하고 있는 TV 사업부를 흑자로 전환하기 위해 1만 명 이상의 인원을 감원하고 2013년까지 비용을 60% 수준으로 줄인다는 구조 조정 계획을 발표했다. 또한 카메라와 캠코더, 게임기와 모바일 부문에 더욱 집중하고, 인도와 멕시코 같은 신흥 성장 국가 시장을 더욱 적극적으로 공략함으로써 성장의 기틀을 마련한다는 전략을 발표했다.

노키아

휴대전화 판매 대수 세계 1위

노키아는 유럽의 변방이라 할 수 있는 핀란드의 기업이자,
100년 이상의 전통을 가진 기업이다. 1980년대 굴뚝 사업에서 벗어나기 위해
첨단 전자 사업으로의 급격한 확장 전략을 펼치고, 그 과정에서 소련이 붕괴하며
기업 존망의 위기에 처하게 되자, 유능한 젊은 리더를 선임해
세계 1위의 휴대전화 기업으로 올라선 스토리는 한 편의 드라마와도 같다.
노키아가 강력했던 모토롤라를 제치고 세계 1위에 등극할 수 있었던 것은
저물어 가는 아날로그 이동통신이 아닌 떠오르는 디지털 이동통신에
집중했기 때문이었다. 하지만 그랬던 노키아도 스마트폰으로 급격히 바뀌는
조류를 유연하게 바꿔 타지 못하고 급격히 쇠락하고 있다.
한때 막강했던 모토롤라와 노키아의 쇠락, 스마트폰 열풍을 탄 애플과
삼성의 급상승은 휴대전화 사업이 얼마나 부침이 심하며,
또한 영향력이 큰 사업인지를 여실히 보여주고 있다.

**강한 자가
아니라
적응하는 자가
살아남는다**

NOKIA

노키아 경영 현황 (2011년 12월 말 기준)

기타 서비스
(위치 검색 등) 5%

스마트폰
28%

노키아-지멘스
네트워크
36%

일반 휴대전화
31%

총자산: 약 470억 달러
연간 매출액: 약 502억 달러

영업 이익: - 14억 달러(적자)
순이익: -15억 달러(적자)

주요 연표

1865
펄프 및 제지 기업 노키아 컴퍼니 설립

1975
카리 카이라모 CEO 취임.
전자 사업으로의 다각화 시작

1981
노르딕 이동전화(NMT) 네트워크 서비스 개시.
노키아가 단말기 개발하여 제공

1982
노키아의 휴대전화 사업 부문이 되는 모비라[Mobira]를
인수

1988
CEO 카리 카이라모 자살.
시모 부오릴레토가 CEO로 취임

1991
소련 붕괴로 핀란드 경제 타격.
노키아도 매각 위기에 처함.

1992
요르마 올릴라가 노키아의 CEO로 취임.
디지털 통신 분야에 집중하기로 전략 수립

1993
디지털 휴대전화의 최초 모델을 시장에 출시

1994
캔디 바 형태의 2110 모델 출시하여 큰 성공을 거둠.

1996
공급망 관리 문제 발생으로 개선을 위해
코만도 태스크포스 팀 운영.

1997
6100 모델을 출시하여 큰 성공을 거둠.

1998
휴대전화 판매 대수에서 모토롤라를 추월

2004
신흥국 시장 공략 본격화

2006
요르마 올릴라가 CEO에서 물러나고 올리-페카 칼라
스부오가 후임 CEO로 취임

2010
마이크로소프트의 사장이었던 캐나다 출신의
스테판 일롭을 새로운 CEO로 영입

2011
스마트폰 운영체제로 심비안을 포기하고 마이크로소
프트의 운영체제를 사용한다고 발표

2012
요르마 올릴라가 회장에서 물러나고 45세의 리스토
실라스마가 회장으로 취임

NOKIA

핀란드의 굴뚝 산업에 기원을 둔 노키아

핀란드의 헬싱키 근교에 본사를 둔 다국
적 기업 노키아의 창업 연대는 1865년까지
거슬러 올라간다. 노키아는 원래 핀란드의
풍부한 목재 자원을 바탕으로 펄프를 제조하
며 성장한 기업이었는데, 1922년에 핀란드

"1990년대 초 노키아와 핀란드가 울
릴라를 만난 것 같은 행운이 또 있
을까? 이는 모세가 유대민족을 이
끌고 홍해바다를 건넌 것과 같은 드
라마였다."
: 비즈니스위크 :

고무 기업Finnish Rubber Works 및 핀란드 케이블 기업Finnish Cable Works과 상호출자하며
노키아 그룹을 형성했고, 1967년에는 핀란드의 국가 정책의 일환으로 우수한
경영 상태를 유지하던 노키아를 중심으로 하여 하나의 회사로 합쳐졌다.

노키아가 통신 분야의 사업에 뛰어든 것은 1960년대부터였다. 노키아는
특히 아날로그 신호를 디지털로 변환하여 한정된 통신 용량으로 더 많은 통화
를 할 수 있도록 해주는 디지털 통신 기술의 개발에 집중했는데, 이러한 노력의
결과 노키아는 1962년에 디지털 송신 장비를 개발했고, 1982년에는 유럽 최초
로 디지털 전화 교환기를 개발하기도 했다.

노르딕Nordic 국가라고도 부르는 스웨덴, 노르웨이, 덴마크, 핀란드 등 북유
럽 국가들은 일찍부터 공동으로 통신망을 구축해 왔고, 1981년에는 세계 최초
로 국가 간 로밍이 가능한 이동통신 서비스인 노르딕 이동통신, 즉 NMTNordic
Mobile Telephone를 개시했다. NMT가 성공적으로 운영되자 다른 국가들에서도
NMT에 사용된 기술을 채용하기 시작했고, 이를 계기로 NMT 시스템의 단말기
를 개발했던 핀란드의 노키아와 통신 장비를 개발했던 스웨덴의 에릭슨은 각
각 휴대전화 부문과 이동통신 장비 부문의 세계 정상급 기업으로 올라서게 됐
다. 그러나 1980년대 초까지만 하더라도 이동통신 시장의 규모가 그리 크지 않
았기 때문에 노키아 수익의 대부분은 여전히 성장성은 그다지 높지 않은 고무
와 케이블, 발전기와 같은 전통적인 소위 굴뚝 산업에서 나왔다.

1975년에 노키아의 CEO로 취임한 카리 카이라모Kari Kairamo는 노키아를 더 큰 규모의 기업으로 키우고자 했다. 카이라모는 스웨덴의 전자 기업 일렉트로 룩스Electrolux를 벤치마킹해 당시 성장성이 높아 보였던 컴퓨터, 가전, 통신 등 전자 산업을 주력 사업으로 삼고 먼저 북유럽 시장을 장악한 뒤 이를 기반으로 유럽과 세계로 진출한다는 비전을 세웠다. 1980년대에 노키아는 스칸디나비아 최대의 컬러 TV 업체였던 살로라Salora, 스웨덴 국영 전자 기업인 럭서Luxor, 핀란드의 휴대전화 제조업체인 모비라Mobira 등 20여 개의 전자 관련 기업들을 인수했다.

적극적인 기업 인수를 통한 성장 전략으로 1980년에 단지 10%의 비중에 지나지 않았던 노키아의 전자 부문 매출은 1988년에 60%의 비중을 차지하게 됐다. 하지만 전자 사업을 중심으로 3년간 직원 수가 3배나 증가할 정도로 급성장하는 와중에 재무 건전성은 취약해졌고, 성장을 뒷받침하는 경영 시스템도 부실했다.

또한 주문자 상표 부착 생산(OEM)을 중심으로 한 전자 사업의 경쟁력도 독일과 일본의 기업들에 비해 높지 않았다. CEO로 노키아를 이끌어 오던 카이라모는 스트레스를 견디지 못하고, 1988년 자살하고 말았다.

비극적으로 삶을 마감한 카이라모의 후임으로 노키아의 CEO가 된 시모 부오릴레토Simo Vuorilehto는 카이라모가 추진해 온 첨단 전자산업에 중점을 두는 정책은 유지하면서 제지와 고무 사업 등 성장성이 낮은 사업을 매각하고 경영의 효율성을 높임으로써 노키아를 정상 궤도로 돌려놓고자 했다. 하지만 마침 이때 핀란드의 가장 중요한 무역 상대국이었던 소련이 붕괴하는 사건이 일어났다. 소련 경제에 대한 의존도가 높았던 핀란드 경제는 큰 타격을 받았고, 노키아도 그 여파로 1991년과 1992년의 2년간 2억 달러 이상의 손실을 기록했다. 노키아의 최대 주주였던 핀란드의 은행들도 소련의 붕괴로 생존이 위협당할 정도의 위기에 처했기 때문에 이들은 가능하면 노키아를 분할하여 매각하고자 했다. 하지만 불확실한 당시의 경제 상황에서 1988년부터 1993년까지 10억 달러 이상의 손실을 기록한 노키아의 가전 사업을 인수할 기업은 찾을 수 없었다.

요르마 올릴라: 집중, 세계화, 통신, 부가가치

1992년 1월, 절체절명의 위기에 빠진 노키아를 구하기 위해 선택된 인물은 당시 41세의 젊은 나이에 불과했던 요르마 올릴라Jorma

> "내가 어떤 종류의 사업을 하고 있는지 스스로 이해해야 합니다."
> : 요르마 올릴라 :

Ollila였다. 경제학과 공학 석사학위를 갖고 있었던 올릴라는 씨티은행에서 잠시 일하다 1985년에 노키아에 합류한 후 재무 분야를 중심으로 경력을 쌓아왔다. 올릴라는 1990년부터 노키아의 휴대전화 부문을 책임지며, 철저한 원가 관리와 현장 중심의 경영을 통해 우수한 경영 실적을 올리면서 주목을 받았다.

CEO에 취임한 올릴라는 선택과 집중에 초점을 두었다. 먼저 방만하게 커진 전자 사업 부문을 축소하고, 노키아 그룹이 추진하던 수많은 사업에서 철수를 단행했다. 다수의 공장이 폐쇄됐고, 직원은 45%가량이나 감축됐다. 대신 올릴라는 통신 장비와 휴대전화의 2개 핵심 사업 부문에만 집중하고자 했다. 이 두 사업 부문은 1992년 당시에는 노키아 그룹 전체 매출의 3분의 1 정도밖에 차지하지 못하고 있었지만, 가까운 미래에 통신 장비와 휴대전화 시장이 폭발적으로 성장할 것이라는 통찰을 바탕으로 역량을 집중하기로 한 것이었다.

올릴라는 자신이 생각하는 노키아의 비전을 '집중Focused', '세계화Global', '통신Telecom', '부가가치Value-added'라는 4개의 키워드로 명확히 정리하고, 이사회와 주주들을 설득해 통신 장비와 휴대전화 이외의 거의 모든 사업 부문을 매각해도 좋다는 승인을 얻어냈다. 이에 따라 타이어, 발전, 전선, TV 사업 부문 등이 매각됐는데, 이 중 일부는 지속적으로 이익을 창출하는 사업이었음에도 통신 사업에 집중하기 위해 과감하게 매각됐다.

요르마 올릴라: 1990년부터 휴대전화 사업 부문을 이끌며 현장 중심 경영과 철저한 원가 관리를 통해 휴대전화 사업 부문을 성장시킨 올릴라는 1992년 1월 노키아의 CEO로 취임해 위기에 처한 노키아를 구하는 임무를 맡게 됐다. 올릴라는 노키아 그룹의 수많은 사업을 과감하게 접거나 매각하고, 통신 장비와 휴대전화 사업 부문만을 남기고 디지털 이동통신에 집중했다. 디지털 이동통신이 아날로그 이동통신을 대체하면서 노키아는 모토롤라를 제치고 세계 1위의 휴대전화 업체가 됐다.

올릴라는 자신의 비전을 과감하게 추진하기 위해 기존의 경영진을 내보내고, 자신을 포함해 5명으로 구성된 젊고 새로운 최고 경영진을 구성했다. 노키아의 휴대전화 사업 부문을 이끌 수장으로는 1984년에 노키아에 입사해 올릴라가 휴대전화 사업 부문을 이끌 당시 전략 기획 및 마케팅을 맡았던 경제학과 출신의 페카 알라-피에틸라Pekka Ala-Pietila가 임명됐고, 통신 장비 사업부의 수장으로는 1975년부터 노키아에서 엔지니어로 일해 온 공학 박사 출신의 마티 알라후타Matti Alahuhta가 임명됐다. CFO로는 12년간 노키아에서 일했고 올릴라의 오른팔로 불린 변호사 출신의 올리-페카 칼라스부오Olli-Pekka Kallasvuo가, 통신 장비 사업부 내에서 가장 빠르게 성장하던 셀룰러 시스템 사업을 책임질 인물로는 경영 분석가 출신의 사리 발다우프Sari Baldauf가 임명됐다.

이들 5인의 젊은 최고 경영진은 경제학, 공학, 법학, 경영학 등 다른 전공을 갖고 있었고, 각각 다른 사업 부문에서 경력을 쌓아왔지만, 노키아의 문제점과 나아가야 할 방향에 대한 인식을 공유하고 있던 30~40대 젊은 인물들이었다.

이들은 상호간 수평적인 관계를 바탕으로 거의 매일 만나, 긴밀하게 소통해 가며 대부분의 일을 함께 결정해 나가는 훌륭한 팀워크를 이루어 드림팀으로 불리기도 했다.

노키아와 핀란드 경제를 살리고 세계 시장을 정복하겠다는 야심과 열정에 불타고, 특히 사내 정치와 불합리한 관행을 용납하지 않았던 최고 경영진의 분위기는 곧 회사 전반에 퍼져 나갔다.

노키아의 통신 사업 전략

노키아의 휴대전화 사업 전략의 핵심은 디자인과 브랜드였다. 1992년에 노키아의 세계 휴대전화 시장 점유율은 12% 정도에 불과했는데, 노키아의 새로운 경영진은 점유율을 25%까지 높이는 것으로 목표로 정하고, 이를 위해 디자인, 기술, 마케팅 부문을 잘 조율해 사용하기 편리하면서도, 북유럽 특유의 매끈한 디자인을 갖춘 혁신적인 디지털 휴대전화를 개발하고 브랜드를 국제화하는 것에 박차를 가했다.

1994년 출시한 GSM 방식의 디지털 휴대전화 노키아 2110 모델은 캔디바 형태의 디자인, 당시로서는 비교적 큰 화면, 사용하기 편리한 인터페이스와 소프트웨어 등 노키아 디자인의 전형적인 요소를 갖춘 당시로서는 혁신적인 제품이었다. 2110은 출시 전에는 40만 대 판매를 목표로 했지만, 2,000만 대 이상이 판매되는 대성공을 거두며 노키아의 상징적인 제품이 됐다.

통신 장비 사업에서는 모토롤라 등이 이미 지배하던 아날로그 방식이 아니라 미래를 지배할 것으로 예상되던 디지털 표준인 GSM 방식에 집중하는 전략을 취했다. 때마침 세계적으로 불어 닥친 통신 산업 탈규제화 바람은 노키아에 큰 기회를 제공했다.

정부 소유의 통신회사들이 통신 서비스 시장을 독점하던 기존의 구조에서는 노키아가 북유럽 이외의 국가에 장비를 납품하는 것은 거의 불가능했다. 국영 통신회사들은 통신 장비 업체를 선정할 때 성능과 경제성뿐만 아니라 정치적인 고려를 많이 했기 때문이다.

이 때문에 독일은 지멘스, 프랑스는 알카텔, 이러한 식으로 자국의 업체가 자국의 통신회사에 장비를 독점 공급하는 구조가 오랜 기간 고착됐었다. 하지만 탈규제화 속에서 이동통신 시장에 새로 진입하게 된 민간 사업자들은 정치적 관점보다는 경제적, 기술적 관점을 무엇보다 우선시했고, 기술적으로 앞서 있던 노키아는 세계 여러 나라의 통신 장비 시장에 진출할 수 있었다.

노키아는 주로 사업 경험이 부족하면서도 차별화된 서비스를 제공하기 원하는 신규 통신 사업자들을 중심으로 맞춤형 솔루션을 턴-키 방식으로 제공하는 것에 초점을 두었다. 이를 위해 노키아는 맞춤형 솔루션을 제공하기 위한 소프트웨어 개발 조직을 강화하고, 조직 구조도 지역 중심적인 분산된 구조로 개편했다. 맞춤형 솔루션 전략은 기술이 부족하지만 엄청난 시장 규모를 갖고 있는 중국과 인도 같은 신흥국가에서 추진하는 통신망 구축 사업에 참여할 수 있는 좋은 방안이기도 했다.

노키아 2110 모델: 노키아가 1994년에 출시한 GSM 방식의 휴대전화 '노키아 2110'은 캔디 바 형태의 디자인에 비교적 크고 고해상도를 지원하는 화면, 사용하기 편리한 메뉴형 인터페이스 등 노키아 디자인의 트레이드마크이자 향후 휴대전화 업계에 표준적인 인터페이스가 되는 요소들을 갖춘, 당시로서는 혁신적인 제품이었다.

1992년 손실을 기록했던 노키아는 선택과 집중의 대상이었던 휴대전화와 통신 장비 산업이 급성장하면서 1993년과 1994년에 각각 1억 3,000만 달러와 5억 7,000만 달러의 흑자를 기록하며 회생했고, 매출은 매년 30%씩이나 성장했다.

노키아의 급성장과 공급망 관리

노키아의 휴대전화 부문은 1993년부터 1995년까지 3년 연속으로 매년 생산 능력을 2배씩 늘려 나갈 정도로 급격히 성장했다. 하지만 이러한 급격한 성장은 공급망 관리의 문제로 이어졌다. 먼저, 조직이 급성장함에

"우리가 성장을 통제할 수 없게 되자 성장이 우리를 통제하기 시작했습니다. 여기서 벗어나기 위해 우리는 공급망 체계를 대수술해야만 했습니다."

: 페카 알라-피에틸라, 휴대전화 사업 담당 :

따라 공급망 관리의 지식과 경험이 부족한 새로운 직원들이 제조와 유통 등의 공급망 관리 업무를 담당하는 경우가 많아졌다.

또한 휴대전화에 들어가는 부품 가격은 매년 25%씩 하락했지만, 구매 담당자들은 폭발적으로 증가하는 수요를 맞추는 것에 급급해 부품 가격 하락을 적절히 활용하지 못했다. 공급업체들은 체계적으로 관리되지 않았고, 납기를 지키지 못하는 경우가 많았다. 1995년에는 부품 납품 지연으로 휴대전화 생산 라인의 가동이 정지되는 경우가 때때로 발생하곤 했다.

미국의 휴대전화 시장의 성장세는 1995년부터 처음으로 둔화되기 시작했지만, 노키아는 경쟁업체보다 이를 늦게 감지했고, 오히려 아날로그 방식에서 디지털 방식으로 전환하려는 수요를 과다하게 예측했다. 이는 엄청난 재고로 이어졌고, 제품 수명이 짧은 휴대전화의 재고 보유는 큰 손실로 이어졌다. 이 때문에 성장가도를 달려왔던 노키아는 1995년 4사분기에 전년 동기 대비 수익이 하락했다고 발표했고, 이 소식에 노키아의 주가는 급락했다. 1995년에 14%

를 기록했던 이익률은 1996년 1사분기에는 6%로 하락했고, 노키아의 시가 총액 절반 정도가 증발해 버렸다.

노키아는 1996년 초 '코만도 팀'이라는 태스크포스를 구성해 최대한 빠른 시일 내에 재고를 처분하고, 높은 이익률을 회복하기 위해 나섰다. 부품 가격은 재협상됐고, 주문 후 납품까지 12주까지 걸리던 기간도 8주까지 줄였다.

수요의 변동을 빠르게 파악할 수 있도록 수요예측 방식도 바뀌었고, 정보 시스템도 전면적으로 손질되어 필요 이상으로 쌓여 있는 재고는 재빨리 파악해 조치할 수 있도록 했다.

노키아는 공급망 관리의 문제를 회사의 성장 과정에 필요한 하나의 학습 과정이라고 보고 책임자를 해고하거나 하지는 않았다. 그 대신, 경영 시스템은 기업의 성장보다 언제나 한발 앞서서 성장해 있어야 한다는 것을 교훈으로 삼아, 이후 매 4~5년마다 한 번씩 경영 시스템을 전반적으로 업그레이드하는 것을 잊지 않았다. 이러한 노력의 결과 노키아는 2000년대에 접어들어 공급망 관리에 있어서 다른 어떤 기업보다도 앞서 나가는 기업으로 인정받게 됐다.

휴대전화 세계 1위 등극

1997년경 노키아는 세계 휴대전화 시장의 21%를 점유한 모토롤라에 이은 세계 2위의 휴대전화 업체로 성장했다. 아날로그 휴대전화 부문에서는 모토롤라가 세계 1위였지만, 빠르게 성장하던 디지털 휴대전화 부문에서는 노키아가 세계 1위였다.

통신 장비 시장에서도 노키아는 GSM 방식 통신 장비 시장의 30%의 점유율을 차지하며, 에릭슨에 이은 2위의 업체로 성장했다. 노키아의 이익률은 업계 최고의 수준인 16.1%를 기록했다. 올릴라가 1992년 CEO로 취임하며 설정한 점유율 25%의 목표를 1997년 초에 이미 달성해 버린 것이었다.

올릴라는 동기 부여를 위해 또 다른 목표를 설정했다. 그것은 바로 휴대전화 업계의 영원한 리더와도 같았던 모토롤라를 이기는 것이었다. 노키아는 1997년에 담뱃갑 크기의 작은 사이즈와 130g 정도의 가벼운 무게, 긴 배터리 수명 등을 갖춘 6100 모델을 출시했는데, 디지털 이동통신 시장의 폭발적 성장과 함께 6100 모델은 전 세계적으로 4,000만 대 이상이 판매될 정도로 큰 인기를 끌었다. 여기에다 아날로그 방식에 강점을 갖고 있던 모토롤라가 디지털 방식으로 바뀌는 추세에 적절히 대처하지 못하면서 노키아는 1998년 모토롤라를 제치고 세계 1위의 휴대전화 업체로 올라섰다. 도전적으로 보였던 새로운 목표도 1년 만에 달성해 버린 것이었다.

노키아는 이처럼 빠른 성장 속에서도 기술 중심 기업이라는 정체성을 잃지 않고자 했다. 노키아가 최고의 우선순위를 둔 것은 통신 장비와 휴대전화를 위한 혁신적인 기술을 확보하는 것이었고, 이를 위해 인력의 3분의 1, 매출의 10% 정도를 연구 개발에 투입했다. 하지만 노키아는 기술에 최우선적인 가치를 두면서도, 휴대전화가 패션 아이템처럼 자신의 정체성을 나타내는 하나의 도구가 된다는 점을 누구보다 일찍 깨달은 기업이었고, 작고 세련되면서 사용하기 편리한 휴대전화를 디자인하는 것에도 역점을 두었다. 기술과 디자인 역

노키아 6100 모델: 노키아는 1997년에 작은 사이즈와 가벼운 무게, 긴 배터리 수명 등을 갖춘 6100 모델을 출시했다. 전 세계적으로 4,000만 대 이상이 판매될 정도로 큰 인기를 끈 6100 모델의 대성공으로 노키아는 1998년에 모토롤라를 제치고 휴대전화 시장 점유율 1위의 기업이 됐다.

량을 바탕으로 노키아는, 브랜드 이미지 조사 업체인 인터브랜드의 2000년 조사에 의하면 세계에서 다섯 번째로 브랜드 가치가 높다고 평가되는 세계적인 브랜드가 됐다.

신흥국 및 저개발국 시장 공략을 위한 전략

노키아는 디지털 이동통신을 발판으로 세계 1위의 휴대전화 업체가 된 후에도 세계 시장 진출을 지속적으로 확대해 나갔다.

특히 노키아는 2004년부터는 많은 기업들이 이익률이 높지 않다는 이유로 본격적인 공략을 망설였던 신흥국 시장도 적극적으로 공략하기 시작했다. 노키아는 다른 업체들에 비해 브랜드 가치 및 공급망 관리 능력에 우위를 가지고 있었고, 세계 1위의 시장 점유율을 차지하고 있었기 때문에 낮은 가격에 부품을 구매할 수 있는 등 규모의 경제 효과를 누릴 수 있었다.

브랜드 가치와 운영의 효율성, 규모의 경제를 바탕으로 신흥국의 저가 및 초저가 휴대전화 시장에 집중하면, 비록 이익률은 높지 않더라도 엄청난 양의 현금 흐름을 창출할 수 있다고 본 것이었다. 또한 개발도상국 시장의 휴대전화 구매자들 대부분은 최초 구매자들이기 때문에 노키아의 충성스런 평생 고객들을 다수 확보할 수도 있다는 점도 신흥국 시장을 적극적으로 공략한 이유가 됐다. 초기의 이익률은 높지 않더라도 만약 시장을 장악해 놓는다면, 이들 국가의 경제가 더 발전하게 됐을 때 더 큰 수익을 낼 수 있을 것이라는 계산이 있었던 것이다.

신흥국 시장은 매우 빠르게 성장했지만, 또한 매우 다양하고 도전적인 시장이기도 했다. 기존의 유선 통신 사업자들이 독과점 구조를 형성했던 선진국 시장과는 달리 개발도상국들에서는 일반적으로 신규 사업자들 간의 경쟁이 치열하게 벌어졌다.

　태국과 인도네시아에는 무려 8개의 통신 사업자가 공격적으로 사업을 운영하고 있었고, 브라질, 인도, 러시아 등에서는 정부가 국가 단위가 아닌 지역 단위로 통신 사업자를 선정했기 때문에 전국 규모의 사업자가 되기 위한 업체 간 인수 합병이 매우 활발히 전개됐다.

　휴대전화 판매 방식도 국가별로 차이가 커서 스페인의 텔레포니카Telefonica 와 멕시코의 아메리카 모빌America Mobil이 시장의 90%를 점유한 중남미에서는 대부분의 휴대전화가 이들 통신 사업자를 통해 공급됐다. 반면, 중국, 인도, 동남아시아, 아프리카 등에서는 휴대전화 제조업체가 고객에게 직접 휴대전화를 판매했다. 요금 제도도 국가별로 달라 금융이 발달하지 않은 현금 위주의 사회인 아프리카 국가에서는 휴대전화 사용료를 선불하는 것이 일반적이었다.

　신흥국 및 개발도상국들의 시장 상황은 이렇게 다양했지만, 고객들의 평균 수입이 낮아서 고가의 휴대전화를 판매하기 힘들다는 것이 공통점이었다. 노키아는 이렇게 다양하고, 도전적이면서도, 이익률은 낮은 신흥국 시장을 공략하기 위해 한 세대 지난 제품을 저가에 공급하는 것이 아니라 현지 시장에 맞춰 차별화된 제품을 최대한 원가를 낮추어 개발하는 전략을 채택했다.

　신흥국 시장을 겨냥해 개발한 노키아 1616 모델은 그 대표적인 예였다. 1616 모델은 기본적인 기능만을 갖추고 있었지만, 신흥국의 열악한 사용 환경을 감안해 먼지에 덜 민감하면서 내구성이 강한 키패드와 케이스를 채용했고, 좋지 않은 전력 사정을 고려해 수명이 더 긴 배터리가 사용됐다.

　또한 한 가정에서 식구들이 하나의 휴대전화를 공유하는 경우도 있다는 것에 착안해 여러 명의 사용자를 위한 통화 및 이메일 인터페이스도 제공했다. 노키아는 구매, 생산, 유통 등 전반적인 공급망 개선을 통해 출시 초기 99달러였던 1616 모델의 가격을 5년 만에 3분의 1 수준인 32달러까지 낮추었다.

　노키아는 이러한 저가 모델을 판매하면서도 이익을 내기 위해 브라질, 멕시코, 중국, 인도 등 전 세계에 9개의 공장을 두고, 세계 거의 모든 나라에 매년 4억 대 이상의 휴대전화를 공급할 수 있는 세계 최대 수준의 공급망을 구축해 규모의 경제 효과를 노렸다.

또한 판매 및 서비스망에 있어서도 주로 대도시에 집중하는 삼성이나 소니-에릭슨 등과는 다른 전략을 택했다. 인도에서는 전국적인 컴퓨터 유통망을 갖춘 HCL 같은 회사뿐만 아니라 소규모 상인 연합체들과도 협력 관계를 구축해 800여 개의 서비스 센터와 150개의 수거 센터, 15개의 이동 차량 센터 등을 운영하면서 매월 50만 건을 수리하고, 수리 요청 중 90% 이상을 24시간 이내에 완수할 수 있는 능력을 구축했다.

그 결과 노키아의 2005년 인도 시장 점유율은 삼성이나 소니-에릭슨을 수배 이상 앞지르게 됐고, 특히 인도 농촌 시장은 60% 이상을 장악했다. 인도 시장에서 닦은 역량과 노하우를 바탕으로 노키아는 상황이 유사한 아프리카 시장에서도 경쟁 기업들을 압도하는 판매 및 서비스망을 구축할 수 있었다.

반면, 중남미 시장에서는 직접적인 판매망을 구축하는 것보다는 시장을 독과점하는 통신업체인 아메리카 모빌 및 텔레포니카와 긴밀한 협력 관계를 구

노키아 1616 모델: 신흥 시장을 겨냥해 2009년에 출시한 1616 모델은 기본적인 기능만을 제공했지만, 열악한 사용 환경을 보완하기 위해 먼지에 덜 민감하고 내구성이 강한 키패드와 케이스를 채용하고, 전기 사정을 감안해 수명이 더 긴 배터리를 사용하는 등 단순히 한 세대 뒤처진 기술을 사용한 저가 제품이 아니라 신흥 시장 소비자들의 필요를 충족하는 제품이었다.

노키아는 구매, 생산, 유통 등 전반적인 공급망 개선을 통해 출시 초기 99달러였던 가격을 5년 만에 3분의 1 수준인 32달러까지 낮추었다.

축하는 것에 초점을 두었다. 노키아는 중남미 시장에서도 2009년 39%를 장악해 18.6%를 점유한 2위 모토롤라를 2배 이상 앞질렀다.

1992년의 노키아는 전체 매출의 80%를 유럽에서 올릴 정도로 유럽 시장에 대한 의존도가 높았다. 하지만 2008년에는 노키아 전체 매출의 60%가 인도, 중국, 중남미, 아프리카, 중동, 기타 아시아 국가에서 나올 정도로 노키아는 2000년대에 접어들어 매출과 성장을 신흥 시장에 많이 의존했다.

칼라스부오와 노키아의 위기

노키아를 위기에서 구해내고 세계적인 기업으로 성장시킨 요르마 올릴라는 2006년 6월 회장으로 취임하며 경영 일선에서 물러났다. 올릴라는 자신의 후임 CEO로 자신이 취임 직후 조직한 5인의 젊은 최고 경영진 중 하나로 CFO의 역할을 수행해 왔던 법률가 출신의 올리-페카 칼라스부오Olli-Pekka Kallasbuo를 임명했다.

칼라스부오가 CEO로 취임할 무렵 노키아가 직면한 상황은 매우 어려웠다. 그가 CEO로 취임한 지 얼마 지나지 않은 2007년 1월, 애플은 휴대전화, 음악 플레이어, 인터넷, 응용 프로그램을 우아하게 하나의 기기로 통합한 아이폰을 출시했고, 이는 고가 휴대전화 시장의 지각 변동으로 이어졌다.

삼성전자도 중간 가격대와 높은 가격대의 다양한 모델을 빠른 속도로 출시하며, 모토롤라를 따돌리고 업계 2위 자리를 확고히 하며 선두 노키아를 맹추격하고 있었다. ZTE 같은 중국 업체들 역시 기본 기능만 갖춘 저가의 휴대전화로 아시아와 아프리카 시장에서 노키아와 경쟁했다.

노키아의 전략은 고가에서 저가에 이르는 모든 가격대의 모델을 제공하는 것이었는데, 모든 가격대의 시장에서 각 가격대를 집중 공략하는 경쟁자들이 시장을 잠식해 들어옴에 따라 노키아의 강력했던 지위도 점차 흔들리기 시작했다. 2007년 19.3%를 기록했던 노키아의 이익률은 2008년 11.5%로 떨어졌다.

노키아는 원가를 절감하고 브랜드 정체성을 확립하기 위해 적은 수의 표준적인 모델을 기본 플랫폼으로 하고, 각 국가별 제품의 차별화는 주로 소프트웨어적으로 구현하는 플랫폼 전략을 채택했다. 이러한 플랫폼 전략을 통해 노키아는 구매하는 부품의 종류를 줄이고 구매 규모를 확대하여 원가를 절감할 수 있었고, 제품의 외양과 느낌, 이미지를 통일할 수 있었다.

노키아는 저가 시장을 위한 대량 생산 휴대전화에는 S40, 스마트폰에는 심비안Symbian, 모바일 인터넷 기기를 위해서는 마에모Maemo, 이렇게 3개의 소프트웨어 플랫폼만을 사용했고, 통신 사업자들의 차별화를 위한 요구는 응용 프로그램과 특화된 서비스를 통해 제공했다.

플랫폼 전략은 규모의 경제를 통한 원가 절감에 큰 강점이 있었고, 사용자들이 휴대전화를 바꾸지 않고도 통신사를 자유롭게 바꿀 수 있는 유럽 시장에서는 효율적이었다. 하지만 북미 시장처럼 통신사들이 고객 확보와 유지를 위해 자신의 통신망 전용 휴대전화를 보조금과 함께 제공해 휴대전화에 대한 영향력을 크게 발휘하는 시장에서는 노키아가 고전하는 원인이 되었다.

반면 삼성은 통신사들의 차별화 요구를 충실히 반영하는 다양한 가격대의 통신사 전용 휴대전화를 내놓는 전략으로 미국 시장에서 노키아를 물리칠 수 있었다. 노키아는 2008년 50개의 모델을 새로 출시했지만, 삼성은 통신사의 요구 사항을 충실히 반영한 120개나 되는 새로운 모델을 출시했다.

칼라스부오는 노키아에 새로운 변화가 필요하다고 믿었다. 그 변화의 핵심은 하드웨어 중심에서 벗어나 하드웨어와 서비스를 융합한 솔루션을 제공하는 것이었다. 칼라스부오는 솔루션 지향성을 높이기 위해 제품군 중심으로 분산돼 운영되던 휴대전화 사업 조직을 휴대전화와 서비스라는 2개의 대그룹으로 통합했다. 또한 모든 제품군의 공급망 관리와 마케팅, 브랜드 관리를 통합하여 운영하는 마켓Market이라는 조직을 신설했다.

노키아는 애플의 앱 스토어에 대항하기 위해 핀란드어로 문을 뜻하는 오비Ovi라는 음악 다운로드, 위치 정보, 메시징 등의 서비스도 제공하기 시작했다. 애플에 비해 1년 정도 늦게 서비스를 개시한 노키아는 위치 정보 및 지도 서비스 강화를 통해 애플의 앱 스토어를 따라잡는다는 전략을 세우고, 이를 위해 2007년에 자동차 내비게이션용 디지털 지도를 제작하는 냅텍Navteq이라는 기업을 81억 달러에 인수하기도 했다.

통신 장비 사업에서도 솔루션 역량을 강화하기 위해 독일의 지멘스와 합작해 세계 최대 규모의 통신 장비 기업인 노키아-지멘스 네트워크를 설립했다. 노키아-지멘스는 두 기업의 역량을 합쳐 무선 통신뿐만 아니라 유선통신, 인터넷, 각종 네트워크를 위한 토털 솔루션을 제공해 통신 사업자가 장비 관리를 전적으로 의존할 수 있는 기업이 되고자 했다.

스마트폰과 저가 휴대전화 시장에서의 고전

칼라스부오의 리더십 아래 노키아는 출하 대수에 있어서는 여전히 세계 최대의 휴대전화 업체라는 지위를 지켜 나가기는 했지만, 2009년 노키아 매출의 절반 이상이 저가 휴대전화 라인에서 나왔을 정도로 저가 제품과 신흥 시장에 대한 의존도가 너무 컸다.

사실 노키아는 누구보다도 먼저 스마트폰 사업을 시작했지만, 애플의 아이폰이 촉발한 새로운 스마트폰 열풍에 적절히 대처하지 못했기 때문에 고가 휴대전화 시장에서의 지위가 계속 하락하고 있었다.

삼성은 안드로이드 운영체제에 집중하는 전략으로 스마트폰 열풍에 성공적으로 올라타며 계속 노키아를 맹추격해 왔지만, 노키아는 애플과 RIM 같은 회사에 아성인 서유럽의 스마트폰 시장마저 내주고 있었다. 2007년 50%에 가까웠던 노키아의 시장 점유율은 2010년에는 35%로 떨어졌고, 2011년 1사분기에는 사상 처음으로 매출액 기준으로 애플에 추월당하고 말았다. 심지어 2011년 4월에는 시가 총액이 스마트폰에 강점을 가진 대만의 HTC보다 뒤지는 일도 발생했다.

인도, 중국, 인도네시아 및 아프리카 같은 신흥 및 저개발 국가 시장은 여전히 최대의 유통망을 확보했고, 브랜드 인지도도 높았던 노키아의 아성이었다. 그러나 이들 시장에서 노키아는 중국의 ZTE 같은 휴대전화 업체와 무명 브랜드들과 경쟁해야 했다.

대만의 미디어텍MediaTek 같은 반도체 기업들은 휴대전화 제작에 필요한 반도체 칩과 이를 이용한 휴대전화 설계까지 제공해 기술이 부족한 업체들도 단순히 부품을 조립만하면 손쉽게 휴대전화를 제조할 수 있도록 하는 솔루션을 제공했다. 덕분에 중소 휴대전화 제조업체들이 우후죽순처럼 생겨났고, 이들은 독특한 개성을 가진 휴대전화를 개발해 합법과 불법을 넘나드는 다양한 유

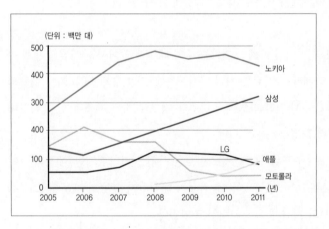

2005~2011년 휴대전화 출하 실적: 노키아는 출하 대수 기준으로 세계 1위 자리를 유지하기는 했지만, 2008년경부터는 성장이 정체되며 삼성의 맹추격을 받기 시작했고, 애플은 고가의 아이폰을 바탕으로 매출액 기준으로는 노키아를 추월해 버렸다.(자료 출처: 가트너)

통 채널을 통해 초저가로 판매하여 노키아의 저가 휴대전화 시장 점유율을 상당 부분 잠식해 들어갔다. 마이크로맥스MicroMax와 스파이스Spice 같은 인도 기업들도 인도 시장에 특화된 기능들을 추가해 노키아보다 더 낮은 가격에 휴대전화를 판매함으로써 인도 시장 점유율을 20%까지 잠식해 들어갔고, 브라질과 나이지리아 같은 신흥 시장에도 진출해 노키아의 저가 휴대전화와 경쟁했다.

스테판 일롭과 마이크로소프트와의 협력 강화

노키아의 이사회는 2010년 9월 칼라스부오를 퇴진시키고, 매크로미디어와 어도비 등에서 CEO를 역임하고 2008년부터 마이크로소프트의 비즈니스 사업을 이끌어오던 스테판 일롭Stephen Elop을 새로운 CEO로 영입했다. 캐나다 출신의 일롭은 노키아 최초의 외국인 CEO였다. 일롭은 마이크로소프트와의 협력 강화를 통해 스마트폰 경쟁력을 강화하고, 저가 휴대전화 시장에서 직면하고 있는 경쟁에 승리하며, 차세대 모바일 기기를 개발하고 노키아 플랫폼을 중심으로 한 에코시스템을 활성화하는 데 역점을 둘 것이라고 밝혔다.

노키아가 스마트폰 시장에서 실패한 가장 큰 원인은 심비안 운영체제에 있다고 보는 시각이 많았다. 심비안은 아이폰이 출시되기 이전의 초창기 스마트폰 시장을 노키아가 장악하는 데 큰 역할을 하기는 했지만, 애플의 아이폰이나 구글의 안드로이드 운영체제보다 한참 먼저 개발됐기 때문에 한 세대 뒤처진 기술로 평가됐다. 노키아의 강점은 저비용 대량 생산에 있을 뿐, 소프트웨어 개발에 있는 것은 아니었다. 이 때문에 소프트웨어와 서비스 에코시스템이 중요한 스마트폰 시장에서 과연 노키아가 재기할 수 있을 것인지 의문을 갖는 이들도 많았다.

2011년 2월 초, 일롭은 스마트폰 시장에서 애플의 독주, 안드로이드 운영

체제의 급부상, 저가 휴대전화 시장에서 거세게 밀고 들어오는 중국 기업들과의 경쟁, 전 세계적인 노키아 제품에 대한 선호도 감소 등을 언급하며, 노키아가 처한 상황은 차가운 북해 바다 위에 불타는 유전 플랫폼에 서 있는 사람과 같아서 살아서 불에 타 죽거나, 차가운 물에 뛰어들어 미지의 세계로 나가거나 하는 어려운 선택에 직면한 절박한 처지라는 고백의 이메일을 직원들에게 보냈다. 일롭은 이와 함께 노키아 스마트폰의 운영체제를 심비안에서 마이크로소프트의 윈도우 플랫폼으로 전환할 것이라고 발표했다.

마이크로소프트는 PC 운영체제는 장악하고 있었지만, 모바일 기기용 운영체제에서는 애플, 구글, RIM, 노키아 등에 밀리고 있었기 때문에 휴대전화 1위 기업인 노키아와의 제휴는 마이크로소프트에 새로운 기회가 될 수 있었다. 하지만 노키아가 스마트폰 운영체제의 또 다른 한 축으로 급부상하는 안드로이드를 포기하고, 마이크로소프트와 협력을 강화함으로써 무엇을 얻을 수 있는지는 명확하지 않았다.

삼성전자나 HTC 같은 노키아의 경쟁사들은 안드로이드 기반의 스마트폰을 주력으로 삼으면서, 마이크로소프트의 운영체제에 기반을 둔 스마트폰도 함께 제조하고 있었기 때문이다. 노키아는 윈도우 폰 운영체제에 자신만의 독점적인 소프트웨어를 추가해 다른 업체의 휴대전화와 차별화할 수 있을 것이라고 밝혔지만, 시장의 반응은 그다지 좋지 않았다. 마이크로소프트와의 협력 강화를 발표한 이후 노키아의 주가는 14% 하락했다.

노키아는 2011년 4월, 2012년 말까지 휴대전화 부문의 직원들의 12%에 해당하는 7,000여 명의 직원을 감원한다고 발표했다. 2011년 11월에는 IT 경기 침체로 고전하던 통신 장비 부문인 노키아-지멘스에서도 2013년까지 1만 7,000명을 감원한다는 발표를 했다.

2011년에 노키아는 15억 달러가량의 적자를 기록했다. 2012년 1월, 1999년부터 회장직을 수행해 온 61세의 요르마 올릴라가 노키아의 회장직에서도 물러나기로 했다. 후임 회장으로는 45세의 젊은 IT 전문가로 2008년부터 노키아 이사회에 참여해 온 리스토 실라스마Risto Siilasmaa가 지명됐다.

실라스마는 헬싱키공대 재학 당시 'F-시큐어'라는 보안 소프트웨어 업체를 창업해 북유럽의 대표적인 IT 기업으로 키워냈고, 핀란드 내의 영세하지만 유망한 IT 벤처기업들에 과감히 투자해 온 핀란드의 대표적인 기업인 중 하나였다.

노키아는 2011년 4사분기 동안만 약 13억 달러, 2012년 1사분기 동안에는 약 12억 달러가량의 적자를 기록했다. 국제신용평가회사인 피치는 2012년 4월, 부진한 실적과 경쟁력 저하 등을 감안해 노키아의 신용등급을 'BBB−'에서 투

윈도우 폰 운영체제를 사용한 노키아의 루미아 800 스마트폰: 노키아는 스마트폰의 플랫폼을 심비안에서 마이크로소프트의 윈도우 폰으로 옮겨 가기로 결정했다. 윈도우 폰 운영체제가 채택한 메트로 인터페이스와 엑스박스, 오피스, 인터넷 익스플로러 등 마이크로소프트의 대표 서비스들이 보인다.

자 부적격 등급인 'BB+'로 하향 조정했다.

　디지털 이동통신 시대에 적응하지 못한 모토롤라를 제치고 휴대전화 업계 1위에 올라선 노키아는 스마트폰 시대의 적응에 실패하면서 모토롤라처럼 찬란했던 과거를 뒤로한 채 쇠락의 길로 접어드는 듯이 보였고, 노키아 최초의 외국인 CEO인 일룹 역시 소니 최초의 외국인 CEO 스트링어처럼 회생에 성공하지 못하고 퇴진하게 될 것으로 예상됐다.

오픈 소스 소프트웨어

새로운 사업 모델

무료 배포와 끼워 넣기를 동원한 마이크로소프트의 공세에 밀린 넷스케이프가 타개책으로 웹 브라우저의 소스 코드를 공개한다고 했을 때만 해도, 이는 많은 이들을 의아하게 만드는 결정이었다. 하지만 이 결정으로 넷스케이프는 비록 사라졌을지언정 넷스케이프의 웹 브라우저는 살아남았고, 넷스케이프에 기원을 둔 파이어폭스 웹 브라우저는 현재 30% 가까운 점유율을 차지하며 혁신을 멈춰 버린 마이크로소프트의 인터넷 익스플로러를 훌륭하게 견제하고 있다. 파이어폭스 웹 브라우저뿐만 아니라 리눅스 운영체제와 아파치 웹 서버로 대표되는 오픈 소스 소프트웨어는 소비자 시장에서는 아직 영향력이 미미하지만, 기업용 시장에서는 매우 큰 비중을 차지하고 있다. 오픈 소스 소프트웨어를 전략적으로 잘 활용함으로써 자신의 고유 분야뿐만 아니라 다른 분야로도 영향력을 확대한 IBM과 구글은 오픈 소스 소프트웨어가 기업의 핵심 경쟁력에 미치는 영향이 갈수록 더 커지고 있음을 보여주는 훌륭한 사례이다.

강한 자가 아니라 적응하는 자가 살아남는다

Open Source Software

모질라, 파이어폭스, 썬더버드의 로고

GNU의 로고인 누(GNU) 염소 　　아파치의 로고인 깃털 　　리눅스의 로고인 펭귄

주요 연표

1972
AT&T 벨 연구소에서 일하던 톰슨과 리치가 C 언어로
유닉스 운영체제를 개발. AT&T는 대학 등에 유닉스
운영체제를 소스 코드와 함께 배포하고 연구 목적으로
소스 코드를 광범위하게 수정할 것을 허락

1977
U.C.버클리의 대학원생이었던 빌 조이가 AT&T의
유닉스를 광범위하게 수정한 BSD의 최초 버전 공개

1983
리차드 스톨만, GNU 프로젝트 시작

1985
자유 소프트웨어 재단 발족

1989
AT&T가 개발한 유닉스의 소스 코드를 광범위하게
수정해 AT&T의 라이선스로부터 자유로워 지적
재산권에 저촉되지 않고 재배포가 가능한
BSD 버전(4.3)이 공개됨.

1991
핀란드대의 컴퓨터공학과 학생
리누스 토발즈가 리눅스 개발

1995
오픈 소스 웹 서버 아파치 1.0 발표

1998
넷스케이프, 웹 브라우저 소스 코드를 공개하기로 결정.
오픈 소스 운동 본부(OSI)발족. IBM, 아파치 웹 서버를
자사의 웹스피어 제품군의 일부로 포함

2001
IBM, 리눅스에 대한 본격 투자 시작

2004
모질라 재단, 파이어폭스 1.0 공개

2007
구글, 리눅스 기반의 스마트폰용 운영체제인 안드로이
드를 오픈 소스로 공개

2008
구글, 크롬 웹 브라우저를 공개하고
오픈 소스로 이를 배포

Open Source Software

오픈 소스 소프트웨어

컴퓨터는 다양한 기능을 수행할 수 있는 고성능의 기기이지만, 기본적인 작동 원리는 여느 전자 기기와 다르지 않게 스위치가 켜진 상태를 '1'이라는 정보로, 스위치가 꺼진

> "해커 문화가 시작된 것은 MIT에 미니컴퓨터 PDP-1이 최초로 들어온 1961년이라 해도 무방할 것이다."
>
> : 에릭 레이먼드 :

상태를 '0'이라는 정보로 해석하는 디지털 기기이다. 따라서 컴퓨터가 실제로 작업을 수행하기 위해서는 아무리 고차원적인 명령이라 할지라도 최종적으로는 0과 1을 사용한 2진법적인 정보, 즉 바이너리 코드Binary Code가 필요하다. 그러나 방대한 정보를 0과 1로 표시하면 컴퓨터는 이를 이해하고 작동할 수 있지만, 사람들이 이를 이해할 수 없다. 따라서 복잡한 기능을 수행하는 소프트웨어를 개발할 때에는 일반적인 사람의 언어와 가깝지만 좀 더 엄격한 문법과 논리적 일관성이 요구되는 프로그래밍 언어로 소위 '소스 코드'를 작성한다. 그런 다음 해당 프로그래밍 언어에 제공되는 컴파일러라는 소프트웨어를 통해 소스 코드를 0과 1로 구성된 바이너리 코드로 변형하는 작업을 거친다.

오픈 소스Open Source 소프트웨어란, 컴퓨터가 실행하는 데 필요한 바이너리 코드 파일과 함께 해당 소프트웨어의 개발 시 작성한 소스 코드를 함께 제공하는 소프트웨어를 통칭한다. 오픈 소스 소프트웨어는 소스 코드가 함께 제공되므로 사람들이 소프트웨어가 어떻게 작성됐는지 이해할 수 있고, 따라서 필요하다면 수정하거나 다른 종류의 컴퓨터에서 실행 가능하도록 만들기도 쉽다. 오픈 소스 소프트웨어라 할 때는 무료로 제공되는, 복사와 수정이 자유로운 소프트웨어들을 일반적으로 칭하기는 하지만 오픈 소스 소프트웨어에는 반드시 무료만 있는 것은 아니며 소프트웨어에 적용되는 사용 허가권, 즉 라이선스의 종류도 다양하다.

오픈 소스 소프트웨어는 중형 컴퓨터용 운영체제인 유닉스Unix를 중심으로

태동하기 시작했고, 이후 운영체제 리눅스, 웹 브라우저 파이어폭스FireFox, 웹 서버 아파치Apache, 모바일 운영체제 안드로이드Android 등 다양한 소프트웨어로 확산됐다. 이 과정에서 저작자의 권리 보호에만 치우친 기존의 저작권 개념에서 나아가 온라인 백과사전인 위키피디아Wikipedia로 대표되는 크리에이티브 커먼즈 라이선스처럼 소프트웨어뿐만 아니라 광범위한 지식과 콘텐츠에 대해 개방과 공유를 통해 공익과 사회적 가치에 중점을 두는 새로운 저작권 철학과 정책이 탄생하고 확산되는 데에도 큰 영향을 미쳤다.

유닉스 운영체제

운영체제는 프로세서, 메모리, 하드디스크, 디스플레이, 키보드, 프린터 등 컴퓨터의 다양한 하드웨어 장치 및 주변 기기의 입출력을 관리하고, 컴퓨터에서 동작하는 응용 프로그램들이 어떤 순서로 동작하며 어떻게 내부 메모리 자원을 공유할지 등을 지시하는 하드웨어와 다른 소프트웨어의 중간자적인 역할을 하는 소프트웨어이다.

> "톰슨과 리치는 하드웨어와 컴파일러 기술이 C 언어처럼 상위 수준의 프로그래밍 언어만으로 운영체제를 만들 수 있을 정도로 충분히 발전했다는 것을 남들보다 먼저 깨달은 사람들이었다."
> : 에릭 레이먼드 :

1970년대 초반 벨 연구소의 켄 톰슨Ken Thompson과 데니스 리치Dennis Ritchie는 유닉스 운영체제를 개발했는데, 유닉스는 네트워크 연결과 시분할 기술을 지원해 하나의 컴퓨터를 지리적으로 떨어진 다수의 사용자가 동시에 사용하면서도, 개별 사용자는 마치 자신을 위한 전용 컴퓨터를 사용하는 것처럼 지원하는 것에 특히 중점을 둔 운영체제였다.

당시까지는 운영체제처럼 하드웨어와 직접적으로 상호작용하는 소프트웨어는 어셈블리어 같은 바이너리 코드에 가까운 특정 프로세서 전용의 프로그래밍 언어로 개발해야 한다는 통념이 있었다. 유닉스 운영체제는 그런 통념을 깨고 특정 프로세서에 국한되지 않는 범용 프로그래밍 언어를 사용하여 개발 됐다.

톰슨과 리치는 이러한 방식으로 유닉스 운영체제를 개발하기 위해 프로그 래밍 언어도 직접 새로 만들었는데, 그 언어가 훗날 운영체제 같은 시스템 소프 트웨어뿐만 아니라 응용 프로그램을 만들기 위한 언어로도 널리 사용된 C 언어 였다.

유닉스를 개발한 벨 연구소의 모기업 AT&T는 통신 부문의 독점 기업이었 기 때문에 컴퓨터 산업에 직접 진출하는 것에 많은 제약이 있었다. 이 때문에 AT&T는 IBM과 같은 컴퓨터 전문 기업들에 유닉스 운영체제에 대한 사용권, 즉 라이선스를 판매했는데, 라이선스를 획득한 기업에는 C 언어로 된 유닉스의 소스 코드도 함께 제공했다.

IBM 외에도 다른 많은 기업들이 AT&T로부터 조금씩 다른 시점에 다른 버 전의 유닉스 운영체제의 라이선스를 구입했고, 취득한 유닉스 소스 코드를 차 별화하거나 자신의 하드웨어에 최적화하기 위해 수정했다. 이러한 과정에서 최초의 유닉스 버전에는 다양한 가지치기forking가 일어났고, 다양한 버전의 유 닉스 운영체제들이 공존하게 됐다. 1990년대에는 AT&T의 시스템 V('파이브'라 읽음), IBM의 AIX, 썬 마이크로시스템의 쏠라리스Solaris, HP의 HP-UX, 산타크루즈 오퍼레이션의 SCO 같은 다수의 유닉스 버전들이 나타났다.

유닉스 운영체제의 발전 과정에서 발생한 활발한 가지치기는 다양한 기기 와 목적에 적합한 다양한 버전의 유닉스가 존재함으로 말미암아 유닉스가 널 리 퍼지게 되는 데 크게 기여하기도 했다. 하지만 시장을 분할시켜 업계 전체적 으로는 개발을 위한 중복 투자가 발생하고, 가격이 상승하게 되는 등의 문제도 발생시켰다.

오랜 기간에 걸쳐 검증되고 전문 인력도 풍부한 유닉스 운영체제의 인기는 컴퓨터 산업이 성장하면서 더욱 높아졌다. 유닉스 운영체제와 이에 기반을 둔 클라이언트-서버라는 시스템 구조는 정보 시스템과 네트워크의 구조를 재정립하고 인터넷 시대를 여는 데 매우 중요한 역할을 했다.

BSD

U.C.버클리 컴퓨터공학과의 시스템 연구그룹은 AT&T에서 최초로 개발한 유닉스 운영체제의 소스 코드를 광범위하게 수정하여 AT&T의 지적 재산권에서 자유로운

BSDBerkeley Software Distribution라는 버전의 유닉스 운영체제를 개발했다. BSD의 개발에 핵심적인 역할을 수행한 인물은 1954년생인 빌 조이Bill Joy였는데, 당시 U.C.버클리의 대학원생이었던 그는 후일 인근 스탠포드의 대학원생들과 함께 썬 마이크로시스템을 공동으로 창업했다.

'버클리 유닉스'라고도 하는 BSD 유닉스는 소스 코드와 함께 공개됐는데, BSD 개발 프로젝트는 미국 정부의 연구 재원을 바탕으로 진행됐기 때문에 BSD에서 사용 조건으로 제시한 라이선스는 허용 범위가 매우 넓고 개방적인 조건이었다. BSD 라이선스는 제공된 소스 코드를 이용해 새로운 소프트웨어를 개발하는 것을 허용했고, 이를 BSD가 아닌 다른 라이선스를 적용해 판매하는 것도 가능했다. 다만, 소스 코드를 수정해 소프트웨어를 배포하는 경우 원래의 저작권 표시와 함께 원본이 수정됐음을 명확히 표시하며, 보증 책임이 없다는 표시를 하는 정도의 조건만이 의무 사항이었다. 이렇게 느슨한 BSD 조건은 기업들에게 매우 유리한 것이었다.

스티브 잡스가 1980년대 애플을 나와 설립한 넥스트NeXT가 개발한 넥스트

스텝NeXTSTEP 운영체제도 BSD 버전의 유닉스에 기반을 둔 것이었다. 넥스트스텝은 넥스트가 애플에 인수되면서 맥 OS X의 근간이 됐으므로 매우 개방적으로 배포된 BSD 유닉스가 매우 폐쇄적으로 사용되는 애플의 운영체제의 뿌리가 된 셈이었다. 버클리 유닉스는 많은 대학교와 연구기관에서 운영체제의 교육과 연구에 사용돼 유닉스 전문 인력들을 길러내고 운영체제 기술의 발전을 이끄는 데에도 많은 공헌을 했다.

빌 조이: U.C.버클리의 컴퓨터공학 박사 과정에 있던 조이는 1970년대에 AT&T에서 최초로 개발한 유닉스 운영체제를 광범위하게 수정해 AT&T의 지적 재산권에서 자유로운 유닉스 버전을 개발했고, 이 유닉스 버전을 소스 코드와 함께 'BSD'라 부르는 느슨하고 자유로운 조건으로 배포해 유닉스가 널리 사용되고 운영체제의 지식이 확산되는 데에 중요한 역할을 했다. 그는 후일 스탠포드 대학원 학생들과 함께 썬 마이크로시스템을 창업했다.(ⓒUser: SqueakBox/Wikimedia Commons/CC-BY-2.0)

리차드 스톨만과 GNU

오픈 소스 소프트웨어의 역사에서 매우 중요한 역할을 한 인물은 1980년대 초 GNU 프로젝트를 시작한 리차드 스톨만Richard Stallman이었다. 1953년 뉴욕에서 출생한 스톨

"프리Free 소프트웨어라고 할 때 프리는 공짜라는 의미가 아니라 자유라는 의미입니다."
: 리차드 스톨만 :

만은 어려서부터 컴퓨터 프로그래밍에 뛰어난 자질을 보였고, 하버드대 물리학과에 진학한 후에는 학과 공부를 하면서도 근처에 있는 MIT에서 프로그래머로 일을 했다. 스톨만은 우수한 성적으로 하버드대 물리학과를 졸업했지만, 박사 과정에 진학하기보다는 MIT 인공지능연구실에서 자신이 좋아하는 컴퓨터 프로그래밍에 집중하며 해커 사회에서 활동하는 길을 택했다.

컴퓨터 산업 초기에는 소프트웨어가 하드웨어를 판매할 때 무료로 제공하는 것이라는 인식이 지배적이었다. 하지만 점차 소프트웨어의 중요성에 대한 인식이 높아졌고, 1970년대에 접어들어서는 마이크로소프트와 같은 소프트웨어 전문 기업들도 등장하게 됐다. 소프트웨어는 하드웨어와는 달리 쉽게 복사할 수 있기 때문에 대부분의 소프트웨어 개발 업체들은 자신의 소프트웨어를 보호하기 위해 복사를 방지하는 것에 많은 노력을 기울였다. 그러나 많은 소프트웨어 기업들은 저작권을 보호한다는 명목으로 자신의 소프트웨어와 유사한 소프트웨어가 탄생할 수 없도록 하는 것에도 점차 관심을 두기 시작했다.

이러한 분위기 속에서 1970년대 말부터 강화되기 시작한 저작권법은 소프트웨어 기업의 이익을 보호하기도 했지만, 점점 소프트웨어 사용자의 권리를 제한하고 새로운 혁신의 출현을 막는 방향으로 진행되는 측면도 있었다.

스톨만과 그가 활발히 활동한 해커 사회는 혁신을 통한 기술 발전의 혜택이 공유되기 위해서는 사용자들이 취득한 소프트웨어를 사용할 권리를 가질 뿐만 아니라 필요에 따라 소프트웨어를 수정하고 다시 배포할 수 있는 권리도 가져야 한다는 신념을 갖고 있었다. 스톨만은 사용자들에게 매우 유용한 소프트웨어를 제공하되, 이를 공유의 철학을 확산시키는 조건으로 배포함으로써 자신의 철학을 관철시키고자 했다. 그는 특히 컴퓨터 소프트웨어 중에서도 가장 영향력이 큰 운영체제에 먼저 집중하기로 하고, 1983년 9월 "GNU is Not Unix", 즉 "GNU는 유닉스가 아니다"를 뜻하는 GNU라는 이름의 프로젝트를 시작한다는 것을 해커 사회에 발표했다.

이름이 시사하듯, GNU 프로젝트는 유닉스와 유사한 운영체제를 만들지만, 유닉스처럼 라이선스료를 받지 않고 공유의 철학을 확산시킬 수 있는 조건으로 무료 배포되는 새로운 운영체제를 만들고자 했다. 스톨만은 1984년 2월부터 MIT에서의 일을 그만 두고 GNU 프로젝트에 헌신하기 시작했다.

스톨만은 소프트웨어의 공개와 공유라는 자신의 신념에 부합하는 소프트웨어를 '자유 소프트웨어Free Software'라 부르고, 1985년에는 자유 소프트웨어 재단을 설립해 GNU 프로젝트를 비롯한 자유 소프트웨어를 개발하는 프로그래머들을 재정적으로 지원하고, 이들의 작업과 정신을 세계에 전파하기 시작했다. 또한 스톨만 본인도 소프트웨어 개발에 필수적인 텍스트 편집기 이맥스Emacs와 응용 프로그램을 개발할 수 있도록 해주는 GCC 컴파일러와 같은 소프트웨어 등을 직접 개발하기도 했다.

GNU GPL과 카피레프트

스톨만이 자유 소프트웨어를 확산시키기 위해 고안한 핵심적인 방법은 사용자들에게 매우 유용한 소프트웨어를 제공하되, 이를 GNU 일반 공중 사용허가서(GPLGeneral Public License)라는 조건으로 배포하는 것이었다. GNU GPL 라이선스 조건으로 배포된 소프트웨어를 취득한 사용자는 이를 자유롭게 복제하거나 개작할 수 있었고, 원칙적으로는 원본 또는 수정본을 판매하는 것도 가능했다.

하지만 GNU GPL 조건으로 취득한 소프트웨어를 바탕으로 만든 소프트웨어는 취득할 때 제공받은 권리를 배포할 때 반드시 다른 사람들에게 제공해 주어야 했다. 이 때문에 GNU GPL 조건으로 소스 코드가 공개된 소프트웨어를 무료로 취득해 새로운 소프트웨어를 개발했다면, 이 새로운 소프트웨어도 소스 코드를 공개하고 무료로 배포해야만 했다. 이것이 소스 코드를 취득할 때 제공받은 권리이기 때문이다.

GNU GPL 조건으로 배포된 소프트웨어와 그렇지 않은 소프트웨어를 결합해 새로운 소프트웨어를 제작한 경우에는 전체 소프트웨어에 GNU GPL 조건이 적용됐다. 다시 말하면 GNU GPL 조건으로 무료 공개 배포된 소스 코드가 전체 소프트웨어의 일부에 불과할지라도 전체 소프트웨어를 무료 공개 배포해야 했다. 이렇게 GNU GPL 라이선스 조건은 결합하는 모든 소프트웨어를 GNU GPL 조건의 소프트웨어로 만드는 바이러스 같은 확산 구조를 가지고 있었고, 이 때문에 스톨만은 누구나 쓰지 않을 수 없는 소프트웨어들을 만들어 GNU GPL 조건으로 배포하면 공유와 개방의 철학을 확산할 수 있다고 생각했다.

GNU GPL은 저작권을 의미하는 카피라이트Copyright라는 말 대신 카피레프트Copyleft라 부르기도 했는데, 이 때문에 일부 사람들은 GNU GPL 이 저작권에 반하는 개념이라 오해하기도 했지만, 사실 GNU GPL은 매우 강력한 조건의 저작권이었다. 다만, 일반적으로 저작권이 소프트웨어의 수정과 배포를 막는 방향으로 소프트웨어 저작권자의 권리를 보호하는 데에 사용되는 데 반해 GNU GPL은 저작권을 사용해 소프트웨어의 개방과 공유를 확산시킨다는 점에서 추구하는 방향이 다른 것이었다.

유닉스 운영체제는 커널Kernel과 쉘Shell이라는 두 부분으로 구성되어 있었다.

리차드 스톨만: 하버드대 물리학과를 졸업하고, MIT에서 프로그래머로 일하던 스톨만은 기술 발전을 촉진하고 그 혜택을 공유하기 위해서는 취득한 소프트웨어를 사용자들이 필요에 따라 수정하고, 수정한 소프트웨어를 다시 배포할 권리도 가져야 한다는 신념을 갖고 있었다. 스톨만은 이러한 철학을 확산시키기 위해 자신이 개발한 소프트웨어를 자유로운 공유를 조건으로 무료 배포하기 시작했다. 스톨만은 소프트웨어 중에서도 특히 영향력이 큰 운영체제를 개발하기 위해 GNU 프로젝트를 시작했다.(©User: NicoBZH/Wikimedia Commons/CC-BY-SA-2.0)

커널은 명령을 처리하거나 수행되는 응용 프로그램들 간의 우선순위를 관리하고, 하드웨어를 제어하는 등 컴퓨터가 다양한 종류의 일들을 동시에 수행할 수 있도록 조정하는 역할을 수행했다. 쉘은 사용자가 커널에 명령을 하고, 명령에 대한 커널의 처리 결과를 사용자에게 알려주는 인터페이스를 제공하며, 만약 명령이 잘못됐을 경우에는 이를 커널에 전달하지 않고 사용자에게 알려주는 역할을 했다. 다시 말하면 커널은 운영체제 속의 알맹이이고, 쉘은 사용자와 컴퓨터 간 상호작용을 처리하고 커널을 보호해주는 껍질이었다.

스톨만과 뜻을 같이하여 자발적으로 GNU 프로젝트에 참여한 프로그래머들은 1984년에서 1990년 사이 GNU 운영체제를 개발하는 데 상당한 진척을 이뤄냈고, 유닉스와 호환되는 유용한 소프트웨어들을 GUN GPL 조건으로 소스 코드와 함께 배포했다. 하지만 GNU 프로젝트를 통해 개발된 대부분의 소프트웨어들은 쉘에 해당하는 것들이었고, 운영체제의 핵심인 커널의 개발은 예상보다 늦어지고 있었다.

리누스 토발즈와 리눅스 운영체제

1991년 4월, 핀란드의 헬싱키대 컴퓨터 공학과 2학년생이었던 리누스 토발즈Linus Torvalds는 인텔의 프로세서에 기반을 둔 그의 PC에서 DOS나 윈도우가 아닌 유닉스처럼 좀 더 성능이 뛰어나고 안정적인 운영체제를

> "리눅스는 완전히 다른 방식으로 발전했다. 리눅스는 거의 처음부터 우연에 가깝게 많은 수의 자원자들이 개발에 뛰어들었고, 이들의 작업은 오로지 인터넷으로만 조율됐다."
> : 에릭 레이먼드 :

사용하고 싶었다. 하지만 인텔 프로세서를 위한 유닉스 운영체제는 없었다. 토발즈는 GNU 프로젝트에 대해 알고 있었고, GNU 프로젝트에서 운영체제를 성공적으로 개발한다면, 그 소스 코드를 바탕으로 인텔 프로세서용의 유닉스 같

은 운영체제를 만들 수 있다는 것도 알았지만, GNU 프로젝트의 커널 개발은 계속 지연되고 있는 상황이었고, 토발즈는 기약 없이 기다리고 싶지 않았다. 그는 자신과 같은 인텔 프로세서 기반의 PC 사용자들이 유닉스 같은 운영체제를 무료로 사용할 수 있도록 하기 위해 스스로 직접 커널을 개발하기로 결심했다. 토발즈는 우선 네덜란드 브리헤Vrije대의 교수 앤디 타넨바움Andy Tanenbaum이 개발한 유닉스의 한 종류인 미닉스Minix라는 소규모 커널을 참고하기로 했다. 토발즈는 1991년 8월 25일, comp.os.minix라는 인터넷 뉴스 그룹에 다음과 같은 글을 올렸다.

> "미닉스를 사용하는 모든 여러분,
> 나는 취미삼아 386 또는 486 IBM 호환 컴퓨터를 위한 무료 운영체제를 개발 중에 있는데, 4월부터 시작된 이 프로젝트는 거의 완성이 돼 가고 있습니다. 내 운영체제는 미닉스와 유사한 점들이 많기 때문에 사람들이 미닉스의 어떤 점을 좋아하고 또 싫어하는지 알고 싶습니다. …(중략)… 몇 달 내로 쓸 만한 운영체제를 내놓을 수 있을 거라 생각하는데, 사람들이 어떤 기능을 가장 원하는지 알고 싶습니다. 어떤 의견도 환영합니다. 다만, 모든 의견을 다 반영할 것이라고 약속드리지는 못하겠습니다."

토발즈의 이 글은 큰 반향을 불러일으켰고, 이후 몇 달 동안 새로운 운영체제를 사용하기 원하는 사용자들과 프로그래머들 수백 명이 인터넷을 통해 토발즈에게 연락해 새로운 운영체제를 위한 아이디어를 제공했다. 토발즈는 이렇게 수집한 아이디어들을 반영해 커널을 개발해냈는데, 이는 GNU 프로젝트에서 개발한 다른 프로그램들과도 매우 호환이 잘됐다. 토발즈는 1992년 말 그의 커널을 GNU GPL 라이선스 조건으로 무료 공개했는데, 토발즈가 개발한 커널과 GNU 프로젝트를 통해 개발된 쉘 역할을 하는 다양한 시스템 소프트웨어들을 함께 묶으면, 완성된 운영체제가 됐기 때문에 사람들은 이들을 함께 묶어 리눅스 운영체제라 부르기 시작했다. 엄밀하게 말하면 토발즈가 개발한 것은 리눅스 운영체제 전체가 아니라 커널이었다.

1991년 단지 한 사람의 사용자와 1만 여 줄의 코드로 작성된 운영체제였던 리눅스는 1998년 전 세계 750만 명의 사용자와 150만 줄의 코드로 구성된 운영체제로 성장했다. 이 과정에서 1만 명 이상의 프로그래머들이 자발적으로 참여한 것으로 추산됐으며, 자유 소프트웨어 운동에 큰 활력을 불어넣었다. 리눅스는 GNU GPL 조건으로 소스 코드가 공개되어 배포되는 자유 소프트웨어의 대명사가 됐고, 토발즈도 유명 인사가 됐다.

1990년대 후반 무렵, 리눅스는 수천 명의 전문 프로그래머들이 지속적으로 개발에 참여하고 검토하는 개방적인 과정을 통해 필수적인 기능을 모두 제공하면서도 마이크로소프트가 폐쇄적인 과정으로 개발한 윈도우 운영체제보다도 더 안정적이고, 오류와 보안 문제에서도 자유로운 고성능의 운영체제로 발전했다. 리눅스가 성공을 거두자 IBM 같은 대기업도 2001년 이후에는 연간 10억 달러 이상을 리눅스 개발에 투자하며 리눅스 커뮤니티에 상당한 공헌을 하기 시작했다. HP도 2,500명 이상의 리눅스 및 오픈 소스 프로젝트 개발자들을 보유했으며, 델과 같은 주요 컴퓨터 제조업체들은 리눅스가 설치된 컴퓨터를 출시하기 시작했다. 인텔의 프로세서에서 사용할 수 있는 리눅스가 윈도우에 필적할 만한 운영체제로 성장하게 되자 마이크로소프트도 1990년대 말부터는 리눅스를 위협적인 존재로 인정하기 시작했고, 이를 알리는 회사 내부 문건이 유출돼 큰 화제가 되기도 했다.

리눅스는 소스 코드가 공개됐기 때문에 다른 시스템용으로 변경하는 것이 쉬웠다. 따라서 토발즈가 처음 개발하기 시작한 인텔 프로세서용 리눅스뿐만 아니라 IBM-애플-모토롤라 연합이 마이크로소프트-인텔 연합에 대항하기 위해 개발한 파워PC 프로세서용 리눅스 버전도 만들어졌고, 썬 마이크로시스템의 스팍이나 디지털 이큅먼트의 알파 프로세서용 리눅스 버전도 연이어 공개됐다. 리눅스 기반의 시스템은 다른 종류의 시스템과 결합해도 잘 작동했는데, 이 또한 다른 플랫폼과의 호환성을 높이기 위해 리눅스의 코드를 변경하는 것이 가능했기 때문이었다. 그뿐만 아니라 리눅스는 다수의 컴퓨터들을 클러스터링해 대규모 시스템을 만들기 쉬운 구조로 구현돼 있어서 지구상에서 가장 큰 시스템을 운영하는 기업이라 할 수 있는 구글도 100만 대 이상의 컴퓨터로 구성된 시스템에 리눅스를 사용할 정도였다.

리눅스의 무엇보다 큰 장점은 무료로 제공된다는 것이었다. 썬의 스팍 프로세서 전용의 유닉스 운영체제인 쏠라리스나 마이크로소프트의 윈도우 NT 같은 운영체제는 가격이 수천 달러에 달했기 때문에 리눅스는 기업용 서버 시장을 상당 부분 잠식할 수 있었고, 특히 가격에 민감한 정부나 개발도상국 등에서 인기가 높았다. 리눅스의 가장 큰 약점은 기술 지원이 불확실하다는 점이었는데, 이점도 미국의 레드햇RedHat, 칼데라Caldera, 노벨Novell, 유럽의 맨드레이크 리눅스Mandrake Linux, 일본의 터보 리눅스 등 리눅스의 설치와 기술 지원을 전문으로 하는 업체들이 세계 각국에서 성장하며 점차 보완되어 나갔다.

리눅스는 기업 부문에서는 큰 인기를 끌었지만, 대부분의 일반 소비자들에게는 별로 인기가 없었다. 리눅스용 응용 프로그램이 부족하고 오피스와 같이 윈도우용의 인기 있는 소프트웨어들을 사용할 수 없다는 점이 가장 큰 걸림돌이었다.

개발자들과 응용 프로그램 업체들은 리눅스용 버전으로 소프트웨어를 다시 만들어 발표할 수도 있었지만, 개발 비용을 회수하기에는 리눅스 사용자들의 수가 너무 적었고, PC의 가장 중요한 응용 프로그램 중 하나인 오피스를 개발하는 마이크로소프트가 경쟁 운영체제인 리눅스용으로 오피스를 개발할 이유는 더더욱 없었다.

오피스를 대체하기 위한 리눅스용 소프트웨어들이 개발되기는 했지만, 오랜 기간 동안 널리 사용되고 개선되어 온 마이크로소프트 오피스에 필적하기에는 역부족이었다. 이러한 이유로 2000~2007년까지 리눅스의 서버용 운영체제 점유율은 10%에서 20%로 상승했음에도 불구하고 데스크톱 PC 운영체제의 점유율은 2008년까지도 1%에 미치지 못했다.

리눅스의 소스 코드를 수정하면 다양한 모바일 기기에 적용할 수 있는 운영체제를 개발할 수 있었기 때문에 스마트폰 시장이 성장하면서 세계의 주요 휴대전화 제조업체들은 스마트폰용 운영체제로 리눅스를 주목하기 시작했다. 리눅스는 이미 오랜 기간 검증을 거쳤을 뿐만 아니라 소스 코드가 공개되고 무료로 제공됐으므로 휴대전화 업체들이 원가를 낮추면서도 안정적이고 풍부한 사용자 경험을 제공하기 위해 사용할 수 있는 최선의 운영체제 중 하나였다.

하지만 휴대전화 업체들은 대부분 자신의 기기에 최적화되도록 리눅스를 수정했기 때문에 휴대전화용으로 개발된 리눅스 버전들 간에는 호환성이 거의 없다는 문제점이 있었다. 하지만 구글이 2007년에 리눅스에 기반을 둔 스마트폰용 운영체제인 안드로이드를 공개하고, 많은 휴대전화 제조업체들이 애플의 아이폰과 노키아의 심비안 운영체제에 대항하기 위해 안드로이드를 중심으로 뭉치면서 호환성의 문제도 확연히 개선됐다.

리누스 토발즈: 1991년 핀란드 헬싱키대 컴퓨터공학과 2학년에 재학 중이던 리누스 토발즈는 유닉스와 유사하지만 PC 사용자들이 무료로 사용할 수 있는 운영체제인 리눅스를 직접 개발하기로 했다.
그는 개발한 운영체제를 스톨만이 소프트웨어의 개발과 공유를 확산하기 위해 만든 GNU GPL 조건으로 공개하고 무료로 배포했다. 이후 많은 수의 프로그래머들이 자발적으로 참여해 리눅스를 안정적이고, 보안 문제에서 자유로우며, 성능도 뛰어난 운영체제로 개선했다.(ⒸLinuxmag.com/Wikimedia Commons/CC-BY-SA-3.0/GFDL)

바자회식 개발 모델

흩어져 있고 만나본 적도 없는 수백, 수천 명의 프로그래머들이 자발적으로 개발과 검증에 참여하는 과정이 잘 조화를 이루어 훌륭한 소프트웨어를 만들어 낸다는 생각은

일견 현실과는 동떨어진 이상적인 아이디어처럼 보였다. 그러나 리눅스처럼 완성도 높은 운영체제가 바로 이러한 방식으로 탄생했다는 것은 엄연한 사실이었고, 이는 향후 소프트웨어 개발 방식뿐만 아니라 전반적인 지식의 창출 방식에 있어서도 혁신을 가져오는 충격적인 사건이었다.

해커 사회 초기부터 활발히 활동을 해 왔던 에릭 레이먼드Eric Raymond는 리눅스의 개발 과정에 관한 내용을 '성당과 바자회The Cathedral and The Bazaar'라는 에세이로 발표했는데, 이 글이 크게 반향을 일으키면서 리눅스의 마치 동화 같은 개발 모델은 일반 대중에도 널리 알려지게 됐다.

레이먼드는 그의 글에서 전 세계 수천 명의 프로그래머들이 자발적으로 힘을 모으고, 누구도 공헌할 수 있고, 누구도 소유하지 않는다는 점에서 리눅스의 개발 모델을 바자회 방식으로 비유했는데, 이는 이후 개방적인 개발 과정을 설명하기 위해 널리 사용된 비유가 됐다.

리눅스의 개발 조직은 커뮤니티라고 불렸는데, CEO나 CTO 같은 기업 조직에서의 직책이 없는 대신 리누스 토발즈를 정점으로 부관Lieutenants이라 부르는 3~6명의 핵심 개발자들이 중요한 리눅스 소스 코드의 변경 사항을 점검하고, 언제 어떤 코드를 하나의 버전으로 확정할지를 결정했다.

하나의 버전이 발표되면 더 이상의 코드 변화는 인정되지 않았고, 발표된 버전의 검증 과정에 들어갔으며, 검증 결과 문제가 없으면 해당 버전의 출시가 결정됐다. 버전 발표 후 다음 버전이 발표될 때까지 프로그래머들은 자발적으

로 커뮤니티에 새로운 의견을 제안하거나 새로운 기능을 구현하여 제안할 수 있었고, 이는 다음 버전에서 고려 대상이 됐다.

리눅스 커뮤니티의 신조는 "사용자를 공동 개발자로 보고 버전을 빨리, 자주 공개해 사용자들의 목소리를 듣는다"는 것이었다. 리눅스의 새로운 버전은 대략 4~6주마다 공개되어 많은 프로그래머들의 검증을 받았으며, 중요 업그레이드는 대략 3년 만에 한 번씩 이루어졌다. 리눅스 커뮤니티가 증명해낸 자발적인 개발과 검증의 동시 작업 모델은 개발 방식에 있어서 하나의 혁신을 가져왔다.

어찌 보면 리눅스 커뮤니티는 개방돼 있기는 했지만, 지배 구조는 토발즈가 최종적인 결정을 직접 내리는 중앙집권적인 구조였다. 그럼에도 불구하고 리눅스 커뮤티니가 특정 회사나 진영에 치우치지 않는 중립적인 시각을 유지할 수 있었던 것은 소프트웨어에 대해 확고한 철학을 가지고 있고, 개발 과정 자체에 초점을 두는 토발즈의 리더십에 기인한 바가 컸다.

토발즈는 리눅스 커널의 중요 업데이트를 직접 검토하기는 했지만, 개발의 우선순위는 대부분 자신이 아닌 다른 이들이 결정하도록 했고, 실제 개발도 대부분 다른 개발자들이 수행하도록 위임했다. 자원 프로그래머가 토발즈에게 "리눅스의 어떤 부분이 개발이 필요하냐?"라고 물으면, 토발즈가 그 프로그래머에게 "개발이 필요한 부분을 직접 찾아 달라"고 답하곤 한다는 일화는 유명하다. 토발즈 자신은 이렇게 직접적으로 개발을 지휘하기보다는 자발적으로 이루어지는 개발 과정을 지도하고, 리눅스의 품질을 높이는 데에만 중점을 뒀다.

자유 소프트웨어와 오픈 소스 소프트웨어

리눅스의 성공은 소스 코드를 공개하고, 대가를 바라지 않는 자원 프로그래머들로 구성된 커뮤니티를 통해 개방적인 방식으로 소프트웨어를 개발하고 검증하는 소위 바자회 방식 모델에 대한 긍정적 견해를 확산시키는 좋은 계기가 됐다. 1998년 3월, 마이크로소프트와의 웹 브라우저 경쟁에서 수세에 몰린 넷스케이프가 자신의 웹 브라우저인 내비게이터의 소스 코드를 공개하기로 결정한 것은 많은 이들을 놀라게 하는

"자유 소프트웨어와 오픈 소스 소프트웨어, 이 두 진영의 차이는 세상을 바라보는 관점과 가치에 있습니다. 오픈 소스는 개발 방법론이고, 자유 소프트웨어는 사회 운동이라 할 수 있습니다. 오픈 소스 진영에서 코드를 공개할지의 여부는 윤리적인 문제라기보다는 실용적인 문제입니다."

: 리차드 스톨만 :

일이었지만, 이는 다른 한편으로는 바자회 방식에 대한 긍정적인 이미지를 반영하는 것이었다. 넷스케이프의 내비게이터 공개 결정은 좀 더 많은 기업들이 소프트웨어의 소스를 공개하는 것에 대해 더 진지하게 고민하게 하는 계기가 됐다.

GNU 소프트웨어들과 리눅스의 배포 조건으로 사용된 GNU GPL 라이선스 조건은 스톨만의 자유Free 소프트웨어라는 철학에는 부합했지만, 이익을 추구하는 기업들의 정서와는 잘 맞지 않았다.

자유를 뜻하는 영어 단어인 '프리Free'는 공짜라는 의미가 되기도 하기 때문에 영어로 자유Free 소프트웨어라고 할 때 이는 공짜로 제공되는 소프트웨어라는 의미로 받아들여질 수도 있었고, 무엇보다도 결합된 소프트웨어와 후속 버전의 소스 코드를 모두 의무적으로 공개해야 하는 GNU GPL 조건은 기업들이 채택하기에는 공개의 범위가 너무나 광범위하고 엄격한 측면이 있었기 때문이다.

1998년 4월, 넷스케이프의 소스 코드 공개로 촉발된 관심을 더욱 확산시키기 위해 '성당과 바자회'라는 글로 이름이 잘 알려진 에릭 레이먼드를 비롯하여 리눅스, 아파치 등 개방적인 방식으로 진행되는 소프트웨어 개발 과정에 오랫동안 참여해 온 영향력 있는 개발자들이 모여 회의를 가졌다. 이들은 이 모임

에서 오해의 소지가 있고, 기업들이 거부감을 갖고 있는 자유Free 소프트웨어라는 용어 대신 오픈 소스Open Source 소프트웨어라는 용어를 쓰기로 합의하고, 오픈 소스 운동 본부, 즉 OSI Open Source Initiative를 조직했다.

OSI는 GNU GPL 같이 엄격한 라이선스뿐만 아니라 덜 엄격한 라이선스도 인정하여 기업들의 선택 범위를 넓혔는데, 특히 오픈 소스 소프트웨어를 비공개 소프트웨어와 결합해 새로운 소프트웨어를 개발한 경우, 이에 사용된 비공개 소프트웨어는 소스 코드를 공개하지 않아도 되는 기업들이 받아들일 수 있는 조건의 라이선스도 표준적인 라이선스 중 하나로 포함했다.

OSI가 출범된 후 곧 영향력 있는 언론 매체들이 오픈 소스라는 용어를 사용하기 시작했고, 기업들도 자유 소프트웨어보다는 오픈 소스 소프트웨어라는 좀 더 거부감이 적은 용어와 개념을 받아들이기 시작했다. 1998년 7월, 데이터베이스 업계의 선두주자인 오라클이 리눅스를 지원한다고 발표했고, HP와 IBM도 리눅스에 대한 지원 의사를 밝혔다.

2000년대에 접어들어서는 IBM, HP, 노벨, 썬, 레드햇 등의 기업에서 리눅스 프로그래머들을 적극적으로 채용하기 시작했다. 이에 따라 리눅스 커뮤니티에 자발적으로 참여하는 전문가들의 거의 90% 이상은 시스템 업체에서 리눅스 관련 업무를 수행하고 보수를 받는 사람들로 채워지게 됐다. 리누스 토발즈 역시 미국의 오레곤에 위치한 비영리 단체인 오픈 소스 개발 연구소(OSDL) 소속으로 20만 달러가량의 연봉을 받으며 생활에 지장이 없이 리눅스 개발에만 전념할 수 있었다.

자유 소프트웨어 재단과 OSI 간에는 소프트웨어를 바라보는 시각에 대한 철학적 차이가 있었지만, 사용자들에게 소프트웨어를 수정하고 배포할 권리를 부여함으로써 혁신을 촉발하고 그 혜택을 널리 공유하고자 한다는 점에서 실질적으로 이루고자 하는 바는 유사했다.

모질라와 파이어폭스 웹 브라우저

모질라Mozilla와 파이어폭스Firefox 웹 브라우저의 기원은 넷스케이프로 거슬러 올라간다. 월드와이드 웹의 초창기였던 1993년, 최초의 PC용 웹 브라우저 모자익의 개발을 주도했던 마크 안드레센이 1994년에 창업한 넷스케이프는 초기에는 성공했지만, 위기감을 느낀 마이크로소프트가 자신의 운영체제인 윈도우 95, 98, XP 등에 무료로 끼워 배포하는 공격적인 전략에 나서면서 점차 수세에 몰리기 시작했다.

마이크로소프트가 인터넷 익스플로러를 무료로 배포하는 바람에 유료로 웹 브라우저를 판매하기 힘들어진 넷스케이프는 1998년 1월, 자사의 웹 브라우저를 무료로 배포하고, 사용자들이 이를 자유롭게 수정할 수 있도록 소스 코드도 공개한다고 발표했다. 개발 커뮤니티의 운영과 코드 개발을 지원하기 위하여 '모자익'과 '고질라'를 합성한 '모질라'라는 이름의 팀도 만들었다. 마이크로소프트와의 경쟁에서 밀린 넷스케이프는 결국 1998년 11월에 인터넷 서비스 업체인 AOL에 합병됐지만, AOL도 2001년까지는 모질라 프로젝트에 대한 지원을 약속했기 때문에 모질라 프로젝트는 계속 유지될 수 있었다.

넷스케이프는 웹 브라우저의 코드를 공개할 때 리눅스의 경우처럼 개발자들이 자발적으로 활발히 참여할 것을 예상했다. 하지만 의외로 개발자들의 참여는 매우 저조했다. 그 이유는 넷스케이프의 웹 브라우저를 수차례 업그레이드하는 과정에서 코드가 너무 복잡해져 버렸기 때문이었다.

모질라 팀은 웹 브라우저의 핵심인 그래픽 처리 부분만을 남기고, 거의 처음부터 다시 웹 브라우저를 개발하기로 결정했고, 그제서야 비로소 많은 수의 자원 프로그래머들의 참여를 얻어낼 수 있었다.

넷스케이프의 경영진은 모기업이 된 AOL에 성과를 보여줘야 한다는 생각에 조급해졌고, 비록 준비는 부족했지만 모질라 프로젝트를 통해 개발한 코드를 바탕으로 2000년 11월 '넷스케이프 내비게이터 6'을 발표했다. 하지만 넷스케이프 6는 전문가들의 호평을 받지 못했고, 시장의 반응도 좋지 않았다. 마침 이 무렵 AOL이 타임워너Time Warner를 인수했기 때문에 AOL로서는 모질라 프로젝트의 전략적 중요도가 더욱 줄어들었다.

사장될 위기에 처하게 된 모질라 프로젝트의 리더들은 넷스케이프의 웹 브라우저에 포함되기 위한 기술을 개발하기보다는 독립적인 웹 브라우저를 개발하기로 결정했다. 모질라 팀은 2002년 6월, '모질라 1.0'이라는 웹 브라우저를 공개했는데, 제품 자체에 대한 반응은 좋은 편이었다. 하지만 당시는 마이크로소프트가 웹 브라우저뿐만 아니라 이메일 프로그램 시장도 거의 100% 가까이 장악한 상태였기 때문에 모질라 웹 브라우저를 사용하는 이는 거의 없었다.

마이크로소프트가 시장을 지배하고 있고, 모기업인 AOL-타임워너의 지원도 기대하기 힘들어진 상황이었지만, 그래도 모질라 개발팀은 희망을 가졌다. 시장을 완전히 지배한 마이크로소프트가 인터넷 익스플로러를 무료로 배포하고 있는 상황에서는 그 어떤 기업도 웹 브라우저 개발에 투자할 동기가 없을 것이므로 지속적인 혁신을 통해 더 우수한 웹 브라우저를 만든다면 분명히 수요가 있을 것이라 본 것이었다.

모질라팀은 집중력을 높이기 위해 모질라 프로젝트를 웹 브라우저 '파이어폭스'와 이메일 프로그램 '썬더버드'라는 2개의 프로젝트로 나누었다. 또한 AOL-타임워너에서도 독립해 모질라 재단을 만들기로 했다.

AOL-타임워너는 모질라 재단에 200만 달러의 자금과 소프트웨어 개발에 필요한 하드웨어를 기부해주었고, 마이크로소프트와 대결 관계에 있던 IBM, 썬 마이크로시스템, 레드햇 등의 기업과 로터스를 창업한 미치 케이포Mitch Kapor 등도 모질라 재단에 자금과 장비, 프로그래머들을 지원해주며 모질라가 거대 기업 마이크로소프트를 견제할 수 있기를 바랐다.

2004년 11월, 드디어 윈도우, 맥, 리눅스의 3대 PC용 운영체제를 지원하는

12개국 언어 버전의 파이어폭스 1.0 웹 브라우저가 공개됐다. 파이어폭스는 보안성과 기능, 스타일 면에서 시장을 장악한 후 정체돼 버린 인터넷 익스플로러보다 더 뛰어나다는 평을 받았다. 무엇보다 많은 사용자들이 새로운 웹 브라우저의 필요성을 느끼고 있었기 때문에 파이어폭스는 발표 후 1년 만에 1억 건의 다운로드 회수를 돌파했고, 16개월 만에 전 세계 웹 브라우저 시장의 10%를 장악하는 큰 성공을 거뒀다.

파이어폭스의 성공으로 열린 기회의 창을 활용해 모질라는 별도의 영리 법인을 만들고, 후속 버전의 지속적인 개발을 위한 재정적 원천을 확보했다. 파이어폭스에 구글이나 야후! 같은 포털의 검색창을 배치하는 대신, 이들과 수익을 공유하는 계약을 체결하기도 했다. 이후 모질라 재단은 파이어폭스의 업데이트 버전을 계속 발표했고, 파이어폭스 1.0을 발표한 지 5년이 지난 시점인 2009년 11월경에는 전 세계 웹 브라우저의 25%를 점유할 정도로 성장했다. 파이어폭스는 특히 유럽과 북미에서는 각각 34%와 27%라는 높은 점유율을 보였다. 한때 90% 이상의 점유율을 차지하기도 했던 마이크로소프트 인터넷 익스플로러의 점유율은 2009년 60%선으로 떨어졌다.

모질라 재단은 파이어폭스와 썬더버드 등의 소프트웨어를 MPL^{Mozilla Public} License이라는 조건의 라이선스로 공개했다. GNU GPL은 연결된 소프트웨어를 소스 코드를 공개해야 할 범위에 포함했기 때문에 공개 범위가 매우 넓고 모호한 측면이 있었다. 하지만 MPL은 MPL 조건으로 공개된 코드는 반드시 다시 MPL 조건으로 공개해야 하지만, 새로 작성한 코드나 연결된 소프트웨어의 소스 코드는 공개할 필요가 없다는 것을 분명히 함으로써 소스 코드의 공개 범위를 명확히 한정했다. 이 때문에 MPL은 오픈 소스 소프트웨어를 전략적으로 활용하는 기업들이 널리 사용하는 표준적인 라이선스 중 하나가 됐다.

아파치 웹 서버

아파치Apache는 미국 국립 슈퍼컴퓨팅 센터(NCSA)에서 재직하던 로버트 맥쿨Robert McCool에 의해 개발된 웹 서버용 소프트웨어이다. 아파치 웹 서버의 개발은 맥쿨이 1994년 NCSA를 떠나면서 중단됐지만, 이때부터

> "오픈 소스는 결국 새로운 사업 모델이었습니다. 마이크로소프트가 오픈 소스와 어떻게 하면 경쟁할 수 있는지를 알게 되기까지는 몇 년이 걸렸습니다."
> : 스티브 발머 :

소수의 프로그래머들이 아파치 서버 소프트웨어를 공동으로 계속 개발하기로 하면서 아파치 커뮤니티가 형성됐다. 아파치 커뮤니티는 공동 개발한 웹 서버의 최초 버전을 1995년 4월에 공개했는데, 이 최초의 공동 작업 결과에는 오류가 많았기 때문에 다시 상당한 재작업 과정을 거쳐야 했다. 아파치 웹 서버 1.0의 공식 버전은 1995년 12월에 비로소 발표됐다.

이 무렵 IBM은 하드웨어와 소프트웨어를 직접 개발해 판매하는 전략에서 서비스 중심으로 전략을 변경하면서 오픈 소스 소프트웨어와 커뮤니티의 활용 방안에 관심을 가지기 시작했는데, IBM이 최초의 협력 대상으로 선택한 오픈 소스 커뮤니티는 아파치 커뮤니티였다.

IBM이 아파치 커뮤니티를 최초의 협력 대상으로 삼은 가장 큰 이유는 아파치가 친기업적인 라이선스 조건을 제공했기 때문이었다. 아파치 라이선스는 상표권을 존중해야 하고, 공개된 소프트웨어에 포함된 자신의 특허도 무료로 제공해야 하지만 수정본이나 후속 버전을 공개하는 것은 의무 사항이 아니었다.

구성원들의 범위가 불분명하고 리누스 토발즈가 최종 결정을 하는 리눅스 커뮤니티와는 달리 아파치 커뮤니티 구성원의 정의는 명확했고, 주요한 의사 결정이 구성원들의 투표를 기반으로 이루어지는 민주적인 구조를 갖고 있다는 점도 IBM이 아파치 커뮤니티를 협력 대상으로 삼은 또 다른 주요 이유였다.

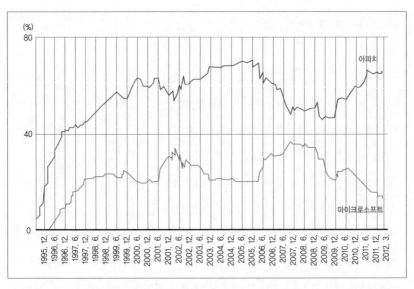

웹 서버 점유율 추이: 아파치 웹 서버의 점유율은 1990년대 후반부터 꾸준히 상승해 50% 이상의 압도적인 점유율을 차지했다.(출처: 넷크래프트, Netcraft)

IBM은 1998년 6월, 새로 출시하는 웹 기반 응용 프로그램용 서버 웹스피어 WebSphere의 주요 요소로 아파치 웹 서버를 포함하기로 했다. IBM의 웹스피어는 2001년에 많은 수의 경매를 처리하는 이베이의 시스템으로 선정됐고, 웹스피어의 명성이 올라감과 동시에 아파치 웹 서버의 명성도 함께 높아졌다.

2001년경에는 웹 사이트 중 60%가량이 아파치를 사용하여 마이크로소프트나 다른 웹 서버들을 압도했다. 아파치 2.0 버전은 IBM의 AIX, 썬 마이크로시스템의 쏠라리스 등 대부분의 유닉스 운영체제뿐만 아니라 마이크로소프트의 윈도우 2000 서버용 버전도 제공됐다.

아파치 커뮤니티와의 협력에 성공한 IBM은 오픈 소스 소프트웨어와 그 커뮤니티의 활용에 자신감을 얻었고, 리눅스에 대한 투자에도 적극적으로 나서기 시작했다. 아파치 웹 서버는 리눅스 운영체제와 함께 오픈 소스 소프트웨어를 확산시키고, 인지도를 높이며, 기업들의 참여를 촉진하는 데 중요한 역할을 담당했다.

구글도 안드로이드 운영체제를 오픈 소스 형태로 공개할 때 리눅스에 기반을 둔 안드로이드의 커널은 어쩔 수 없이 GNU GPL 조건으로 제공했지만, 커널과 응용 프로그램을 연결하는 역할을 담당하는 응용 프로그램 프레임워크, 라이브러리, 자바 가상머신 등 커널 이외의 구성 요소들은 아파치 라이선스 조건으로 제공했다.

이 때문에 휴대전화 제조업체들은 자신들의 필요에 따라 안드로이드 운영체제를 수정했더라도 수정한 부분이 커널만 아니라면 소스 코드를 공개할 필요가 없었고, 이는 많은 휴대전화 업체들이 적극적으로 안드로이드 운영체제를 채택한 주요 원인이 됐다.

부록. 업계 순위

2011년 반도체 판매 순위

2011년 순위	2010년 순위	업체명	2011년 매출액 (백만 달러)	2010년 매출액 (백만 달러)
1	1	인텔	50,492	40,154
2	2	삼성	34,467	32,455
3	3	TSMC	14,698	13,307
4	5	도시바	13,477	13,028
5	4	TI	12,774	13,037
6	6	르네사스	11,281	11.650
7	8	ST	9,645	10,287
8	10	퀄컴	9,588	7,204
9	7	하이닉스	9,391	10,432
10	9	마이크론	8,068	9,092

(출처: IC 인사이트)

2011년 휴대전화 판매 순위

2011년 순위	2010년 순위	업체명	2011년 판매량 (천 대)	2011년 시장 점유율 (%)
1	1	노키아	422,278	23.8
2	2	삼성	313,904	17.7
3	5	애플	89,263	5.0
4	3	LG	86,371	4.9
5	8	ZTE	56,881	3.2

(출처: 가트너, 2012. 2.)

2011년 TV 매출 순위

2011년 순위	2010년 순위	업체명	2011년 시장 점유율(%)	2010년 시장 점유율(%)
1	1	삼성	23.6	22.1
2	2	LG	14.1	14.1
3	3	소니	10.3	11.9
4	4	파나소닉	7.7	8.1
5	5	샤프	6.7	7.1

(출처: 디스플레이서치)

2011년 PC 판매 순위

2011년 순위	2010년 순위	업체명	2011년 판매량(대)	2011년 시장 점유율(%)
1	1	HP	60,554,726	17.2
2	4	레노버	45,703,863	13.0
3	3	델	42,864,759	12.1
4	2	에이서	39,415,381	11.2
5	5	아수스	20,768,465	5.9

(출처: 가트너, 2012. 1., 데스크톱, 노트북, 넷북 포함, 태블릿 제외)

2010년 IT 서비스 업체 순위

2010년 순위	2009년 순위	업체명	2010년 매출 (백만 달러)	2010년 시장 점유율(%)
1	1	IBM	56,424	7.1
2	2	HP	35,346	4.5
3	3	후지쓰	24,117	3.0
4	4	엑센추어	22,212	2.8
5	5	CSC	16,106	2.0

(출처: 가트너, 2011. 4.)

참고 문헌

Alcacer, J., Khanna, T., Furey, M., Mabud, R., Emerging Nokia?, Harvard Business School Case 9-710-429, 2011.

Alcacer, J., Khanna, T., Furey, M., Nokia: The Burning Platform, Harvard Business School Case 9-711-514, 2011.

Apple Computer, Inc., International Directory of Company Histories, Vol. 36. St. James Press, 2001.

Apple Inc., Wikipedia, http://en.wikipedia.org/wiki/Apple_inc Applegate, L., Austin, R., Collins, E., IBM' s Decade of Transformation: Turnaround to Growth, Harvard Business School Case 9-805-130, 2009.

Baldwin, C., O' Mahony, S., Quinn, J., IBM and Linux (A), Harvard Business School Case 9-903-083, 2003.

Ball, M., Microsoft Windows: The Launch of Windows 7, Richard Ivey School of Business Case, 909A23. 2009.

Berkeley Software Distribution, Wikipedia, http://en.wikipedia.org/wiki/BSD

Burgelman, R., Meza, P., Berrett, E., Intel Centrino in 2007: A New "Platform" Strategy for Growth, Stanford Graduate School of Business Case SM-156, 2007.

Burgelman, R., Meza, P., Mark Hurd at HP: Driving Strategic Execution, Stanford Graduate School of Business Case SM-160, 2007.

Casadesus-Masanell, R., Mitchell, J., Linux vs Windows, Harvard Business School Case 9-707-465, 2010.

Casadesus-Masanell, R., Yoffie, D., Mattu, S., Intel Corporation: 1968-2003, Harvard Business School Case 9-703-427, 2010.

Dhanaraj, C., Kim, Y.S., Samsung Electronics and LCD Technology (A), Richard Ivey School of Business Case 904M46, 2004.

Doornik, K., Roberts, J., Nokia Corporation Innovation and Efficiency in a High-Growth Global Firm, Stanford Graduate School of Business Case IB-23, 2007.

Edelman, B., Eisenmann, T., Google Inc., Harvard Business School Case 9-910-036, 2011.

Edelman, B., Windows Vista, Harvard Business School Case 9-909-038, 2010.

Freeze, K., Chung, K., Design Strategy at Samsung Electronics: Becoming a Top-Tier Company,

Design Management Institute Case Study DMI021, Harvard Business School Publishing, 2008.

George, W., Leading by Values: Sam Palmisano and IBM, Harvard Business School Case 9-411-097, 2011.

Ginni Rometty, Wikipedia, http://en.wikipedia.org/wiki/Ginni_Rometty Google, Inc., International Directory of Company Histories, Vol. 50. St. James Press, 2

Google, Wikipedia, http://en.wikipedia.org/wiki/Google Greenberg, W., Morris, C., Ferguson, C., Computer Wars, Beard Books, 2002.

Gruley, B., Edwards, C., What Is Sony Now?, Business Week, 2011.

Hewlett-Packard Company, International Directory of Company Histories, Vol. 50. St. James Press, 2003.

Hewlett-Packard, Wikipedia, http://en.wikipedia.org/wiki/HP History of IBM, Wikipedia http://en.wikipedia.org/wiki/History_of_IBM#1970.E2.80.931974:_The_challenges_of_success

Hoyt, D., Sutton, R., Rao, H., Mozilla: Scaling Through a Community of Volunteers, Stanford Graduate School of Business Case HR-35, 2009.

Iansiti, M., Taiwan Semiconductor Manufacturing Company: Building a Platform for Distributed Innovation, Harvard Business School Case 9-604-044, 2003.

Intel Corporation, International Directory of Company Histories, Vol. 36. St. James Press, 2001.

Intel, Wikipedia, http://en.wikipedia.org/wiki/Intel International Business Machines Corporation, International Directory of Company Histories, Vol.63. St. James Press, 2004.

Khanna, T., Song, J., Lee, K., The Paradox of Samsung's Rise, Harvard Business Review, July-August, 2011.

Kirby, W., Chen, M.S., Wong, K., Taiwan Semiconductor Manufacturing Company Limited: A Global Company's China Strategy, Harvard Business School Case 9-308-057, 2009.

La Brecque, M., Hoyt, D., Silverman, A., Cellular Telecommunications: An Industry Driven by Intellectual Property and Technical Standards, Stanford Graduate School of Business Case SM-177, 2009.

Lal, R., Ross, C., HP: The Computer is Personal Again, Harvard Business School Case 9-509-010, 2009.

Lee, B.Y., Lee, S.J., Case Study of Samsung's Mobile Phone Business, KDI School of Public Policy and Management Working Paper 04-11, 2004.

Lorsch, J., Palepu, K., Barton, M., Hewlett-Packard Company: CEO Succession in 2010, Harvard Business School Case 9-411-056, 2011.

Mark, K., Mitchell, J., Hewlett-Packard in 2001, Richard Ivey School of Business Case 904M83, 2004.

McKern, B., Tayan, B., Samsung Electronics Global Flash Memory Market, Stanford Graduate School of Business Case: IB-70, 2009.

Microsoft Corporation, International Directory of Company Histories, Vol.63. St. James Press, 2004.

Nokia Corporation, International Directory of Company Histories, Vol. 38. St. James Press, 2001.

Ofek, E., Barley, L., AMD: A Customer-Centric Approach to Innovation, Harvard Business School Case 9-507-037, 2007.

Packard, D., The HP Way, Collins, 1995.

Palepu, K, Barnett, J., Hewlett-Packard-Compaq: The Merger Decision, Harvard Business School Case 9-104-048, 2004.

Qualcomm Incorporated, International Directory of Company Histories, Vol. 47. St. James Press, 2002.

Qualcomm, Wikipedia, http://en.wikipedia.org/wiki/Qualcomm Quelch, J., Harrington, A., Samsung Electronics Company: Global Marketing Operations, Harvard Business School Case 9-504-051, 2008.

Rivkin, J., Van Den Steen, E., Microsoft's Search, Harvard Business School Case 9-709-461, 2009.

Rukstad, M., Yoffie, D., Microsoft in 2004, Harvard Business School Case 9-704-508, 2004.

Samsung Electronics Co., Ltd., International Directory of Company Histories, Vol. 41. St. James Press, 2001.

Shifrin, D., LaBreque, M., Burgleman, R., Intel and WiMAX in 2010, Stanford Graduate School of Business Case SM-179, 2010.

Shih, W., Chien, C.F., Shih, C., Chang, J., The TSMC Way: Meeting Customer Needs at Taiwan Semiconductor Manufacturing Co., Harvard Business School Case 9-610-003, 2009.

Shih, W., Ofek, E., Intel 2006: Rising to the Graphics Challenge, Harvard Business School Case 9-607-136, 2009.

Shih, W., Reverse Engineering, Learning, and Innovation, Harvard Business School Case 9-611-039, 2010.

Shneorson, S., Taiwan Semiconductor Manufacturing Company: The Semiconductor Services Company, Stanford Graduate School of Business Case GS-40, 2006.

Siegel, J., Chang, J., Samsung Electronics, Harvard Business School Case 9-705-508, 2009.

Silverman, A., Wittig, C., Google's Android: Will it shake up the wireless industry in 2009 and beyond? Stanford Graduate School of Business Case SM-176, 2009.

Silverman, B., Rambus Inc.: Commercializing the Billion Dollar Idea (A), Harvard Business School Case 9-701-124, 2002.

Sony Corporation, International Directory of Company Histories, Vol. 40. St. James Press, 2001.

Suarez, F., Edelman, B., Srinivasan, A., Symbian, Google & Apple in the Mobile Space (A), Harvard Business School Case 9-909-055, 2009.

Sumi, A., Schuetz, M., Is Sony Turning Around? The Asia Case Research Centre, The University of Hong Kong, Case HKU954, 2011.

Taiwan Semiconductor Manufacturing Company Ltd. International Directory of Company Histories, Vol. 47. St. James Press, 2002.

Wakabayashi, D., The (Not-So) Dirty Secrets of Sony's New CEO, The Wall Street Journal Japan Realtime

http://blogs.wsj.com/japanrealtime/2012/02/02/the-not-so-dirty-secrets-of-sonys-new-ceo/

Ye, F., Kim, C., Samsung: Redefining a Brand, Richard Ivey School of Business Case 904A16, 2004.

Yoffie, D., Casadesus-Masanell, R., Mattu, S., Wintel (A): Cooperation of Conflict? Harvard Business School Case 9-704-419, 2004.

Yoffie, D., Hagiu, A., Kind, L., Qualcomm Incorporated 2009, Harvard Business School Case 9-710-433, 2011.

Yoffie, D., Kim, R., Apple Inc. in 2010, Harvard Business School Case 9-710-467, 2011.

Yoffie, D., Slind, M., iPhone vs Cell Phone, Harvard Business School Case 9-708-451, 2007.

강구창. 반도체 비즈니스 제대로 이해하기. 지성사, 2010.

김성수. 무너진 휴대폰 제국 노키아가 주는 교훈. 매경 케이스 스터디, 2011.(http://mba.mk.co.kr/view.php?sc=51000001&cm=Case%20Study&year=2011&no=666232&relatedcode=)

김인수. 노키아는 상상도 못했던 애플 아이폰 '플랫폼 전'. 매경 케이스 스터디, 2011. (http://mba.mk.co.kr/view.php?sc=51000004&cm=Case Study&year=2011&no=477131&relatedcode=&sID=300)

김종호·이지훈. 윤종용 고문이 털어놓은 삼성전자 CEO 12년. 조선일보 위클리비즈, 2010. (http://news.chosun.com/site/data/html_dir/2010/02/19/2010021901202.html)

밥 존스턴 지음·박정태 역. 반도체에 생명을 불어넣은 사람들 1권. 굿모닝 북스, 2003.

백지영. HP의 새 여제, 휘트먼 CEO "드라마는 끝났다… 이젠 핵심에 집중할 것". 디지털데일리, 2011. 11. 30.(http://www.ddaily.co.kr/news/news_view.php?uid=85085)

손영일. 기업은 지금 2등의 반란. 주간동아, 2011. 6.(http://weekly.donga.com/docs/magazine/weekly/2011/06/13/201106130500007/201106130500007_1.html)

알프레드 챈들러 지음 · 한유진 옮김. 전자 산업 100년사. 베리타스북스, 2005.

앤드류 그로브 지음 · 유영수 옮김. 편집광만이 살아남는다. 한국경제신문사, 1998.

월터 아이작슨 지음 · 안진환 옮김. 스티브 잡스. 민음사, 2011.

이균성. '구글드' 저자가 본 에릭 슈미트 사임 이유. 아이뉴스24, 2011. 1. 24.
  (http://live.joinsmsn.com/news/article/article.asp?total_id=4965435)

이병주. 소니 사례에서 배우는 계획의 오류. LG 경제연구소, 2010.

이재구. IT 천재들. 미래의 창, 2011.

이철남 · 권순선 · 최민석. 오픈 소스 소프트웨어 라이선스 가이드(http://wiki.kldp.org/wiki.php/
  OpenSourceLicenseGuide)

장성원. 차세대 '윈텔'로 부상하는 'GARM'. 삼성경제연구소 SERI 경영노트 제95호., 2011.

장세진. 삼성과 소니. 살림 Biz, 2008.

정지훈. 거의 모든 IT의 역사. 메디치, 2010.

제프리 크레임스 지음 · 김영안 옮김. 7인의 베스트 CEO. 물푸레, 2003.

조지 앤더스 지음 · 이중순 옮김. 칼리 피오리나. 해냄, 2003.

최영락 · 이은경. 세계 1위 메이드 인 코리아 반도체. 지성사, 2004.

KT경제경영연구소, Nokia, Microsoft OS를 신 플랫폼으로 채택, KT경제경영연구소 동향보고서,
  2011. (http://www.digieco.co.kr/KTFront/dataroom/dataroom_weekly_view.action?
  board_id=weekly&board_seq=4889#)

클레이튼 크리스텐슨 지음 · 이진원 옮김. 미래기업의 조건. 비즈니스북스, 2005

탁상훈. 삼성전자 TV, 미운 오리새끼에서 백조로 '환골탈태'한 비결은?. 조선일보 위클리비즈,
  2010. (http://biz.chosun.com/site/data/html_dir/2010/07/16/2010071601229.html)

황미리. 6년 연속 세계 판매 1위 삼성 TV 남다른 세 가지. 매경 케이스 스터디, 2011. (http://news.
  mk.co.kr/newsRead.php?no=811361&year=2011)

황병선. 노키아 플랫폼 전략의 실패에서 배워야 할 것들. KT 경제경영연구소, 2011. (http://www.
  digieco.co.kr/KTFront/report/report_issue_trend_view.action?board_seq=4985&board_id
  =issue_trend#)

그 외 각 사의 연차 보고서

찾아보기